차트
분석
바이블
-심화편-

일러두기

- 투자로 인한 손익의 책임은 투자자 본인에게 있으며, 본서는 독자의 투자 결과에 대한 법적 책임 소재 관련 증빙 자료로 활용될 수 없습니다.
- 본 도서 내용에 대한 신규 정보 업데이트는 '치과아저씨의 투자 스케일링'이 운영하는 〈차트 분석 바이블〉 게시판을 참고해주시기 바랍니다.
- 기타 본 도서에 대한 문의 및 강의 등의 제안은 다음 전자우편으로 연락 주시기 바랍니다.
info-2@hansmedia.com

치과아저씨의 투자 스케일링과 함께하는

차트분석바이블

심화편

치과아저씨(팀 연세덴트) 지음

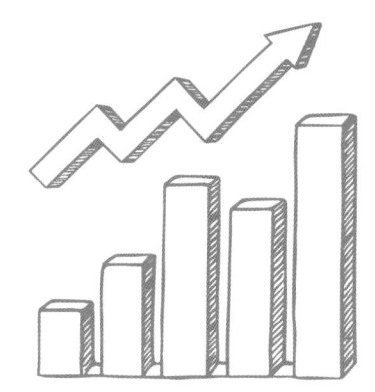

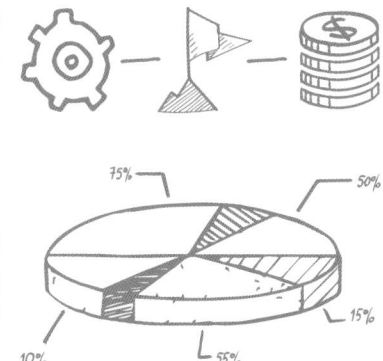

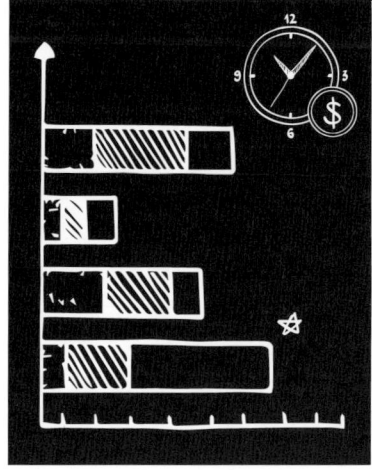

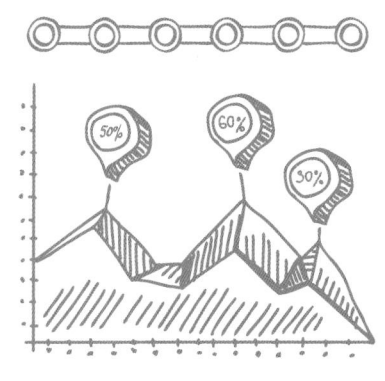

한스미디어

| 차례 |

시작하기 전에

1 비중을 실은 한 방 vs 꾸준한 우상향: 당신의 목표는 무엇인가? 10
2 트레이딩 가이드라인: 어떻게 관리할 것인가? 16
3 이 책의 사용법 25

1장 | Price Action: 못다 한 이야기

1 시장 구조의 기본: 단기·중기·장기 고점과 저점 파악하기 30
2 Retest 완전 정복: 리테스트를 꼭 기다려야 하는 이유 39
3 Breakout: 진짜 돌파와 거짓 돌파 구분하기 47
4 How to 'Buy the Dip'?: 저점 매수의 비밀 59
5 Clearance Thrust: 투매(Dump) 전에 찾아오는 상승(Pump) 72
6 ICT Range Contraction & Expansion: 시장의 수축과 팽창 82
7 ICT Rejection Block: 유동성을 향한 움직임 91
8 ICT IFVG: FVG의 형제 106

9 ICT False Flag: 가짜 깃발형 패턴, 세력의 함정　　　　　　　　　　114

10 ICT SMT-Divergence: 각기 다른 자산 간에 생겨나는 다이버전스　　128

11 ICT Turtle Soup: 거짓 돌파 역이용하기　　　　　　　　　　　　　139

12 ICT Judas Swing: 시간의 틈을 노리는 세력들의 함정　　　　　　　152

13 ICT Daily Bias: 오늘 하루 시장의 방향을 알려주세요　　　　　　　164

14 ICT MMXM: 세력의 움직임을 그려내다　　　　　　　　　　　　　177

15 ICT Unicorn Model: 브레이커 블록과 FVG의 환상적인 조합　　　　198

2장 | 유동성 파헤치기: 세력의 움직임에 편승하라

1 유동성과 세력, 쉽게 이해하기　　　　　　　　　　　　　　　　208

2 선물 시장의 특징과 유동성　　　　　　　　　　　　　　　　　　215

3 데이터를 통해 알아보는 세력의 움직임　　　　　　　　　　　　218

4 Liquidity Cascades: 급락 조정의 '진단'부터 '처치'까지　　　　　　231

3장 | 실전 매매 전략

1 추세선과 오더블록을 활용한 매도 셋업 전략 — 252

2 거짓 돌파에 데이터를 접목한 단기 매도 셋업 전략 — 258

3 머리어깨형 패턴과 분배를 접목한 매도 셋업 전략 — 271

4 리테스트의 개념과 다양한 타임프레임 분석을 통한 매수 셋업 전략 — 278

5 불 트랩을 역이용한 매도 셋업 전략 — 290

4장 | 엘리어트 파동 이론

1 엘리어트 파동 이론의 기초 — 298

2 파동 구성 법칙과 등급의 분류 — 314

3 충동파 — 335

4 대각삼각 — 352

5 조정파: 기초 — 369

6 조정파: 심화 — 387

7 파동의 분석 방법과 쉽게 범하는 실수 — 405

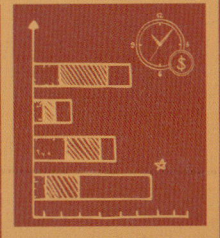

시작하기 전에

1 비중을 실은 한 방 vs 꾸준한 우상향: 당신의 목표는 무엇인가?
2 트레이딩 가이드라인: 어떻게 관리할 것인가?
3 이 책의 사용법

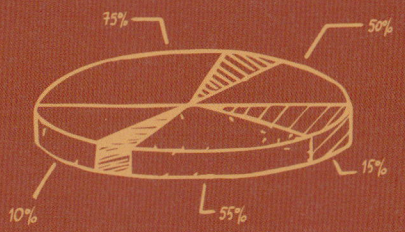

1
비중을 실은 한 방 vs 꾸준한 우상향: 당신의 목표는 무엇인가?

이 책을 시작하기 전에 먼저 트레이딩에서의 심리학에 대한 내용을 가볍게 다뤄보려 합니다. 트레이딩에서 멘탈 관리는 어쩌면 어느 기술적 분석보다도 선행되어야 할 중요한 부분 중 하나입니다. 하지만 학창 시절 중요한 것을 알면서도 소홀히 할 수밖에 없었던 과목들처럼 '멘탈 관리' 역시도 다른 부분에 비해 비교적 등한시되고 있는 것이 사실입니다.

투자의 목적은 '수익을 올리는 것'에 있습니다. 하지만 수익을 내는 방법은 투자자의 수만큼이나 많다는 우스갯소리가 있을 정도로 사람들은 다양한 방법과 생각을 바탕으로 투자에 임합니다. 수학과 달리 투자에는 정답이 존재하지 않기 때문입니다. 이에 본격적으로 책을 시작하기 전에, 조심스러운 마음으로 비중 매매와 꾸준한 우상향 매매에 관한 내용을 먼저 말씀드리려 합니다.

비중 매매란 시드의 큰 비중을 투자하며 성공률을 높이는 대신 과도하지 않은 수익률을 목표로 하는 매매 방식을 의미합니다. 반대로 꾸준한 우상향 매매란 비중 매매에 비해 시드의 작은 비중을 투자하되, 리스크 관리를 통해 꾸준한 수익을 쌓아가는 것을 의미합니다.

수익금과 수익률, 무엇을 택할 것인가?

결과적으로 대부분의 투자자들이 중요하게 여기는 것은 '수익금'일 것입니다. 투자는 자산을 키워나가는 행위이기 때문입니다. 하지만 아쉽게도 단시간에 큰 수익을 얻기 위해서는 그만큼 큰 금액을 투자해야 한다는 한계가 존재합니다.

> "이번에 경영지원팀 최 과장이 비트코인을 샀는데 두 배가 됐대."
>
> "와, 부럽다. 그래서 얼마 벌었다는데?"

위의 대화는 크립토 시장의 상승이 화제가 될 때마다 주변에서 종종 접할 만한 대화 주제입니다. 반대로 이런 대화는 어떨까요?

> "이번에 경영지원팀 최 과장이 비트코인으로 1억을 벌었대."
>
> "와, 부럽다. 수익률이 몇 퍼센트나 된대?"

상당히 어색한 대화처럼 느껴질 것입니다. 어쩌면 이런 질문을 하는 사람은 아마 없을 것입니다. 비교적 투자에 대한 경험이 적거나, 혹은 남들의 거창한 영웅담을 듣고 투자에 입문하였을수록 '수익금'에 지대한 가치를 두는 경향이 있습니다.

하지만 '수익금'이 투자의 전부일까요?

매매의 성공 방정식, '매매 성공 = 확률 x 손익비'

적은 수익률을 목표로 하는 비중 매매는 당연하게도 높은 수익률을 목표로 하는 매매보다 승률이 높습니다. 이유는 자명합니다. 특정 종목이 10% 상승하는 것보다는 1% 상승할 확률이 높기 때문입니다. 10%의 상승을 위해서는 1%의 상승이 먼저 선행되어야 하며, 1% 상승한 종목 중 일부만이 10%까지 상승할 수 있기 때문입니다.

따라서 초보 투자자들은 비중 매매에 혹하기 쉽습니다. 수익률이 적더라도 비중을 늘린다면 '수익금'은 비슷한 수준이 될 테고, 성공 확률은 압도적으로 높아 보이기 때문입니다.

비중 매매의 대표적인 예 중 하나는 '분할 매수를 통한 물타기 전략'입니다. 하락 추세를 보이는 종목에서 지속적으로 매수를 이어가며, 평단가를 낮추고 투자금의 규모를 키워가다가, 한 번의 강한 상승 움직임이 나올 때 수익을 실현하고 나오는 전략입니다.

위 투자 방법 역시 절대적으로 '잘못된 투자 방법'은 아닙니다. 하지만 여기서 드리고 싶은 말씀은 매매의 성공 방정식에는 '확률' 이외에도 다른 요인을 고려해야 한다는 점입니다. 바로 '손익비'입니다.

매매의 성공 방정식
매매 성공 = 확률 x 손익비

손익비의 중요성

　손익비란 특정한 하나의 매매에서 기대할 수 있는 수익과 손실 간의 비율입니다. 손익비가 높다는 것은 해당 매매에서의 기대 수익이 감당 가능한 손실보다 크다는 것을 의미합니다.

　앞서 '매매의 성공 방정식'을 '확률'과 '손익비'의 곱으로 정의하였습니다. 즉, 극단적으로 보자면 성공 확률이 정말 높을 경우 그만큼 손익비가 나빠도 괜찮고, 손익비가 정말 높다면 그만큼 확률이 낮아도 괜찮다는 것입니다.

　그렇다면 매매의 성공 방정식에서 투자자들이 마음대로 정할 수 있는 부분은 어디일까요? 물론 '확률'도 일부 컨트롤할 수 있다고 생각할 수 있지만 기본적으로 마음대로 정할 수 있는 부분은 '손익비'뿐입니다.

　아무리 확률 높은 매매 기법과 종목을 고르는 선구안을 가지고 있더라도 시장의 상황에 따라 그 확률은 달라질 수밖에 없으며, 그렇기 때문에 통계적으로 나의 트레이딩이 70%의 승률을 보여왔다고 하더라도 내일 나의 승률이 70%일 것이라는 보장은 전혀 없습니다.

　인류 역사를 통틀어 가장 위대한 트레이더 중 한 명으로 꼽히는 제시 리버모어(Jesse Livermore) 역시 '높은 손익비를 목표로 하여 위험 대비 보상이 크도록 설정하는 것'의 중요성을 강조한 바 있습니다.

위대한 트레이더, 제시 리버모어

비중 매매의 허점, 손실을 제한하지 않는 투자는 러시안 룰렛과 다르지 않다

'손익비를 고려하지 않은' 비중 매매의 가장 큰 허점은 한 번의 매매로 시장에서 이탈될 만큼의 큰 손실을 입을 수 있다는 점입니다.

손절가의 크기를 설정하지 않은 채로 하락에 지속적인 매수로 대응하는 것, 혹은 한 번에 큰 비중을 실어 매수하는 것은 n번의 매매에서 연속해서 수익을 보더라도 그다음 n+1번째 매매에서 실패하며 시장에서 이탈될 가능성이 있습니다.

이는 마치 한 번의 실패로 목숨을 잃는 '러시안 룰렛'과도 같다고 할 수 있습니다.

여러분은 소중한 투자금을 담보 삼아 러시안 룰렛 게임을 하고 싶으신가요?

작은 손실과 손실보다 큰 수익이 누적되는 매매

저희 팀이 지향해온, 그리고 수많은 위대한 트레이더들이 외쳐온 올바른 매매는 다음과 같이 정의할 수 있습니다.

"어느 정도의 수익과 그보다 작은 손실이 누적되어,
시간이 지나감에 따라 꾸준히 자산이 우상향하는 매매"

이러한 매매를 이어가는 투자자들은 시장에서 이탈되지 않으며, 한 번의 매매 손실이나 단기간의 시장 하락세에 일희일비하지 않게 됩니다. 또한 시간이 흐를수록 복리 효과로 인해 이전에 비해 같은 기간 더 큰 수익금을 챙겨나갈 수 있습니다.

누구나 이러한 매매를 해나갈 수 있습니다. 하지만 모두가 이런 매매를 할 수 있는 것은 아닙니다. 다소 모순적인 말로 들리기도 합니다. 하지만 이러한 매매를 해나가는 것에 실패하는 사람들은 대부분 성장 곡선의 Death Valley(죽음의 계곡), 그리고 초반의 성과가 적어보이는 구간을 견뎌내지 못한다는 공통점이 있습니다.

뒤집어 생각해본다면, 내가 생각하는 투자에 성공한 사람들이라면 누구나 이러한 구간을 겪어왔으며, 이러한 구간을 견뎌낼 확신과 용기가 있다면 누구든 성공적인 매매를 해나갈 수 있다는 점입니다.

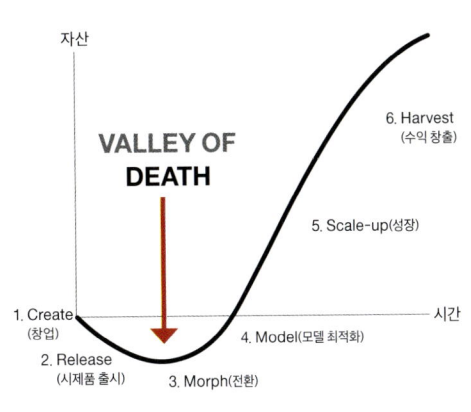

**성공한 투자자는 실패한 적이 없는 투자자가 아닙니다.
성공한 투자자는 실패에서 멈춰버리지 않은 투자자입니다.**

2 트레이딩 가이드라인: 어떻게 관리할 것인가?

　현대의 하모닉 패턴 이론을 집대성한 스콧 카니(Scott M. Carney)는 하모닉 패턴을 활용한 매매를 3단계로 정의하였습니다. 패턴의 식별(Identification) → 거래의 실행(Execution) → 거래의 관리(Management)의 3단계입니다. 이처럼 매매를 준비하고, 매매를 실행하는 과정만큼이나 매매를 실행한 이후의 관리 역시 매우 중요한 부분입니다. 하지만 이에 대해 다룬 자료는 많지 않은 것이 현실입니다.

　이번 파트에서는 매매의 개시 이후 포지션의 관리에 대해 알아보도록 하겠습니다. 경험적으로, 그리고 다양한 해외 트레이더들의 방법론을 집대성하여 저희 팀의 가이드라인을 제작하였습니다. 투자자들마다 다양한 상황과 다양한 관점, 그리고 다양한 목표가 있기에 100% 정답이라 할 수는 없지만, 가이드라인을 참고한다면 각자의 매매에 충분히 활용할 만한 부분은 있을 것이라 생각합니다.

Trading Guideline

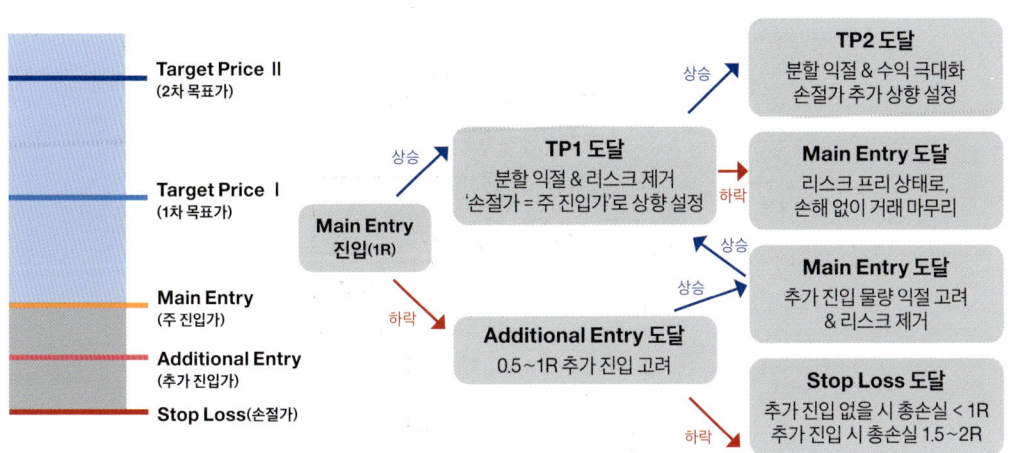

위 모식도는 가장 기본적인 가이드라인으로, 약절·손절 시점 및 진입 비중 등은 개인별로 다르게 진행할 수 있습니다.
실제 투자 상황에서는 다양한 변수들이 나타날 수 있으며, 위 모식도를 기본으로 응용하여 사용할 수 있습니다.
매수를 기준으로 작성된 모식도이며, 매도 포지션의 경우 위의 모식도와 반대로 적용할 수 있습니다.

거래의 진입: 주진입과 보조 진입(Main Entry & Additional Entry)

먼저 거래를 시작하는 진입 과정에 대해 살펴보도록 하겠습니다.

기본적으로 처음부터 모든 물량을 100% 진입하는 것은 권장되지 않습니다. 하지만 계획을 세우지 않은 채로 가격의 움직임에 따라서만 진입할 경우 결국 떨어질 때 물타기, 오를 때 불타기를 하는 초보적인 투자에 그칠 수밖에 없습니다. 즉, 가장 권장되는 진입은 '구간을 설정하고 분할 매수를 진행'하되, 평단가를 형성하고자 하는 주 매수 구간(Main Entry)을 설정하는 것입니다.

먼저 주 매수 구간의 상단에서는 주로 소액을 정찰병의 개념으로 매수하며, 주 매수 구간으로 설정한 주요 지지 레벨 근처에서 비중을 실어 평단가를 형성하는 것이 좋습니다. 구간 하단으로 갈수록 진입 기회를 줄 가능성이 보다 낮아지기 때문에 이를 고려해야 합니다.

다음으로는 진입 방식에 대해 살펴보도록 하겠습니다. 진입 방식은 크게 미리 설정한 매매가에 주문을 걸어놓는 지정가 매매와 현재 시장의 가격에 매매하는 시장가 매매가 있습니다. 통상적으로 계획을 세우고 하는 투자란 지정가 매매를 말합니다. 하지만 주 매수 구간에서의 진입이라 할지라도 지정가 매매만으로 모든 물량의 주문을 해결하는 것은 다소 위험한 투자 방식일 수 있습니다. 특히 변동성이 큰 파생상품 시장 혹은 가상자산 시장에서는 더욱 위험할 수 있습니다. 예를 들어 거미줄처럼 진입 구간에 촘촘하게 매수 주문을 걸어놓았을 때,

어떤 경우에는 윗부분만 건드리고 올라가 수익을 얼마 보지 못하고 어떤 경우에는 아래까지 이미 다 하락이 나왔지만 매수 주문은 모두 체결되어 큰 손실을 입는 경우가 생길 수 있다는 것입니다. 이에 추천드리는 방법은 지정가 주문의 활용을 축소하고 이때 거래 체결 알람 혹은 가격 도달 알람 등을 통해 실제 시나리오대로 흘러가는지 흐름을 파악한 후에 대응의 차원에서 매매를 진행하는 것입니다.

다음은 진입 물량에 대한 이야기입니다. 주 매수 구간에서 진입하는 물량은 현물과 선물 투자 방식에 있어 다소 상이할 수 있습니다. 먼저 현물 투자의 경우 손절선을 정해놓았다면 현물 포트폴리오의 정해진 비중을 매수하는 방식이 가능합니다. 애플 사의 주식을 현물 포트폴리오의 10% 선에서 보유하는 등의 방식을 예로 들 수 있겠습니다. 반대로 선물 투자의 경우는 레버리지, 그리고 양방향 투자가 가능한 특징 등으로 인해 이러한 포트폴리오의 총규모를 산정하기에 다소 무리가 있습니다. 따라서 'R의 법칙'*에 따라 리스크를 조절하는 방식으로 투자하는 것이 가장 좋습니다. 통상적으로 1-2R 리스크 정도를 준수하며 진입하는 것이 좋습니다.

또한 시장은 늘 알 수 없는 변수가 존재하며, 변동성을 완벽히 예측하는 것은 자연의 변화를 예측하는 것만큼이나 어려운 일이기에 선물 트레이딩의 경우는 가급적 격리(Isolated) 포지션을 잡는 편이 유리합니다.**

추가 진입의 경우 무조건적으로 시행하는 것은 아니며, 손절을 고려할 수 있는 유리한 지지 구간이 가까이 있을 때 주 매수 물량을 넘지 않는 선에서 고려할 수 있습니다. 추가 진입 물량은 주 매수 물량보다 크지 않도록 조절하는 편이며, 추가 진입 물량에 대해서는 원하는 방향으로 움직여줄 경우 주 진입 물량보다 앞서 조기에 포지션을 종료하여 리스크를 줄이는 방향도 좋은 접근입니다.

---

* R의 법칙:《차트 분석 바이블》1권에서 다룬 개념으로, 단일 거래에서 부담하는 리스크의 비율을 'R'로 나타내는 것. 즉, 1R의 리스크를 감당하는 투자의 경우 단일 거래에서의 손실을 원금의 1%로 제한하는 투자를 의미합니다.
** 격리 포지션의 반대 개념인 교차(Cross) 포지션의 경우 거래에 투입된 금액 이상의 손실도 가능한 구조입니다.

거래의 안전벨트: 손절가(Stop Loss)

　자동차의 안전벨트는 피치 못할 자동차 사고 시 탑승객의 부상을 최소화하는 역할을 합니다. 투자에 있어서는 '손절가의 설정'이 바로 안전벨트의 역할을 한다고 볼 수 있겠습니다. 요즘 자동차들이 안전벨트를 매지 않고 출발하면 지속적으로 경고음을 보내듯, 투자에 있어서도 반드시 손절가를 설정한 후에 진입하는 것이 습관처럼 몸에 배야 합니다.

　손절가의 위치는 매수 혹은 롱 포지션을 기준으로는 주요 지지 구간을, 숏 포지션의 경우는 주요 저항 구간을 확인한 후에 설정하게 됩니다. 손절가의 범위는 투자의 방식에 따라 상이할 수 있습니다. 현물 투자의 경우는 비교적 중장기적인 흐름으로 투자를 하게 되기에 보다 스탑 구간을 크게 설정할 수 있겠습니다. 하지만 역시 현물 투자에서도 어느 정도의 리스크를 감당할지 미리 설정해두고 진입하는 것이 권장됩니다.

　선물 투자를 기준으로는 주로 약 5% 내외의 구간을 설정하게 됩니다. 주요 지지·저항 구간이 가까이 있어 타이트한 손절가, 즉 2~3% 내외의 손절가를 설정할 수 있는 경우는 손익비가 높은 거래에 해당하기에 비중을 조금 더 늘릴 수 있습니다. 반면 선물 기준으로도 주요 지지·저항 구간이 멀어 약 10%가량의 손절 범위를 설정하는 경우도 생길 수 있습니다. 이러한 경우 레버리지를 많이 낮추어 진입하는 것이 권장되며, 현물 투자로 방향을 전환하는 것도 하나의 방법이 될 수 있겠습니다.

손절가를 옮겨 리스크를 제거하기: Risk Management

거래에 진입하고, 손절가와 목표가를 설정했다고 해서 그저 지켜보기만 해서는 안 됩니다. 이미 진입한 거래를 '관리(Management)'하는 것 역시도 트레이딩의 과정에 해당하기 때문입니다. 리스크 제거는 그중 핵심이 되는 부분이기에 자세히 알아보도록 하겠습니다. 리스크 제거의 방법은 크게 몇 가지로 나눌 수 있습니다.

1) 손절가를 진입가로 옮겨 가격이 하락할 시 본절로 종료(Break-even)될 수 있도록 설정

가격이 상승하여 수익권에 도달하였을 경우, 손절가를 진입가로 옮겨 재설정하는 방법입니다. 이럴 경우 가격이 재차 원하는 방향과 반대로 움직이더라도 손실을 전혀 입지 않은 채 거래를 종료할 수 있습니다. 이때 손실을 전혀 입지 않기 위해서는 수수료를 고려하여 약간 더 여유 있게 설정해야 하며, 무조건 수익을 본 채로 포지션을 종료하고 싶다면, 손절가를 진입가보다 더 높게 설정하는 것*도 가능합니다.

★ 롱 포지션에 대한 설명이며, 숏 포지션의 경우 진입가보다 더 낮게 설정해야 합니다.

2) 분할 수익 실현 후 스탑을 대략적으로 높여 포지션 전체가 본절로 종료되도록 설정

가격이 상승하였을 때, 일부 수익 실현을 마쳤다면 손절가를 살짝만 높여 대략 수익 실현한 만큼을 기준으로 손실을 제한하는 방법이 있습니다. 즉, 내가 이미 실현한 수익을 새로운 R로 잡을 경우 결국 가격이 원하는 방향과 반대로 움직이더라도 손실을 입지 않고 거래를 종료할 수 있는 것입니다.

다만 손절가를 올리면 올릴수록 손익비가 좋아지는 것과 별개로 거래가 종료될 가능성이 높아지기에 이를 고려하여 적절한 손절가 설정이 필요하겠습니다. 때로는 더 낮은 타임프레임(LTF)의 주요 지지·저항 구간을 이용하여 약손실권까지 리스크를 줄이는 경우도 있습니다. 즉, 개인의 상황과 성향에 맞게 응용하여 사용할 수 있는 것입니다.

3) 트레일링 스탑(Trailing Stop)의 활용

트레일링 스탑이란 종목의 가격이 일정 비율이나 금액만큼 상승*할 때마다 손절가가 자동으로 조절되어 상승하는 시스템을 의미합니다. 이러한 트레일링 스탑을 지원하는 거래소를 이용할 경우 손절가를 아주 타이트하게 조절할 수 있다는 장점이 있으며, 혹여 트레일링 스탑을 지원하지 않더라도 개인이 목표가를 여러 개 설정해둔 뒤 TP1에 도달할 시 손절가를 진입가로, TP2에 도달할 시 손절가를 TP1으로 설정하는 등의 개념으로 활용할 수 있습니다.

다만 변동성이 큰 시장의 경우 트레일링 스탑의 설정이 오히려 거래를 길게 유지하지 못하는 방해 요인으로 작용할 수도 있으므로 다양한 방식을 시도해보며 개인에 맞는 방법을 찾아나가는 것이 중요하겠습니다.

---

* 롱 포지션에 대한 설명이며, 숏 포지션의 경우 하락할 때마다 손절가가 하락하는 구조입니다.

목표가 도달과 수익 실현: Target Price, Take Profit

　수익 실현의 경우 기본적으로 분할로 진행하는 것을 원칙으로 삼고 있습니다. 매수 역시도 다분할로 들어갈수록 좋은 위치를 선점할 수 있듯, 수익 실현 역시도 분할로 시행할수록 결과적으로 더 좋은 결과를 낼 수 있기 때문입니다.

　목표가의 경우 롱 포지션 혹은 현물 매수 관점에서는 저항 구간의 위치에 따라 나누어 설정하는 편이며, 첫 번째 목표가에 도달할 시 분할 수익 실현과 리스크 관리를 동시에 행하는 편입니다.

　주식 투자를 해보신 분들이라면 "매수는 기술이고 매도는 예술이다"라는 말을 한번쯤 들어본 적이 있을 것입니다. "무릎에서 사서, 어깨에서 팔아라"라는 말도 아주 유명한 격언입니다. 이 모든 격언들의 근원에는 가지고 있는 것을 포기하기 어려운 인간의 본성이 녹아 있습니다.

　유럽의 워런 버핏이라고도 불리는 앙드레 코스톨라니(Andre Kostolany)는 "주식을 할 때 힘든 일 두 가지는 손실을 감수하는 것과 얼마 안 되는 이익으로 만족하는 것이다"라는 말을 남긴 바 있습니다. 이 또한 손절의 아쉬움과 수익 실현 시의 욕심을 빗댄 말이라 할 수 있습니다.

　다시 말해, 수익 실현의 영역은 너무나 자율적인 영역에 해당하며 개인의 상황과 성향에 따라 다양한 방식이 있을 수 있습니다. 하지만 핵심을 꿰뚫는 중요한 원칙은 지나치게 욕심을 부리기보다 수익을 확정 짓고 이를 쌓아가는 매매를 해나가는 자세라 하겠습니다.

이 책의 사용법

전작 《차트 분석 바이블》 1권이 비교적 기초적인 내용부터 어느 정도 수준 높은 해외 최신 경향의 투자 기법을 다룬 기본서였다면, 《차트 분석 바이블: 심화편》은 가장 깊은 수준의 기술적 분석을 원하는 독자들을 위해 준비한 책입니다. 따라서 기술적 분석의 기본기가 부족한 투자자들이 바로 심화편부터 학습하는 것은 권장드리지 않습니다. 1권을 완독하여 어느 정도 투자에 적용할 수 있는 수준에 이르렀다는 전제하에 이 책을 학습하는 것이 좀 더 좋은 결과를 얻을 수 있을 것입니다.

이 책은 다음과 같은 4가지 파트로 구분되며, 각 파트는 선후 관계가 있는 것이 아니므로 원하는 파트부터 시작해도 무방하겠습니다.

1장 Price Action: 못다 한 이야기

이 장의 내용은 《차트 분석 바이블》 1권에서 미처 다루지 못했던 프라이스 액션의 심화 내용을 담고 있습니다. 1권에서 어느 정도 다루었으나 중요한 개념에 해당하여 한 번 더 짚고 넘어가는 부분을 앞장에 배치하였으며, 뒷부분으로 갈수록 심화된 프라이스 액션을 담고 있습니다. 주로 기반이 되는 개념은 ICT(Inner Circle Trader)라는 외환(FOREX) 트레이딩 그룹의 'Smart Money Concept'라 볼 수 있습니다. 처음엔 다소 복잡하게 느껴질 수 있으나, 주로 1권에서 다루었던 프라이스 액션이 조합된 모델에 해당하기에 차근차근 학습해나간다면 의외로 쉽게 이해해나갈 수 있을 것입니다.

2장 유동성 파헤치기: 세력의 움직임에 편승하라

1권에서도 유동성에 대해 꽤 많은 지면을 할애하여 다뤘습니다만, 이번 2권(심화편)에서는 아예 한 파트를 모두 유동성과 세력의 움직임을 파헤치는 데 할애하였습니다. 사실상 모든 차트 움직임의 기저에는 세력의 의도가 담겨 있으며, 대부분의 기술적 분석 이론이 이러한 세력의 의도 및 움직임을 이해하는 과정에서 생겨난 모델에 해당하기에 유동성과 세력의 움직임을 파헤치는 데 한 파트를 할애한 것이 전혀 아깝지 않습니다. 이 파트를 완독한다면 왜 개미 투자자들이 세력들한테 돈을 내어줄 수밖에 없는지, 세력들과 함께 가기 위해서는 어떤 점을 이해하고 있어야 하는지 모두 다 알 수 있게 될 것입니다.

3장 실전 매매 전략

3장에서는 실제 매매를 보여주고자 노력하였습니다. 세상 모든 일이 마찬가지이듯 연습과 실전은 다릅니다. 즉, 독자분들에게 가장 필요한 것은 어쩌면 실제 매매에 활용할 수 있는 전략일 수 있으며, 보다 나아가 저희 팀에서는 독자 스스로 자신의 스타일과 목표에 맞는 매매 전략을 개발하는 데에 이를 수 있도록 책을 작성하려 노력하였습니다. 3장에서는 저희 팀에서 실제로 활용하였던 매매 전략에 대해 다루었으니, 어떻게 기술적 분석의 요소들을 조합하여 거래를 계획하고, 거래를 진입하고, 거래를 종료하는지에 대해 느껴보시기 바랍니다.

4장 엘리어트 파동 이론

투자에 관심이 있으신 분들이라면 한 번쯤은 들어보았을 '엘리어트 파동'에 대한 장입니다. 엘리어트 파동 이론에 대한 투자자들의 평가는 그 어떤 기술적 분석보다도 극명하게 나뉘는 편입니다. 즉, '호불호'가 심하고 내용이 난해하며 해석이 모호한 이론이라는 비판의 목소리가 존재하는 영역이라 볼 수 있습니다. 글쓴이의 경우도 역시 투자를 시작한 지 수년이 흘렀지만, 아직 엘리어트 파동 이론을 완전히 이해하고 자유자재로 활용하는 경지에 이르렀다고 감히 말하기는 어렵습니다. 하지만 치과아저씨 팀이 엘리어트 파동 이론을 이해하려 기울인 노력들을 공유하는 것은 그 자체로 의미를 지니리라 생각합니다. 독자 여러분과 엘리어트 파동 이론에 대해 허심탄회하게 토의할 수 있는 장이 되었으면 하는 바람으로 원고를 작성해보았습니다.

심화편의 경우는 발췌독을 염두에 두고 제작하였기에 글을 읽는 순서가 아주 중요하지는 않습니다. 또한 1권과 2권을 합친 책의 분량을 고려하여 따로 모식도만을 발췌하여 정리한 PDF 파일을 다운로드할 수 있도록 제공할 예정이며(부록 참조), 분량을 고려한다면 E-book을 함께 활용하는 것도 하나의 좋은 방법이 될 수 있겠습니다.

조지프 애디슨(Joseph Addison)이라는 영국의 수필가는 "두 번 읽을 가치가 없는 책은 한 번 읽을 가치도 없다"라는 말을 남겼습니다. 조심스럽지만 이 책에 담긴 내용은 대한민국에서 출판된 기술적 분석서 중 가장 심화된 내용을 담고 있다고 감히 자부할 수 있습니다. 이 책이 한 번, 두 번뿐 아니라 앞으로 평생 투자를 해나감에 있어 독자분들의 길잡이가 될 수 있기를 소망합니다.

1장

Price Action:
못다 한 이야기

1 시장 구조의 기본:
　단기·중기·장기 고점과 저점 파악하기

2 Retest 완전 정복:
　리테스트를 꼭 기다려야 하는 이유

3 Breakout:
　진짜 돌파와 거짓 돌파 구분하기

4 How to 'Buy the Dip'?:
　저점 매수의 비밀

5 Clearance Thrust:
　투매(Dump) 전에 찾아오는 상승(Pump)

6 ICT Range Contraction &
　Expansion: 시장의 수축과 팽창

7 ICT Rejection Block:
　유동성을 향한 움직임

8 ICT IFVG: FVG의 형제

9 ICT False Flag:
　가짜 깃발형 패턴, 세력의 함정

10 ICT SMT-Divergence:
　각기 다른 자산 간에 생겨나는 다이버전스

11 ICT Turtle Soup:
　거짓 돌파 역이용하기

12 ICT Judas Swing:
　시간의 틈을 노리는 세력들의 함정

13 ICT Daily Bias:
　오늘 하루 시장의 방향을 알려주세요

14 ICT MMXM:
　세력의 움직임을 그려내다

15 ICT Unicorn Model:
　브레이커 블록과 FVG의 환상적인 조합

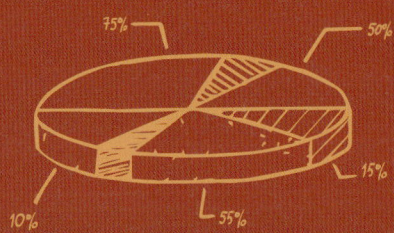

1 시장 구조의 기본: 단기·중기·장기 고점과 저점 파악하기

단기·중기·장기 고점과 저점이란?

시장 구조(Market Structure)에 대한 이해

고점(Swing High)과 저점(Swing Low)은 시장 구조를 이루는 기본 요소라 할 수 있습니다. 시장 구조를 통해 가격 흐름을 이해할 수 있으며, 나아가 투자자들의 행동 및 심리 양상을 살펴볼 수 있기 때문에 시장 구조의 큰 틀을 이해하는 것은 기술적 분석의 가장 기본에 해당합니다. 시장 구조는 단순히 차트상에 그려지는 캔들과 가격 움직임만이 아닌, 해당 종목을 바라보는 타임프레임에 따라 달라지는 3차원적 구조로 이해하는 것이 좋습니다. 시장 구조는 크게 3가지 주요 유형으로 나뉘는데 상승 구조, 하락 구조, 그리고 횡보 구조가 바로 그것입니다.

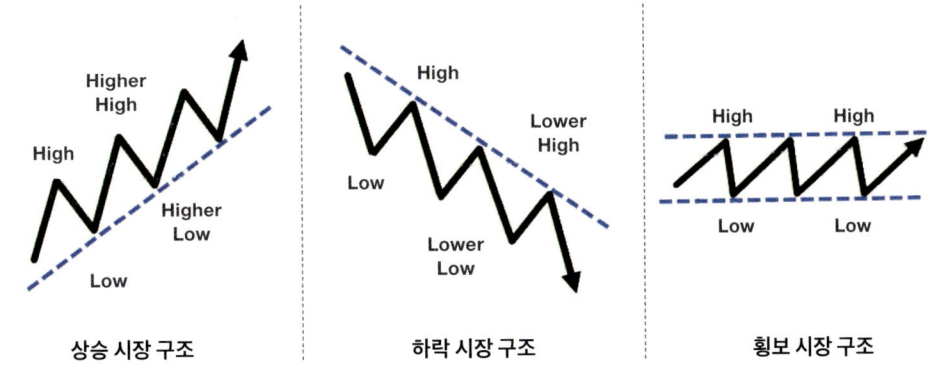

　상승장 구조(Bullish Market Structure)는 자산의 가격이 지속적으로 상승하는 상태의 시장을 의미합니다. 차트상에서는 장기 고점과 장기 저점이 모두 높아지는 형태를 보입니다. 반대로 하락장 구조(Bearish Market Structure)는 자산의 가격이 지속적으로 하락하는 상태의 시장을 의미합니다. 상승장 구조와는 반대로 장기 고점과 장기 저점은 점차 낮아지는 형태를 보입니다. 마지막으로 횡보 구조(Sideway Market Structure)는 가격이 특정 범위 내에서 움직이는 형태의 시장을 의미합니다. 횡보 구조는 횡보장 혹은 보합세라고도 불리며, 횡보 구조에서의 장기 고점과 저점은 크게 높낮이 변화가 없이 비슷한 수준을 유지합니다.

　아주 단순한 개념이지만, 투자에 있어 위 구조를 명확히 구분해낼 수 있다면 트레이딩의 승률은 기하급수적으로 상승할 수 있습니다. 즉, 상승 구조에서는 현물을 매수한 후 보유하는 전략이나 롱 포지션에 진입하는 전략을, 하락 구조에서는 가지고 있던 현물을 매도하거나, 파생상품 시장의 경우 숏 포지션에 진입하는 전략을 고려할 수 있게 되는 것입니다. 이러한 거시적 시장 구조의 파악은 실제로 많은 프라이스 액션 개념에서 가장 먼저 선행되어야 하는 기본 과정 중 하나입니다. 물론 거시적 시장 흐름 내에서 작은 등락은 언제나 반복되지만, 추세의 큰 모멘텀을 파악해나가며 투자를 한다면 승률은 높아질 것입니다.

　그렇다면 이러한 시장 구조 판단의 시작이 되는 단기·중기·장기 고점 및 저점은 어떻게 파악할 수 있을까요?

단기·중기·장기 고점과 저점

단기·중기·장기의 개념은 단어 그대로 각각의 고점과 저점이 만들어지는 데 소요된 기간의 길고 짧음을 의미합니다.

단기는 'Short-term'으로 표기하여 단기 고점과 저점은 각각 STH(Short-term High)와 STL(Short-term Low)이라는 약자로 표기할 수 있습니다. 중기 고점과 저점은 'Intermediate-term'으로 표기하여 각각 ITH(Intermediate-term High)와 ITL(Intermediate-term Low)이라는 약자로 표기할 수 있으며, 장기 고점과 저점은 'Long-term'이라는 단어를 이용하여 LTH(Long-term High)와 LTL(Long-term Low)로 각각 지칭할 수 있습니다.*

① 단기 고점과 저점(STH & STL)

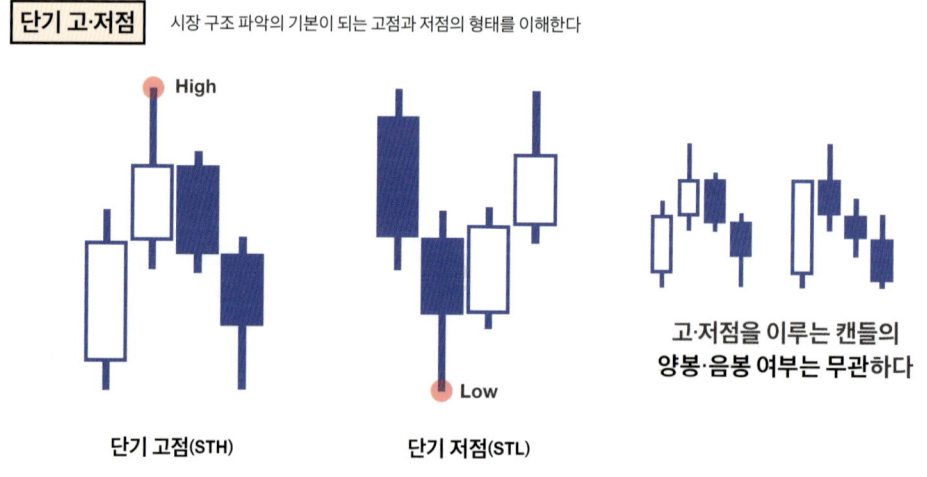

---

* 크립토 마켓의 온체인 분야에서 사용되는 STH, LTH와는 그 의미가 다릅니다. 온체인에서의 H는 Holder(보유자)의 약자이며, 따라서 STH는 특정 자산을 짧게 보유하고 있는 투자자, LTH는 특정 자산을 길게 보유하고 있는 투자자를 의미합니다.

3개 혹은 그 이상의 캔들로 이루어진 구조로, 두 번째 또는 가운데 위치한 캔들의 끝단이 앞, 뒤 캔들보다 튀어나온 형태를 지닙니다. STH는 가운데 캔들의 고점이 앞, 뒤 캔들보다 높게 형성되며 STL은 가운데 캔들의 저점이 앞, 뒤 캔들보다 낮게 형성되는 것입니다. 캔들의 양봉, 음봉 여부는 크게 중요하지 않습니다.

② 중기 고점과 저점(ITH & ITL)

'Intermediate'라는 단어는 중간 또는 두 단계 사이에 놓여 있음을 의미합니다. 따라서 중기 고점과 저점의 형태는 ①과 동일하지만 차트상 전, 후에 위치한 단기 고·저점보다 더욱 튀어나온 듯 위치해야 합니다. 예를 들어 ITH는 전, 후로 STH가 각각 위치해야 하며, ITL의 저점은 주위 STL보다 낮아야 합니다.

③ 장기 고점과 저점(LTH & LTL)

장기 고점과 저점의 형태는 앞서 살펴본 중기 고점과 저점의 형태와 동일합니다. 중기 고·저점과 동일하게, 장기 고·저점은 좌우에 중기 고·저점을 지녀야 합니다. LTH는 전, 후로 ITH를 지니며, 이들의 고점보다 LTH의 고점이 높아야 합니다. 반대로 LTL은 전, 후로 ITL이 위치하며 이들의 저점보다 LTL의 저점이 낮게 형성되어야 합니다.

장기 고점과 저점은 보다 높은 타임프레임으로 시점을 옮기더라도 명확한 고점과 저점을 형성하는 경우가 대부분입니다. 즉, 타임프레임을 높일 경우 단기 고점과 저점을 이루던 캔들들은 하나의 캔들로 압축되어 보일 수 있습니다. 하지만 양쪽에 유의미한 중기 고·저점을 둔 장기 고·저점이라면 높은 타임프레임상에서도 명확한 변곡점으로 보이게 됩니다.

장기 고·저점 　장기 고·저점의 연속 여부로 추세 지속 여부를 평가한다

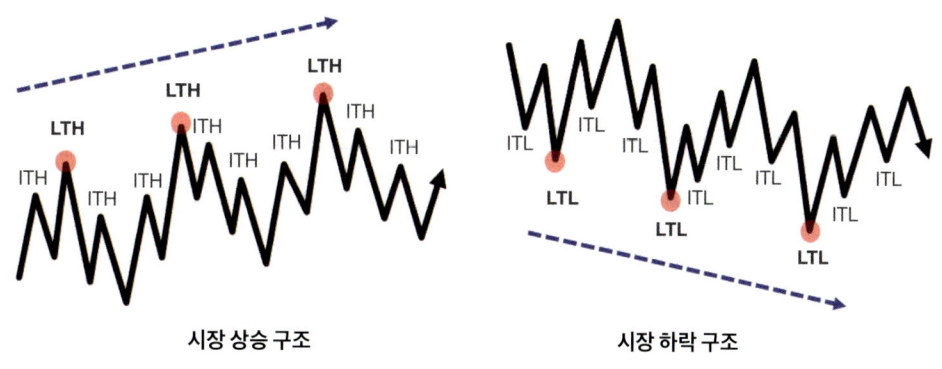

시장 상승 구조　　　　　　　　시장 하락 구조

　이러한 장기 고·저점은 시장 구조의 변화 여부를 판단하는 데 사용됩니다. 상승장 구조에서는 새로이 형성된 LTH(장기 고점)와 LTL(장기 저점)이 이전 LTH와 LTL보다 높게 형성됩니다. 이는 고점과 저점이 높아지는 'Higher High'와 'Higher Low'로 표현됩니다. 반대로 하락장 구조에서는 새로운 LTH와 LTL이 이전의 LTH와 LTL보다 낮은 위치에서 형성됩니다. 이는 'Lower High'와 'Lower Low'로 표현할 수 있습니다. 만약 상승장 구조에서 LTH가 고점을 갱신하지 못하거나, 하락장 구조에서 LTL이 저점을 갱신하지 못한다면 시장 구조가 변화하였음을 의미합니다. 즉, 상승장 또는 하락장이 더 이상 이어지지 않고 있다는 뜻입니다.

　장기 고·저점은 시장 구조를 파악할 때도 사용되지만, 주요 지지 및 저항 구간을 찾는 데도 유용하게 사용될 수 있습니다. 또한 잠재적 추세 반전 지점에 해당하므로 거래의 진입 혹은 관리에도 이용할 수 있습니다.

차트에서 살펴보는 단기·중기·장기 고점과 저점

앞서 살펴본 고점과 저점에 대한 개념 자체는 그리 어렵지 않았으리라 생각합니다. 이번 파트에서는 미 주식 지수의 대표 주자인 나스닥(NASDAQ)* 차트를 바탕으로 앞선 개념을 빠르게 훑어보겠습니다.

CME 거래소의 나스닥 100 선물 1시간봉 차트

2024년 7월의 차트입니다. 1시간봉 차트로, 미세한 고점을 단기 고점(STH)으로 간주하여 표기하였습니다. 앞서 살펴본 바와 같이, 연속된 STH 중 보다 높은 고점을 중기 고점(ITH)으로 나타내었습니다. 이후 이렇게 연속한 ITH 중에서 보다 높은 고점을 장기 고점 (LTH)으로 표시한 것입니다. 차트상 가격 움직임이 지속적으로 하락하는 만큼 LTH 역시 하락하며 '하

---

* 나스닥(NASDAQ): 1971년 2월 8일 첫 거래가 시작된 미국의 장외 주식시장. 세계 각국의 장외 주식시장의 모델이 되고 있는 미국의 특별 주식시장입니다. 미국뿐만 아니라 전 세계의 벤처기업들이 자금 조달을 위한 활동 기반을 여기에 두고 있습니다. 빌 게이츠의 마이크로소프트, 반도체 기업인 인텔, 매킨토시 컴퓨터의 애플 등이 여기에 등록되어 있습니다.

락 구조'를 형성하고 있음을 알 수 있습니다.

표시한 장기 고점(LTH)이 높은 타임프레임에서도 유의미한 고점으로 작용할 수 있을지 일일 타임프레임상에서 확인해보겠습니다.

CME 거래소의 나스닥 100 선물 일봉 차트

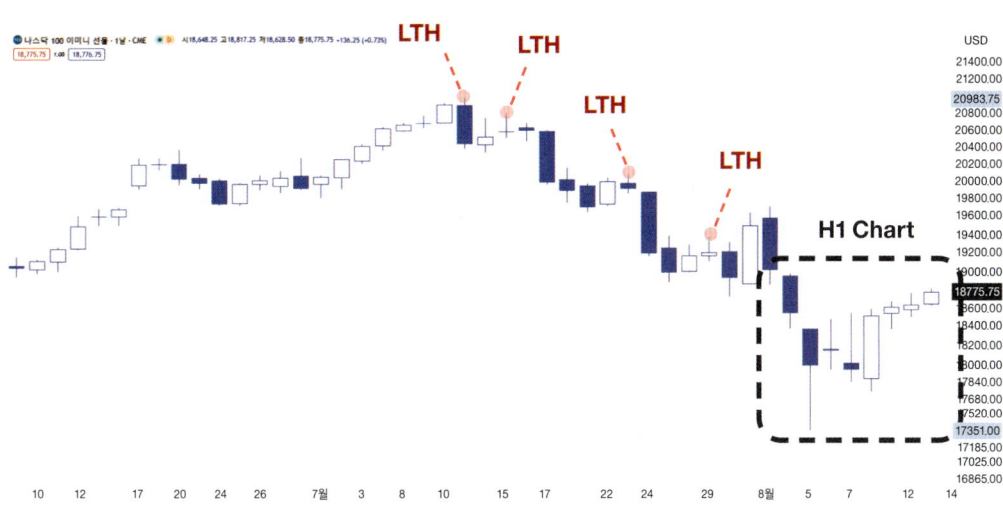

일봉 차트상 이웃한 두 캔들보다 높은 고점을 지닌 캔들이 앞서 1시간봉 차트에서 표시한 장기 고점 구간과 일치함을 알 수 있습니다.

그렇다면 시장 구조가 변화하는 것은 어떻게 알 수 있을까요? 8월 초 움직임을 보면, 가격 상승이 며칠간 이어지며 다시 상승 구조로 변화하는 것처럼 보입니다. 해당 차트를 1시간 타임프레임에서 다시 자세히 살펴보겠습니다.

CME 거래소의 나스닥 100 선물 1시간봉 차트

    8월 초의 움직임을 보면, 여러 단기 고점 및 중기 고점을 식별할 수 있습니다. 하지만 아직 장기 고점(LTH)이 명확하게 식별된다고 보기는 어렵습니다. 따라서 시장 구조가 기존의 하락 구조에서 상승 구조로 변화하였다고 아직 단정할 수는 없습니다.

    만약 8월 이후 움직임이 명확한 장기 고점(LTH)을 보이며, 여러 장기 고점이 꾸준히 높아지는 'Higher High'의 형태를 보인다면 이때는 시장 구조가 상승세로 전환되었으리라 생각할 수 있습니다.

2
Retest 완전 정복: 리테스트를 기다려야 하는 이유

리테스트는 프라이스 액션(Price Action)에서 아주 기본적인 개념 중 하나입니다. 하지만 기본적인 개념, 쉬운 개념일수록 간과하고 지나치기가 쉽습니다. 리테스트는 실제로 아주 빈번하게 일어나며, 간단하지만 거래의 신뢰도를 높여주며 거래의 진입을 수월하게 만드는 강력한 도구입니다. 이번 파트에서는 리테스트가 언제 발생하는지, 그리고 리테스트 안에서 어떤 프라이스 액션이 일어나고 있는지, 마지막으로 왜 리테스트를 기다려야 하는지 알아보도록 하겠습니다.

리테스트란?

리테스트(Retest)란 이미 돌파당한 가격 레벨로 다시 가격이 회귀하는 현상을 말합니다.

실제로 리테스트는 아주 다양한 상황에서 일어나게 됩니다. 다양한 형태와 다양한 크기로 나타날 수 있으며, 주로 많은 투자자들이 지켜보고 있는 주요 지지·저항(Support/Resistance) 레벨을 벗어난 이후 발생하게 됩니다. 이때의 주요 지지·저항 레벨은 수평(Horizontal)적인 경우도 있지만, 추세선의 형태로 비스듬하게 나타날 수도 있습니다.

리테스트의 다양한 형태

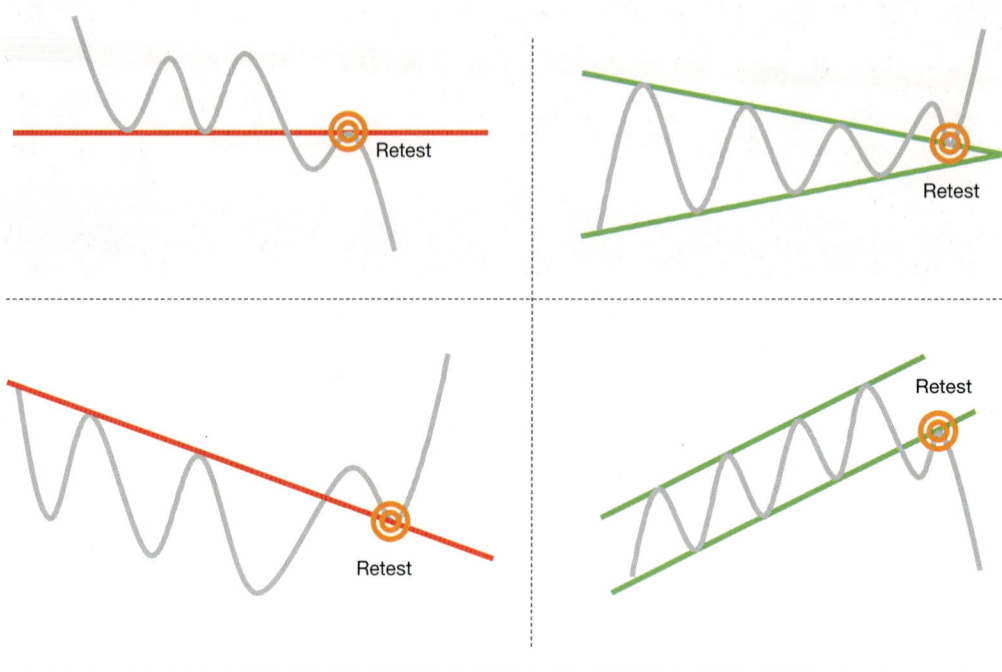

위 모식도는 다양한 리테스트의 형태를 담고 있습니다. 수평적인 지지·저항 레벨부터 추세선과 채널, 그리고 다양한 차트 패턴에서도 나타날 수 있습니다.

실제로 모식도 이외에도 프라이스 액션에서 나타나는 거의 모든 패턴은 리테스트를 동반하는 경우가 많습니다.

리테스트 속의 프라이스 액션: 리테스트는 왜 일어나는가?

'리테스트'를 시장이 스스로 '리셋(Reset)'하는 것이라고 생각한다면, 리테스트를 이해하기 한결 수월해집니다. 즉, 매수자들과 매도자들이 지속적으로 균형을 맞춰갈 때 차트상의 저점과 고점, 즉 Swing High(상승 파동)와 Swing Low(하락 파동)가 형성되는 것이며, 이러한 주요 지점들의 형성 속에서 자연스럽게 리테스트가 나타나는 것입니다.

위크 핸드 털어내기(Flushing out the weak hand)

'위크 핸드(Weak Hands)'라는 용어는 단기적인 관점에서 투자를 지향하는 투자자들을 일컫는 말입니다. 포지션을 오래 붙잡으며 수익을 극대화하는 전략을 취하지 못하는, 즉 큰 흐름을 타지 못하고 자주 손절 혹은 청산당한다는 다소 부정적인 의미도 내포하고 있습니다. 이러한 위크 핸드 투자자들의 경우 작은 추세선 돌파 움직임만으로도 충분히 수익을 올렸다고 생각하여 수익 실현을 할 가능성이 높고, 또 약간의 스윕(Sweep) 움직임에도 손절당할 확률이 높아 마켓 메이커*들의 먹잇감이 되기 쉽습니다. 마켓 메이커들은 이러한 투자자들을 걸러내기 위해서라도 리테스트를 만들어내곤 합니다.

또한 시장의 투자자들이 이용하는 타임프레임이 매우 다양하기 때문에 꼭 '위크 핸드'의 성향을 가지고 있지 않더라도, 이용하는 타임프레임에 따라 포지션을 홀딩하는 기간이 상이하게 나타나게 됩니다.

예를 들면 주봉을 보며 트레이딩하는 투자자들의 경우, 저레버리지 혹은 현물을 이용하여 긴 호흡으로 거래를 하게 될 것이며, 손실을 감내하는 폭 역시 비교적 클 것입니다. 반대로 1시간 타임프레임을 이용하여 트레이딩하는 투자자들의 경우, 주봉에서는 굉장히 미미해 잘 보이지도 않을 가격 움직임을 이용하여 거래 기회를 포착할 수도 있으며, 다소 고레버리지를 사용하여 짧은 호흡으로 트레이딩할 가능성이 높을 것입니다.

이러한 두 투자 스타일에 옳고 그름은 없습니다만, 타임프레임의 차이 역시 주요 저점과 고점(Swing Points)을 만들어내는 요소에 해당하며 리테스트가 일어나는 원인 중 하나입니다.

---

* 마켓 메이커(Market Maker): 개인 혹은 리테일(Retail, 소매) 투자자들에 반대되는 시장 참여자. 많은 돈을 보유하고 큰 금액의 매수·매도 주문을 진행함으로써 가격 변동을 만들어내고 시장을 이끌어나갈 수 있는 존재로, 소위 세력이라고도 지칭합니다.

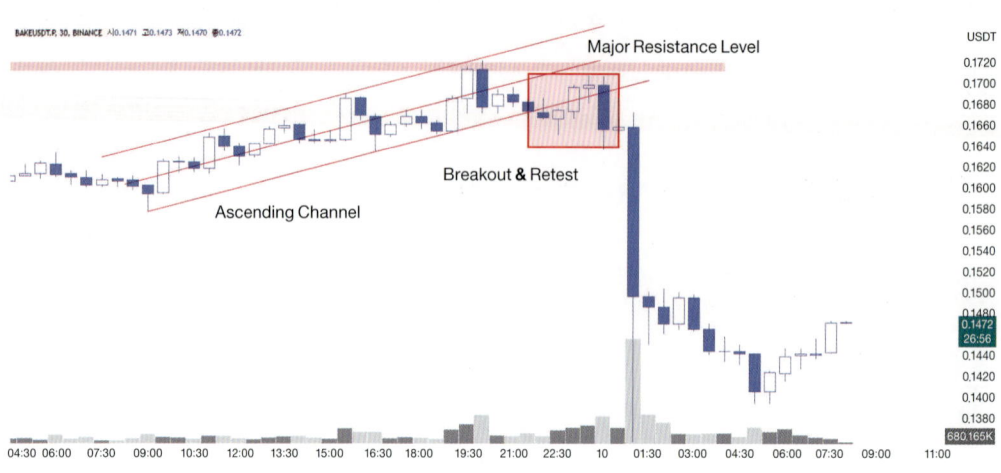

　　베이커리토큰 무기한 선물의 30분봉 차트입니다. 단기적으로 형성된 상승 채널(Ascending Channel)이 더 높은 타임프레임의 주요 저항 레벨과 만나는 지점을 확인할 수 있습니다. HTF 상의 주요 저항 레벨에서 저항이 나타나며 추세선의 하방 돌파가 일어났으며, 뒤이어 리테스트가 나온 후 급락하였습니다.

　　보다 더 낮은 타임프레임에서 같은 차트를 살펴보며 어떠한 프라이스 액션이 일어났는지 확인해보도록 하겠습니다.

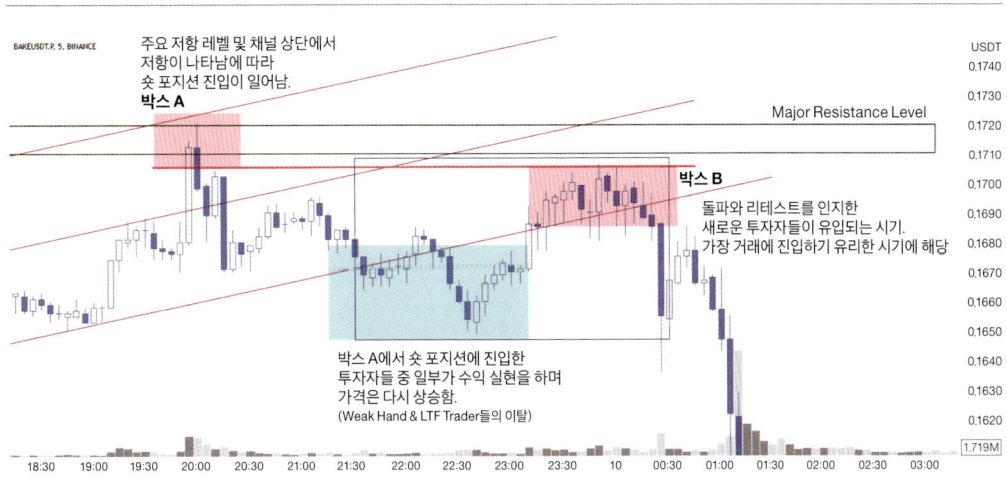

가장 먼저 살펴볼 곳은 '박스 A'입니다.

박스 A는 더 높은 타임프레임에서 봤을 때 주요 저항 레벨에 해당하는 구역이며, 30분봉 차트에서 작도하였던 상승 채널의 상단에도 해당하는 구간입니다. 이러한 구간은 진입 시 저항이 나타나기 마련이며, 숏 포지션 진입을 원하는 많은 트레이더들이 눈여겨보고 있는 구역에 해당합니다. 윗꼬리가 길게 달린 캔들을 통해 저항과 매도세를 확인할 수 있으며, 많은 숏 포지션의 유입을 유추해볼 수 있습니다.

그 이후 나타나는 파란색 박스 구간은 박스 A에서 진입한 '위크 핸드' 트레이더들이 일부 이탈하는 구역에 해당합니다. 현물 기준 약 4%의 하락이 나타났기 때문에 고레버리지를 이용한 투자자들의 경우 충분한 수익을 거뒀을 가능성이 높으며, 위크 핸드 투자자들의 경우 이 정도의 하락에도 충분히 이탈할 가능성이 높은 구간에 해당합니다.

이러한 숏 포지션의 종료는 다시 가격의 상승을 이뤄내게 되고, 리테스트가 일어나는 원동력이 됩니다. 이때 파란색 박스 구간에서 상승 채널 하단의 상승 추세선 하방 돌파를 확인한 후 숏 포지션에 진입한 위크 핸드 투자자들의 경우 리테스트를 위한 상승 움직임과 함께 포지션에서 이탈할 가능성이 높습니다. 이러한 과정에서 유동성(Liquidity)이 확보되는 것이며, 마켓 메이커들이 가격을 조정하기 쉬운 환경이 조성됩니다.

'박스 B'는 개인 투자자들이 진입하기에 가장 매력적인 구간에 해당합니다. 리테스트가 일어남으로써 가격 하락에 대한 신뢰도가 상승하게 되며, 이로 인해 다시금 숏 포지션이 많이 유입되는 구간에 해당합니다.

즉, 리테스트에 대해 정리하자면 다음과 같습니다.

> 각기 다른 방향의 포지션들이 균형을 이루며 스윙(Swing)이 형성되고,
> 이러한 스윙 속에서 위크 핸드 투자자들이 이탈하게 되며,
> 이러한 위크 핸드 투자자들의 이탈로 인해 만들어진 리테스트가 일어난 이후 진입하는 것이
> 가장 매력적인 진입 위치이다.
> 즉, 세력이 원하는 진짜 가격 움직임 전에 개인 투자자들을 이탈시키거나,
> 반대 포지션에 진입하도록 유도하는 과정을 의미

리테스트를 확인하는 과정: Re'Test', not a Re'Touch'

리테스트를 확인하는 것은 단순하지만 중요한 과정입니다. 리테스트를 확인함에 있어 가격이 단순히 그 전 지지·저항 레벨에 닿은 것만으로는 충분하지 않습니다. 즉, Re'Touch'가 아닌 Re'Test'를 확인해야 하는 것입니다. 여기서 가장 활용하기 좋은 아이템은 강세·약세(Bullish/Bearish) Pin Bar, 즉 꼬리를 만드는 캔들입니다. 이러한 꼬리가 긴 캔들은 단기 거래의 경우 손절가를 정하는 기준으로도 활용할 수 있습니다.

예시를 통해 확인해보도록 하겠습니다.

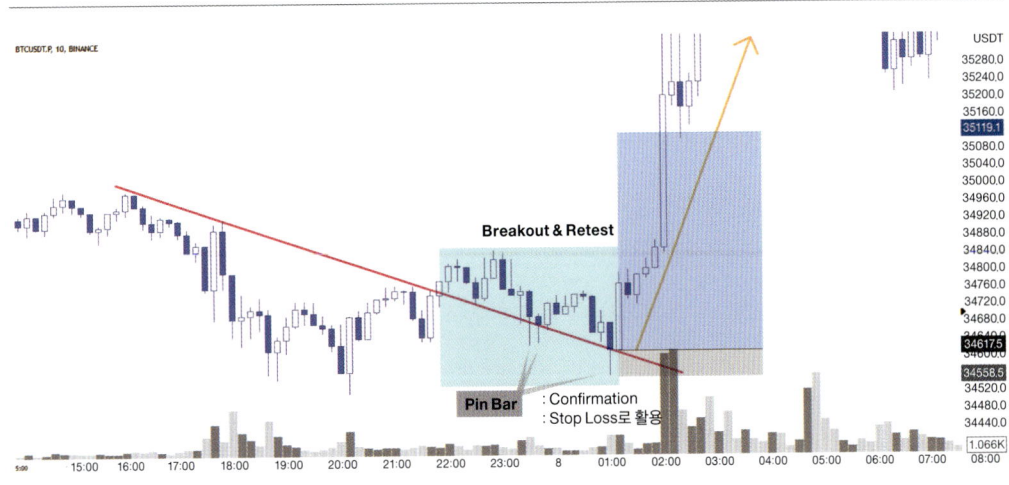

비트코인 무기한 선물 10분봉 차트입니다. 예시에서 여러 차례의 아랫꼬리가 달린 Pin Bar 가 나타난 것을 확인할 수 있습니다. 이와 같이 단순히 특정 레벨을 'Touch'하는 것에 그치 지 않고, 캔들의 꼬리 혹은 몸통이 확실히 주요 레벨에 진입하였다가 나간 흔적이 있는 것만 을 리테스트로 생각하는 것이 좋습니다. 앞서 설명드렸듯 적절한 Pin Bar를 찾는다면, 예시와 같이 Pin Bar의 고가 혹은 저가를 이용하여 손절가를 설정하는 데에도 활용이 가능합니다.

리테스트를 기다려야 하는 이유

리테스트를 기다려야 하는 이유는 명확합니다.

먼저, 리테스트를 이용할 경우 추세선 혹은 지지·저항 레벨을 돌파하는 것을 뒤늦게 확인 하고 추격 진입하는 것보다 훨씬 좋은 진입가를 설정할 수 있게 됩니다. 뒤늦은 추격 진입은 거의 100%에 가까운 확률로 손실 구간을 만나게 됩니다. 운 좋게 리테스트가 일어나 다시 수익 구간에 도달한다면 안도의 한숨을 내쉬겠지만, 내가 추격 진입한 자리가 거짓 돌파(False

Breakout)였다면 다시 원래 가격 흐름으로 전환되는 경우도 매우 많습니다. 이러한 경우 포지션의 손절 혹은 청산은 시간문제일 것입니다.

두 번째로, 진입가가 좋아질 경우 손익비 역시 따라서 좋아지게 됩니다. 특히 단기 거래의 경우 단순히 리테스트를 기다리는 것만으로도 추격 진입 자리에서의 손익비보다 훨씬 좋은 손익비를 얻을 수 있는데요. 실제로 1:1도 안 나오던 손익비가 리테스트를 기다리면 1.5:1, 2:1 등으로 쉽게 좋아지는 것을 확인해볼 수 있습니다.

또한, 리테스트를 기다리는 것을 습관화할 경우 FOMO에 빠지는 일이 적어집니다. FOMO란 Fear of Missing Out의 약자로, '나만 거래에 참여하지 못하고 있다' 혹은 '뒤처지고 있다'라는 생각에서 조급하게 투자를 하는 행위를 말합니다. 하지만 리테스트는 거의 대부분의 경우 일어나게 되어 있기 때문에 리테스트를 기다리는 것을 습관화할 경우 FOMO에 빠지지 않고 자신이 설정한 진입가를 기다릴 수 있게 됩니다. 만약 리테스트가 일어나지 않고, 추세를 보이는 종목의 경우 놓아주면 그만입니다.

즉, 리테스트를 기다려야 하는 이유를 정리하자면 다음과 같습니다.

리테스트를 기다려야 하는 이유

1. 보다 더 좋은 진입가에 진입할 수 있다.
2. 그로 인해 거래에 있어 보다 더 좋은 손익비를 얻을 수 있다.
3. 리테스트를 기다리는 것을 습관화한다면 FOMO에 빠지지 않고, 원하는 위치에서 거래할 수 있다.
4. '기다리는 것', 그 자체만으로도 투자자들에게 꼭 필요한 중요한 요소이다.

Breakout: 진짜 돌파와 거짓 돌파 구분하기

　기술적 분석을 하는 투자자들이라면, 자기 나름대로의 기준으로 차트에 중요한 구간들을 설정하게 됩니다. 그러한 중요한 구간들은 지지·저항 수준을 나타내는 수평선부터 추세선처럼 각도를 가진 선, 그리고 선보다 넓은 특정 구역까지 다양한 형태로 나타나게 됩니다. 종목의 가격은 항상 등락을 거듭하기 때문에 결국 언젠가 가격은 그런 중요한 구간들을 시험(Test)하고, 돌파(Breakout)하고, 돌파 이후에도 다시 리테스트(Retest)가 일어나거나 때로는 돌파한 가격이 오히려 반대로 움직이는 거짓 돌파(False Breakout)가 나타나기도 합니다.

　앞 파트에서 돌파 이후 나타나는 리테스트에 대해 다루었다면, 이번 파트에서는 돌파, 특히 '거짓 돌파(False Breakout)'에 대해 다루어보도록 하겠습니다. Breakout은 '탈옥하다', '탈주하다'라는 뜻을 지니는 단어입니다. 기술적 분석 영역에서는 가격의 움직임이 특정 구간이나 추세를 넘어서는 양상을 보일 때를 'Breakout'이라 부릅니다.

　가격이 특정 구간을 돌파하는 움직임은 반드시 일어날 수밖에 없기에 돌파(Breakout)는 트레이딩에 있어 빼놓을 수 없는 개념에 해당합니다. 특히 포지션 진입을 망설이게 하거나, 혹은 잘못된 방향 결정으로 손실을 입기도 하는 '거짓 돌파(False Breakout)'에 대한 개념은 아직 많은 투자자에게 다소 생소한 개념이기에 그 중요도가 더욱 높다고 볼 수 있겠습니다.

Breakout과 False Breakout: 흔히 하는 실수들

먼저 차트상에서 나타나는 돌파와 거짓 돌파에 대한 간단한 이야기를 살펴보도록 하겠습니다.

이제 막 트레이딩의 세계에 입문한 철수는 차트를 분석하다 하락 삼각 패턴(Descending Triangle Pattern)을 발견했습니다.

"앗! 삼각수렴 후 상방 돌파가 일어나는 듯한데?"

삼각수렴의 상단 추세선을 뚫는 캔들을 발견한다면 누구나 상방 돌파로 판단할 수 있습니다. 특히 자신이 분석한 차트에 확신을 가지면 가질수록 확증 편향*에 빠질 가능성이 높아지게 되죠.

"앗, 이제 상승이 나타나려 하나 보다! 수렴도 거의 끝나가고 있으니까!"

★ 확증 편향(Confirmation Bias): 자신의 가치관, 신념, 판단 따위와 부합하는 정보에만 주목하고, 그 외의 정보는 무시하는 사고방식.

철수는 상단 추세선 부근을 진입가로, 하단 추세선을 손절가로 설정한 후 매수 포지션에 진입합니다.

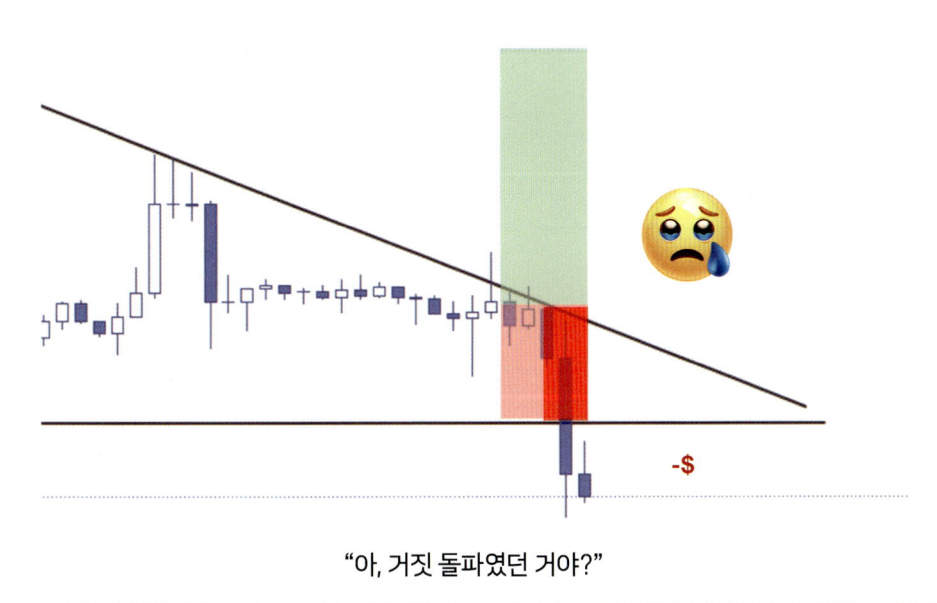

"아, 거짓 돌파였던 거야?"

하지만 보란 듯이 가격은 장대음봉을 그리며 하락하였고, 하단 추세선을 쉽게 돌파해버리고 말았습니다. 철수의 포지션은 아쉽게 손절로 종료되었습니다.

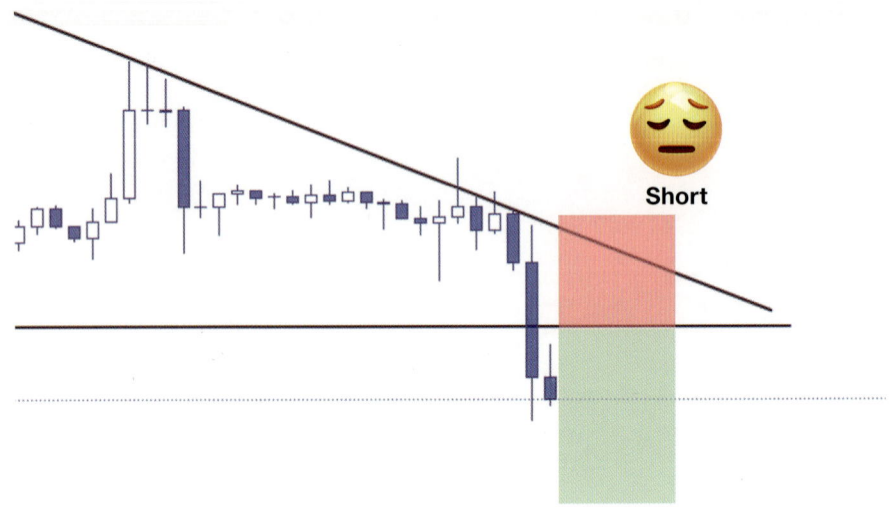

"이번에는 완전히 아래로 이탈했으니 괜찮겠지?"

철수는 다시 한번 생각합니다.

"아쉽지만 장대음봉을 그리며 하단 추세선의 지지(support)를 확실히 하방 돌파한 듯해!"
"마지막 캔들이 하단 추세선을 리테스트한 것 같은데?
지지 → 저항으로의 전환(S/R Flip)이 일어난 거야!"

손실을 입은 철수는 이번 손실을 숏 포지션으로 만회하고 싶은 마음이 슬슬 들 수 있습니다. 철수는 하방 돌파로 하락세가 이어질 것을 기대하고 숏 포지션에 들어갑니다.
이런… 시장이 우리를 농락하는 것일까요?
가격은 하단 추세선, 그리고 상단 추세선을 한 번에 돌파해버리는 장대 양봉을 그리며 본격적인 상승을 이어나갔습니다.
물론 철수의 이번 숏 포지션 역시 아쉽게도 손절로 마무리되었습니다.

"아니, 어떻게 나한테 이럴 수 있어!"

자, 이처럼 차트상에서의 돌파(Breakout)는 투자자들에게 '매매 신호'를 보내주는 역할을 하지만 동시에 투자자들을 헷갈리게 만들며, 속상하게 만드는 부분이기도 합니다.

그렇다면 어떻게 해야 손실을 줄일 수 있을까요? 진짜 돌파와 거짓 돌파, 즉 True & False Breakout을 구분할 줄만 안다면 손실을 줄일 수 있지 않을까요?

> **돌파(Breakout): 흔히 하는 실수들**
>
> **1. 섣불리 판단한다.**
>
> - 차트상에서 설정한 Key Level(주요 지지·저항 구간 및 추세선 등)에 대한 돌파를 섣불리 예견하는 경우 거짓 돌파(False Breakout)에 쉽게 당할 수 있습니다.
>
> **2. 추가적인 근거를 확보하지 않는다.**
>
> - 돌파가 일어난 순간 실제로 유의미한 추세를 이끌어나갈지 판단하기 위해 추가적인 근거를 확보하는 것이 좋습니다.
>
> **3. FOMO에 빠져 감정적으로 접근한다.**
>
> - FOMO란 자신만 거래에 참여하지 못하고 있다거나 뒤처지고 있다는 생각에서 조급하게 투자하는 행위를 말합니다. 돌파(Breakout)가 일어날 때 미처 거래에 진입하지 못하고 추격 진입을 하는 경우가 많이 있습니다. 이러한 경우, 거짓 돌파(False Breakout)에 당할 확률이 보다 높아집니다.

거짓 돌파 파헤치기

앞 파트에서 다루었던 철수의 사례를 통해 거짓 돌파에 대한 감을 어느 정도 잡으셨을 것이라 생각합니다. 그렇다면 이러한 거짓 돌파는 언제, 왜 생기는 것일까요? 이번 파트에서는 거짓 돌파에 대해 보다 자세히 파헤쳐보도록 하겠습니다.

Check point

거짓 돌파(False Breakout)는 필연적으로 주요 지지·저항 구간, 즉 Key Level에서 나타난다.

거짓 돌파가 나타나는 이유는 크게 두 가지로 볼 수 있습니다.

첫 번째는 마켓 메이커들이 시장을 움직이기 위해서는 주요 가격 구간(Key Level)에서 유동성을 확보해야 한다는 것입니다.

하단 지지 구간에서 유동성을 확보한 후 시장이 반전하는 모습

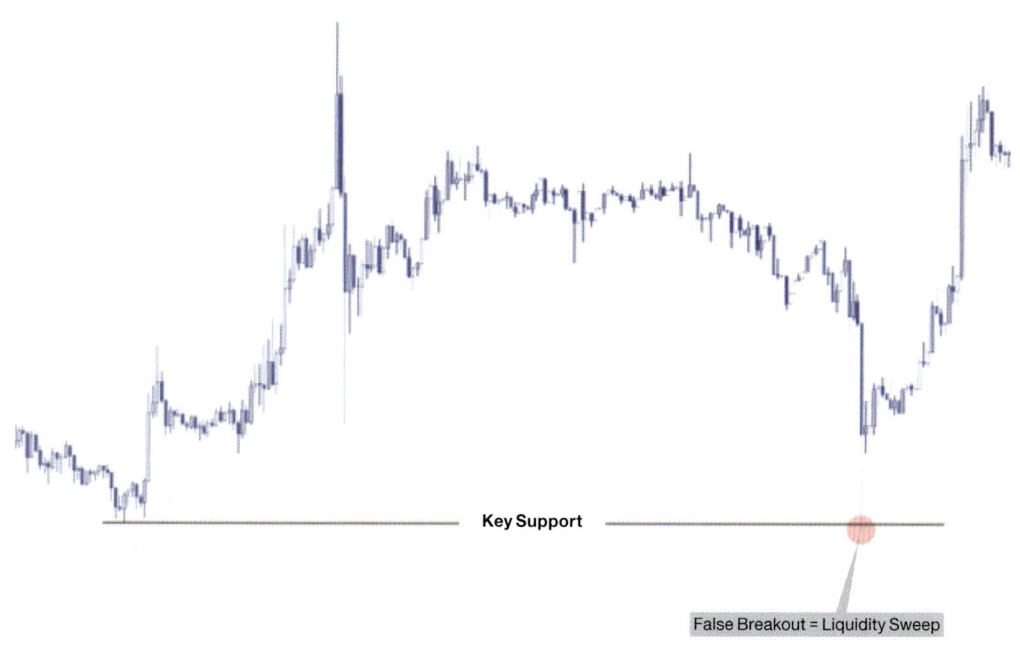

주요 지지·저항 구간이나 거래가 집중된 매물대는 많은 양의 주문이 몰려 있기 때문에 가격이 쉽게 정체되는 곳 중 하나입니다. 만약 마켓 메이커들이 이러한 구간을 돌파하며 가격을 끌어올리거나, 혹은 조정 국면을 만들어내고 싶다면 이러한 구간을 활용하여 유동성을 확보해야 합니다.

예를 들어 가격을 끌어올리고 싶다면 급락이 나오는 것처럼 유도하여 많은 양의 주문을 청산시키고, 보다 저렴한 가격에 물량을 확보하는 것도 한 가지 방법이 될 수 있겠습니다. 이러한 움직임은 주요 구간을 일시적으로 돌파, 이탈하는 긴 꼬리를 지닌 캔들 형태로 나타나곤 하며 대표적인 거짓 돌파의 예시라 볼 수 있습니다.

두 번째 거짓 돌파가 나타나는 이유는 바로 '세력의 시험대'라고 볼 수 있습니다. 즉, 거짓 돌파란 실제 돌파를 위해 필요한 힘을 가늠한 흔적으로 볼 수 있다는 것입니다.

상단 저항 구간에서 거짓 돌파가 나타난 이후, 추세가 연속되어 상승한 모습

앞서 마켓 메이커들이 유동성을 확보하는 과정에서 거짓 돌파가 나타날 수 있음을 알아보았습니다. 하지만 마켓 메이커들도 아무 생각 없이 유동성 확보를 위해 무턱대고 자본을 쏟아붓지는 않을 것입니다.

'시장을 움직이기에 가장 효율적인 수준은 어느 정도인가?'

'어느 가격 수준으로 매수 또는 매도해야 가격을 움직일 수 있을까?'를 고민할 것입니다.

이처럼 보다 효율적으로 유동성을 확보하고 시장을 움직이기 위해 주요 구간을 시험해보는 과정에서 거짓 돌파가 나타날 수 있습니다.

하지만 이러한 거짓 돌파의 이유를 알고 있더라도 막상 돌파가 나타났을 때 그 순간 돌파의 진위를 판단하는 것은 쉬운 일이 아닙니다. 이를 도와주는 것이 바로 차트 속에서 나타나는 프라이스 액션, 그리고 차트 외에 확보할 수 있는 다양한 데이터들입니다.

거짓 돌파를 피하는 4가지 방법

1) HTF에서 지배적인 전체 추세를 파악하라

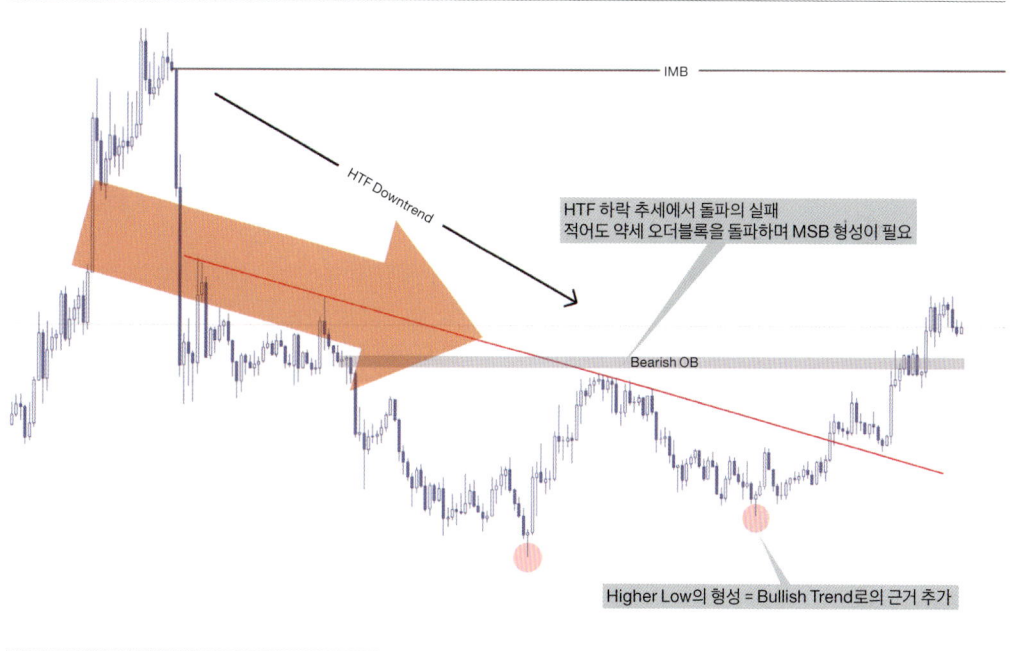

차트상에서 나타나는 '돌파(Breakout)'의 진위 여부를 판단하기 위해서는 거시적인 관점에서의 차트 분석이 필수적으로 선행되어야 합니다. 이를 기술적 분석에서는 Top-Down Analysis라 부릅니다. 이름 그대로 Top(HTF)부터 Down(LTF) 순으로 차트 분석을 시행한다는 의미를 가지고 있는데요.

위 모식도의 예시를 통해 살펴보도록 하겠습니다. 위 모식도의 경우, HTF상에서 전반적인 하락 추세가 이어지고 있었으며 하락 추세선이 형성된 것이 관찰됩니다. 이때 상승 국면으로 전환되는 진짜 '돌파(Breakout)'가 나타나기 위해서는 차트상 상단에 위치한 약세 오더블록(Bearish Orderblock)에서의 저항을 극복해야 하며, 이전의 특징적인 고점들을 돌파하는 MSB(Market Structure Break) 역시 만들어내야 합니다. 차트의 중반부에서 한 차례 약세 오더블록 근처까지 가격이 상승합니다만, 저항을 뚫어낼 힘은 부족했다고 볼 수 있습니다. 이후 후반부에서 저점이 높아지는 Higher Low가 나타나며 점차 하락 추세에서 상승 추세로 전환되려는 신호를 보이고 있으며, 결국 하락 추세선이 돌파된 것을 알 수 있습니다. 하락 추세선 돌파 이후 리테스트에 성공한 것 역시 지배적인 추세를 전환하였다고 볼 수 있는 하나의 근거가 될 수 있습니다.

이처럼 거시적인 차원에서의 지지·저항 구간 파악 및 추세의 흐름을 인지하는 것은 '돌파'의 신뢰도를 판단하는 데 꼭 필요한 요소입니다.

2) 리테스트, 트레이딩의 안전벨트

단순 돌파 시의 손익비(좌)와 리테스트 확인 후의 손익비(우)

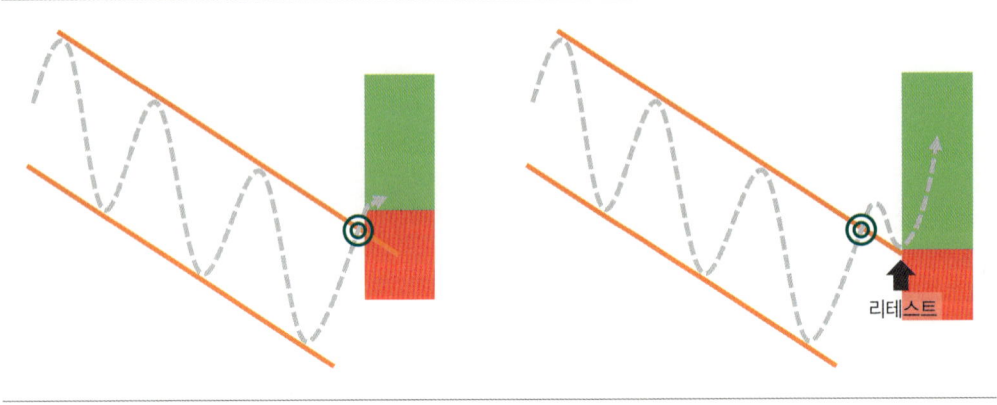

앞 파트에서 다루었던 리테스트의 개념과 중요성이 다시 한번 강조되는 부분입니다. '돌파' 이후 리테스트를 확인하며 거래에 임하는 것은, 단순히 '돌파(Breakout)'가 '거짓 돌파(False Breakout)'가 아니라는 근거를 보충해주는 것뿐만 아니라 손익비까지도 개선되는 효과를 얻을 수 있습니다.

모식도 좌측의 경우 단순히 돌파가 일어난 직후 매수 포지션에 진입하는 것을, 우측은 리테스트를 기다렸다 진입하는 것을 나타낸 모식도입니다. 목표가를 동일하게 설정하였다는 전제하에 리테스트 이후 진입한 경우 통상적으로 진입가가 낮아지는 효과를 가져오며 손익비 역시 개선된 모습을 볼 수 있습니다.

3) 거래량 체크는 필수! 진정한 '돌파'는 많은 거래량을 동반한다

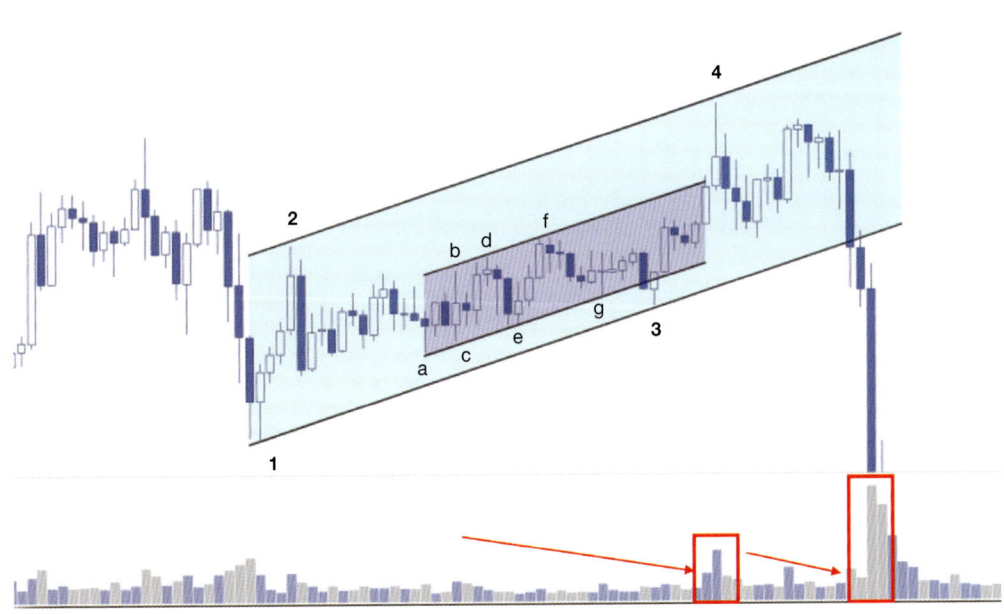

약세 깃발형 패턴에서의 '하방 돌파', 거래량이 명확히 동반된 것이 확인됨.

차트 패턴을 공부하다 보면, 패턴의 돌파가 나타날 때 거래량이 동반된다는 문구를 여러 차례 접하셨을 것입니다. 실제로 대부분의 패턴들은 패턴이 진행됨에 따라 거래량이 점차 감소하곤 합니다. 하지만 '돌파'가 본격적으로 나타날 때에는 이전 대비 많은 거래량이 동반되는 모습을 확인할 수 있습니다.

위 이미지는 약세 깃발형 패턴이 나타난 차트로서, 두 평행한 추세선 내부에서 가격이 등락을 반복하며 거래량이 줄어들어 있는 모습을 볼 수 있습니다. 내부에서 형성된 채널인 Nested Channel(모식도의 보라색 채널)이 상방 돌파될 때 거래량이 어느 정도 동반되었고, 이후 외부의 약세 깃발형 패턴이 하방 돌파될 때는 더욱 큰 거래량이 동반된 것을 확인할 수 있습니다.

이처럼 진정한 '돌파'는 강한 거래량이 동반되며 나타나게 됩니다.

How to 'Buy the Dip'?: 저점 매수의 비밀

가격의 급하락은 시장에서 굉장히 빈번하게 발생하는 일입니다. 이러한 가격의 급하락은 누군가에게는 공포심에 투매(Panic Sell)를 유도하지만, 누군가에게는 사고자 했던 종목을 매집하는 기회로 받아들여질 수도 있습니다. 이번 파트에서는 'Buy the Dip', 즉 저점 매수에 대한 기본 개념과 Buy the Dip을 위해 준비해야 하는 4가지 단계들에 대해 되짚어보도록 하겠습니다.

Dip의 개념: 공포에 사서 탐욕에 팔아라

투자의 귀재 워런 버핏은 다음과 같은 말을 남긴 적이 있습니다.

"Be fearful when others are greedy and Greedy when others are fearful."

"공포에 사서 탐욕에 팔라"는 투자의 명언이죠.
투자를 오래 하셨다면 우스갯소리로 다음과 같은 말도 들어보셨을지 모르겠습니다.
"경제 뉴스 헤드라인에 두통 온 증권맨들의 뒷모습이 보일 때 매수하라."

하지만 투자의 원칙이 '쌀 때 사서 비쌀 때 파는 것'임을 감안한다면, 그리고 투자란 내가 돈을 벌려면 누군가 돈을 잃어야 하는 제로섬 게임임을 생각해본다면 남들이 곡소리를 낼 때가 누군가에게는 기회가 될 수 있음을 부정할 수는 없을 것입니다.

흔히들 자산시장은 결국 우상향한다고 믿고 있습니다. 물론 틀린 말은 아닙니다만, 투자를 겪어보신 분들이라면 일직선으로 우상향하는 자산은 극히 드물다는 것을 이미 알고 계실 것입니다. 특히 변동성이 큰 마켓들이 많이 등장하는 현대 자본주의 시장에서는 더더욱 그렇습니다.

우상향 과정에서의 나선형 상승

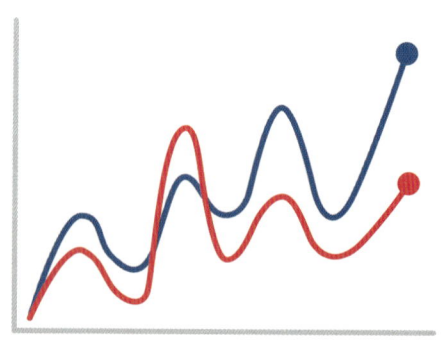

그렇다면 이러한 가격의 'Dip(급하락)'은 누가 만들어내는 것일까요? 두말할 필요도 없이 '스마트 머니'*로 대변되는 세력들입니다. 절대 개인의 힘으로는 이러한 Dip을 만들어낼 수 없습니다.

★ 스마트 머니(Smart Money): 똑똑한 돈이라는 뜻으로, 해외에서 세력을 달리 부르는 말입니다.

다음으로, 세력들은 왜 가격의 'Dip'을 만들어내게 될까요? 크게 두 가지 정도로 생각해 볼 수 있겠습니다.

첫 번째는 세력의 물량 확보입니다. 세력들이 물량을 많이 가지고 있어야 가격을 입맛에 맞게 조절(Handling)하기가 쉬워집니다. 즉, 세력들은 한정된 물량을 더 확보하기 위해 소위 개미라 불리는 리테일(Retail, 소매) 투자자들의 보유량을 '털어내야' 할 필요가 있고, Dip 등의 가격 하락을 통해 투매를 유도하게 됩니다.

두 번째는 파생상품 시장의 선물 혹은 옵션 거래에서 적용되는 개념인데요. 세력이 선물 시장에서 수익을 내기 위해서는 일종의 제물이 되어줄 숏 포지션 보유자들이 필요하다는 점입니다. 선물 거래는 개념적으로 롱 포지션과 숏 포지션의 양이 1:1로 유지되는 제로섬 게임이 원칙입니다. 물론 그렇게 될 수는 없기에 만기가 있는 선물의 경우 만기에 따른 정산과 롤오버* 등의 개념이 존재하게 됩니다. 하지만 크립토 마켓의 선물 거래의 경우 무기한(Perpetual) 선물에 해당하며, 따라서 영원히 유지되는 포지션에 대한 정산이 불가능하기 때문에 펀딩비(Funding Rate)와 자동자산청산(Auto-Deleveraging: ADL) 등을 이용하여 조율하게 됩니다.

다소 어려운 이야기였습니다만, 무기한 선물 거래에 대한 내용 역시도 자세한 개념을 이후 책의 중후반부에 걸쳐 추가적으로 다룰 예정이니 혹여 생소한 독자분들이라면 우선 넘어가셔도 좋습니다. 즉, 정리하자면 개념적으로 롱 포지션이 수익을 내기 위해서는 숏 포지션이 청산되며 손실을 입는 투자자들이 반드시 있어야 한다는 것입니다. 따라서 세력은 숏 포지션에 진입하는 일종의 '제물'을 찾기 위해 Dip을 일으키는 것입니다.

앞서 배웠던 프라이스 액션의 개념 중에서는 Inducement, 그리고 스탑 헌팅(Stop Hunting)이 이러한 Dip의 개념에 해당합니다. 이제 세력이 Dip을 만들어내는 이유를 어느 정도 이해하셨나요? 일단 어느 정도의 Dip을 만들어낸다면 그 이후는 도미노가 넘어지듯 쉽게 가격이 내려가기 마련입니다. 특히 시장이 과열된 상황에선 더더욱 그렇죠.

2024년 1월, 강한 Dip이 나온 비트코인의 사례를 살펴보도록 하겠습니다.

---

* 롤오버(Roll-Over): 채권이나 계약 등에 대해 당사자 간의 합의에 의해 만기를 연장하는 것을 의미하거나 선물 계약과 연계하여 차익거래 등의 포지션을 청산하지 않고 다음 만기일로 이월하는 것을 뜻합니다.

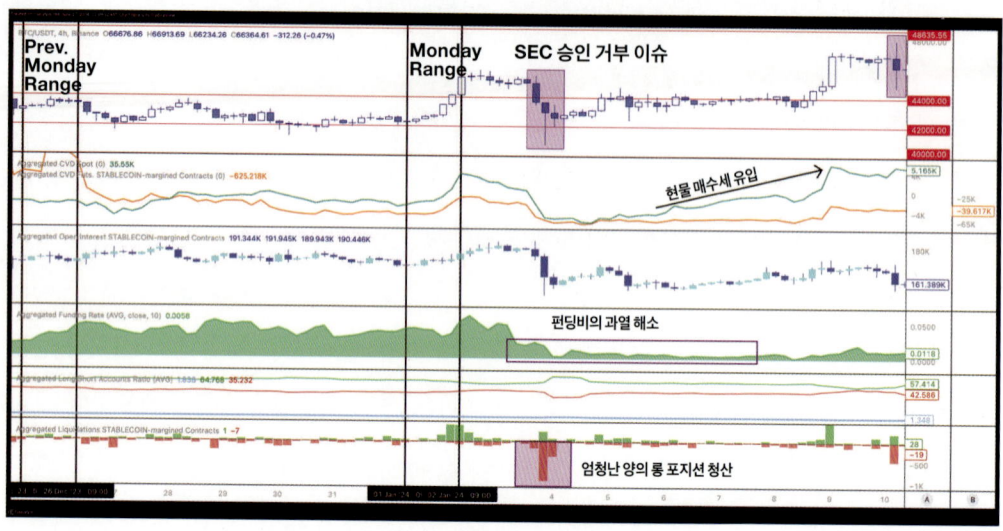

미국 증권거래위원회(SEC)*의 상장지수펀드(ETF)** 승인이 거부될 것이라는 매트릭스포트*** 사의 리포트 때문에 하락하였지만, 정작 관련 주요 인사들은 매트릭스포트의 분석을 잡아떼는 듯한 뉘앙스를 풍기며 다시 가격이 상승하였습니다. 매트릭스포트의 리포트가 의도적이었든, 아니었든 세력이 이용하기 좋은 먹잇감이었음에는 틀림없습니다.

이제 Dip에 대한 개념이 어느 정도 잡히셨나요?

다음 파트에서는 Dip을 이용하기 위한, 즉 Buy the Dip을 위한 4단계의 접근에 대해 알아보도록 하겠습니다.

★ 미국 증권거래위원회(Securities and Exchange Commission: SEC): 미국 증시를 감시·감독하는 정부 직속 기관. 1934년 처음 설립되었으며, 불법 거래나 주가 조작 등을 적발하는 기본 업무를 비롯해 상장 기업이 공시 의무를 철저하게 이행하고 있는지, 증권업자들이 관련 법규를 제대로 지키고 있는지 등도 함께 감독합니다.

★★ 상장지수펀드(Exchange Traded Fund: ETF): 인덱스펀드를 거래소에 상장시켜 투자자들이 주식처럼 편리하게 거래할 수 있도록 만든 상품. 비트코인 현물 ETF의 승인은 암호화폐의 제도권 내로의 편입을 의미하며, 자산으로 인정받을 수 있음을 뜻합니다.

★★★ 매트릭스포트(Matrixport): 홍콩계 가상화폐 서비스 제공 업체.

Buy the Dip을 위한 4단계의 접근

아무 준비 없이는 Dip에서 살 수 없다

이제 Dip에 대해서는 대략 개념을 잡았습니다. 하지만 어떤 종목이 10%가 넘는 폭락을 기록하는 와중에 매수 버튼을 누를 수 있을까요? 대부분은 FUD*에 사로잡혀 쉽게 매수를 결정할 수 없을 것입니다.

이번 파트에서는 급락(Dip)을 이용하여 매수 포지션을 취하기 위한 4단계의 접근에 대해 알아보도록 하겠습니다.

1) 긴 시간 동안 잘 구축된 상승 추세를 관찰한다
(Observe a well-established long-term trend)

성공적인 투자를 지속해나가기 위해서는 항상 긴 흐름에서의 추세를 잘 살필 줄 알아야 합니다. 추세가 길게 유지될수록 신뢰도 역시 높아지게 됩니다. 긴 흐름에서의 추세를 살피는 방법에는 여러 가지가 있겠습니다만, 크게 세 가지로 정리해본다면 다음과 같은 방법들이 있겠습니다.

① HTF(High Timeframe)에서 형성된 상승 채널 혹은 상승 추세선
② 장기 이평선의 우상향
③ 매크로적 호재가 예정되어 있는 경우

---

* FUD: Fear(공포심), Uncertainty(불확실성), Doubt(의심)의 첫 글자를 딴 것으로, 과거 마케팅 분야에서 타사의 제품 구매를 방해하기 위해 허위 정보를 퍼뜨리는 것을 일컫는 말이었으나, 최근에는 투자 영역에서도 사용되며 투자자들의 공포 분위기를 조장하려는 악성 루머, 가짜 뉴스 혹은 악재 등을 의미하기도 합니다.

계속해서 앞서 다루었던 비트코인의 예를 살펴보도록 하겠습니다.

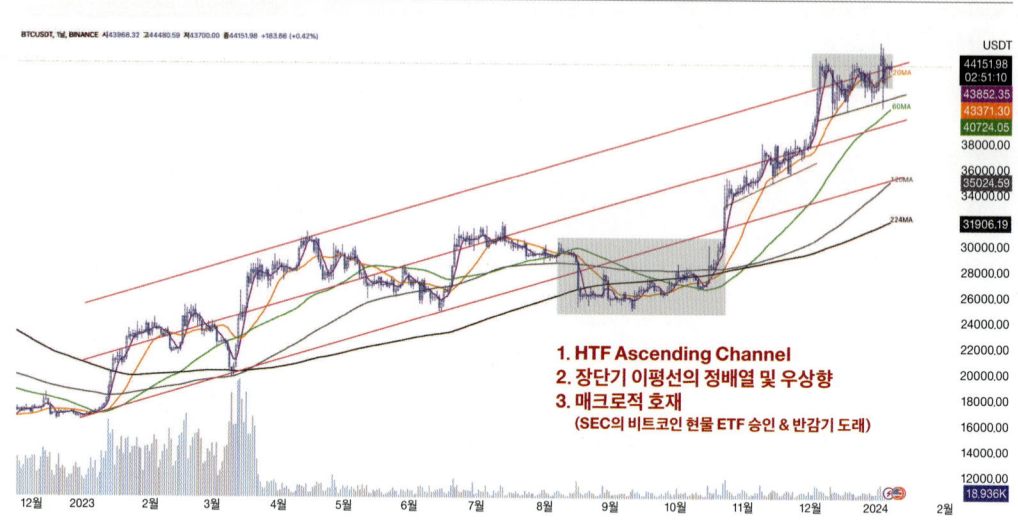

비트코인의 일봉 차트입니다.

비트코인은 2023년 초부터 형성된 HTF상의 상승 채널을 유지 중이었으며, 20일-60일-120일-224일 이동평균선의 정배열 및 우상향이 관찰되는 상황이었습니다. 또한 SEC의 비트코인 현물 ETF 승인 이슈 및 반감기 도래 이슈로 매크로적 호재도 함께 가지고 있었습니다.

2) 주요 지지 레벨을 미리 알아둔다(Look for key static support levels)

주요 지지 레벨을 '미리' 알아두는 것은 Buy the Dip에서 매우 중요한 과정입니다.

지지 구간은 크게 정적(Static) 지지 구간과 동적(Dynamic) 지지 구간으로 나눌 수 있습니다. 정적 지지 구간이란 주요 매물대, 오더블록 혹은 수평 지지선 등 시간이 지나도 가격이 변하지 않는 지지 구간을 뜻합니다. 반대로 동적 지지 구간이란 추세선, 이동평균선, 채널 등 시간이 지남에 따라 가격이 변하는 지지 구간을 뜻합니다. 지지 구간을 설정하는 다양한 방법들이 모두 동원될 수 있으며, 여러 지지 구간이 중첩되는 구역(Confluence Zone)이 있다면 더욱 신뢰도 높은 구간이 될 것입니다.

계속해서 비트코인의 사례를 살펴보도록 하겠습니다.

마지막 강한 아랫꼬리를 가진 캔들이 매트릭스포트 사의 리포트 이후 급락과 회복에서 형성된 캔들입니다. 미리 그려놓은 채널의 회귀선(Mid-level)을 이용한 동적 지지 구간과 전저점 등을 이용한 정적 지지 구간이 중첩되는 구역에서 지지가 일어난 것을 확인할 수 있습니다. 이처럼 미리 설정해둔 지지 구간이 있다면 이러한 지지 구간에서 지지가 나타났을 때 Buy the Dip을 하기 쉬워집니다.

지지 근거: 동일 저점의 지지, 단기 하락 채널 하단의 지지, 중기 상승 채널 Mid Level의 지지

3) 상승 시에 나타나는 프라이스 액션이 재개되기를 기다린다
(Look for restored bullish price action)

하락에서 매수하기 위해서는 일말의 상승 신호라도 찾아내는 것이 중요합니다. 즉, 상승 시에 나타나는 프라이스 액션을 확인해야 하는 것입니다. 가장 쉬운 방법은 저점의 높이 변화, 즉 LTF(Low Timeframe) 상에서 높아지는 저점(Higher Low)이 나타나는지를 확인하는 것입니다.

보다 안전한 진입을 위해서는 높아지는 저점(Higher Low)이 연속해서 두 번 이상 나타날 때 진입하는 것이 좋습니다.

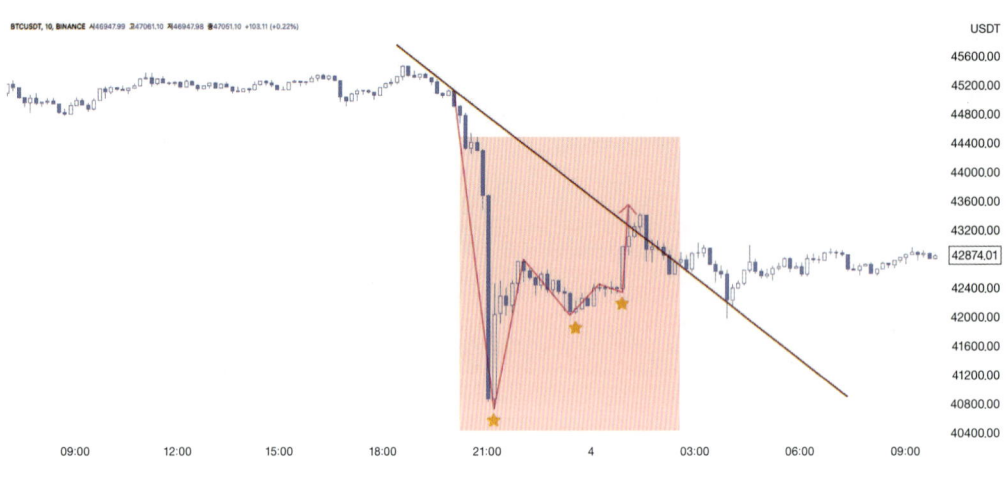

계속해서 같은 시점의 비트코인 차트입니다. 급락 당시의 차트이며, 이번엔 10분봉 차트입니다. LTF 차트라 볼 수 있겠습니다. 급락이 일어나기 전 약간의 하락 추세가 형성되었으며, 이를 이용하여 하락 추세선을 작도할 수 있습니다. 급락은 저점을 기록하고 반등하기 시작하였으며, 뒤이어 두 개의 높아지는 저점(Higher Low)을 형성합니다.

이렇게 높아지는 저점(Higher Low)의 형성은 매수세가 유입되었으며 매도세보다 매수세가 강해지고 있음을 의미하게 됩니다.

4) 상승 반전 캔들스틱 패턴이 나타나는지 살핀다
(Look for bullish reversal candlesticks)

샛별형(Morning Star)

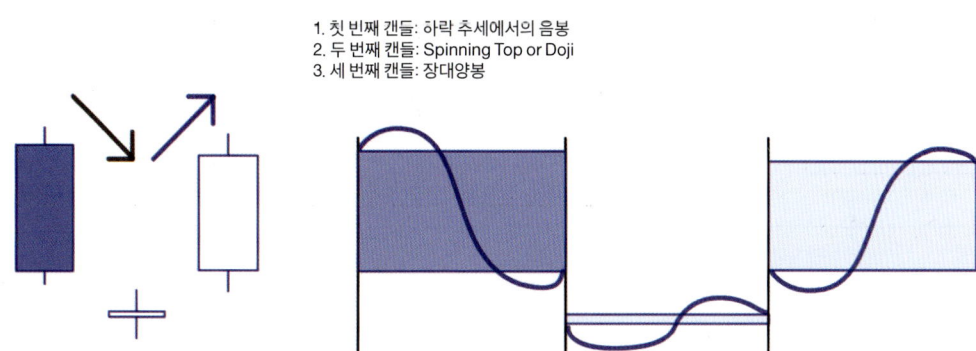

상승 장악형(Bullish Engulfing) & 상승 장악 확인형(Three Outside Up)

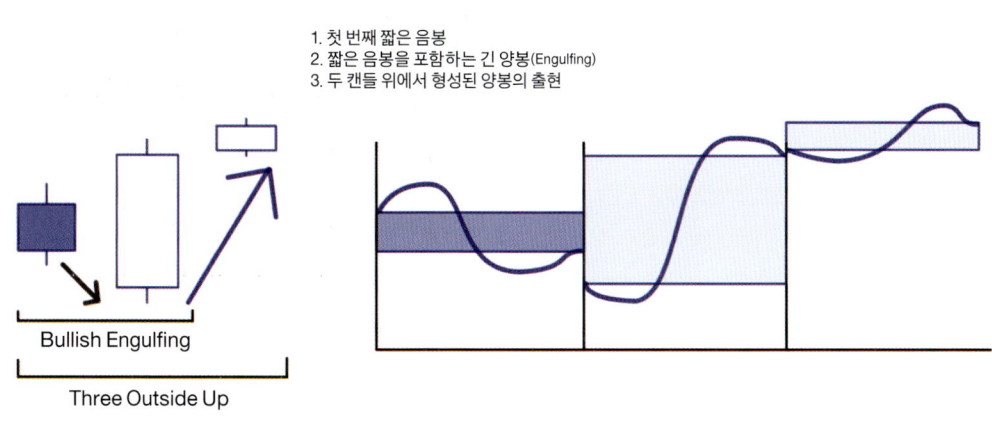

앞서 살펴본 3가지 단계를 모두 확인한다면, 나타난 하락이 일시적인 것이라는 사실을 어느 정도 알아차릴 수는 있습니다. 여기서 또 하나의 근거가 될 수 있는 것은 상승 반전 캔들 패턴입니다.

상승 잉태형(Bullish Harami) & 상승 잉태 확인형(Three Inside Up)

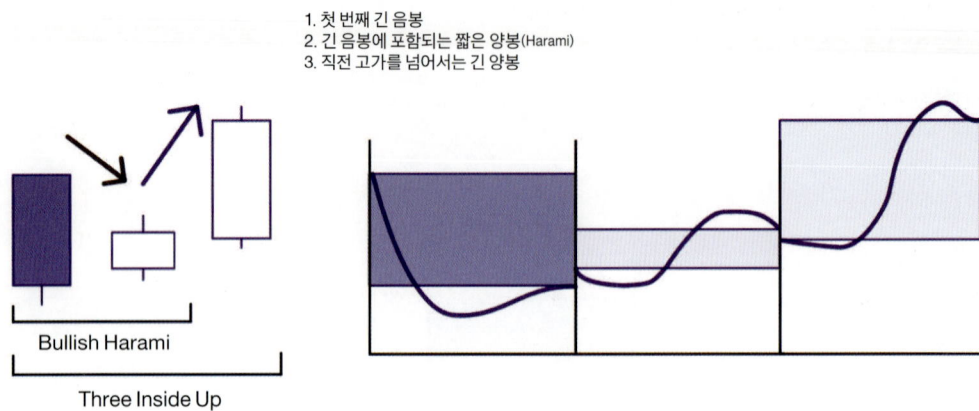

상승 반격형(Bullish Counter-attack Line) & 상승 관통형(Bullish Piercing)

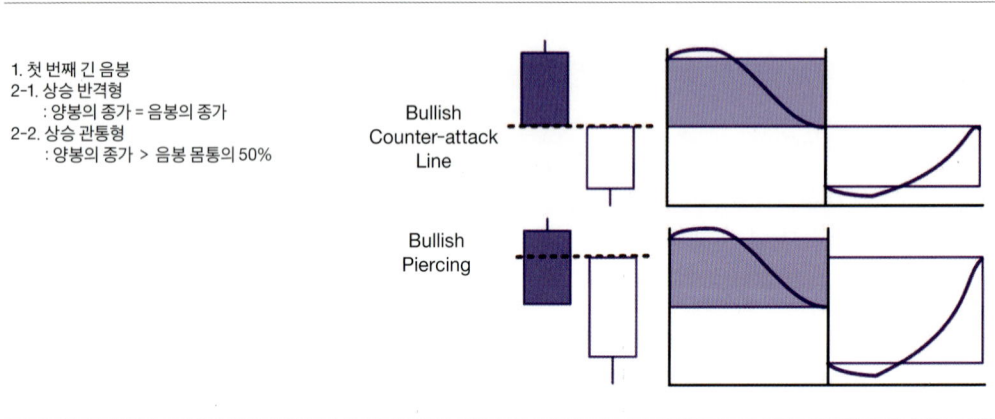

《차트 분석 바이블》 1권에서 캔들 패턴에 대해 다룬 바가 있었는데요. 상승 반전 패턴을 반드시 외워둘 필요는 없지만, 캔들에는 추세가 담겨 있기 때문에 맥락을 따라가며 이해하다 보면 충분히 알아차릴 수 있을 것입니다.

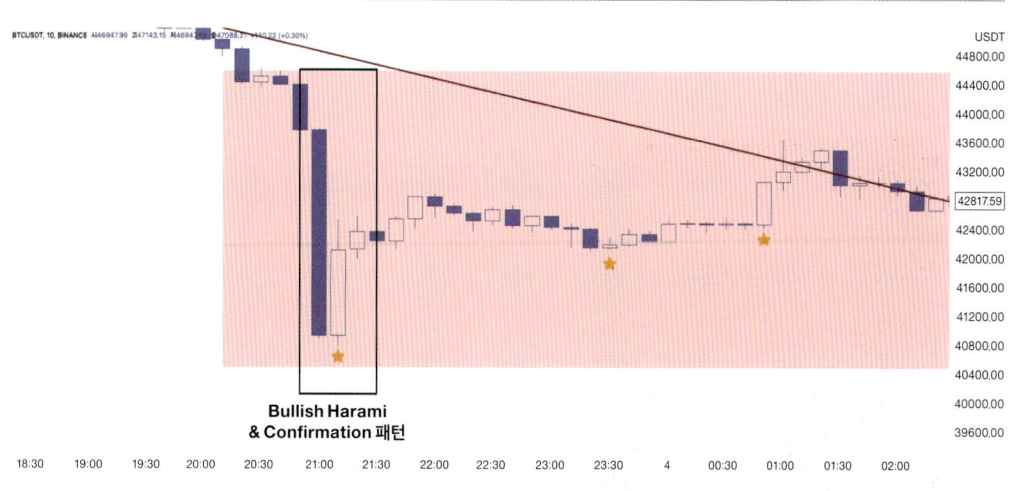

그럼 계속해서 비트코인의 예를 살펴보겠습니다.

자세히 확대해보니 정석적인 강세 하라미(Bullish Harami) 캔들 이후 양봉이 나타났으며, 세 번째 캔들이 두 번째 양봉 캔들의 고가를 갱신함으로써 강세 하라미 캔들을 검증(Confirmation)하는 패턴이 완성되었습니다. 이러한 근거를 종합하여 예시의 하락은 진짜 대하락장의 시작이 아닌, Dip이었음을 알아차릴 수 있습니다.

하지만 이러한 근거에도 추가적인 하락은 얼마든지 나타날 수 있습니다. 이 책의 유동성 파트에서는 이러한 하락을 모델화하여 자세히 알아볼 예정입니다만, 이번 파트에서는 저점 매수(Buy the Dip)에서의 리스크 관리에 대해서만 알아보도록 하겠습니다.

Buy the Dip에서의 리스크 관리

워런 버핏의 투자 원칙

투자의 제1원칙
절대로 돈을 잃지 말라.

투자의 제2원칙
제1원칙을 절대로 잊지 말라.

Buy the Dip, 즉 하락 중 저점 매수는 진입 위치가 매력적인 만큼 위험한 투자 방식에 속합니다. 따라서 리스크 관리는 필수적으로 동반되어야 합니다.

저점 매수에서의 리스크 관리는 크게 다음의 두 가지로 요약할 수 있습니다.

1) 포지션 사이즈 조절(Position Sizing)
2) 손절 계획(Exit Strategy)

지금부터 하나씩 살펴보도록 하겠습니다.

1) 포지션 사이즈 조절 - 항상 추가 진입을 염두에 두어라

Buy the Dip은 기본적으로 리스크가 높은 진입 전략에 해당합니다. 즉, 바닥을 정확히 알기가 너무나 어렵습니다. 실제로 급하락 이후 약간의 상승을 보여주다가 다시 추가 하락이 일어나는 경우도 많이 나타납니다.

따라서 어느 때보다도 더 철저한 분할 매수와 비중 관리를 시행해야 합니다. 파생상품 투자자들이라면 저레버리지를 활용하는 것도 포지션 사이즈 조절에 중요한 요소 중 하나입니다.

기본적으로 변동성이 큰 종목들의 경우 1R의 리스크*를 준수하며, 분할 매수로 접근할 것을 추천드립니다. Buy the Dip에서는 초기 물량만 진입한 후, 다시 본격적인 상승이 나타났을 때 가용할 수 있는 추가 물량을 투입하는 것도 하나의 방법입니다.

2) 손절 계획 - 투자에서 배수진을 칠 필요는 절대 없다

투자는 평생 해나가는 것이고, 기회가 한 번뿐인 월드컵 결승전과 같은 승부가 아닙니다. 항상 퇴로를 확보해두고, 손절 계획을 세워놓은 이후 진입하는 것이 중요합니다.

앞서 살펴본 2단계, '주요 지지 레벨을 미리 알아둔다'와 일맥상통하는 전략이 될 수 있습니다. 즉, 미리 확인한 지지 레벨을 손절선으로 잡아둔다면, 추가적인 하락이 나타났을 때 손실을 최소화할 수 있을 것입니다.

급격한 하락이 나타나는 경우 투매(Panic Sell), 연쇄 청산 등에 의해 비정상적인 하락이 추가적으로 동반될 수 있습니다. 호가창이 심하게 밀릴 경우 원하는 손절가에 손절 주문이 걸리지 않는 경우도 발생할 수 있습니다. 따라서 반드시 두 가지 방법을 모두 활용하여 철저하게 리스크 관리를 해야 합니다.

---

* 가격의 추가 하락이 나타나 손절가에 이르더라도 손실을 전체 시드의 1%로 제한하는 리스크 관리 방법.

5

Clearance Thrust:
투매(Dump) 전에 찾아오는 상승(Pump)

 Clearance Thrust에 대한 이해

1) Thrust의 기본 개념

Thrust

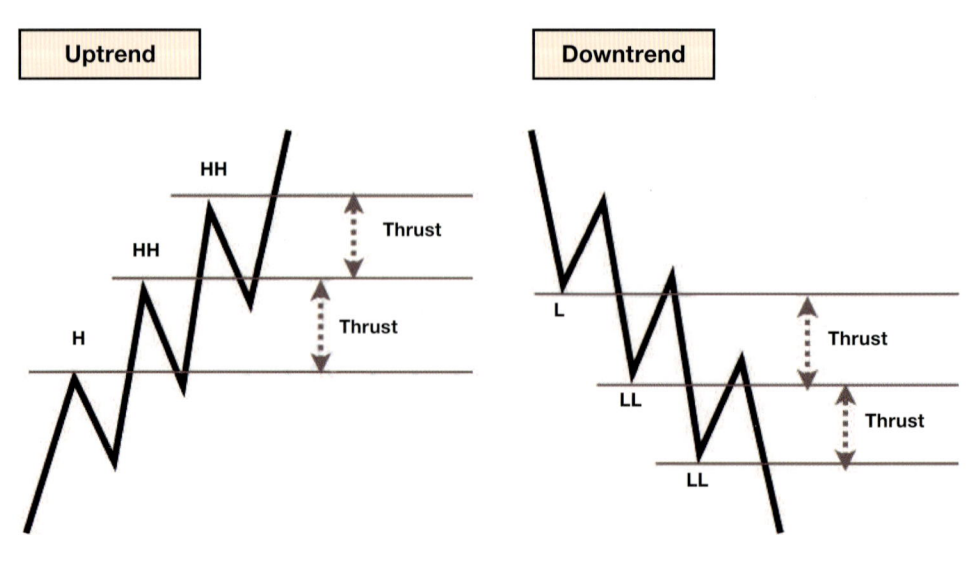

먼저 Thrust의 개념부터 간단히 확인하고 넘어가도록 하겠습니다. Thrust는《차트 분석 바이블》1권에서 다루었던 적이 있는 개념입니다. 투자 영역에서는 상승 추세에서 현재의 주요 고점(Swing High)과 이전의 주요 고점(Swing High) 사이의 거리, 그리고 하락 추세에서 현재의 주요 저점(Swing Low)과 이전의 주요 저점(Swing Low) 사이의 거리를 의미합니다.

이러한 Thrust의 크기는 특별한 의미를 가지게 됩니다.

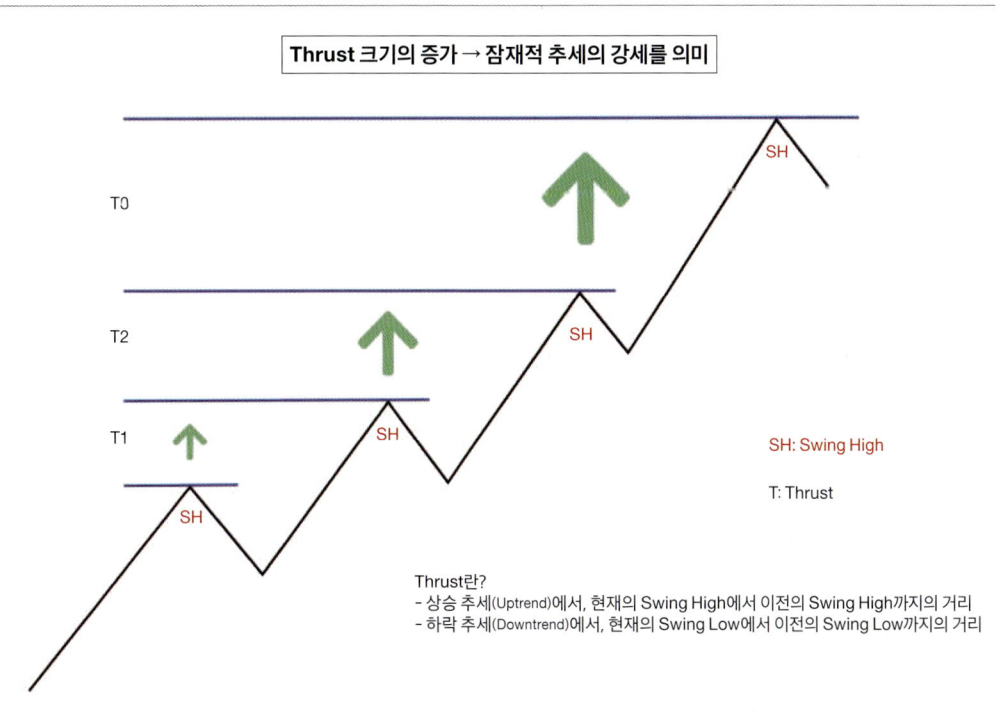

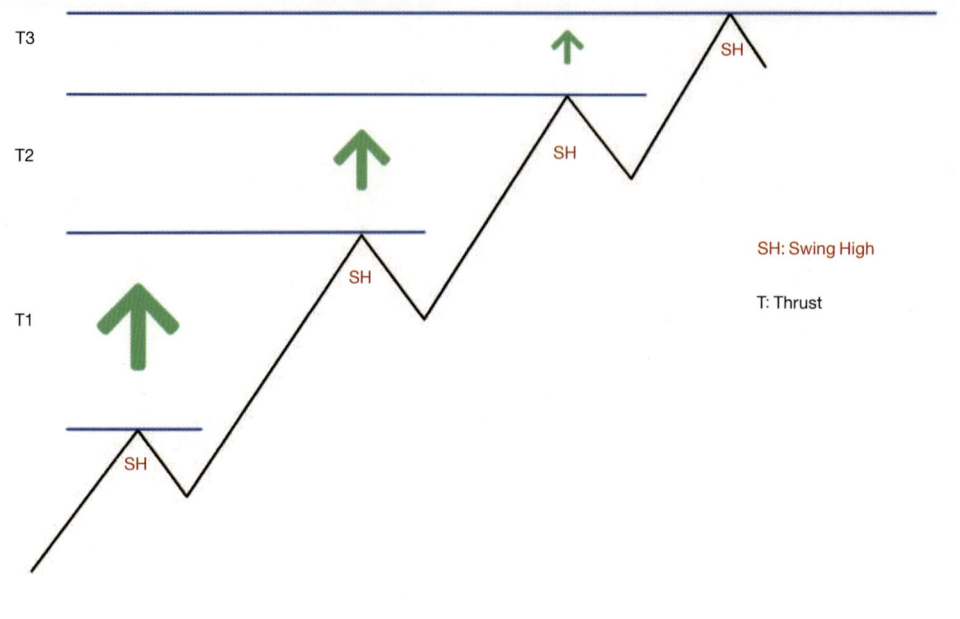

먼저 Thrust의 크기가 점차 증가한다면 잠재적인 추세가 강해질 수 있음을 의미합니다. 반대로 Thrust의 크기가 감소한다면 잠재적인 추세가 약해질 수 있음을 의미합니다.

2) Clearance Thrust란?

이제 이번 파트의 핵심 개념인 Clearance Thrust에 대해 알아보도록 하겠습니다.

Clearance의 사전적 의미는 '(여유) 간격'입니다. 다른 뜻으로는 '재고 정리'라는 뜻도 있습니다. 어쩌면 처음 이러한 가격 움직임에 이름을 붙인 사람은 '재고 정리'를 생각하고 이름을 지은 것일지도 모르겠습니다.

말로는 쉽게 와닿지 않는 개념이기에 바로 모식도를 통해 확인해보도록 하겠습니다.

Clearance Thrust

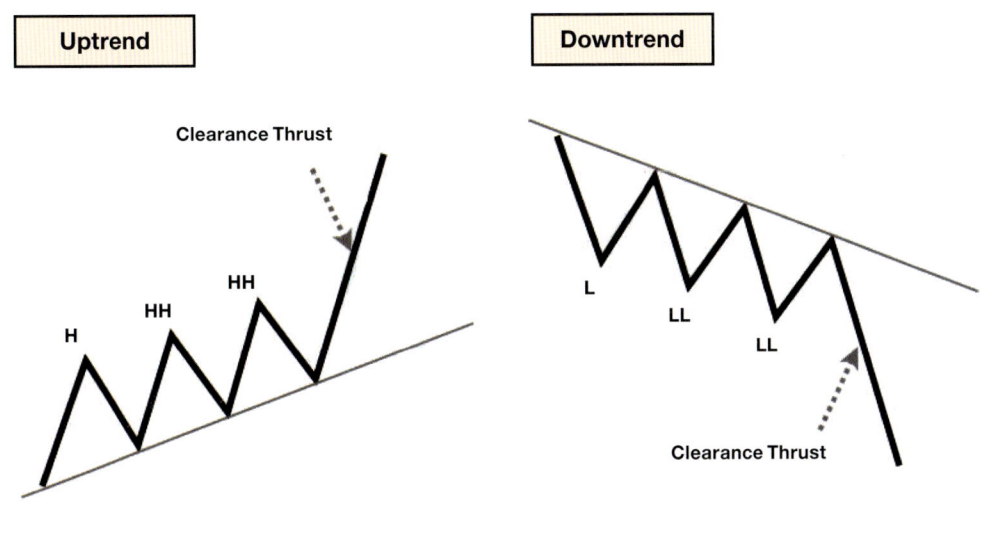

모식도에서 살펴볼 수 있듯이, 추세가 비교적 잘 형성되고 있을 때 갑자기 기존에 형성된 추세에 비해 큰 추세를 분출하는 경우를 자주 보았을 것입니다.

이러한 현상은 프라이스 액션에서 강조하는 Smart Money Concept(SMC)*에서 생각해본다면, 당연한 결과입니다. 결국 강한 추세, 즉 마크업(Markup)은 마켓 메이커들의 매집이 끝나감과 동시에 나타나기 때문입니다. 반대로 마켓 메이커들의 매집 과정에서는 추세선을 비교적 잘 따라가는 정석적인 단계적 상승이 나타나게 됩니다.

하락 추세에서도 마찬가지입니다. 정석적으로 상단 추세선의 저항을 받으며 서서히 하락하던 종목은 마켓 메이커들의 분배(Distribution)가 완료됨과 함께 '투매(Dump, Panic Sell)'가 나타나게 됩니다.

---

* 프라이스 액션에서 핵심이 되는 개념으로, 마켓 메이커가 움직이는 스마트 머니에 의해 시장 가격이 유도되며 변화한다는 시각에서 시장을 해석하는 이론으로 마이클 허들스톤이 정립하였습니다.

크게는 와이코프의 축적(Accumulation)·분배(Distribution)의 개념과도 유사성이 있는 개념입니다. 다만 Clearance Thrust의 경우 와이코프 축적·분배 전체 과정의 일부에 해당할 수 있으며, 훨씬 더 낮은 타임프레임에서 나타나게 된다는 차이가 있습니다.

실제 차트에서도 이러한 Clearance Thrust는 심심치 않게 발견할 수 있는데, 몇 가지 예시를 살펴보고 넘어가도록 하겠습니다.

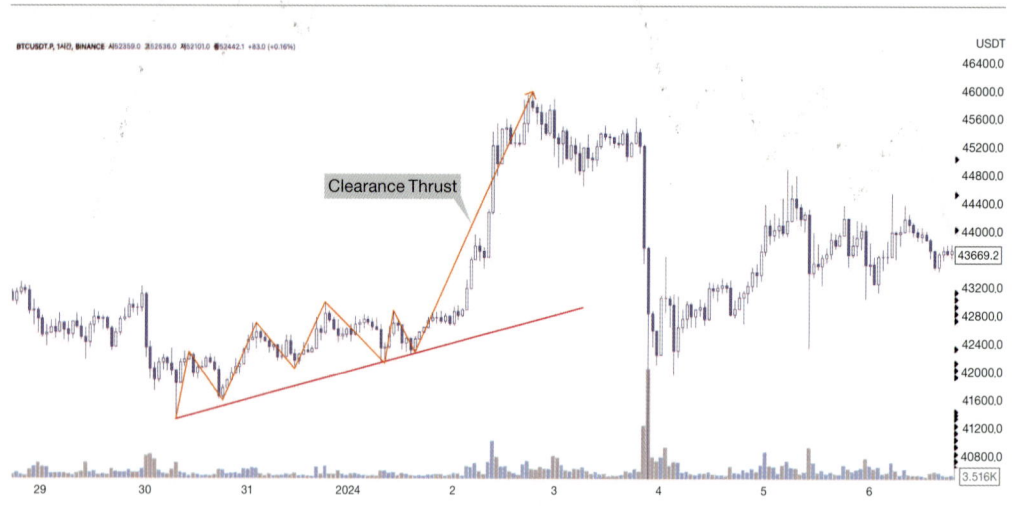

비트코인 선물 차트의 1시간봉 예시입니다.

완만한 상승 추세선을 타던 중에 갑자기 강한 상승이 나타나는 것을 확인해볼 수 있습니다. 이러한 차트가 전형적인 Clearance Thrust의 예시입니다.

하락 추세일 때도 비슷한 현상이 나타나는지 확인해보겠습니다.

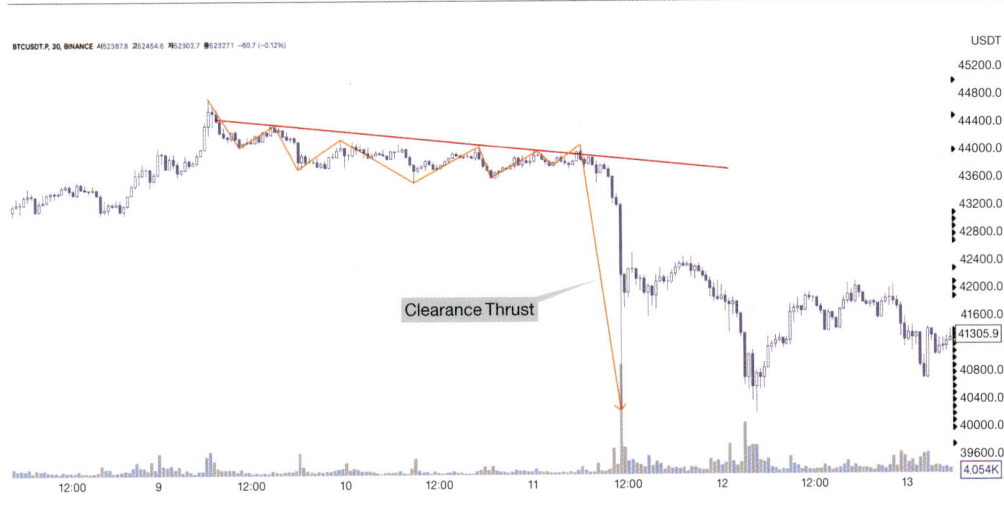

하락 추세의 비트코인 선물 30분봉 차트입니다.

워낙 강한 하락이 나타났기 때문에 이전의 하락 움직임이 상당히 완만해 보이지만, 이전의 움직임도 고점 대비 약 3%가량 하락하여 확실한 하락 추세를 보이던 중이었습니다. 역시 비슷한 양상으로 Clearance Thrust가 나타난 것을 확인해볼 수 있었습니다.

하지만 Clearance Thrust에 숨겨진 내용은 여기가 끝이 아닙니다. 다음 파트에서는 Clearance Thrust 이후의 움직임에 대해서도 살펴보도록 하겠습니다.

Pump-and-Dump Scheme

Pump란 가격의 상승을, 그리고 Dump란 가격의 급락 혹은 투매를 뜻합니다.

Pump-and-Dump Scheme은 'The Pump before The Dump'라고도 불립니다. 급락 전에 찾아오는 가격의 상승이라는 뜻을 가지고 있으며, 이 개념은 반드시 알아두어야 할 프라이스 액션 중 하나입니다.

하지만 이름과 개념이 생소하다고 하여 두려워할 필요는 없습니다. 이미 많이 봐오던 개념일 테니까요. 1권에서 세력의 함정 및 손절 유도에 대해 다루며 'Inducement', 그리고 '스탑헌팅(Stop Hunting)'의 개념에 대해 설명드린 바 있습니다. 이처럼 시장을 주도하는 마켓 메이커들은 다양한 방법으로 개인 투자자들을 공포에 빠뜨리며, 이러한 과정에서 출현하는 물량을 흡수하게 됩니다.

Pump-and-Dump Scheme 자체는 주식시장에서 자주 쓰이는 말로, 흔히 이야기하는 '작전주'를 이야기합니다만, 이러한 Pump-and-Dump는 주식시장뿐 아니라 모든 자산시장에서 일상적으로 일어난다고 봐도 무방할 것입니다.

이러한 급락 전 찾아오는 상승은 마켓 메이커들의 물량 떠넘기기 과정을 나타내기도 합니다. Dump, 즉 세력이 나간 자리에 나타나는 투매 이전에는 세력의 Pumping 과정이 동반된다는 것입니다. 통상적으로 이러한 과정은 오랜 기간에 걸쳐서 일어날 수도 있지만, 우리가 생각하는 것보다 굉장히 빠른 시간 안에도 일어날 수 있습니다.

암호화폐 시장은 거래 내역이 모두 투명하게 관리되며 접근이 쉽기 때문에 마켓 메이커들의 움직임을 비교적 정확하게 추적할 수 있습니다. 또한 암호화폐 시장은 주식시장보다 훨씬 실체가 불분명하며, 마켓 메이커들의 시장 개입이 쉽기 때문에 역설적으로 프라이스 액션을 가장 적용하기 쉬운 시장에 해당하기도 합니다.

AI 코인의 파이어차트를 살펴보도록 하겠습니다.

> **파이어차트(Firechart)란?**
> 매터리얼 인디케이터스(Material Indicators)라는 그룹에서 제공하는 암호화폐 데이터 차트로, 거래 금액별로 누적 델타 거래량(CVD)을 나누어 제공하기 때문에 시장 참여자들의 움직임을 쉽게 파악할 수 있는 차트입니다.
> - 갈색 그룹: $1M~$10M (1회 약 14억 ~ 140억 원어치의 주문)
> - 보라 그룹: $100K~$1M (1회 약 1억 4000만 ~ 14억 원어치의 주문)
> - 빨강 그룹: $10K~$100K (1회 약 1400만 ~ 1억 4000만 원어치의 주문)
> - 초록 그룹: $1K~$10K (1회 약 140만 ~ 1400만 원어치의 주문)
> - 주황 그룹: $100~$1K (1회 약 14만 ~ 140만 원어치의 주문)

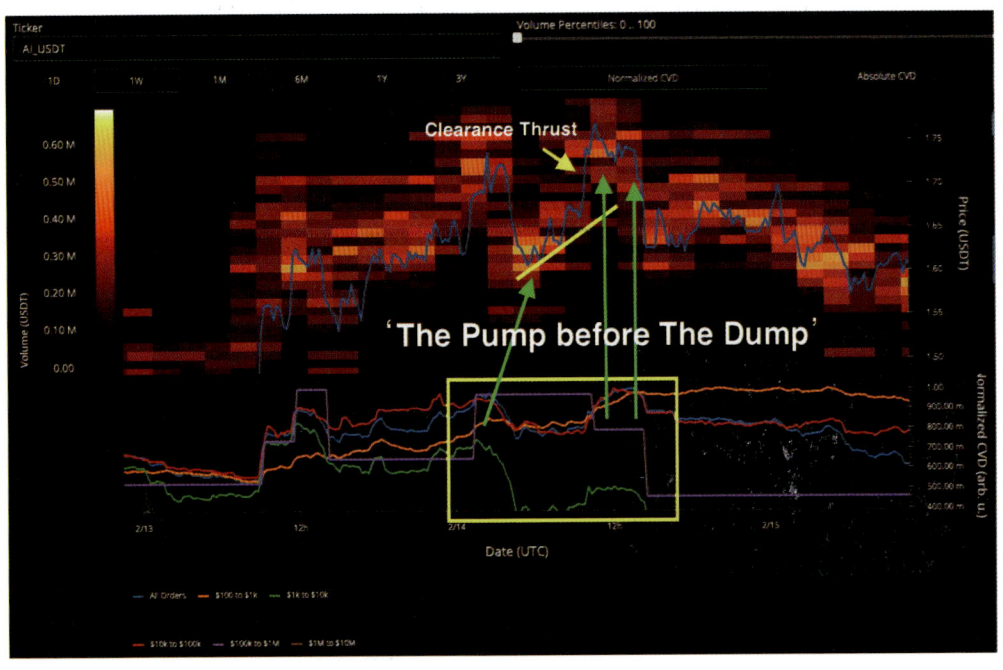

약 12시간 정도에 걸쳐 이루어진 Pump-and-Dump의 예시입니다.

보라 금액대 그룹의 유입이 관찰된 후에 가격의 Pumping이 일어나게 되며, 최종적으로 앞서 살펴보았던 Clearance Thrust를 만들어냅니다.

이후 과정에 더 집중할 필요가 있습니다. 마켓 메이커라 부를 수 있는 보라 금액대 그룹의 이탈이 2회 정도 관찰되며, 이 과정에서 Dump가 일어나는 것을 확인해볼 수 있습니다. 이 예시는 전형적인 Pump-and-Dump Scheme의 예시이며, Clearance Thrust 전후로 이러한 움직임이 많이 나타날 수밖에 없습니다.

(보라 금액대 그룹의 경우 1D 차트이기 때문에 차트 이전에도 지속적인 매집이 있었으며, 차트 이후에도 전체 물량을 다 정리한 것이 아니기 때문에, 또 보라 금액대 그룹을 단일 그룹이라고 볼 수 없기 때문에 이번 하락으로 모든 보라 금액대 그룹의 물량이 정리되었다고 볼 수는 없습니다.)

Clearance Thrust 실전 적용 예시

1) Clearance Thrust, 즉 가격의 Pumping을 이용하는 전략

앞서 살펴보았던 비트코인의 예시를 보다 더 자세히 살펴보도록 하겠습니다.

2023년 말 ~ 2024년 초 즈음의 차트입니다.

마찬가지로 파이어차트상에서 거래 금액별 누적 델타 거래량을 확인해보았을 때, 갈색 금액대 그룹의 지속적 매집이 관찰됩니다. 상승 추세선에서 지지가 여러 차례 일어나며 정석적인 상승 추세를 보여주고 있기 때문에 상승 추세선 부근에서 마켓 메이커들을 따라 롱 포지션 진입 혹은 현물 매수를 시도할 수 있습니다.

위 예시처럼 Clearance Thrust가 관찰된 이후에는 수익 실현을 과감하게 실행하는 것이 좋습니다. 적어도 분할로 일정 수익을 챙겨둔 후 손절가를 진입가로 설정하여 혹시 모를 리스크까지 제거해두는 것을 권장드립니다. Clearance Thrust에서 수익 실현을 과감하게 시행해야 하는 이유는 사례의 경우처럼 Pumping 이후 Dumping 움직임이 나오는 경우가 매우 빈번하기 때문입니다. 또한 사례의 경우는 마켓 메이커들의 강한 이탈이 나타나지는 않았으나,

실제로 마켓 메이커들이 이탈한 경우라면 추가적인 상승이 일어나지 않을 가능성이 매우 높습니다.

2) Pumping을 관찰한 후 Dumping을 이용하는 전략

테라클래식 코인의 1시간봉 선물 차트입니다.

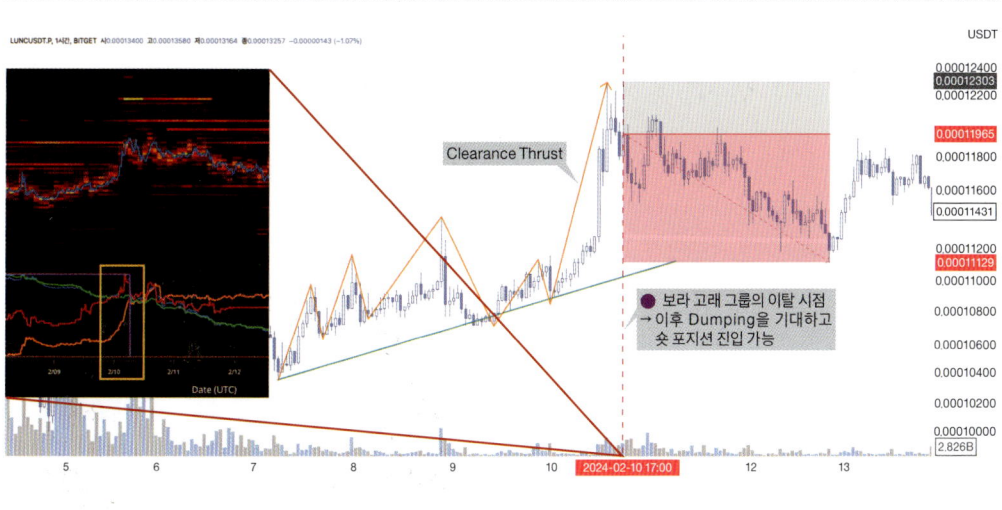

역시 Clearance Thrust가 나타난 차트로, 이번에는 Clearance Thrust 이후의 움직임을 이용하는 전략에 대해 알아보도록 하겠습니다.

Clearance Thrust가 나타난 직후 파이어차트에서 보라 금액대 그룹의 뚜렷한 이탈이 관찰됩니다. 따라서 과감하게 마켓 메이커들의 이탈 시점에서 Dumping을 기대하고 숏 포지션에 진입할 수 있습니다.

물론 어떠한 기술적 분석도 100% 승률을 보장할 수는 없기 때문에 스스로 투자의 비중을 조절하고 리스크를 관리해나가는 과정은 필수적입니다.

6
ICT Range Contraction & Expansion: 시장의 수축과 팽창

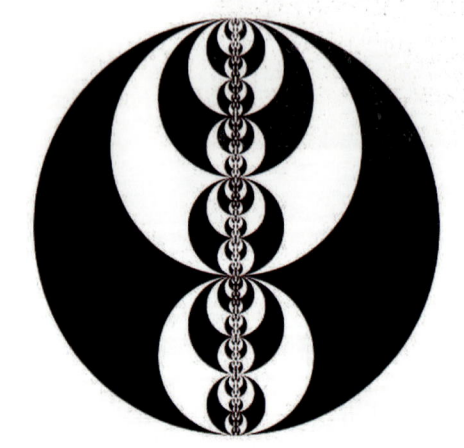

ICT(Inner Circle Trader)는 마이클 J. 허들스톤(Michael J. Huddleston)이라는 미국의 트레이더가 개발한 트레이딩 방법론입니다.

은행, 헤지 펀드 등의 주요 금융 주체가 외환시장 혹은 주식 거래에 참여할 때 시장에 눈에 띄는 흔적을 남긴다는 아이디어를 중심으로 'Smart Money Concept(SMC)'를 정립하였는데, 시장을 조작(Manipulation)하고, 이끌어나가는 스마트 머니의 행동을 이해하는 것에 초점을 맞춘 이론입니다.

가격 범위의 수축과 팽창에 관한 이론, Range Contraction & Expansion(C&E)

Range C&E의 기본 개념

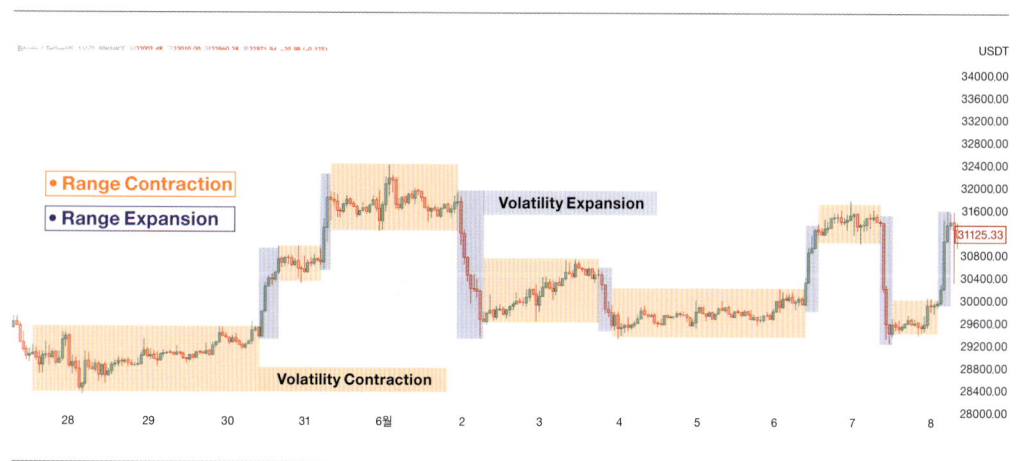

Range Contraction & Expansion

Range C&E는 시장 구조를 파악하기 위한 기본적인 요소 중 하나입니다.

우선 Range Contraction은 '수축 구간'이라는 의미로 해석할 수 있으며, 변동성이 압축된 상태를 의미합니다. 큰 변동성이 나타나기 전에 관찰되는 전조 현상이라고도 해석할 수 있습니다.

반대로 Range Expansion은 '팽창 구간'으로 해석할 수 있으며, Range Contraction 이후 변동성이 커지면서 폭발적인 가격 움직임이 나타나는 구간을 말합니다.

특정 종목에 대한 시장 참여자들의 관심이 떨어지면 가격은 비교적 좁은 범위 내에서 움직이는 '수축(Contraction)' 현상을 보입니다. 가격이 좁은 범위를 움직인다는 것은 매수 세력과 매도 세력 간의 힘겨루기가 이루어지고 있다고 생각할 수 있으며, 관심도가 크지 않기에 어느 한쪽도 확실한 추세를 보이지 못하고 있다고도 볼 수 있습니다.

하지만 머지않아 특정 종목에 대한 관심과 이에 따른 수요, 공급의 변화가 나타남에 따라 특정 세력의 우위가 판가름 나게 됩니다. 이때 매수와 매도 세력 중 보다 우세한 세력이 시장을 유리하게 이끄는 '팽창(Expansion)'의 시기를 보이며, 시장은 특정 방향으로 추세를 나타내게 됩니다.

시장은 이러한 Range Contraction, 그리고 Range Expansion을 끊임없이 반복하며 움직이게 되는데, 이를 모식도로 다음과 같이 정리할 수 있습니다.

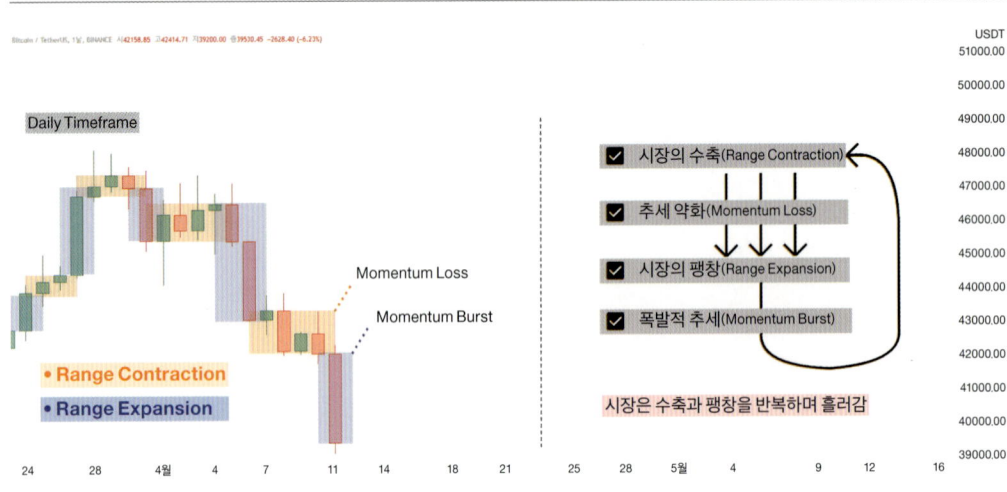

Range C&E의 과정을 다시 한번 차근차근 살펴보겠습니다. 먼저 Range Contraction(오렌지색 박스) 시기를 거치며 시장의 추세는 약화됩니다. 이후 Range Expansion이 나타나며 폭발적인 추세를 보이게 됩니다. 이러한 폭발적인 추세 역시 점차 그 힘을 잃어가며 다시금 Range Contraction이 나타나게 됩니다.

수축 구간이 비교적 길수록 뒤따르는 팽창 구간의 추세가 폭발적일 수 있으며, 이러한 Range C&E는 비교적 단기적 트레이딩에 적합한 개념에 해당합니다.

주봉 & 일봉 차트를 토대로 한 Range Contraction

ICT에서는 주봉 & 일봉 차트를 토대로 하여 만들어지는 Weekly, 그리고 Daily Range Contraction에 대한 이해를 강조하고 있습니다. 또한 Range C&E 개념의 본질적인 목표는 Contraction을 파악하여 이후 나타날 Expansion을 트레이딩에 유리하게 사용하는 것이라 설명하고 있습니다.

그렇다면 Range C&E는 어떻게 확인할 수 있을까요? Contraction과 Expansion을 판단하는 것은 단일 캔들스틱의 형태입니다. 다만 여기서 중요한 것은 일반적인 경우와 달리 캔들의 꼬리를 제외한 몸통만을 판단 기준으로 한다는 점입니다. 즉, 몸통이 짧은 캔들은 Contraction을, 몸통이 긴 캔들은 Expansion을 의미하게 되는 것입니다. Contraction은 항상 Expansion에 선행하여 나타나므로 주봉상 나타나는 캔들의 몸통이 점차 작아진다면 이후 Expansion에 해당하는 폭발적인 가격 움직임이 나타날 것임을 짐작할 수 있습니다.

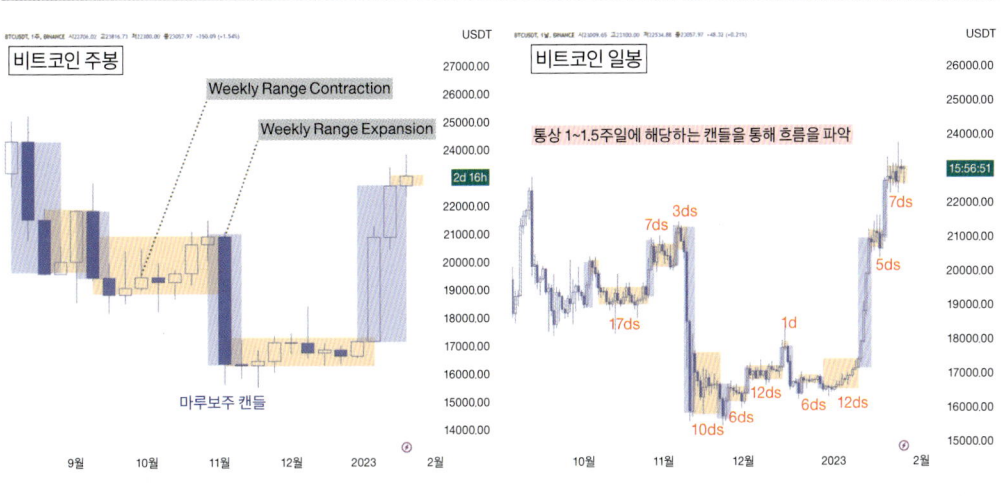

1) Weekly Range Contraction

좌측의 모식도는 비트코인의 주봉 차트입니다. 주봉상에서 몸통이 짧은 캔들스틱들이 관찰될 때 이를 Range Contraction이라 볼 수 있고, 곧 Range Expansion이 나타날 수 있음을 짐작할 수 있습니다. 예시에서는 주황색 영역으로 표시한 몸통이 작은 Range Contraction 캔들이 나타난 후, 몸통이 긴 마루보주 캔들스틱이 출현하며 Range Expansion이 뒤따르는 것을 확인해볼 수 있습니다.

2) Daily Range Contraction

앞서 살펴본 주봉의 예시와 같이 일봉상에서 나타나는 몸통이 짧은 단일 캔들스틱을 기준으로 판단합니다. 타임프레임만 다를 뿐 주봉 차트와 주요 내용은 동일합니다. 마찬가지로 Range Contraction과 Range Expansion이 지속하여 번갈아가며 일어나는 것을 확인해볼 수 있습니다. 스윙 트레이더들의 경우 통상적으로 1~1.5주일 정도의 봉을 이용하여 시장의 흐름을 파악하는 것이 좋습니다. 따라서 주말이 있는 주식시장의 경우는 약 5~7개의 일봉 캔들스틱을, 주말이 없는 자산시장의 경우는 약 7~10개의 일봉 캔들스틱을 기준으로 삼는 것이 좋습니다.

Inside Day 캔들스틱

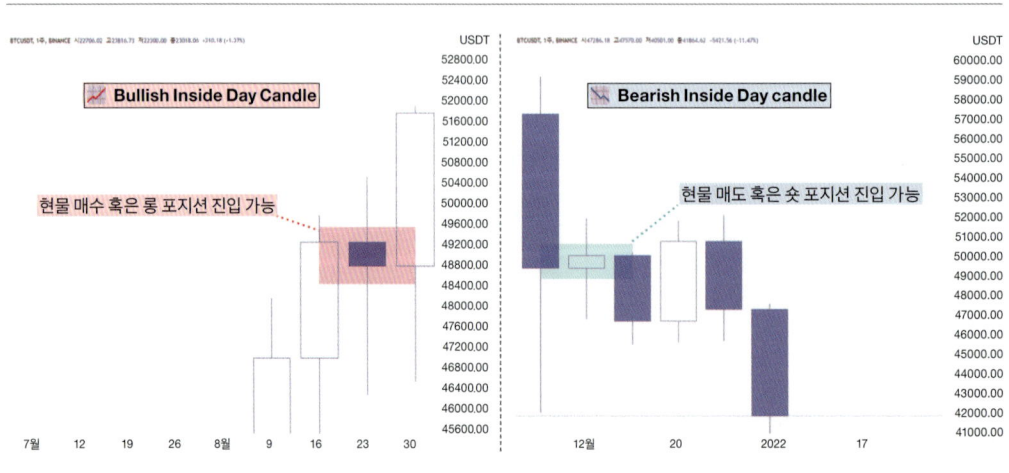

Inside Day 캔들스틱은 일봉상 특정 캔들의 고점이 이전 캔들 고점 아래에, 저점이 이전 캔들의 저점 위에 위치하는 경우를 의미합니다. 모든 자산시장을 통틀어 자주 나타나며 확인

및 적용이 쉽다는 장점이 있습니다. 또한 추세장에서의 지속형 캔들뿐 아니라 시장의 반전이 일어나는 경우 등 다양한 시장 상황에서 효과적으로 적용할 수 있습니다.

이 Inside Day 캔들스틱 역시도 ICT 이론에서는 꼬리를 포함하지 않은 특정 캔들의 몸통, 즉 시가와 종가만을 이용하여 판단하는 것이라 생각해주시면 되겠습니다.

먼저 상승 추세에서 나타나는 강세 Inside Day 캔들스틱부터 살펴보도록 하겠습니다. 강세 Inside Day 캔들스틱은 종가가 시가보다 낮은 음봉 형태를 띠며 앞 캔들에 포함되는 잉태형 캔들을 의미합니다. 이 상황에서 현물 매수 혹은 롱 포지션 진입을 고려할 수 있겠습니다.

반대로 하락 추세에서는 약세 Inside Day 캔들스틱이 출현할 수 있습니다. 약세 Inside Day 캔들스틱은 앞 음봉에 포함되는, 종가가 시가보다 높은 양봉 형태를 띠는 캔들을 의미합니다. 이는 앞의 음봉을 극복하지 못한 양봉이라 볼 수 있으므로 추가적인 매도 압력의 존재를 의미하는 전조 현상일 가능성이 높으며, 이때는 현물을 매도하거나 혹은 숏 포지션에 진입하는 전략 등을 고려하는 것이 좋습니다.

다만 Inside Day 캔들스틱은 그 자체만으로 추후 움직임의 방향을 알기는 어렵기 때문에 반드시 추가적인 분석이 동반되어야 하겠습니다. 이러한 방향을 유추하는 데 앞서 1권에서 살펴보았던 상승 전환, 하락 전환, 그리고 지속형 캔들스틱 패턴을 활용하는 것도 하나의 방법이 될 수 있습니다.

Po3 개념을 접목시킨 Range C&E 해석

이제 Range Contraction 이후 나타나는 Expansion, 그리고 이러한 C&E 구조는 끊임없이 반복된다는 C&E의 기본 개념에 대해서는 어느 정도 이해하셨을 것입니다. 하지만 언제 어느 시점에 Contraction, 그리고 Expansion이 나타날지는 아직 알기 어려울 것입니다. ICT에서는 Range C&E를 Po3 개념에 접목하여 사용하는 방법을 제시하고 있습니다. 함께 살펴보도록 하죠.

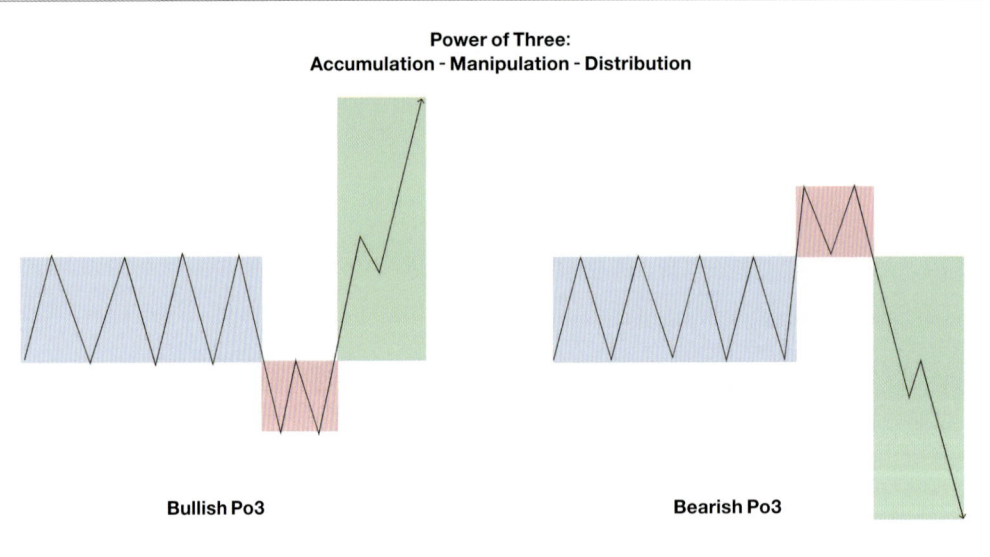

Po3(Power of Three)란 축적(Accumulation) - 조정(Manipulation) - 발산 및 분배(Distribution) 단계로 구성되는 프라이스 액션이며, 1권에서 다룬 바 있는 개념에 해당합니다. 각각의 단계는 매집을 통한 유동성 풀(Liquidity Pool)의 형성, 가격 조정을 통한 유동성 확보, 마켓 메이커들의 수익 실현이라는 의미를 가지고 있습니다. 이 Po3와 Range C&E는 유사한 구조적 특징을 가지고 있기 때문에 함께 접목하여 적용할 수 있겠습니다.

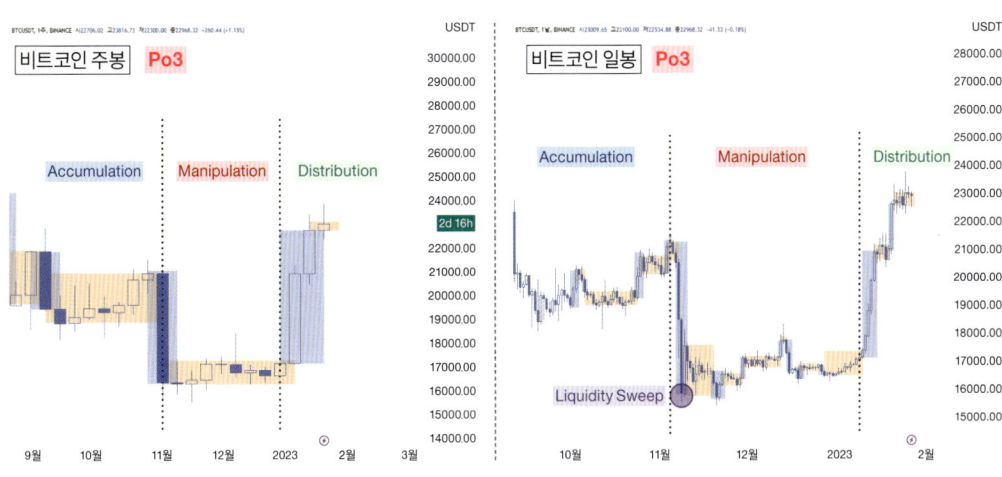

위 모식도는 비트코인의 2022년 9월 ~ 2023년 초의 주봉, 일봉 차트를 나타냅니다.

2023년 1월에 나타난 상승 랠리는 주봉상에서는 FVG(Fair Value Gap)를 보이는 단순한 장대양봉으로 보입니다. 앞선 여러 개의 작은 몸통의 캔들(오렌지색 박스)은 Weekly Range Contraction이 수 주간 이어져 왔음을 의미합니다. 그 기간이 길었던 만큼 이후 나타난 Range Expansion(파란색 박스)이 폭발적으로 나타났음을 알 수 있습니다.

여기까지는 Range C&E의 관점만 이용한 해석입니다. 이번엔 Po3의 관점을 함께 적용하여 보다 세밀한 차트 구조를 파악해보도록 하겠습니다. 일봉 타임프레임상에서는 주봉은 7개의 일봉으로 나뉘며 더욱 세밀한 구조를 관찰할 수 있게 합니다.

1) 축적 단계(Accumulation Phase)

2022년 9월부터 11월 정도까지의 가격 움직임을 축적 단계로 볼 수 있겠습니다. 가격은 비교적 좁은 범위 내에서 움직이며, 범위의 고점과 저점 상에서 유동성 풀이 형성되며 축적(Accumulation)이 일어났을 것입니다. 이는 주봉상 Weekly Range Contraction에 해당하는 작은 캔들스틱들의 무리에서 확인이 가능합니다.

2) 조정 단계(Manipulation Phase)

이 시기에 주요한 매크로 이슈로는 세계 3위 가상자산 거래소였던 FTX의 파산 이슈가 있었으며, 이 사태를 기점으로 암호화폐 시장은 급락을 보였습니다. 이러한 과정에서 많은 거래가 일어나고 여러 포지션이 종료되거나 청산되면서 시장의 유동성이 확보됩니다. 하락 쪽으로의 Weekly Range Expansion이 일어난 이후, 보다 낮은 가격 범위에서 다시 Range Contraction이 나타나는 모습을 확인할 수 있습니다.

3) 발산 단계(Distribution Phase)

앞서 조정 단계에서 확보된 유동성을 바탕으로 Weekly Range Expansion을 보이며 시장은 상승하기 시작합니다. 이 구간에서 마켓 메이커들의 수익 실현이 일어날 수 있습니다. 즉, 달리 표현하자면 Po3는 Range C&E를 통해 수익화를 시도하는 프라이스 액션 구조라고도 볼 수 있겠습니다.

트레이더들이 가장 궁금해하는 것은 가격의 움직임입니다. 이러한 가격의 움직임이 언제, 얼마나, 어느 방향으로 일어날지 고민하고 탐구하는 과정은 기술적 분석의 본질이기도 하죠. Range C&E는 이러한 가격 움직임의 '방향'을 명확히 제공할 수는 없다는 한계를 가지고 있습니다. 하지만 가격 움직임의 '규모'와 '속도'를 파악하기에는 유용한 도구로 사용될 수 있습니다. Range C&E를 다양한 타임프레임에서 적용하여 시장의 수축과 팽창을 활용한 트레이딩을 연습해보시기 바랍니다.

ICT Rejection Block: 유동성을 향한 움직임

리젝션 블록(Rejection Block)이란?

이제 프라이스 액션에 어느 정도 익숙해지신 독자분들이라면 명확한 차트상의 고점이나 저점이 유동성 풀(Liquidity Pool)로 작용한다는 사실은 이미 알고 있을 것입니다. 참고로 마켓 메이커들의 흔적이라 할 수 있는 오더블록 또한 다수의 주문이 집중되어 있기 때문에 유동성 풀로서 작용하곤 합니다.

시장의 움직임을 주도하는 마켓 메이커들의 입장에서, 이러한 유동성 풀은 '유동성 확보'의 측면에서 정말 중요한 존재입니다. 이를 통해 이들이 원하는 방향으로 가격을 유도할 수 있기 때문입니다. 유동성 확보의 과정은 보통 유동성 풀을 충분히 넘어서는 가격 움직임으로 이루어지게 됩니다. 이전에 형성된 고점 혹은 저점을 살짝 넘어선 후에 가격이 다시 반전되는 경우가 이에 해당합니다. 그런데 고점 혹은 저점이나 오더블록 이외에도 유동성 풀로서 작용할 수 있는 개념은 더 있습니다. 그 주인공 중 하나가 바로 여기서 살펴볼 긴 꼬리 형태로 나타나는 '리젝션 블록(Rejection Block)'입니다.

프라이스 액션

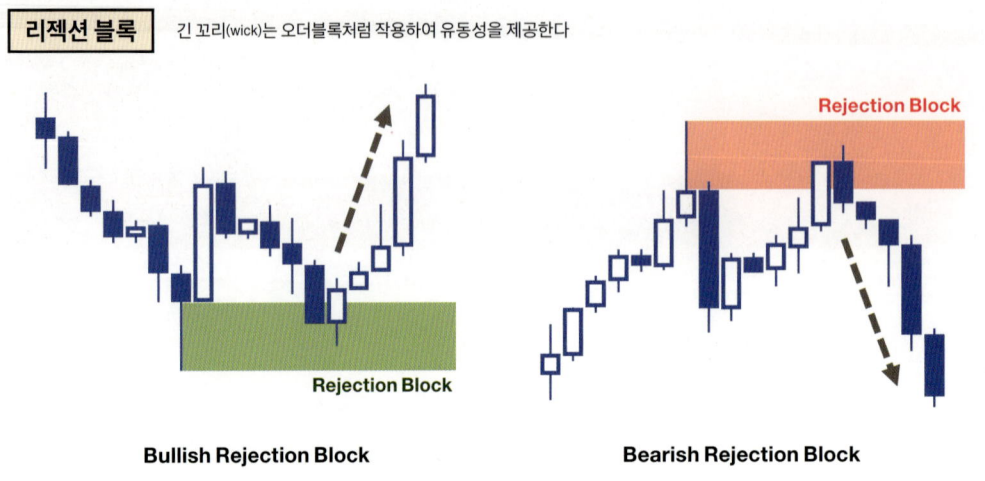

리젝션 블록이란 모식도와 같이 차트상의 명확한 변곡점(고점 또는 저점)을 이루는 캔들스틱이 긴 꼬리를 지닐 때 캔들의 몸통을 제외한 꼬리 구간을 말합니다. 비교적 찾는 방법이 간단하다고도 볼 수 있습니다. 여기서 '긴' 꼬리는 상대적인 개념이기 때문에 정확히 어떠한 길이, 비율에서 리젝션 블록이라 부르는지 정리되어 있지는 않습니다. 다만 명확한 고점 또는 저점에 해당하는 캔들이 '긴 꼬리를 늘어뜨리는 형태'일 경우 리젝션 블록의 개념을 적용할 수 있다는 사실이 중요합니다.

프라이스 액션

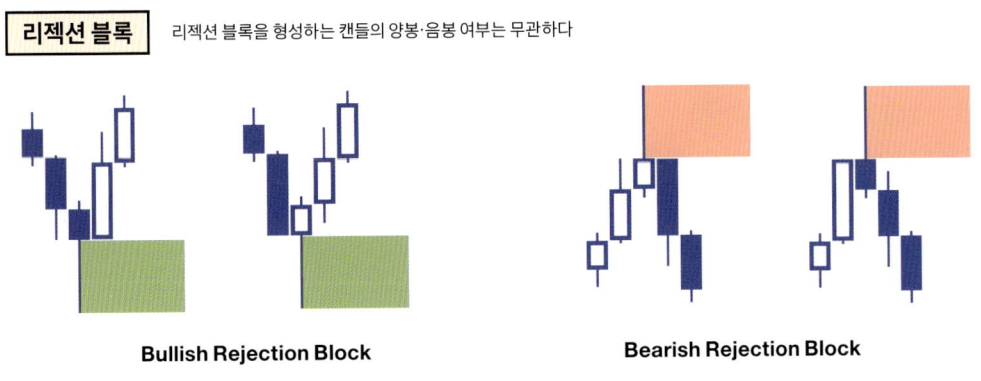

리젝션 블록을 형성하는 캔들의 양봉·음봉 여부는 무관하다

Bullish Rejection Block　　　　Bearish Rejection Block

리젝션 블록이 주요 저점에서 아래로 긴 꼬리를 늘어뜨리는 경우, 가격이 몸통 하단에서 유동성을 확보한 후 상승세를 이어갈 수 있으므로 강세 리젝션 블록(Bullish Rejection Block)이라 부릅니다. 반대로 주요 고점에서 위로 긴 꼬리가 형성되는 경우 약세 리젝션 블록(Bearish Rejection Block)에 해당합니다. 여기서 캔들의 몸통이 양봉인지 음봉인지의 여부는 크게 중요하지 않습니다.

ICT 콘셉트에서는 긴 꼬리가 시작되는 지점, 즉 몸통의 끝단에서 유동성 풀이 형성된다고 설명하고 있습니다. 여기서 '긴 꼬리'는 자체로 오더블록의 역할을 하며 꼬리의 시작점인 몸통 끝단은 다수의 주문이 집중된 곳으로 볼 수 있습니다. 이는 유동성을 제공함과 동시에 수요와 공급 구간(Supply & Demand Zone)으로서 지지·저항 영역으로 작용하게 됩니다.

프라이스 액션

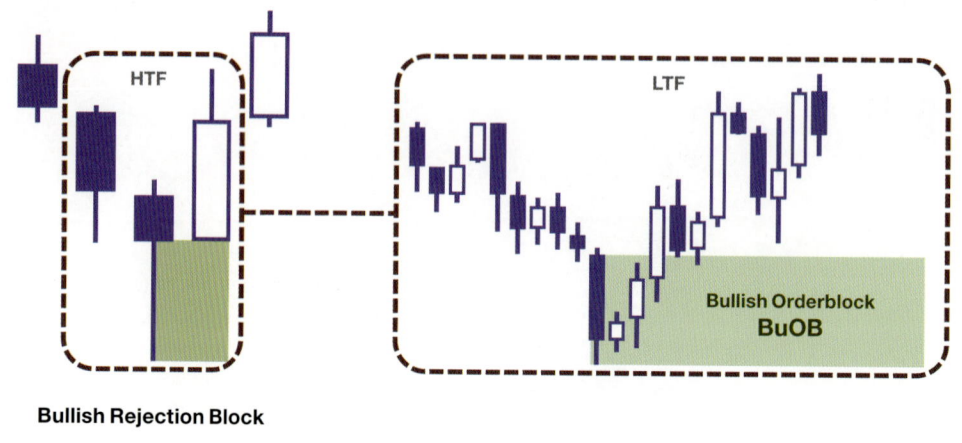

실제로 모식도와 같이 리젝션 블록을 보다 낮은 타임프레임(LTF)에서 관찰하면 오더블록이 명확하게 관찰되는 경우가 많습니다. 위 모식도를 보면 긴 꼬리 구간이 LTF에서 Swing Failure Pattern의 형태로 나타나며, 장대음봉이 강세 오더블록의 역할을 하고 있음을 알 수 있습니다.

즉, 다시 한번 정리하자면 리젝션 블록은 낮은 타임프레임에서 오더블록을 포함하고 있는 경우가 많으므로 유동성 풀이자 지지·저항으로 작용할 수 있게 되는 것입니다. 가끔 리젝션 블록은 단순히 오더블록을 포함하고 있는 것을 넘어, 양방향의 FVG로 이루어진 BPR(Balanced Price Range)을 지니는 경우도 존재합니다. 이에 대해서도 살펴보도록 하겠습니다.

프라이스 액션

리젝션 블록 Balanced Price Range가 리젝션 블록을 이룰 수 있다

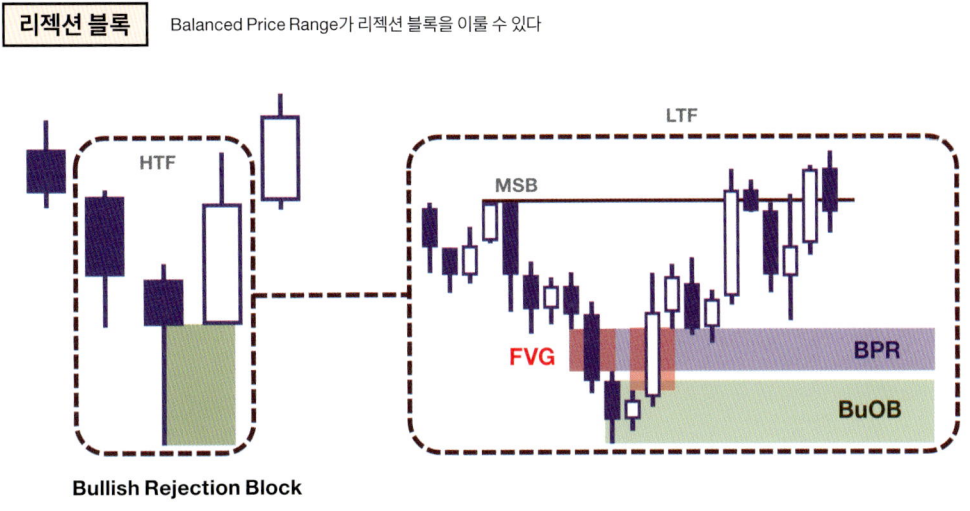

프라이스 액션

BPR Imbalance와 Rebalance FVG가 겹치는 구간

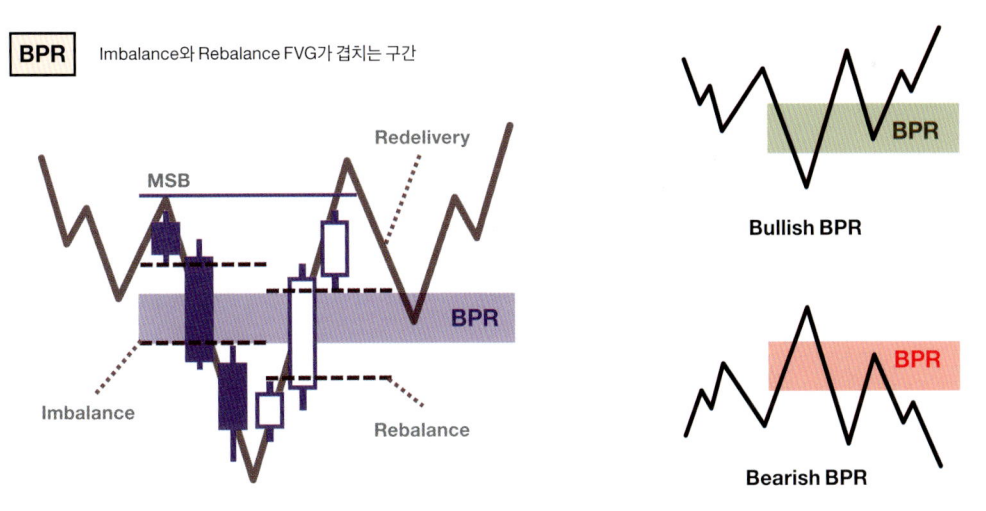

BPR(Balanced Price Range)은 양방향의 FVG가 연달아 나타나며 불균형(Imbalance)이 해소 (Rebalance)된 구간을 의미합니다. BPR은 급격한 가격 불균형이 해소된 구간이며, BPR의 끝단

은 지지·저항으로 작용할 수 있습니다. BPR이 형성된 이후 가격은 이를 리테스트하려는 경향이 있습니다. 따라서 만약 리젝션 블록이 낮은 타임프레임상에서 BPR을 나타낸 바 있다면, 리젝션 블록이 만든 긴 꼬리를 넘어서지 않고도 BPR의 리테스트 이후 추세가 반전될 가능성이 높습니다.

리젝션 블록, 옥석 가리기

하지만 긴 꼬리를 그리며 고점·저점을 형성하였다고 해서 모든 리젝션 블록이 유효한 것은 아닙니다. 이번 파트에서는 제대로 된 리젝션 블록을 구분하는 방법에 대해 살펴보도록 하겠습니다.

1) 전반적 추세를 확인하라

프라이스 액션

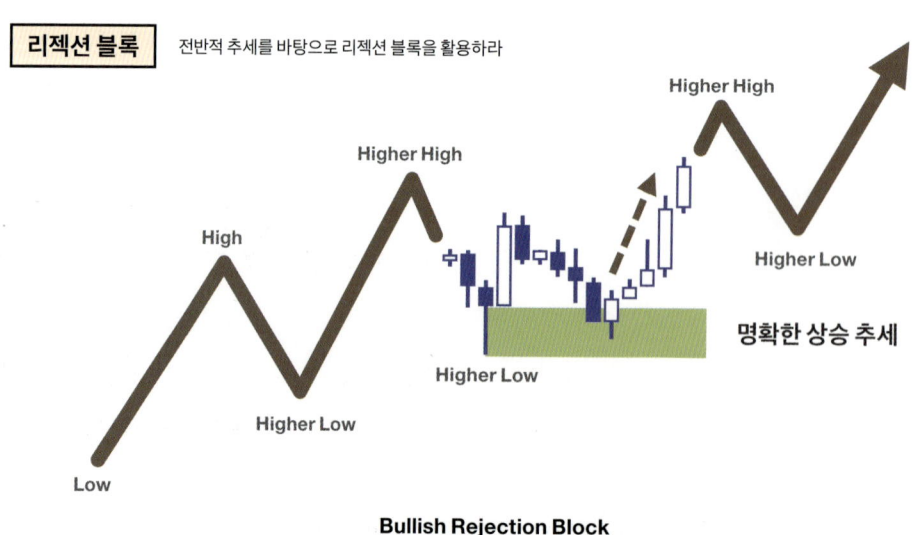

전반적인 추세가 상승 추세인지, 하락 추세인지를 파악하는 것은 모든 트레이딩에서 기본이 되는 내용입니다. 전반적인 추세가 상승 추세를 보이고 있다면 가격은 더 높은 고점(Higher High)과 더 높은 저점(Higher Low)을 만들어낼 가능성이 높습니다. 이러한 경우 강세 리젝션 블록(Bullish Rejection Block)이 보다 높은 신뢰도를 가질 수 있습니다. 반대로 상승 추세에서 더 높은 고점(Higher High) 부근에서 긴 꼬리가 나타났다면 약세 리젝션 블록(Bearish Rejection Block)이 형성된 것은 맞으나, 전반적인 추세가 상승세를 나타내고 있기 때문에 리젝션 블록의 '리젝션(Rejection)'을 이겨내는 추가 상승이 나타날 가능성이 높아지게 됩니다.

하락 추세에서는 반대로 약세 리젝션 블록(Bearish Rejection Block)의 신뢰도가 보다 높다고 볼 수 있겠습니다.

2) 낮은 타임프레임상에서 오더블록을 포함하고 있는지 확인하라

프라이스 액션

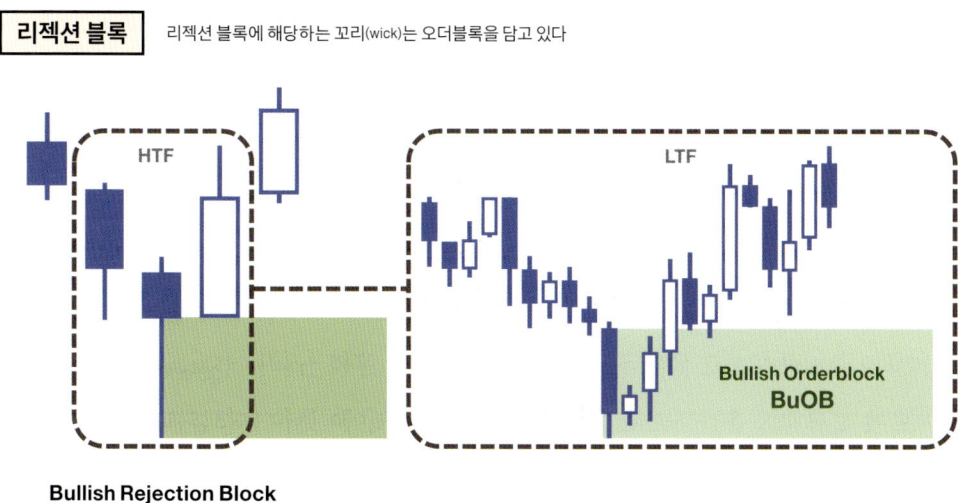

오더블록은 다수의 매물이 포진된 구간입니다. 따라서 높은 타임프레임에서 긴 꼬리에 해당하는 리젝션 블록을 낮은 타임프레임에서 들여다보았을 때, 오더블록이 포함되어 있다면

이는 지지·저항 레벨 및 유동성 풀로서 작용할 가능성이 높다고 볼 수 있습니다.

3) 리젝션 블록이 FVG의 갭 메우기(Gap Filling)의 형태로 나타난다면 높은 신뢰도를 가진다

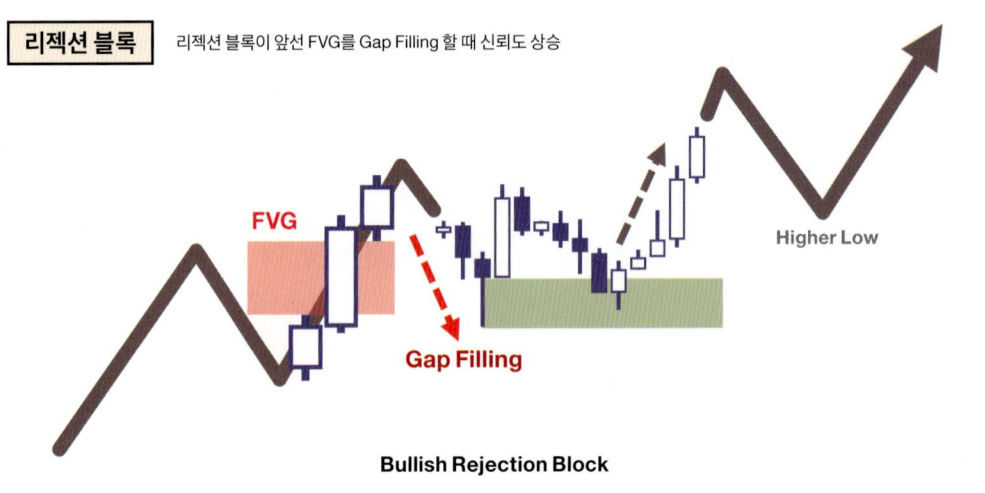

FVG가 형성되며 가격 불균형이 나타난 이후 이 갭을 메우는 형태로 리젝션 블록이 형성된다면 신뢰도는 상승합니다. 특정 방향으로의 불균형이 해소된 것만으로도 앞으로 해당 방향으로 추세가 이어질 가능성이 높기 때문입니다. 앞서 살펴본 높은 타임프레임에서의 추세와 오더블록의 유무를 추가적으로 살핀다면 신뢰도는 더욱 높아질 수 있습니다.

4) 특정 이벤트, 뉴스로 가격이 크게 변동하는 경우 리젝션 블록의 신뢰도는 떨어진다

마지막으로 뉴스 혹은 특정 이벤트로 인한 가격 변동이 나타난다면 리젝션 블록의 신뢰도는 떨어질 수 있다는 사실을 유의해야 합니다.

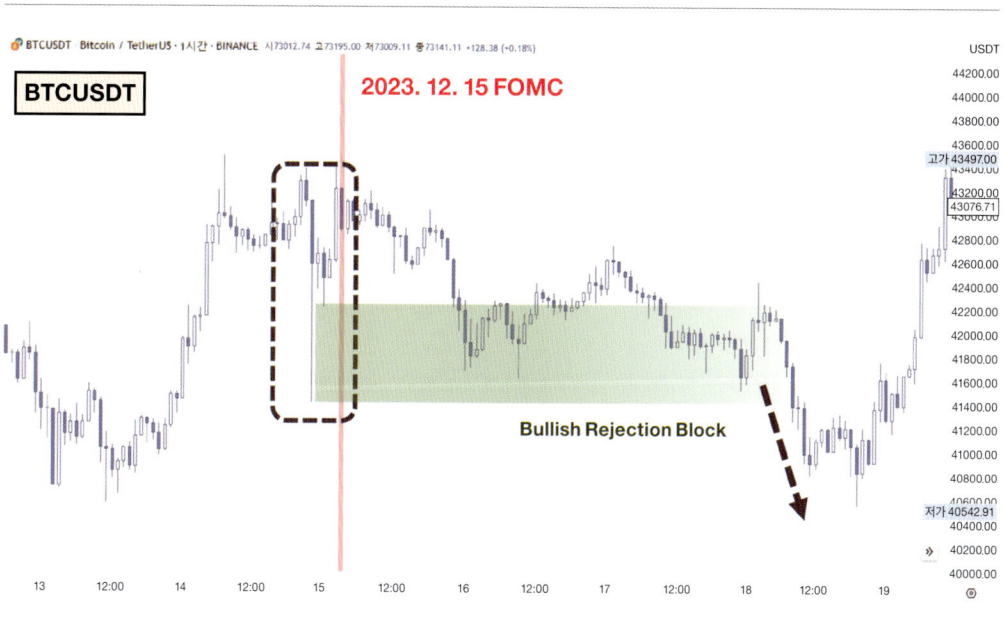

위 차트는 지난 2023년 12월 FOMC(미국 연방공개시장위원회)의 금리 동결 결과가 발표되던 시기의 비트코인 움직임을 나타낸 것입니다. FOMC 발표 직전 긴 아랫꼬리의 캔들스틱이 나타났으며, 이는 강세 리젝션 블록(Bullish Rejection Block)으로 볼 수 있습니다. 하지만 이후 추세는 리젝션 블록을 넘어서는 수준까지 하락한 것을 볼 수 있습니다. 즉, 뉴스 혹은 이벤트가 예정된 시기는 변동성이 높아지게 되며, 뉴스 혹은 이벤트의 결과가 예측과 들어맞지 않을 가능성이 있기 때문에 리젝션 블록만을 근거로 트레이딩에 임하는 것은 좋지 않습니다.

리젝션 블록의 실전 활용

1) 리젝션 블록 트레이딩, 손익비가 우수한 진입 기회가 될 수 있다

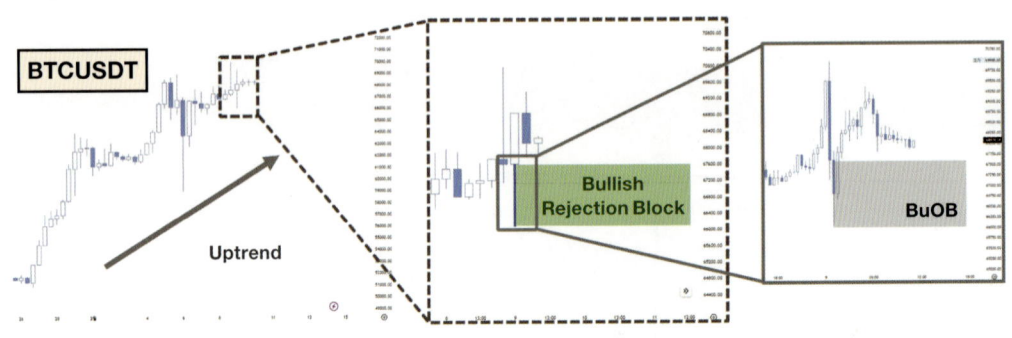

좌: D1(일봉), 중간: H4(4시간봉), 우: 30M(30분봉) 타임프레임

    2024년 3월의 비트코인 차트 움직임에서 관찰된 리젝션 블록을 예시로 살펴보도록 하겠습니다.

    3월간 시장은 일봉 차트에서 살펴볼 수 있듯 명확한 상승 추세를 보였으며, 4시간봉 차트상에서 긴 아랫꼬리를 가진 양봉이 관찰됩니다. 이때 30분봉 차트상에서 오더블록을 식별할 수 있었으며, 캔들의 시가와 저가 구간을 강세 리젝션 블록(Bullish Rejection Block)으로 판단할 수 있습니다.

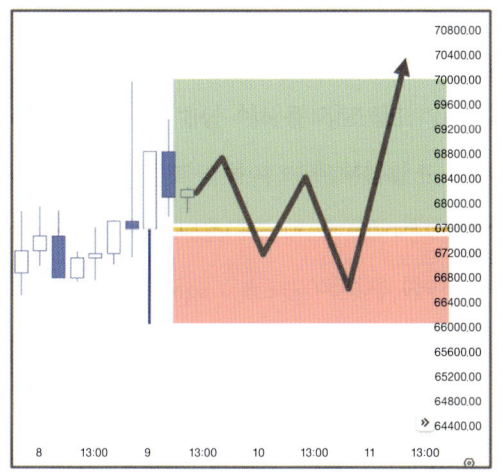 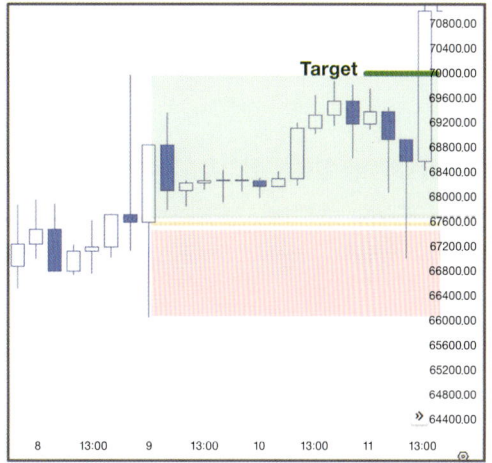

　이때 리젝션 블록의 시작점인 캔들 몸통의 끝단(위 차트의 경우 시가) 혹은 그 약간 상방의 구역을 진입 구간으로 활용할 수 있습니다. 손절가는 꼬리의 끝부분으로 설정할 수 있으며, 목표가는 이전 고점이나 주요 구간을 토대로 분할 익절할 수 있습니다.

　리젝션 블록을 활용한 트레이딩의 경우 손절 구간을 리젝션 블록, 즉 '꼬리'로 제한할 수 있으므로 상대적으로 높은 손익비를 추구할 수 있다는 장점이 있습니다.

2) 리젝션 블록의 신뢰도가 떨어지는 경우

마지막으로 트레이딩에 있어 조심해야 할 리젝션 블록을 살펴보도록 하겠습니다.

① 긴 꼬리를 형성하였으나, 이어지는 캔들의 꼬리가 리젝션 블록 구간을 침범한 경우

비트코인 선물의 일봉 차트를 살펴보도록 하겠습니다. 하단에서 긴 아랫꼬리를 그리며 형성된 리젝션 블록이 관찰됩니다. 과연 가격은 이를 테스트하고 다시 상승 추세를 이어갈 수 있을까요?

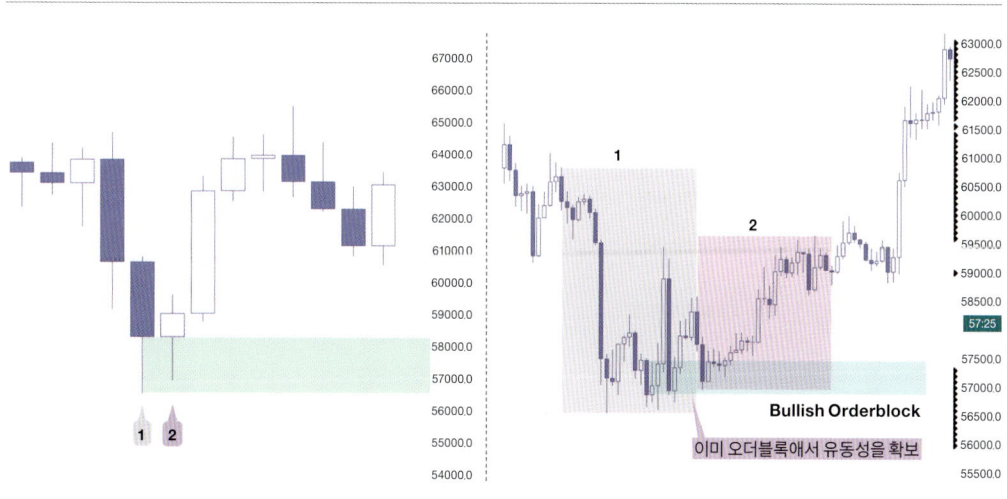

리젝션 블록으로 작도한 캔들에 바로 이어서 비슷한 길이의 긴 꼬리를 지닌 캔들이 나타났습니다. 우측의 차트는 낮은 타임프레임(1시간봉)에서 살펴본 것이며, 뒤이은 캔들의 꼬리가 앞선 꼬리의 오더블록에서의 유동성을 이미 확보한 것을 확인할 수 있습니다.

이는 Sell-side Liquidity를 이미 확보하였다고 볼 수 있기 때문에 가격은 리젝션 블록 구간을 리테스트하지 않고 지속 상승하는 모습을 관찰할 수 있습니다. 만약 이미 한 번 테스트가 일어난 리젝션 블록만을 믿고 가격이 회귀하기를 기다렸다면 거래에 진입하지 못한 채 좋은 수익 기회를 놓쳤을지도 모릅니다.

② 전반적 추세를 고려하지 못한 경우

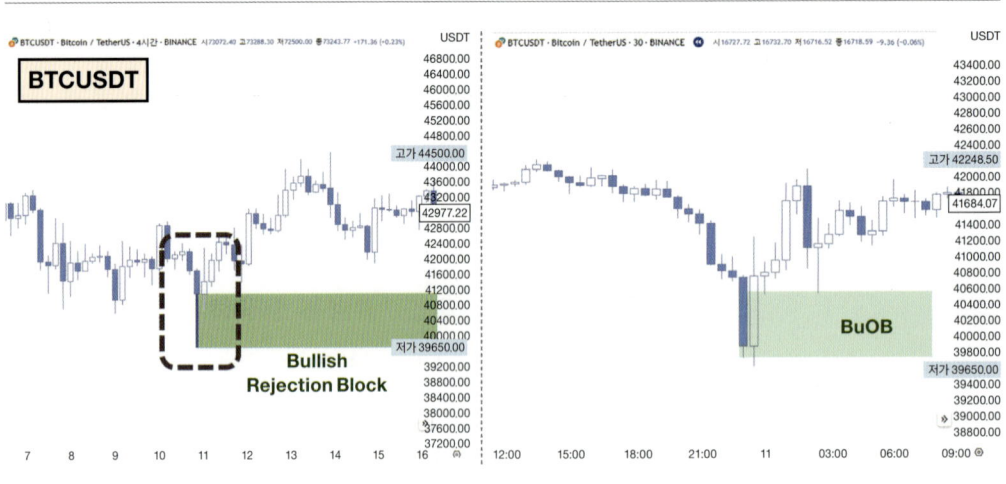

리젝션 블록의 옥석 가리기 파트에서 이미 한 번 짚고 넘어갔던 내용입니다. 위 비트코인 차트는 좌측의 4시간봉 차트에서 강세 리젝션 블록(Bullish Rejection Block)이 확인됩니다. 또한 우측 30분봉 차트에서는 강세 오더블록이 확인되었으므로 유효한 리젝션 블록이라고 생각할 수 있겠습니다.

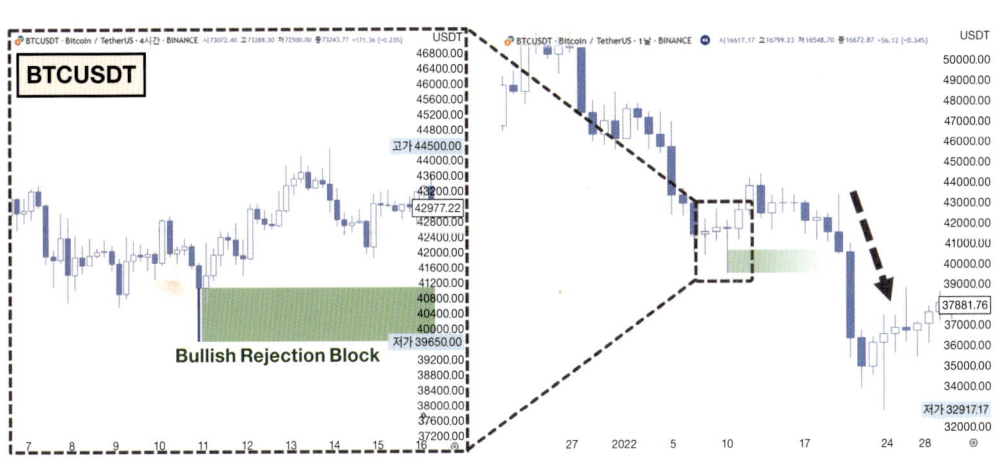

하지만 전체 추세를 절대 간과해서는 안 됩니다. 우측의 일봉 차트에서 살펴보았을 때 시장은 명확한 하락 추세에 놓여 있었기 때문에 강세 리젝션 블록(Bullish Rejection Block)이라 하더라도 쉽게 돌파당하는 모습을 볼 수 있습니다. 거시적 추세를 확인하는 일이 얼마나 중요한지 느낄 수 있는 대목입니다.

8
ICT IFVG:
FVG의 형제

IFVG(내재형 FVG)의 개념 잡기

앞서 1권에서 FVG(Fair Value Gap)에 대해 다룬 바 있습니다. FVG란 시장 불균형(Imbalance) 상태의 일종으로, 차트상 가격의 급격한 변동으로 인해 나타납니다. FVG의 정확한 개념은 앞·뒤 캔들 간의 최고점과 최저점 사이의 가격 갭이라 볼 수 있습니다. FVG가 나타난 경우, 시장은 불균형을 해소하기 위한 방향으로 움직이므로 생겨난 갭이 단기간 내에 메워질 가능성이 높습니다. 이러한 특성으로 인해 FVG는 ICT뿐만이 아닌 다양한 트레이딩 전략에서 주요 구간으로 활용되고 있습니다.

IFVG(Impiled FVG)

ICT에서 비롯된 개념인 Implied FVG는 가격 불균형(Imbalance)을 바탕으로 한 프라이스 액션이라는 점에서 기존의 FVG와 궤를 함께하고 있습니다. Implied라는 단어는 '내재된, 함축된, 묵시적인'이라는 뜻을 지니고 있으며 문맥상 '넌지시 드러내다'라는 의미도 가지고 있습니다. ICT는 FVG는 아니지만 '마치 FVG처럼' 작용하는 패턴이라는 의미에서 'Implied FVG'라는 이름을 붙인 것이 아닐까 생각해봅니다.

IFVG는 수요와 공급의 불균형이 차트상에 나타난 것으로 FVG처럼 동일한 방향을 지닌

세 개의 캔들로 구성됩니다. 또한 가운데 캔들이 가장 긴 몸통을 지닌다는 점은 FVG와 동일하나, 앞·뒤 캔들의 꼬리가 길게 형성되어 서로 중첩된다는 점에서 FVG와 다소 차이가 있습니다.

ICT에서는 IFVG의 기준을 다음과 같이 제시하고 있습니다.

---

① 기준이 되는 캔들은 큰 몸통을 지닌다(Presence of a large-range candle).

② 일반적인 FVG가 나타나지 않아야 한다(Absence of a conventional FVG).

③ 앞·뒤 캔들은 긴 꼬리를 지니며 서로 중첩된다(Long wicks on both sides with overlapping).

IFVG(Impiled Fair Value Gap)

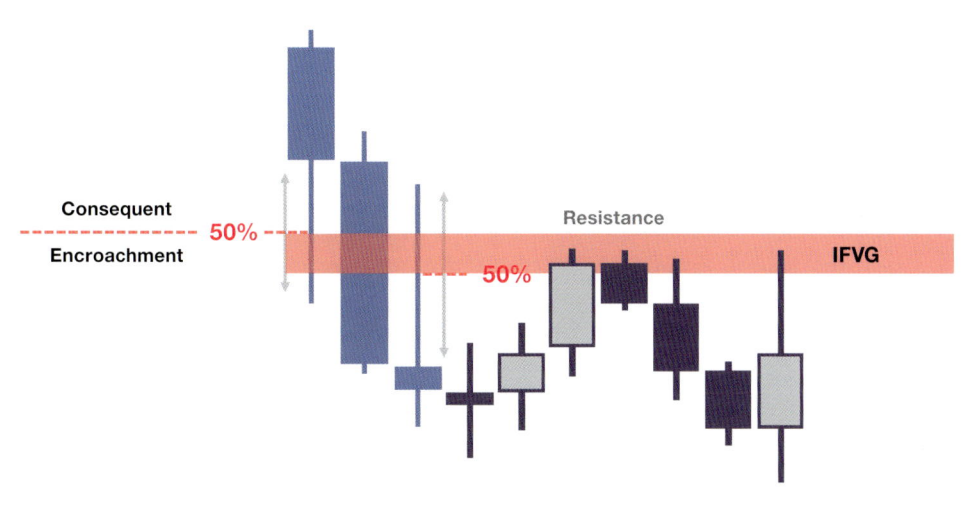

모식도를 통해 정확히 어떤 구간이 IFVG에 해당하는지 살펴보도록 하겠습니다.

IFVG는 기준이 될 큰 캔들의 앞·뒤 캔들 꼬리를 바탕으로 형성됩니다. 앞·뒤 캔들 꼬리의 50% 지점(Midpoint)을 'Consequent Encroachment(CE)'라 부르며, 위 모식도에서 알 수 있듯 IFVG는 서로 중첩된 캔들 꼬리의 'CE 사이의 영역'으로 정의할 수 있습니다.

Consequent Encroachment(CE)라는 개념은 처음 등장한 것 같습니다. 먼저 CE에 대해 살펴보고 넘어가도록 하겠습니다.

CE(Consequent Encroachment)

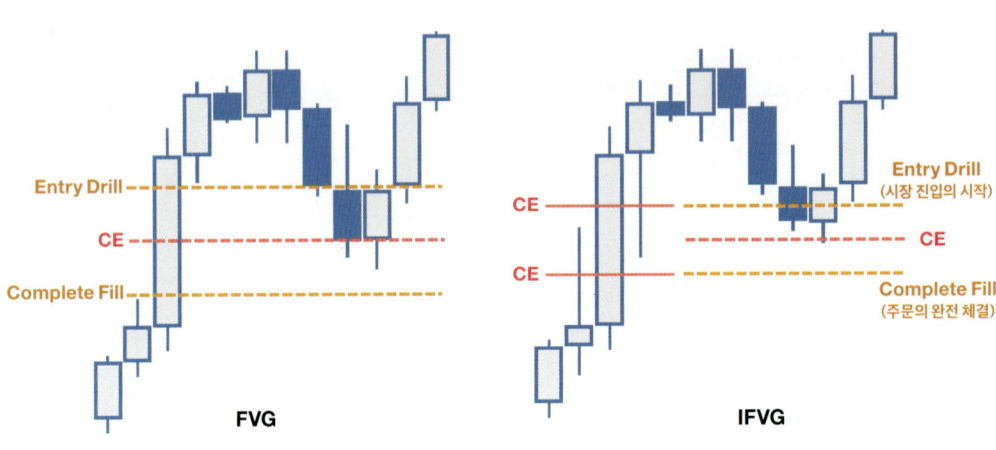

Consequent Encroachment는 ICT가 고안한 개념이며 좌측 모식도에서 FVG의 50% 구간이 CE에 해당합니다. Consequent는 '어떤 것의 결과로서 일어나는~'이라는 의미를, Encroachment는 '침해, 잠식'이라는 의미를 지니고 있는데요. Consequent Encroachment를 매끄럽게 해석하자면 '가격 불균형(Imbalance)의 결과로 생긴 갭으로서 가격이 다시 침범당할 가능성이 높은 구간'이라 할 수 있겠습니다.

이러한 CE는 좌측 모식도처럼 FVG에서만 사용되는 것이 아니라, 우측 모식도의 예시처럼 IFVG에서도 사용할 수 있습니다. 이때 한 가지 더 알아두어야 할 점은 앞·뒤 캔들 꼬리의 CE를 이용하여 IFVG가 형성되지만 이 IFVG 자체에도 또다시 CE의 개념을 적용할 수 있다는 점입니다.

> * CE(Consequent Encroachment): 쉽게 설명하자면, 가격 움직임이 다시 나타날 가능성이 높은 구간으로서 FVG 구간 또는 긴 꼬리 구간의 중간(0.5)을 의미하는 경우가 많습니다.

IFVG의 실전 활용

1) 강세·약세 IFVG의 의미와 사용 시의 주의 사항

IFVG가 지니는 의의는 시장이 추후 IFVG 형태로 나타난 가격 불균형을 채우는 방향으로 움직일 가능성이 높다는 데 있습니다. 가격은 불균형을 해소한 후 다시 본래의 추세로 돌아가는데, 이때 IFVG는 지지·저항으로 기능하게 됩니다.

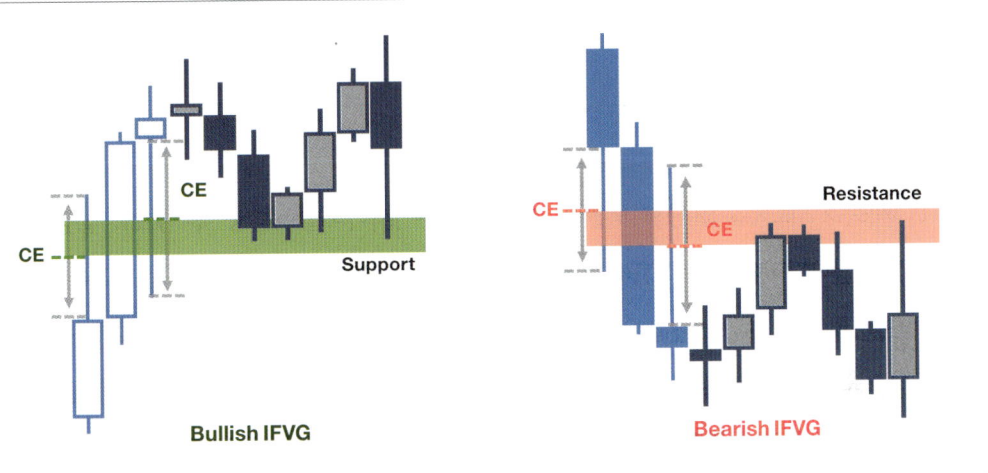

위 모식도와 같이 강세 내재형 FVG(Bullish IFVG)의 경우는 지지 역할을, 약세 내재형 FVG(Bearish IFVG)의 경우는 저항 역할을 기대할 수 있습니다. 위의 모식도에서 눈여겨볼 점은, 이후 차트가 진행되며 나타나는 캔들의 몸통이 IFVG 영역의 50%, 즉 IFVG 자체의 CE를 넘지 않는다는 사실입니다. 만약 뒤이어 나타나는 캔들의 몸통이 IFVG의 CE를 넘어서게 된다면 IFVG의 지지·저항 작용은 무효화(Invalidation)될 가능성이 매우 높아지게 됩니다.

IFVG는 트레이딩에서 진입의 결정에도 사용할 수 있으며, 목표가 혹은 손절가로 사용될 수도 있습니다. 이번에는 IFVG를 사용할 때 주의해야 할 점에 대해 알아보도록 하겠습니다.

먼저 첫 번째로 주의할 점은 가운데 캔들의 몸통 크기가 세 캔들 중 가장 커야 한다는 것입니다. 큰 몸통을 지닌 캔들은 같은 단위 시간 동안 더욱 큰 움직임을 보였음을 의미합니다. 거래량을 충분히 동반하지 않은 상태에서 이처럼 급격한 움직임이 나타나는 경우, 종목의 가격은 본래의 가치(Fair Value)에서 멀어진 가격 불균형 상태가 되며 이러한 불균형이 FVG 및 IFVG의 근간이 됩니다. 만약 가운데 캔들이 세 캔들 중 가장 크지 않다면 가격 불균형을 일으킬 만큼의 급격한 움직임이 아닐 가능성이 높으며, 이를 채우려는 움직임은 약해질 수밖에 없을 것입니다.

두 번째로 주의할 점은 강세 내재형 FVG(Bullish IFVG)의 경우 첫 번째 캔들 꼬리의 CE는 마지막 캔들 꼬리의 CE보다 낮은 위치에, 약세 내재형 FVG(Bearish IFVG)의 경우 높은 위치에 존재해야 한다는 것입니다.

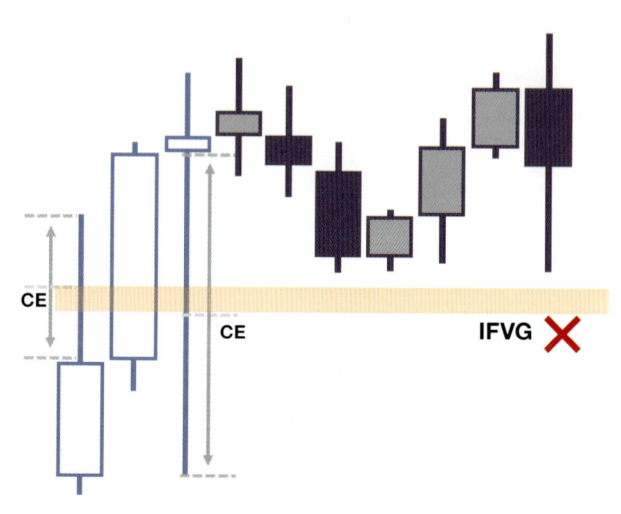

옆의 모식도는 잘못된 IFVG의 예시를 보여주고 있습니다. 연속된 세 양봉에서 강세 내재형 FVG의 경우 마지막 캔들 꼬리의 CE가 첫 번째 캔들 꼬리의 CE보다 아래에 위치한 경우, 해당 영역은 IFVG로 간주하기 어렵습니다.

마지막 캔들의 꼬리가 길게 형성되었다는 것은 보다 낮은 타임프레임에서 이미 가격 불균형이 한 차례 해소되었음을 의미하기 때문입니다.

2) IFVG 트레이딩 실전 예시

IFVG를 기반으로 트레이딩에 진입할 때 참고할 수 있는 지점은 크게 IFVG의 위·아래 경계와 CE가 있겠습니다. 이외에도 트레이딩 성향과 기타 분석, 시장의 흐름을 고려하여 IFVG 구간 내에서 진입 구간을 자유롭게 설정할 수 있겠으며, 손절가 및 목표가의 경우 다양한 차트상의 구조와 손익비 등을 고려하여 설정할 것을 권장합니다.

① 강세 내재형 FVG + 롱 포지션

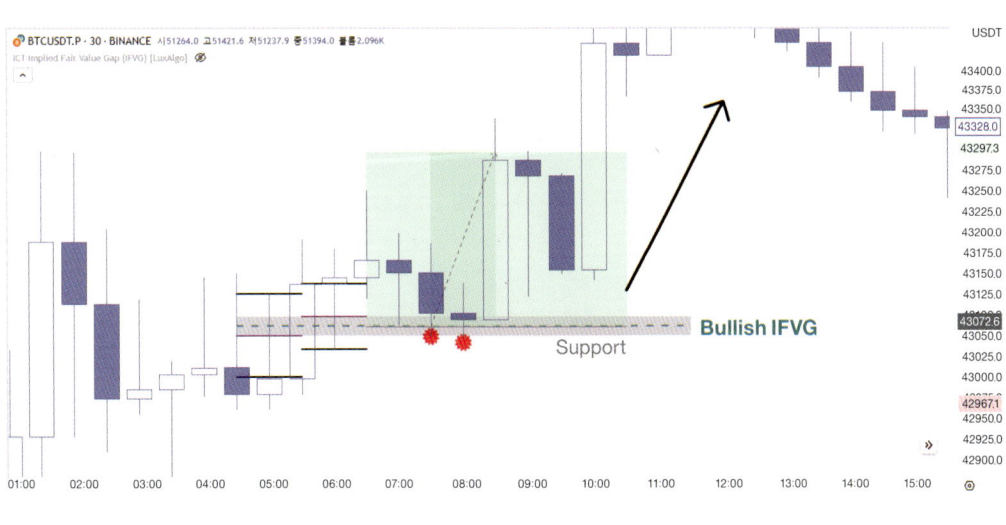

강세 내재형 FVG(Bullish IFVG)와 이를 이용한 롱 포지션 진입 사례에 대해 살펴보도록 하겠습니다. 비트코인의 30분봉 선물 차트입니다. 장대양봉을 기준으로 앞·뒤로 짧은 몸통과 긴 꼬리를 지닌 캔들이 형성되었습니다. 각 캔들 꼬리의 CE를 바탕으로 강세 내재형 FVG를 작도할 수 있습니다. 비교적 폭이 좁게 형성된 IFVG에 해당합니다. 강세 내재형 FVG가 지지 역할을 할 것을 기대하며 롱 포지션 트레이딩을 계획할 수 있습니다.

IFVG의 폭이 좁으므로 IFVG의 중간 지점인 CE를 진입 구간으로 설정하고, IFVG보다 더 하방에 손절 구간을 설정할 수 있습니다. 가격은 IFVG에서 지지가 나타난 이후 큰 폭으로 상승하였으며, IFVG의 약간 하단까지도 하락이 나타난 것을 확인해볼 수 있습니다. 이처럼 폭이 좁은 IFVG의 경우 손절가를 보다 넉넉하게 설정하는 것이 권장됩니다.

② 약세 내재형 FVG + 숏 포지션

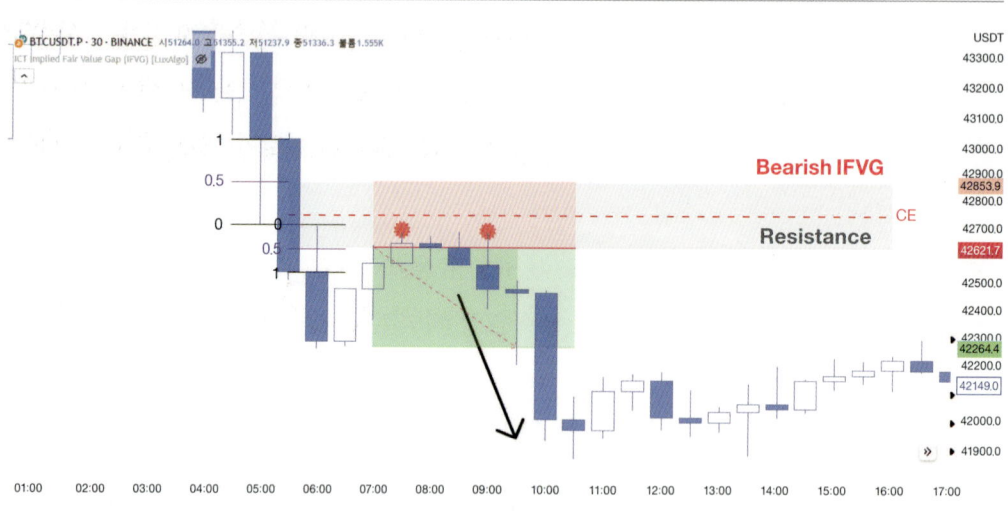

이번 예시는 약세 내재형 FVG(Bearish IFVG)와 이를 활용한 숏 포지션 트레이딩입니다. 역시 비트코인 선물의 30분봉 차트입니다. 연속된 세 음봉을 확인했다면 이 세 음봉의 꼬리의 길이와 배열 상태를 확인합니다. 우선 IFVG의 형성 기준인 'FVG가 없을 것 & 가운데 캔들의 몸통이 가장 클 것'의 조건을 만족하고 있습니다. 다만 앞·뒤 캔들 꼬리가 명확하게 중첩되지는 않은 모습입니다. 그러나 앞선 캔들의 저점과 후방 캔들의 고점이 동일한 위치에 형성되었음을 감안하여 IFVG로 작용할 것을 기대해볼 수 있습니다.

각 캔들 꼬리의 CE를 바탕으로 약세 내재형 FVG를 작도할 수 있습니다. 실제 차트 분석 시에도 위 모식도와 같이 IFVG를 작도한 후 IFVG 자체에도 CE를 작도해주는 것을 권장드립니다. IFVG가 형성된 이후 가격은 빠르게 리테스트가 나타났으며, IFVG의 CE까지 도달하지 않은 채 저항이 나타난 이후 하락이 추가적으로 나타난 모습입니다.

모식도의 경우 IFVG의 하단 경계를 진입 구간으로, 상단 경계를 손절가로 설정하는 숏 포지션 트레이딩을 계획한 예시입니다.

이처럼 IFVG는 FVG와 유사한 듯 살짝 다른 개념을 가지고 있습니다. FVG가 형성되지 않은 가격 움직임 속에서도 꼬리의 움직임을 이용하여 단기 트레이딩을 계획하고 실행할 수 있다는 점에서 IFVG의 활용 가치는 충분하다고 볼 수 있습니다. 다만 IFVG의 경우 비교적 높은 타임프레임에선 잘 나타나지 않는다는 단점이 있습니다. 높은 타임프레임에서는 가운데 캔들이 긴 몸통이 나타났을 때, 양쪽의 캔들 꼬리가 중첩될 정도로 급격한 가격 변동이 나타나는 경우가 드물기 때문입니다. 따라서 IFVG의 경우 Intraday(일일 거래) 혹은 스캘핑 등 비교적 단기 트레이딩에서 보다 유용하게 사용할 수 있음을 염두에 두는 것이 좋겠습니다.

9
ICT False Flag: 가짜 깃발형 패턴, 세력의 함정

1권에서 다루었던 깃발형 패턴(Flag & Pennant Pattern)은 강한 추세 뒤에 나타나는 추세 지속형 패턴으로 알려져 있습니다. 하지만 이러한 깃발형 패턴이 '개인 투자자들을 속이는 가짜 패턴'일 경우 어떻게 대처해야 할까요? 깃발 형태가 만들어졌을 때 이 패턴이 진짜일지, 가짜일지 구분할 수 있을까요? 이번 파트에서는 ICT에서 제시한 '가짜 깃발형 패턴'을 구분하는 방법에 대해 살펴보도록 하겠습니다.

패턴은 반드시 원하는 대로 움직일까요?

많은 투자자들이 패턴에 대해 공부하지만, 공부한 대로 종목의 가격이 움직이지 않을 때도 많다는 사실은 부정할 수 없습니다. 때때로 마켓 메이커들은 투자자들에게 익숙한 패턴을 차트상에 그려낸 후, 역으로 시장을 조작함으로써 유동성을 확보하고 개인 투자자들의 물량을 빼앗기도 합니다.

실제로 차트 패턴의 성공률을 분석한 연구를 보면 꽤 높은 비율로 '거짓된' 패턴이 나타난다는 점을 알 수 있는데요. 깃발형 패턴을 예로 들어 몇 가지 연구를 살펴보도록 하겠습니다.

1권에서도 언급했던 'Advanced Forex Blog'의 연구에 따르면 단독으로 깃발형 패턴을 사용할 시의 성공률을 44.4%, 주요 지지·저항 레벨 분석을 같이 한 경우 74.2%의 성공률을 보고하였습니다. 이는 달리 해석하자면 지지·저항 분석 없이 패턴만을 적용하였을 때는 절반이 넘는 경우에서 가격이 원하는 대로 움직이지 않았다고도 해석할 수 있습니다.

다양한 패턴에 대한 성공률과 상승률 등을 분석한 불코우스키(Bulkowski)는 2008년 그의 연구에서 깃발형 패턴의 경우 돌파 이후 다시 되돌아오며 결과적으로 거래가 종료된 경우(Break-even Failure Rate)를 약 44~45%, 삼각 깃발형 패턴(삼각 수렴)의 경우 약 54%에 달한다고 보고하였습니다. 특히 원하는 목표가를 달성한 경우는 깃발형 패턴과 삼각 깃발형 패턴(삼각 수렴)이 각각 46%, 32~35%로 상당히 저조한 승률을 보고하였습니다. 단순히 패턴 형태에만 의존하여 매매에 임한다면 트레이딩의 결과가 썩 좋지 못할 것임을 알 수 있는 대목입니다.

그렇다면 이런 골치 아픈 상황을 피하기 위해 ICT 콘셉트에서 제시한 해결책을 살펴보도록 하겠습니다.

False Flag(가짜 깃발형 패턴), 세력의 함정

False Flag: Market Maker Trap

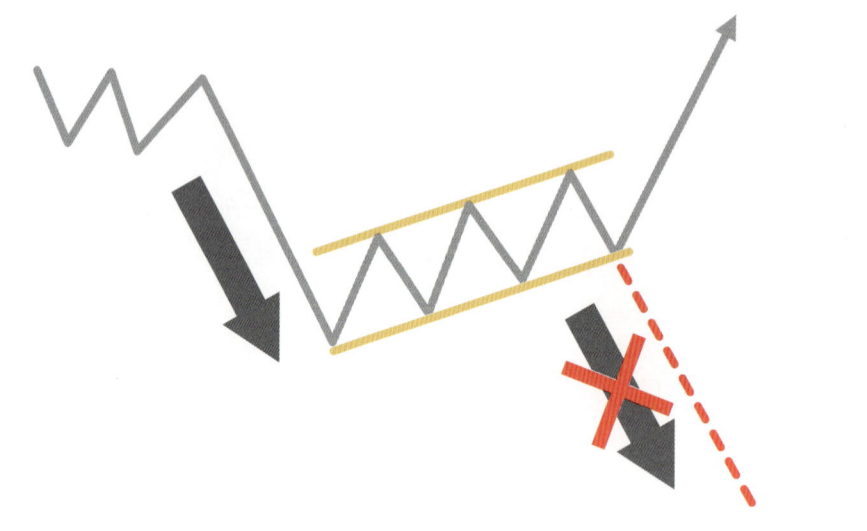

　마켓 메이커들 역시도 기본적으로 다른 투자자들과 마찬가지로 저점에서 매수하고 고점에서 매도하여 차익을 추구하는 존재입니다. 마켓 메이커들은 큰 자금을 운용하기 때문에 개인 투자자들의 거래에 있어 주문이 원활하게 이루어질 수 있도록 유동성을 제공하는 긍정적인 역할도 합니다. 하지만 마켓 메이커들은 기본적으로 개인 투자자들의 손실을 바탕으로 이익을 취하려는 경향이 강합니다. 따라서 막강한 자금력을 바탕으로 시장 가격을 특정 방향으로 유도하거나 조정하는 경우가 많습니다. 지속형 패턴인 줄 알았던 깃발형 패턴에서 '반전'이 나타나는 False Flag 패턴 역시도 마켓 메이커들의 함정이 될 수 있겠습니다.

1) 어디서 False Flag가 주로 나타나는가?

① 추세가 충분히 형성되어 모멘텀을 소진할 때 깃발형 패턴이 나타난다면 의심하라
추세가 막바지 단계에 이르러 모멘텀을 잃어갈 때 깃발형 패턴이 나타난다면, 기존 추세가

더 이어지는 것이 아니라 오히려 그대로 반전이 나타나며 예상과 멀어지는 경우가 많습니다. 상승장의 막바지에서 깃발형 패턴이 나타났다면, 추가 상승을 기대하는 무리한 롱 포지션을 계획하기보다는 보유한 포지션을 정리하거나 숏 포지션을 고려하는 것이 오히려 유리할 수 있습니다.

② 높은 타임프레임에서 Distribution이 나타날 때 강세 깃발형 패턴이 나타난다면 의심하라

1권에서 와이코프 이론을 다루며 시장은 Accumulation → Markup → Distribution → Markdown의 순서를 반복하며 흘러간다는 내용을 설명드린 바 있습니다.

와이코프의 Price Cycle

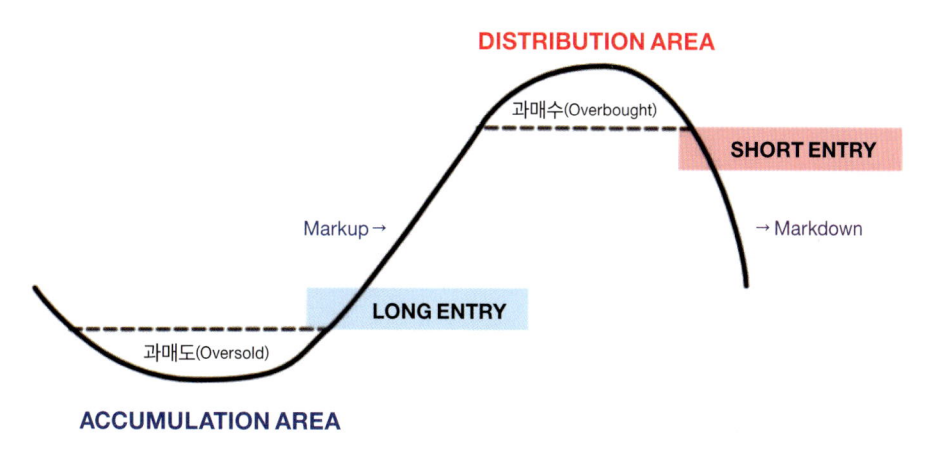

시장이 과매수 구간에 놓여 있을 때, 즉 분배(Distribution)가 일어나는 구간에 도달하였을 때 상승 추세가 지속될 것임을 의미하는 강세 깃발형 패턴이 나타날 경우, 이는 False Flag 패턴일 가능성이 높습니다. 실제로 와이코프의 분배(Distribution) 단계에서는 상방을 여러 차례 테스트하는 움직임이 나타나지만, 가격은 빠르게 Trading Range로 돌아오는 경우가 많습니다. 이러한 과정에서 False Flag 패턴이 나타날 수 있음에 유의해야 합니다.

2) 실전 예시와 함께 살펴보는 False Flag를 피하는 방법

False Flag를 피하는 방법에 아주 특별한 노하우가 숨어 있는 것은 아닙니다. 오히려 지루할 정도로 항상 반복되는 이야기들입니다. 그만큼 중요한 내용임을 떠올리며 하나씩 짚어보도록 하겠습니다.

비트코인의 2023년 6월의 움직임을 보여주는 차트입니다. 1시간봉 차트이며, 6월 15일경부터 시작된 명확한 상승 추세가 확인됩니다. 이후 초록색 채널로 표시된 '깃발' 형태의 보합세(Consolidation)가 관찰됩니다. 차트는 과연 다시 깃발 형태의 숨 고르기를 뛰어넘어 상승세를 이어갈 수 있을까요? 비트코인의 예시를 따라가며 False Flag를 피하는 방법을 알아보도록 하겠습니다.

① 거시적 시장 분석이 우선되어야 한다

단순히 패턴의 형태에만 집중하는 것이 아닌, 거시적인 추세와 시장의 상황을 파악해야 합니다. 거시적인 추세와 깃발형 패턴의 방향이 일치하는지 확인하는 작업은 반드시 필요하며, 만약 그 방향이 서로 반대되는 경우 해당 패턴은 False Flag 패턴일 가능성이 높아집니다.

시야를 넓히기 위해 1시간봉 차트에서 일봉 차트로 타임프레임을 높여보았습니다. 6월 중순부터 보였던 상승 추세는 사실 분기 단위로 본다면 4월부터 이어진 큰 하락세 이후 나타난 상승세였음을 알 수 있습니다. 2022년 11월 저점을 기록한 이후로 큰 틀에서는 상승을 이어왔으나, 상승세는 급격하고 가파르게, 이후 하락 조정은 비교적 길게 나타났음을 알 수 있습니다. 깃발형 패턴 이후 추가 상승이 지속될지 확신할 수는 없는 상황입니다.

② 다양한 타임프레임에서 확인하라

패턴을 확인할 때 패턴이 발견된 타임프레임보다 더 높은 타임프레임(HTF)에서 패턴을 한 번 더 확인할 필요가 있습니다. 즉, 낮은 타임프레임에서 명확한 구조를 가진 깃발형 패턴이더라도 높은 타임프레임의 차트에서는 흐름과 맞지 않을 수 있기 때문입니다. 앞선 거시적 시장 분석과도 궤를 같이하는 내용이라 볼 수 있겠습니다.

시야를 더욱 넓혀 주봉 타임프레임을 확인해보도록 하겠습니다. 2021년 말 역사적 고점(All Time High: ATH) 직전 나타난 단기 저점 부분은 이후 전고점을 갱신할 정도의 강한 지지 영역으로 작용하였던 구간에 해당합니다. 하지만 현재는 그 구간은 S/R Flip이 일어나 오히려 저항 영역으로 작용하고 있는 구간에 해당합니다. 2023년 4월의 단기 고점 역시 해당 구간에서의 저항 이후 하락 조정이 나타났음을 알 수 있습니다. 깃발형 패턴이 형성된 구간 또한 해당 구간과 근접하다는 점에서, 과연 저항을 이겨내고 상승할 수 있을지 확신하기는 어려운 구간에 해당합니다.

③ 주요 지지·저항 구간을 확인하라

패턴 주위의 주요 지지·저항 구간을 확인함으로써 패턴이 차트의 주요 구조들과 가까워지고 있는지 확인합니다. 만약 이상적인 패턴의 형태가 갖추어졌더라도 주요 구간에서 반대되는 움직임이 예상된다면 가격은 패턴과 반대 방향으로 흘러갈 수 있기 때문입니다.

주봉 차트에서 깃발형 패턴(초록색 박스) 주위의 주요 구간들을 보다 확대하여 살펴보도록 하겠습니다. 직전에 살펴본 4월의 단기 고점이 저항 역할을 하고 있음이 뚜렷하게 관찰됩니다. 깃발형 패턴의 상방에 위치한 2022년 6월 횡보 구간의 단기 고점 역시도 강한 저항 구간으로 작용할 수 있는 구역입니다.

④ 거래량을 예의주시하라

일반적인 깃발형 패턴의 경우 깃대에서의 강한 가격 움직임에 따라 거래량은 증가합니다. 이후 깃발에 해당하는 숨 고르기 구간(Consolidation)에서 거래량이 줄어들곤 하는데, 만약 패턴이 이와 상이한 움직임을 보이는 경우 False Flag 패턴일 가능성이 높습니다. 다만 약세 깃발형 패턴의 경우 투자자들의 두려움과 불안에 의해 투매가 나타난다면 거래량이 감소되지 않고 유지되는 경우도 있음을 유념해야 합니다.

7월 초까지 조금 더 시간이 흐른 깃발형 패턴의 모습입니다. 분명 약간의 하락 채널을 유지하면서 횡보가 나타나는 듯 보입니다만, 중간중간 특징적으로 거래량이 강하게 튀는 구간들이 관찰됩니다. 가격 움직임은 마치 와이코프 분배(Distribution) 과정의 Upthrust 혹은 UTAD Test와 같이 움직이네요. 이러한 구간들에서 세력들의 수익 실현이 일어났을 가능성이 높으며, 수익 실현이 이루어진 것이 맞다면 가격은 더 상승할 원동력을 잃고 하락할 가능성이 높아지게 됩니다.

⑤ 전반적인 시장 기조를 이해하라

시장의 심리가 어느 방향으로 치우쳐 있는지 알 수 있다면, 깃발형 패턴 이후 추세가 지속될 것인지에 대한 힌트를 얻을 수 있습니다. 예를 들면 선물 시장에서의 롱·숏 포지션의 계좌 비율, 무기한 선물 시장에서의 펀딩비(Funding Rate) 혹은 공포·탐욕 지수 등의 시장 지수 등을 살펴볼 수 있으며, 가상자산 시장의 경우 추가적으로 온체인 분석을 통해 거시적 시장 심리를 파악할 수 있는 경우도 있습니다.

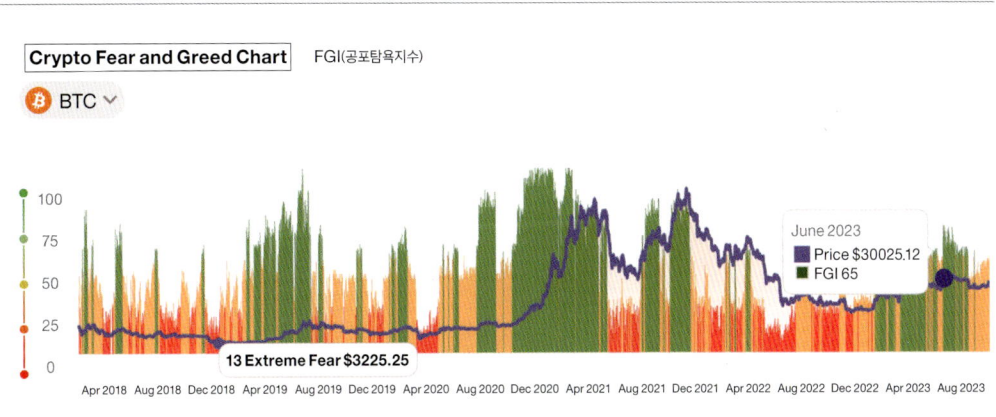

위 차트는 2023년 6월 상승 직후의 비트코인의 공포-탐욕 지수(Fear Greed Index)를 나타낸 것입니다. 통상적으로 지수가 공포 쪽으로 향하는 경우 많은 투자자의 투매(Panic Sell)가 일어나며, 이는 잠재적 구매 기회로 이어지게 됩니다. 반대로 지수가 탐욕 쪽으로 향하는 경우 무모한 투자가 많이 일어나고 있음을 짐작할 수 있고, 이는 잠재적 시장 하락을 나타내는 신호이기도 합니다. 2023년 6월 비트코인의 공포-탐욕 지수는 65로 탐욕 쪽으로 치우쳐 있는 것을 볼 수 있네요. 물론 탐욕에서 더 상승하여 극단적 탐욕 상태까지 과열되는 경우도 많이 있습니다만, 기본적으로는 단기적 조정 가능성에 무게를 두는 편이 합리적인 선택일 것입니다.

⑥ 패턴이 컨펌되기를 기다려라

깃발 형태가 나타났다고 섣불리 거래에 임할 경우 False Flag에 당할 수 있습니다. 깃발 부분에 해당하는 보합 채널(Consolidation)을 충분히 관찰하고, 채널 돌파 이후 나타나는 리테스트를 확인하는 것이 권장됩니다. 더 보수적인 진입을 위해서는 깃대의 끝 지점을 활용할 수도 있겠습니다. 손익비가 다소 불량해지더라도 False Flag 패턴을 피하는 데에는 도움을 받을 수 있습니다.

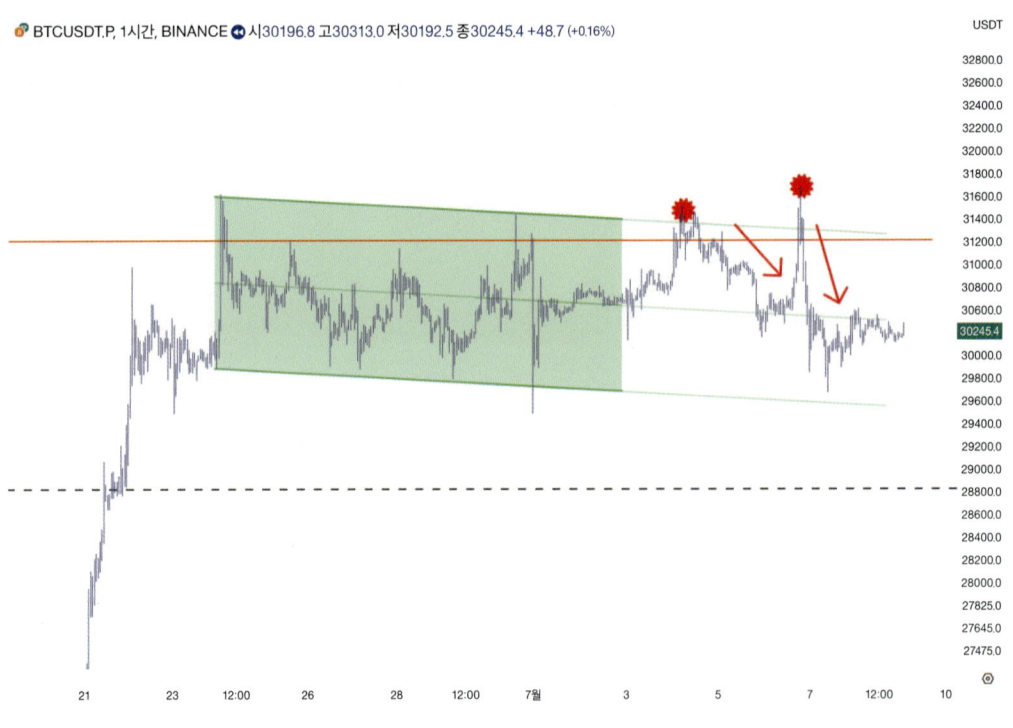

2023년 7월까지 지켜보았을 때, 1시간봉 차트에서 채널 상단의 추세선 돌파가 2차례 관찰됩니다. 하지만 다시 금방 채널 내로 돌아오면서 '거짓 돌파(False Breakout)'의 양상을 보였습니다. 만약 추세선 돌파만 보고 진입하였다면, 두 차례의 진입 모두 실패로 끝났을 가능성이 높겠습니다. 즉, 충분한 관찰과 함께 채널 돌파 이후 나타나는 리테스트를 확인하고 진입하는 것이 안전한 진입 시점에 해당합니다.

결국 강세 깃발형 패턴인 줄 알았던 가격 움직임은 4월 단기 고점에서의 저항을 이겨내지 못하고 하락 추세로 접어들게 됩니다. 1~6까지의 확인 과정은 꼭 깃발형 패턴이 아니더라도 다른 패턴을 적용함에 있어서도 함께 확인하면 좋은 검증 과정에 해당합니다.

3) PD Array를 활용한 패턴 검증

1권에서 다룬 개념 중 ICT 콘셉트의 PD Array를 기억하시나요? PD Array란 Premium과 Discount를 합쳐 이르는 용어로, 명확한 고점과 저점을 바탕으로 형성된 가격 범위에서 50% 구간을 가격의 평형 상태(Equilibrium)로 간주하고 50%보다 상방 구간을 과매수 구간(Premium), 50%보다 하방 구간을 과매도 구간(Discount)으로 분류하는 개념입니다. False Flag 패턴을 구분하는 데 있어 PD Array를 활용할 수도 있습니다.

만약 Discount 영역에서 약세 깃발형 패턴이 나타난다면 어떻게 해석할 수 있을까요? 이미 가격이 저평가되어 있으므로 하락세가 더 이어질 수도 있겠지만 상승하며 Equilibrium으로 회귀할 가능성 역시 높습니다. 즉, Premium 구간에서 강세 깃발형 패턴이 나타나는 경우와 Discount 구간에서 약세 깃발형 패턴이 나타나는 경우 False Flag 패턴일 가능성을 염두에 두는 것이 좋겠습니다.

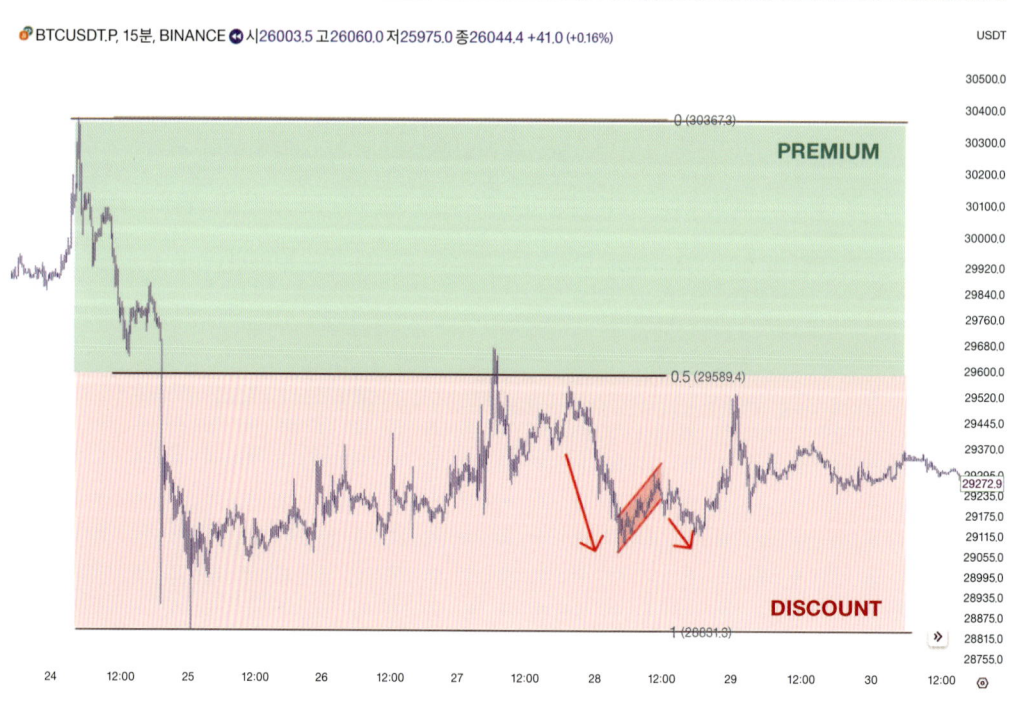

예시의 차트는 비트코인 선물의 15분봉 차트입니다.

하단의 붉은 채널로 표시된 깃발형 패턴은 전형적인 약세 깃발형 패턴의 모습을 띠고 있는데요. 약간의 하락이 나타나기는 했지만, 전체적으로 관찰했을 때 Equilibrium으로 회귀한 것을 볼 수 있습니다. 이처럼 PD Array 역시도 패턴의 검증에 활용할 수 있는 개념입니다.

복잡한 내용을 다룬 것 같지만, 핵심은 단순합니다. 바로 패턴의 형태만을 보는 것이 아니라 다양한 각도, 관점에서 패턴을 살펴보고 검증하는 과정이 필요하다는 사실입니다. 단순히 형태만을 보고 트레이딩에 임한다면 마켓 메이커들의 함정에 빠질 가능성이 높아질 것입니다.

10

ICT SMT-Divergence: 각기 다른 자산 간에 생겨나는 다이버전스

 SMT-Divergence란?

SMT-Divergence란 'Smart Money Technique - Divergence'의 줄임말로, 역시 ICT 콘셉트에서 다루어진 개념 중 하나입니다. 먼저 기본적인 다이버전스의 형태부터 다시 짚고 넘어가도록 하겠습니다. 기본적인 기술적 분석에서의 다이버전스는 가격 움직임과 보조지표의 움직임이 서로 상반된 방향으로 나타날 때를 의미합니다.

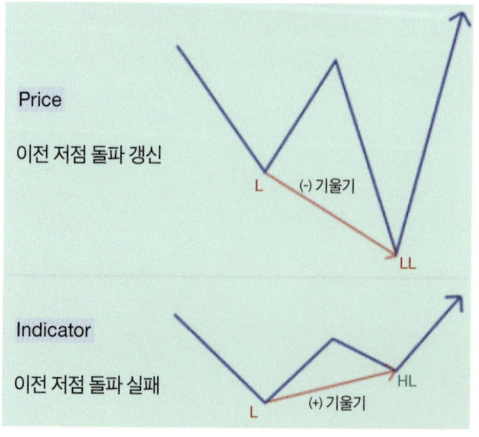
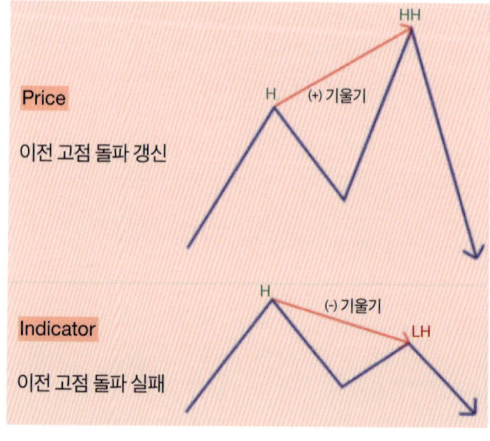

보다 구체적으로 가격은 Higher High 혹은 Lower Low를 갱신하였지만, 보조지표는 오히려 Lower High, Higher Low를 기록하였을 때를 의미합니다. 이러한 다이버전스는 추후 추세가 지속될 것인지, 반전이 나타날 것인지를 판단하는 데 활용할 수 있습니다.

하지만 이번 파트에서 다룰 SMT-Divergence는 보조지표가 아닌 '또 다른 자산 혹은 지표'의 움직임과 비교하여 다이버전스를 식별한다는 차이점이 있습니다. 만약 비트코인에 대해 SMT-Divergence를 적용하고자 한다면 RSI, 스토캐스틱 등 비트코인의 가격을 이용한 보조지표가 아니라 비트코인과 다른 상관관계를 가지고 있는 암호화폐 혹은 지수들과의 비교를 통해 다이버전스를 적용해야 하는 것입니다.

따라서 SMT-Divergence에서 가장 중요한 핵심은 비교의 주체가 될 자산이 비교 대상이 될 자산 혹은 지표와 어떠한 상관관계를 지니는가의 여부라 할 수 있습니다. ICT는 외환시장(FOREX)에서의 거래를 기반으로 하고 있으며, 따라서 SMT-Divergence에서 제시하는 자산 간 조합은 미국 달러(USD)와 유로(EUR), 파운드(GBP), 호주 달러(AUD) 등 타 국가 화폐와의 조합이 대표적입니다.

이외에도 미국 주식시장의 경우 뉴욕 증시의 3대 지수인 다우존스 지수,* S&P500 지수,** 나스닥 지수*** 간의 다이버전스 형성 여부를 살피기도 합니다. ICT는 이러한 다이버전스가 형성되는 이유를 추세 반전 구간에서 축적(Accumulation) 혹은 분배(Distribution)가 이루어지기 때문으로 보고 있습니다. 그렇다면 이러한 자산 혹은 지수 간의 조합에 기준이 되는 것은 무엇일까요? 답은 가격 움직임 측면에서의 상관관계(Correlation)입니다.

---

*   다우존스(Dow Jones) 지수: 미국 30개 대표 종목 주가를 산술평균한 지수로, 미국 증권시장 동향과 시세를 알려주는 뉴욕 증시의 대표적인 주가지수입니다.

**   S&P500 지수: 국제 신용평가기관인 미국의 스탠더드앤드푸어스(Standard and Poors: S&P)가 작성한 주가지수. 다우존스 지수와 마찬가지로 뉴욕증권거래소에 상장된 기업의 주가지수이지만, 지수 산정에 포함되는 종목수가 다우지수의 30개보다 훨씬 많은 500개입니다. 시가총액식 주가지수로 시장 전체의 동향 파악이 유리하나, 대형주의 영향을 크게 받는다는 특징이 있습니다.

***   나스닥(NASDAQ) 지수: 다우존스 지수, S&P500 지수와 더불어 뉴욕 증시의 3대 주가지수의 하나로, 나스닥은 미국의 벤처기업들이 상장되어 있는 장외 주식시장을 말하며, 구글, 애플, 야후, 아마존 등 전 세계 첨단기술 산업체들의 활동 기반이 되고 있습니다. 상장종목 전체를 대상으로 지수가 산출되며, 시가총액식 주가지수이므로 대형주의 시세에 영향을 많이 받습니다.

1) 양의 상관관계를 가진 종목[Positive(+) Correlation]

SMT-Divergence: Positive(+) Correlation

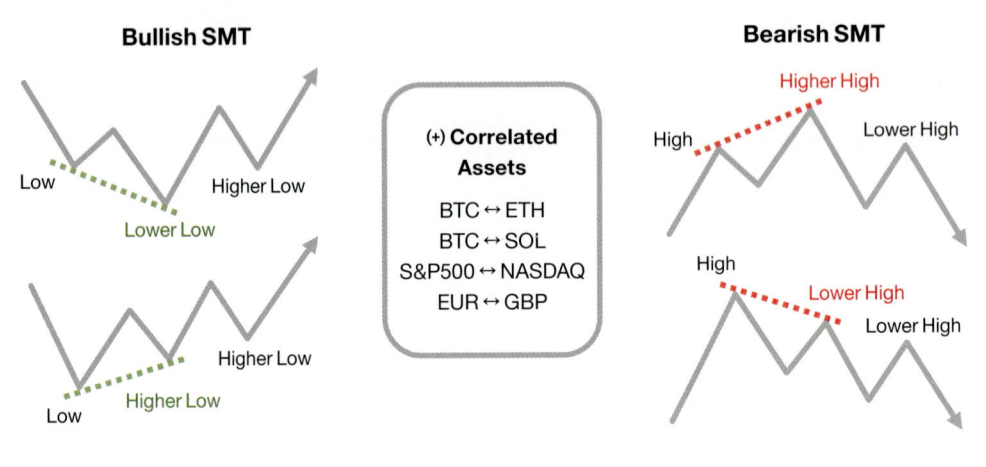

양의 상관관계를 가진 종목은 두 자산 간의 차트 움직임이 유사하게 나타나는 경우가 많습니다. 비트코인과 이더리움, S&P500 지수와 나스닥 지수는 대체로 비슷하게 움직일 가능성이 높은 종목에 해당합니다.

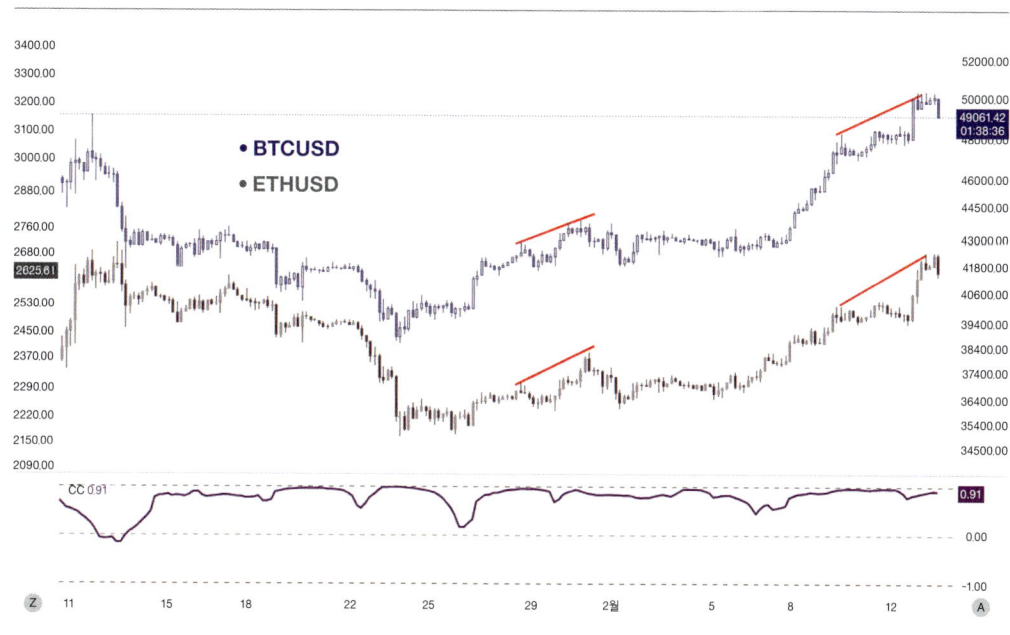

　양의 상관관계를 지닌 종목들의 경우 일반적으로 두 종목의 움직임은 유사하게 나타나게 되며, 따라서 다이버전스를 그리는 경우가 흔한 것은 아닙니다. 통상적으로 비트코인과 이더리움은 0.9 정도의 상관관계를 지니고 있는데요. 위 차트에서 확인할 수 있듯이, 비트코인이 고점을 더욱 높이며 상승하는 경우(Higher High), 이더리움 역시도 고점을 높이며 Higher High를 기록하는 경우가 많습니다.

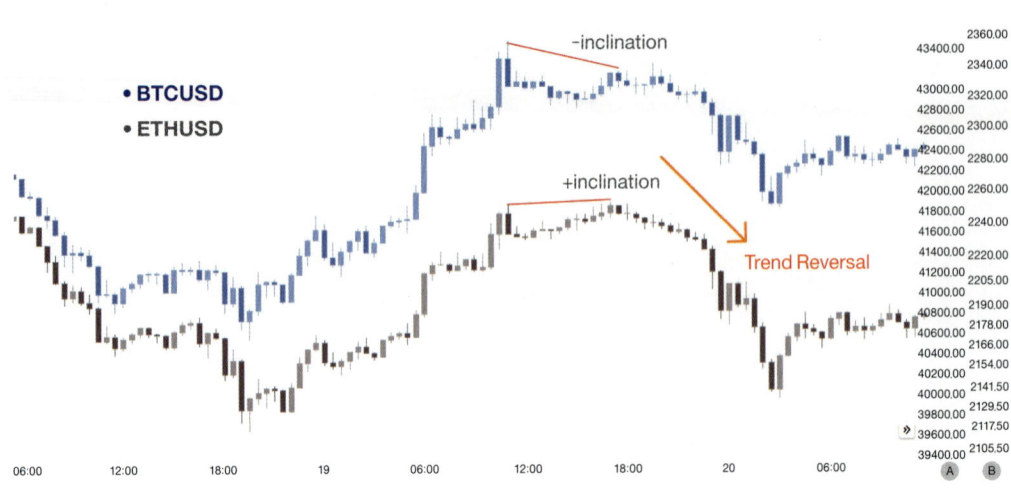

하지만 두 양의 상관관계를 가진 종목 간에 다이버전스가 나타난다면 어떨까요?

위 차트는 비트코인과 이더리움의 30분봉 차트를 한 화면에 표시한 것입니다. 비트코인의 경우 고점이 낮아지면서 Lower High가 형성되었지만 이더리움에서는 오히려 고점이 높아지는 Higher High가 나타났습니다. 이때 각 자산의 고점을 연결한 선이 서로 다른 기울기를 보이기 때문에 다이버전스가 형성되었다고 볼 수 있으며, 정확하게는 약세(Bearish) SMT-Divergence가 형성되었다고 볼 수 있겠습니다.

실제로 이후 추세는 상승에서 하락으로 전환된 양상을 보입니다. SMT-Divergence는 이처럼 특정한 상관관계를 지닌 자산 간에 다이버전스가 나타나는 때를 말하며, 이러한 다이버전스는 추세 전환이 임박했음을 의미하는 경우가 많습니다.

　추가로 2023년 랠리를 거치며 크립토 시장의 시가총액 5위 내에 자리 잡은 솔라나(SOL) 역시 빠른 거래 처리 속도와 낮은 수수료, 다른 영역으로 쉽게 사용될 수 있는 유연성을 갖춘 메이저 코인 중 하나라 볼 수 있겠습니다.

　위 차트는 비트코인과의 상관관계를 다룬 모식도입니다. 솔라나와 같은 시가총액이 높은 알트코인들도 비트코인, 이더리움 등과 SMT-Divergence의 형성 여부를 유심히 관찰해 본다면 재미있는 상관관계를 발견할 수 있을 것입니다. 비트코인과 솔라나 사이의 상관관계는 시기에 따라 차이가 있지만 역시 0.9가량의 높은 양의 상관관계를 보이고 있으며, SMT-Divergence의 개념에 따라 솔라나와 비트코인의 가격 추세가 다르게 나타날 경우 추세 전환에 대비할 수 있겠습니다.

2) 음의 상관관계를 가진 종목[Negative(-) Correlation]

SMT-Divergence: Negative(-) Correlation

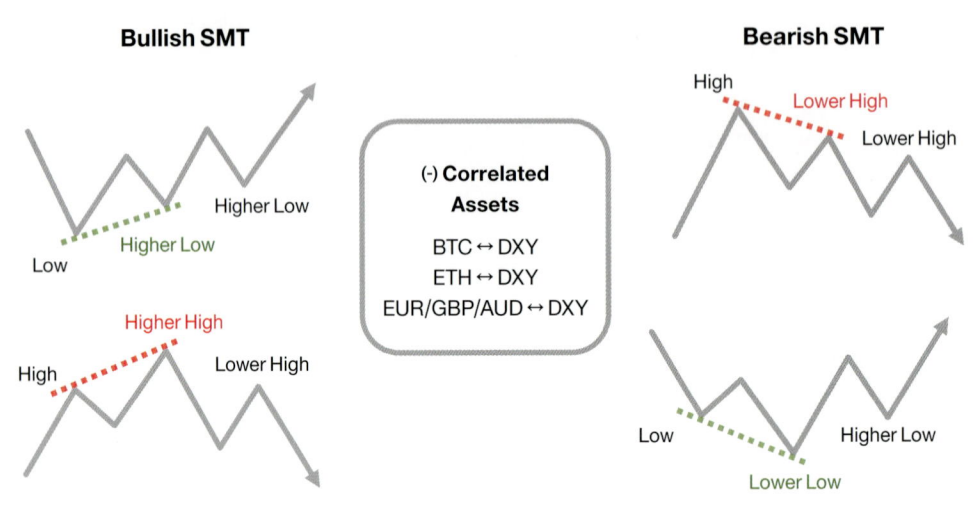

음의 상관관계를 지닌 자산 간의 관계를 대칭 자산(Symmetrical Market)이라고도 부르며, 이는 두 종목이 그려내는 차트의 움직임이 상·하 반전이 된 듯 대칭적인 움직임을 보이는 경우를 의미합니다. 대표적인 음의 상관관계를 지니는 종목에는 유로/달러(EURUSD)와 달러인덱스 지수*가 있습니다. 달러가 강세일 때 상대적으로 유로/달러는 약세를 보일 가능성이 높기 때문입니다.

---

* 달러인덱스(DXY, US Dollar Index): 유로, 엔, 파운드, 캐나다 달러, 스웨덴 크로나, 스위스 프랑 등 경제 규모가 크거나 통화 가치가 안정적인 세계 주요 6개국 통화에 대한 미국 달러화의 평균 가치를 지수화한 것으로, 미국 달러화의 가치 변동을 나타냅니다. 1973년 3월을 기준점인 100으로 설정하였으며, 달러인덱스의 상승은 미 달러화 가치의 상승을, 달러인덱스의 하락은 미 달러화 가치의 하락을 의미합니다.

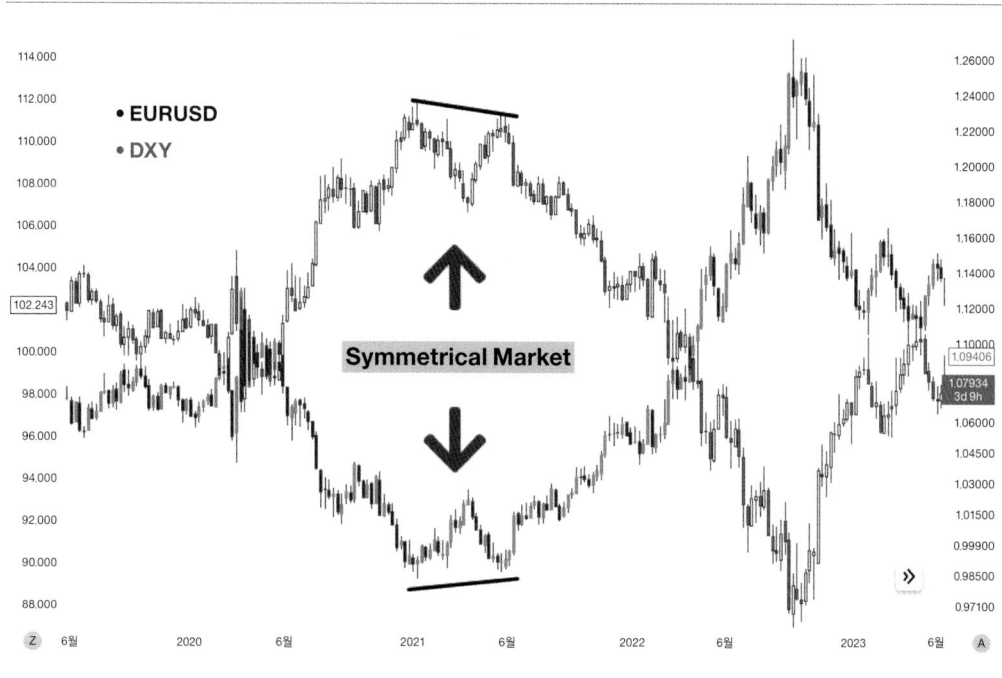

이 경우 두 자산 간의 움직임은 기본적으로 대칭적이기 때문에 다이버전스를 나타냅니다. 위 차트는 유로/달러(EURUSD)와 달러인덱스(DXY) 차트로, 유로/달러가 더 낮은 고점(Lower High)을 형성할 때 달러인덱스는 더 높은 저점(Higher Low)이 형성되었음을 알 수 있습니다. 각각을 연결한 선의 기울기는 반대이기 때문에 통상적으로 생각하는 다이버전스가 그려지게 됩니다.

하지만 SMT-Divergence에서 음의 상관관계를 가지고 있는 종목들의 경우, 즉 대칭 자산(Symmetrical Market)에서 ICT가 발견하고자 하는 양상은 위와 같은 일반적인 다이버전스의 형태가 아닙니다. 오히려 고점이나 저점을 연결한 선이 서로 동일한 방향의 기울기를 보이는 때를 추세 반전의 신호로 여깁니다.

다시 한번 정리하자면, 음의 상관관계를 가지는 종목에서의 SMT-Divergence는 통상적인 다이버전스와 반대로, 종목들 간에 같은 방향의 움직임이 나타날 때를 의미한다고 정리할 수 있겠습니다.

비트코인 역시도 통상적으로 달러인덱스와 음의 상관관계를 가지는 경우가 많은데요. 비트코인의 대세 상승장이었던 2020년에서 2021년 동안의 움직임을 추가적인 사례로 살펴보도록 하겠습니다.

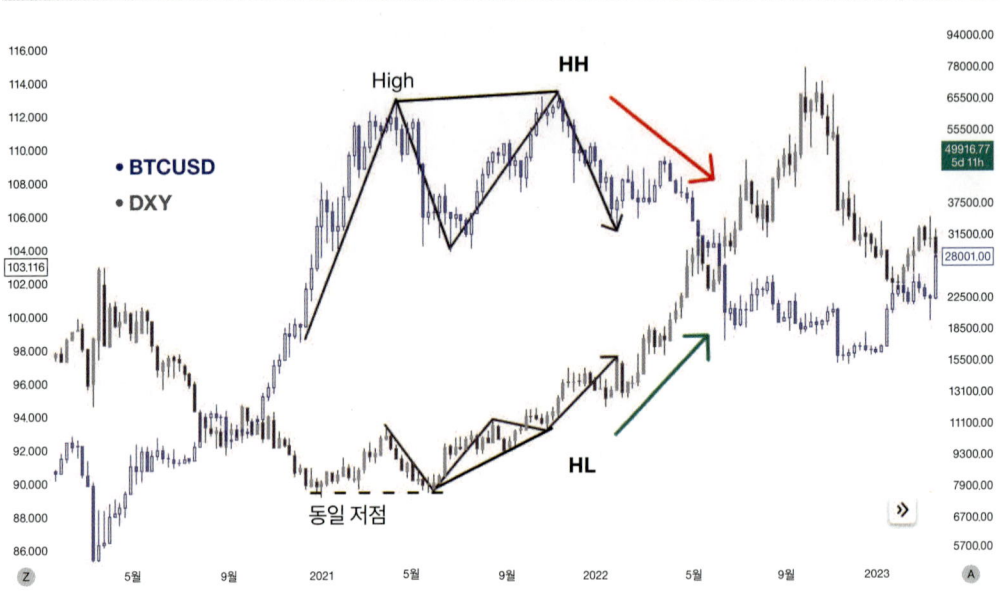

비트코인의 경우 2021년 4월의 고점에서 2021년의 11월의 고점으로 이동하며 고점이 높아지는 모습(Higher High)을 보입니다. 같은 기간 동안 달러인덱스는 2021년 상반기에 형성되었던 저점을 지나 저점을 높여가는 움직임(Higher Low)을 보입니다. 이는 달러인덱스가 비트코인과 음의 상관관계를 가지고 있다는 점을 생각해볼 때 약세 SMT-Divergence가 출현했다고 해석할 수 있습니다. 비트코인 차트만을 관찰하였다면 고점을 지속해서 높여가는 상승 추세라 생각할 수 있겠지만, 비트코인과 대칭적인 종목인 달러인덱스의 높아지는 저점을 함께 관찰한다면 시장 반전의 신호로 생각할 수도 있겠습니다. 실제로 이후 비트코인은 하락 반전을, 달러인덱스는 상승세를 지속한 것을 확인해볼 수 있습니다.

SMT-Divergence 적용 시 고려 사항

1) 동일한 타임프레임에서 동일한 시점을 기준으로 작도하라

만약 비트코인의 일봉 차트를 기준으로 SMT-Divergence를 확인하고자 한다면, 이에 대응하는 종목 역시 동일한 타임프레임을 설정한 채로 다이버전스를 확인해야 합니다. 또한 되도록이면 기준이 되는 캔들스틱의 시점 역시 동일한 위치에서 형성되는 편이 신뢰도가 높다고 볼 수 있겠습니다.

2) 기존 추세를 확인하라

SMT-Divergence의 발생 여부를 확인하기 전에 지금까지 이어져 온 큰 추세가 어떤 방향인지 아는 것이 항상 우선시되어야 합니다. 특히 HTF상 추세가 명확하게 관찰되는 추세장에서 SMT-Divergence가 나타난다면, 이후 추세 반전에 대한 신뢰도는 더욱 상승할 수 있겠습니다. 반대로 보합세(Consolidation)가 나타나며 횡보를 거듭하고 있는 장이라면, SMT-Divergence가 출현하더라도 그 신뢰도가 높지 않을 것입니다.

3) 세션(Session)과 킬 존(Kill Zone)을 고려하라

ICT는 뉴욕 시간을 기준으로 오전·오후 각각 SMT가 활발하게 나타나는 세션이 존재한다고 주장하였습니다. 이를 SMT-Times라고도 부르며, 한국 시간 기준으로는 19~23시 30분, 새벽 2~5시에 해당합니다. 전자의 경우 런던 세션, 후자의 경우 뉴욕 세션의 범주에 속하지만 킬 존과 정확히 겹치는 시간대는 아닙니다. 킬 존이 아시아, 런던, 뉴욕 시장에서 개장 시간대에 큰 변동성과 거래량을 동반하는 시기임을 감안한다면, 이를 살짝 빗겨나가는 SMT-Times는 킬 존에서의 반전 움직임을 미리 암시하는 시간대로도 해석할 수 있겠습니다.

4) 기술적 분석, 보조지표와 동반하여 근거를 중첩시켜라

모든 기술적 분석이 그러하듯, 단독 적용은 신뢰도가 높지 않으며 SMT-Divergence 역시 단독 적용하여 트레이딩에 임하는 자세는 절대 권장되지 않습니다. 특히 SMT-Divergence의 경우 상관관계가 높은 두 자산 간의 가격 움직임만을 토대로 하기 때문에 두 자산 각자의 이슈에 따라 거짓된 신호가 나타날 가능성이 상대적으로 높습니다.

SMT-Divergence는 매매하고자 하는 자산뿐 아니라 이 자산과 양(+), 음(-)의 상관관계를 지니는 다른 자산의 움직임을 결부 지어 살펴본다는 점에서 상당히 흥미로운 기술적 분석에 해당합니다. 주의할 점은 자산 간의 상관관계는 언제든 변화할 수 있다는 점입니다. 상관관계가 아무리 높은 자산이라 하더라도 커플링과 디커플링을 반복하게 됩니다.

따라서 SMT-Divergence만을 지나치게 맹신했다가는 두 자산이 디커플링된 시점에서 잘못된 해석을 내릴 수 있습니다. 무엇보다 SMT-Divergence가 나타났기 때문에 추세가 반전되는 것이 아니라, 추세가 반전될 때 SMT-Divergence가 나타날 수 있다는 점을 인지하는 것이 중요합니다. 즉, 추세 반전을 예측하는 신호로서 기능한다기보다는 추세가 반전되었을 때 추세 반전의 근거 중 하나로 작용할 수 있는 것이 SMT-Divergence라 할 수 있겠습니다.

ICT Turtle Soup: 거짓 돌파 역이용하기

이번 파트에서 다룰 주제는 ICT 콘셉트의 터틀 수프(Turtle Soup) 전략입니다. 터틀 수프는 마켓 메이커, 즉 세력들의 스탑 헌팅(Stop Hunting)과 밀접한 관련이 있습니다. 세력들은 주요 고점·저점에서의 거짓 돌파(False Breakout) 형태로 트레이더를 함정에 빠뜨리곤 합니다만, 오히려 이러한 세력의 움직임을 역이용하는 전략이라 할 수 있습니다. 터틀 수프는 유동성(Liquidity), FVG, 그리고 오더블록(Orderblock) 등 지난 프라이스 액션에서 다루었던 개념들이 복합적으로 반영된 전략입니다.

터틀 수프의 시작

사실 기술적 분석 영역에 있어 터틀 수프로 불리는 전략은 이미 존재했습니다. 바로 리처드 데니스(Richard Dennis)와 윌리엄 에크하르트(William Eckhardt)의 일종의 '내기'에서 비롯된 전략이 바로 그것입니다. 데니스는 1980년대 초 활동한 인물로 5000달러의 자본금으로 시작하여 트레이딩을 통해 1억 달러 이상으로 키워낸 전설적인 트레이더였습니다. 그의 파트너인 에크하르트는 이를 데니스의 재능 덕분이라 주장하였지만, 데니스는 누구나 트레이딩 교육을 통해 훌륭한 트레이더가 될 수 있다고 생각하였습니다. 그리고 1983년 이를 직접 실험하는 과정에서 모집한 교육생들을 'Turtle(거북이)'이라 부르기 시작했습니다. 이러한 Turtle들의 전략 중 하나가 터틀 수프였습니다.

하지만 데니스의 터틀 수프 전략은 기존의 추세 추종 전략을 역이용하는 방식인 반면, ICT의 터틀 수프는 프라이스 액션을 기반으로 거짓 돌파를 이용한다는 점에서 차이가 있습니다. 즉, ICT의 '터틀 수프' 전략과 데니스의 '터틀 수프' 전략은 서로 다른 개념인 것입니다.

물론 ICT가 '터틀 수프'라는 이름을 선택한 것은 아마도 기존의 전략에서 영감을 얻은 것으로 보입니다만, ICT의 창시자인 마이클 허들스톤이 구체적으로 이에 대해 언급한 바는 없습니다. 아무쪼록 두 개념은 전혀 다른 개념임을 꼭 인지하고 있어야 하겠습니다.

터틀 수프의 기초가 되는 개념: 유동성, 오더블록, FVG

ICT의 터틀 수프는 차트상의 이전 고점과 저점 부근에 형성된 유동성(Liquidity)을 세력이 활용하고자 한다는 점에서 착안된 개념입니다. 따라서 전략을 이해함에 앞서 유동성에 대한 이해가 선행되어야하며, 보다 구체적인 포지션 설정을 위해 오더블록과 FVG(Fair Value Gap)의 개념 역시 알고 있어야 합니다.

1) 유동성(Liquidity)

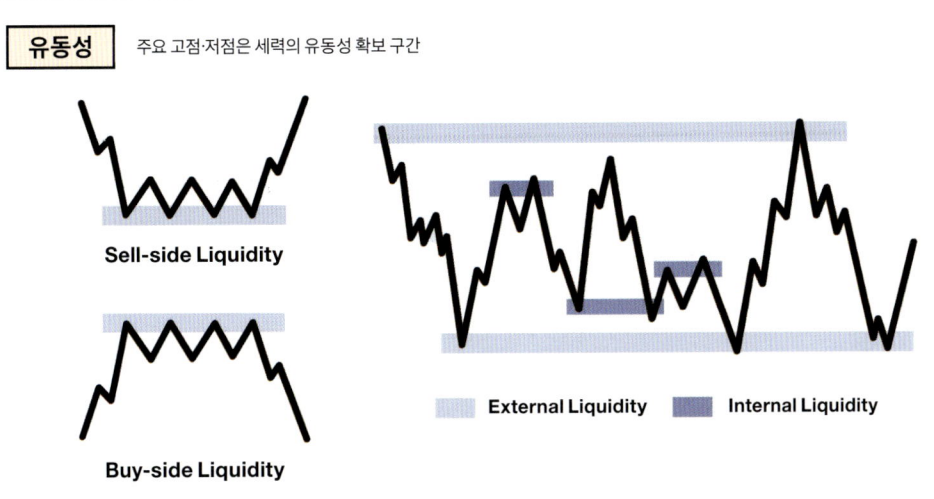

많은 트레이딩 자료에서 '세력의 유동성 확보'라는 문구를 사용하곤 합니다. 이는 마켓 메이커가 보다 많은 물량을 바탕으로 시장을 유도함을 의미하며, 이러한 물량이 주는 유동성은 추후 원하는 방향으로의 가격 움직임을 이끌어낼 원동력이 됩니다. 이를 통해 마켓 메이커가 충분한 물량을 확보하였다면, 이후 추세는 급격하게 전환될 수 있습니다. 이는 차트상 다양한 모습으로 나타나게 되며, 지난 파트에서 알아본 리젝션 블록의 경우 차트상 긴 꼬리를 단 캔들의 형태로 나타남을 확인한 바 있습니다.

2) 오더블록(Orderblock)

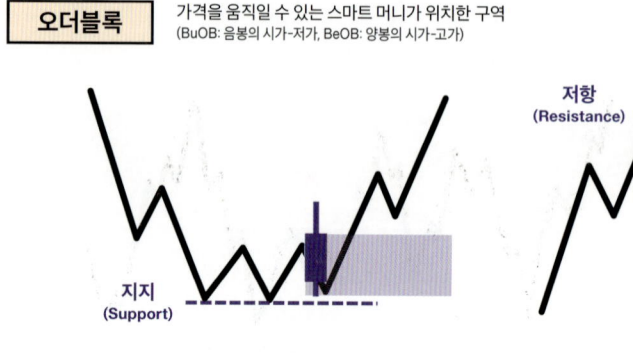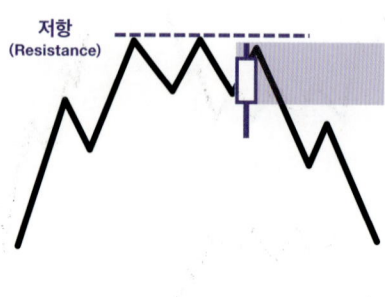

오더블록은 수요와 공급(Supply & Demand)의 개념과도 유사하나, 조금 더 직관적으로 마켓 메이커들의 매집 형태를 특정 캔들의 구간으로 정의한 것입니다. 주로 다수의 주문이 집중된 매물대를 의미하며 오더블록은 강한 지지·저항 역할을 할 뿐만 아니라 유동성이 풍부한 곳이기도 합니다. 프라이스 액션 이론에서는 명확한 오더블록이 형성된 구간을 포지션 설정에 유용한 참고점으로 이용할 수 있습니다.

3) FVG(Fair Value Gap)

FVG 3개 이상의 연속 상승·하락 캔들 + 중첩되지 않는 구간

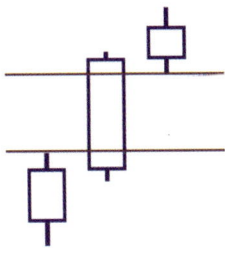

Bullish FVG(BISI)

* BISI: Buy-side Imbalance Sell-side inefficiency
= 매수측 불균형, 매도측 비효율성
= 상승 과정에서 매수 방향으로 가격 불균형이 발생하며, 이 과정에서 매도를 진입하는 것은 비효율적인 구간임을 의미

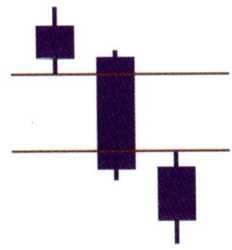

Bearish FVG(SIBI)

* SIBI: Sell-side Imbalance Buy-side inefficiency
= 매도측 불균형, 매수측 비효율성
= 하락 과정에서 매도 방향으로 가격 불균형이 발생하며, 이 과정에서 매수를 진입하는 것은 비효율적인 구간임을 의미

앞서 언급했듯 FVG는 시장 불균형(Imbalance) 상태의 일종으로 차트상 가격의 급격한 변동으로 표현됩니다. 시장은 불균형을 해소하기 위한 방향으로 움직이므로 FVG에서 생겨난 갭은 단기간 내에 메워질 가능성이 높습니다. FVG는 동일한 방향의 이웃한 세 캔들 중 가운데 캔들 몸통이 가장 긴 형태일 때 형성됩니다. 정확하게는 앞·뒤 캔들의 최고점과 최저점 간의 편차(Gap)를 의미하며, 앞·뒤 캔들의 꼬리가 중첩되는 경우는 내재형 FVG(IFVG)로 따로 분류하며 FVG라 볼 수는 없습니다.

터틀 수프 전략이란?

프라이스 액션

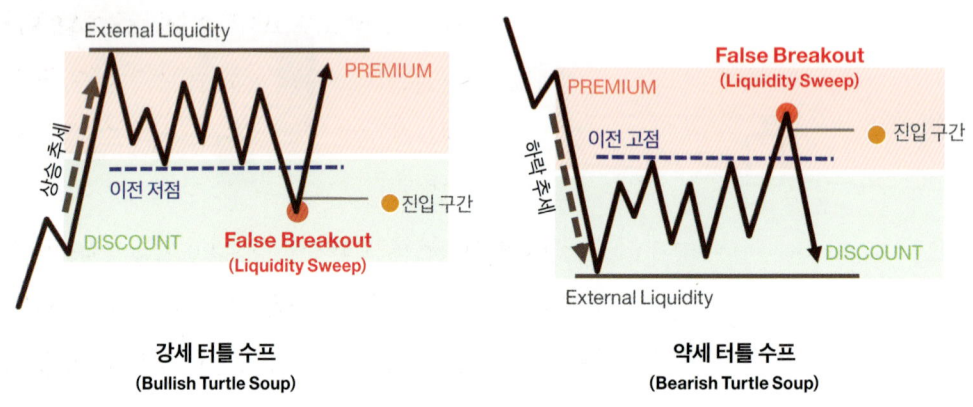

강세 터틀 수프
(Bullish Turtle Soup)

약세 터틀 수프
(Bearish Turtle Soup)

터틀 수프 전략은 거짓 돌파를 가정하고 이전 저점(Old Low) 하방에서 현물 매수 또는 롱 포지션을 취하고, 이전 고점(Old High) 상방에서 가진 현물을 매도하거나 숏 포지션을 취하는 전략이라 정의할 수 있습니다.

터틀 수프 전략은 가격이 이전 고점·저점(Old High/Low)을 일시적으로 돌파할 때, 이를 유동성 확보를 위한 움직임으로 간주하여 매매에 임하는 전략입니다. Swing High/Low와 같은 차트상 변곡점은 지지·저항 역할을 할 수 있으며 다수의 진입·종료 주문이 집중되어 있을 가능성이 높아 유동성이 풍부한 구간이기도 합니다.

이러한 고점·저점이 일반적으로 돌파되었을 때 트레이더는 해당 돌파가 추세의 반전을 의미하는 것일지 확신할 수 없습니다. 만약 돌파되었음에도 불구하고 차트가 다시 기존의 추세를 이어나간다면 이는 거짓 돌파라 할 수 있으며, 세력의 함정 중 가장 흔한 형태이기도 합니다. 이러한 거짓 돌파를 다양한 프라이스 액션 개념의 기반하에 새로운 트레이딩의 기회로 삼는 것이 터틀 수프의 목적이라 할 수 있습니다.

1) 터틀 수프의 식별 과정

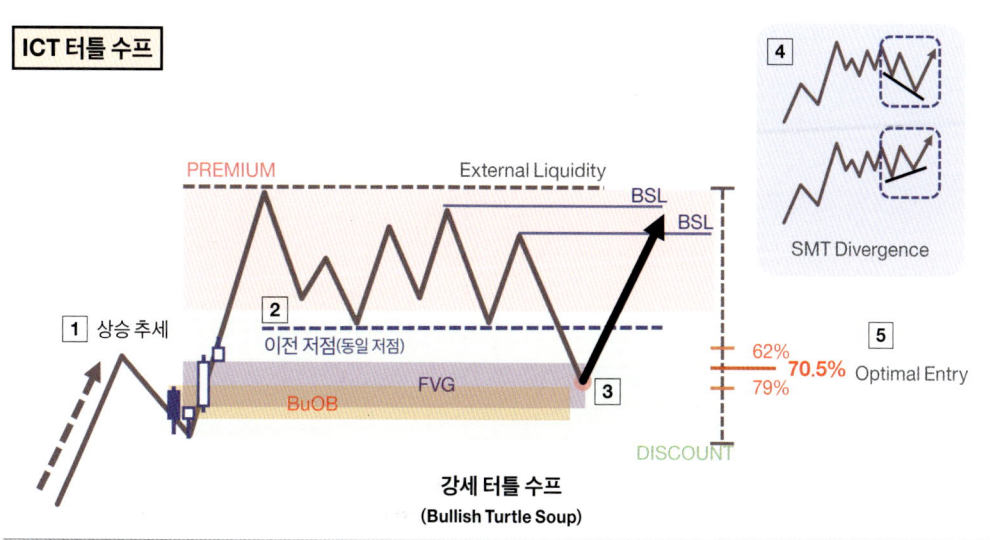

강세 터틀 수프 (Bullish Turtle Soup)

① 기존 추세를 확인하라

우선 높은 타임프레임에서 시장의 추세가 어느 방향인지 파악해야 합니다. 터틀 수프 전략 역시 임하고자 하는 매매의 방향이 전반적 추세와 일치하는지를 확인하는 것은 매우 중요합니다.

② 이전 고점·저점을 식별한다. 동일 고점·저점을 형성하는 경우가 더욱 유리하다

다음으로 거짓 돌파가 일어날 수 있는 주요 구간을 찾는 것이 중요합니다. 위 모식도와 같은 강세 모델의 경우 과거에 형성된 저점인 이전 저점이 이에 해당할 것입니다. 만약 유사한 가격대에서 여러 개의 저점이 비슷한 높이에 형성되어 있다면, 즉 동일 저점(Equal Low)이 여럿 형성되어 있다면 더욱 강한 지지의 역할을 하므로 전략의 신뢰도가 높아질 수 있습니다.

③ 돌파(Breakout) 움직임이 이전에 형성된 오더블록을 마주치거나 FVG를 해소하는지 확인한다

얼핏 보면 오더블록을 마주치면서 FVG를 해소하는 두 가지의 조건을 모두 만족하는 상황을 찾기가 다소 어려워 보일 수 있습니다. 하지만 이 두 가지 조건이 모두 나타나야 터틀 수프 전략이 성립되는 것은 아닙니다. 중요한 것은 이전 고점·저점이 돌파되었을 때 이것이 거짓 돌파인지, 정말 추세가 반전되어 나타난 진짜 돌파인지를 확인하기 위한 작업입니다.

위 모식도를 기준으로 보면, PD Array의 기준점이 되는 과거의 저점상에 강세 오더블록과 FVG가 형성되어 있는 것을 볼 수 있습니다. 만약 돌파 이후 가격이 FVG의 갭을 해소하며 강세 오더블록의 지지를 확보한다면, 가격은 재차 상승할 가능성이 높아지므로 터틀 수프 전략의 신뢰도 역시 높아질 것입니다.

④ SMT-Divergence 등을 통해 전략의 근거를 보충한다

앞선 ③ 과정이 돌파 이후 가격이 다시 본래 추세를 이어간다는 근거, 즉 돌파가 거짓 돌파(False Breakout)였음을 찾기 위한 과정이었다면, ④ 과정 역시도 이 근거를 보충해나가는 과정입니다.

앞서 알아보았던 SMT-Divergence의 경우 유의미한 상관관계를 지닌 자산 간의 가격 움직임이 다이버전스를 이룰 때 특정 추세가 나타날 수 있다는 ICT 콘셉트 중 하나입니다. 예를 들어 모식도의 종목이 이전 저점을 돌파하며 저점이 낮아졌을 때(Lower Low), 모식도의 종목과 양의 상관관계를 가지고 있는 종목이 상승 추세를 지키며 Higher Low를 형성하였다면 SMT-Divergence가 형성된 것이라 볼 수 있습니다.

⑤ 높은 타임프레임에서 PD Array를 기반으로 진입 구간을 설정한다

주요 저점과 고점을 바탕으로 그려지는 PD Array와 피보나치 비율을 바탕으로 포지션 진입 구간을 구체화함으로써 전략이 마무리됩니다. Premium과 Discount Zone은 가격이 고평가·저평가된 구간으로, 강세 터틀 수프(Bullish Turtle Soup) 전략의 경우 가격이 저평가된 Discount Zone에서 거짓 돌파가 일어날 때보다 유리한 진입 위치를 확보할 수 있습니다. 이는 가격이 PD Array의 50% 구간인 Equilibrium으로 회귀하려는 성향에 근거를 두고 있습니다.

또한 ICT는 자체적인 비율 구간인 70.5% 구간을 이상적인 진입 구간으로 설정하고 있습니다. 이는 피보나치 비율의 61.8%, 78.6%를 활용하여 구해진 비율로서, 61.8~78.6%의 범위를 유리한 진입 구간으로 정의할 수 있습니다.

2) 강세 터틀 수프(Bullish Turtle Soup) 전략

프라이스 액션

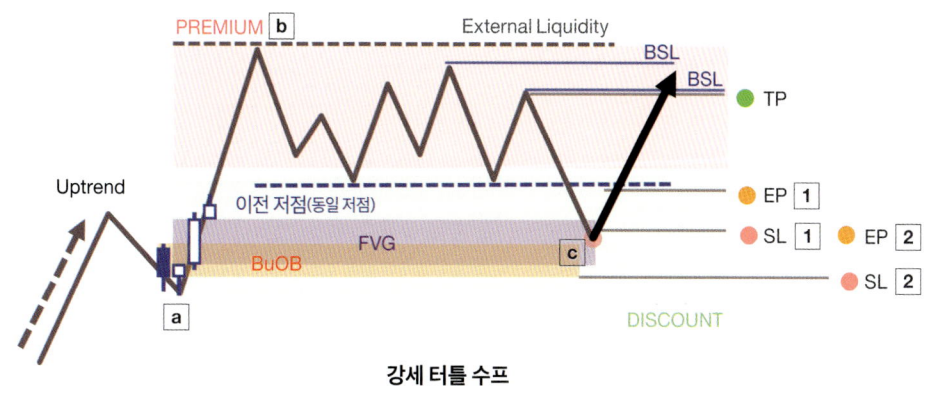

강세 터틀 수프

진입가(Entry Price)

1. 이전 저점의 하방

2. PD Array상의 이상적인 진입 구간(61.8~78.6%)

손절가(Stop Loss)

1. 거짓 돌파의 저점(모식도의 C)

2. HTF상의 주요 저점 혹은 강세 오더블록의 하단

+ 이외에도 FVG, 손익비 등을 고려하여 유동적으로 설정 가능

목표가(Target Price)

1. External Liquidity 방향에 존재하는 Buy-side Liquidity 구간 중 하나

+ 이외에도 차트상의 주요 저항 구간 혹은 손익비 등을 고려하여 설정

강세 터틀 수프의 구조는 앞서 다룬 바와 같이 이전 저점들을 중점으로 형성됩니다. 이때 진입가는 이전 저점의 하방 구간을 노리거나, PD Array에 기반을 둔 이상적인 진입 구간(61.8~78.6%)을 이용할 수 있습니다. 두 경우 모두 돌파 이후 가격이 다시 상승 방향으로 전환되었을 때를 기준으로 한 것이므로 진짜 돌파가 하방으로 크게 나타날 경우에는 포지션에 진입하지 않는 편이 좋습니다.

손절가는 거짓 돌파의 저점(최근의 전저점), 혹은 HTF상의 주요 저점이나 강세 오더블록, FVG 등을 이용할 수 있습니다. 손익비와 R의 개념* 등을 다양하게 고려하여 역시 유동적으로 설정할 수 있겠습니다.

목표가는 기본적으로 External Liquidity로 향하는 구간에 놓여 있는 여러 Buy-side Liquidity(BSL)를 활용할 수 있겠습니다. 가격이 상승함에 있어 저항 구간으로 작용할 수 있는 구간들이기 때문이죠. 물론 유의미한 BSL이 보이지 않는다면 차트상의 다른 주요 저항 구간 혹은 손익비 등을 고려하여 설정할 수 있겠습니다.

---

* R의 개념: 《차트 분석 바이블》 1권에 나오는 개념으로, 'R(Risk)'은 단일 거래에서 부담하는 리스크 비율을 의미합니다.

3) 약세 터틀 수프(Bearish Turtle Soup) 전략

프라이스 액션

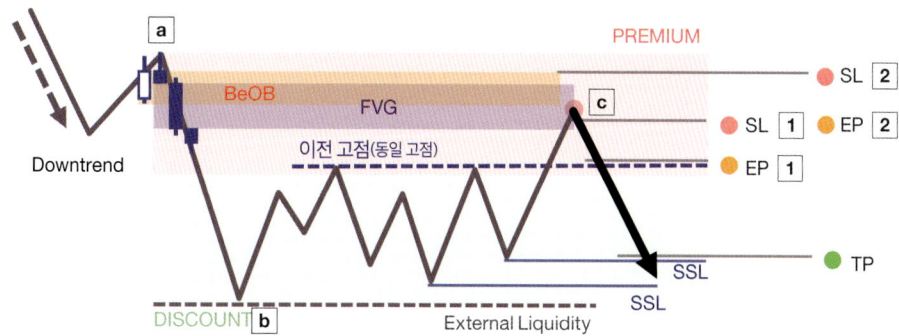

약세 터틀 수프

진입가(Entry Price)

1. 이전 고점의 상방

2. PD Array상의 이상적인 진입 구간(61.8~78.6%)

손절가(Stop Loss)

1. 거짓 돌파의 고점(모식도의 C)

2. HTF상의 주요 고점 혹은 약세 오더블록의 상단

\+ 이외에도 FVG, 손익비 등을 고려하여 유동적으로 설정 가능

목표가(Target Price)

1. External Liquidity 방향에 존재하는 Sell-side Liquidity 구간 중 하나

\+ 이외에도 차트상의 주요 지지 구간 혹은 손익비 등을 고려하여 설정

약세 터틀 수프는 강세 터틀 수프와 반대되는 구조를 가지고 있으며, 기본적으로는 숏 포지션에 진입하기 위한 전략입니다. 약세 터틀 수프는 기존의 고점들을 중심으로 형성되며, 이때 진입가는 이전 고점의 상방 구간을 노리거나 하락 추세에서의 상승 되돌림을 이용한다면 PD Array에서의 Premium Zone에 기반을 둔 이상적인 진입 구간(61.8~78.6%)을 이용할 수 있습니다. 약세 터틀 수프의 손절가는 거짓 돌파의 고점(최근의 전저점), 혹은 HTF상의 주요 고점이나 약세 오더블록, FVG 등을 이용할 수 있습니다. 목표가는 기본적으로 External Liquidity로 향하는 구간에 놓여 있는 여러 Sell-side Liquidity를 활용할 수 있으며, 손절가와 목표가 모두 손익비와 R의 개념 등을 이용하여 유동적으로 설정할 수 있습니다.

터틀 수프의 실전 활용 예시

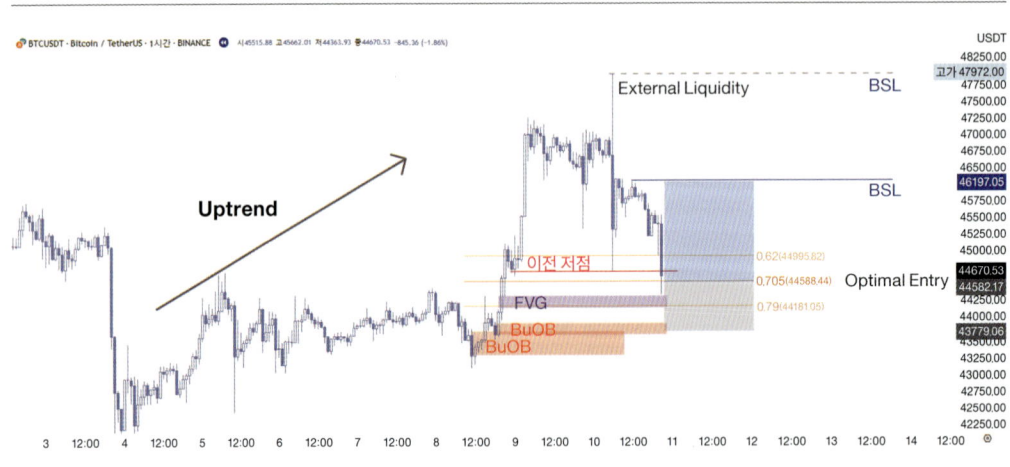

비트코인의 1시간봉 차트에서 강세 터틀 수프 전략을 활용한 롱 포지션 예시입니다.

전체적인 상승 추세를 보여오던 차트는 10일 오전 큰 폭의 가격 변동을 그리며 저점을 형성합니다. 이는 9일의 저점과 유사한 구간에 형성된 것으로(차트상의 이전 저점), 이전 저점을 약간 넘어서는 돌파가 나타납니다. 또한 8~9일의 강한 상승에서 강세 오더블록과 FVG를 발견할 수 있으며, 8일의 저점과 9일의 고점을 기준으로 PD Array를 설정할 수 있습니다. 현재 가격 시점은 PD Array상 이상적 진입 구간 내에 위치하고 있으며, 70.5% 지점을 구체적인 진입가로 설정할 수 있습니다.

손절가의 경우 하단의 FVG를 해소하는 추가 하락이 일어날 수 있음을 고려하여 FVG보다 하단에 위치한 강세 오더블록들을 이용할 수 있습니다. 강세 오더블록의 지지를 허무는 강한 하락이 나타난다면 거짓 돌파가 아닌 진짜 돌파일 가능성이 높으므로 손절가를 지나치게 하방으로 설정하는 것은 손실을 키울 수도 있습니다.

목표가의 경우 External Liquidity 이전 나타나는 Buy-side Liquidity를 이용해 설정할 수 있으며, 기본적으로 분할 익절과 리스크 제거를 통해 수익을 극대화시키는 것이 좋습니다. 예시의 목표가는 손익비가 1:2가량 되기 때문에 적절히 설정되었다 볼 수 있습니다.

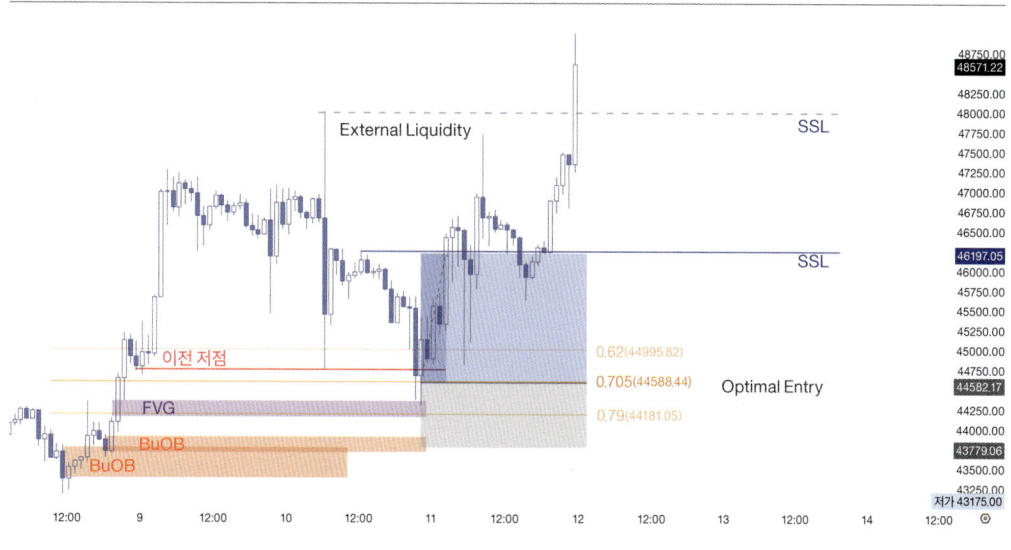

이후 차트는 FVG를 일부 해소한 채 다시 상승 전환하였습니다. 이후 급격한 변동을 보이며 목표가에 도달한 차트는 등락을 거듭하지만 결국 External Liquidity로 표시한 차트상의 전고점을 돌파하는 모습이 관찰됩니다.

12
ICT Judas Swing: 시간의 틈을 노리는 세력들의 함정

유다 스윙(Judas Swing)은 세력의 여러 함정 전략 중 하나로, 아시아 시장의 주요 거래 시간대인 09~18시(한국 시간 기준)를 바탕으로 런던 킬 존(London Kill Zone)에 해당하는 16~19시 사이에 주로 나타나는 급격한 가격 움직임을 의미합니다. 1권에서 세션 트레이딩과 킬 존에 대한 개념을 다룬 바 있으며, 먼저 복습의 의미로 세션과 킬 존의 개념에 대해 간단히 짚고 넘어가도록 하겠습니다.

세션 트레이딩과 킬 존

ICT 콘셉트는 본래 외환 시장을 기반으로 한 전략으로, 24시간 내내 장이 열려 있는 시장에 특화되어 있는 전략이라고 볼 수 있습니다. 이처럼 장의 개장과 폐장이 없이 거래가 연속된다는 특징은 트레이딩 전략 수립에 있어 반드시 고려해야 할 부분 중 하나입니다. 지구 전체를 놓고 볼 때 경도(Longitude)에 따라 시차가 존재하며, 거래가 활발하게 나타나는 시간대가 달라질 수 있다는 것을 반드시 이해해야 합니다.

통상적으로 알려진 일간 가격 범위(Daily Range)는 다음과 같습니다. 국가별 시차가 존재하므로 본 파트에서는 혼선을 방지하기 위해 한국 시간 기준으로 모든 시간대를 표기하였습니다. 또한 썸머타임(Summer Time)은 반영하지 않았습니다.

Market Session & Kill Zone: Asia, London, New York

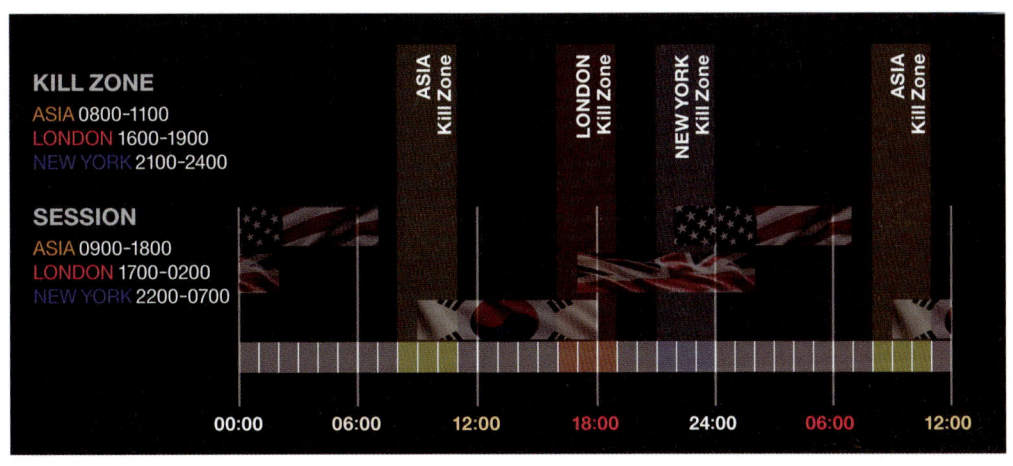

위 모식도에서 알 수 있듯이 Asia Range는 한국 시간 기준 09시부터 18시까지, London Range는 한국 시간 기준 17시부터 익일 02시까지, New York Range는 22시부터 익일 07시까지에 해당합니다. 즉, 한국 시간 기준으로 저녁 시간대에는 유럽이 아침을 맞게 되며 유럽쪽 국가에서 거래가 활발하게 이루어질 것이고, 밤에서 새벽 시간대에는 미국이 아침을 맞게 되며 미국에서의 거래가 활발하게 이루어지게 될 것입니다. 한국 시간 기준으로 저녁에서 새벽 시간대에는 아무래도 호주를 포함한 아시아 국가에서는 거래가 덜 활발하게 이루어지게 됩니다.

킬 존(Kill Zone)의 개념 역시 이어서 살펴보겠습니다. 킬 존이란 '시장이 개장하기 전부터 일어나는 큰 변동성을 가지는 시간의 영역'으로 하루 24시간 중 특히 거래가 집중되는 특정 시간대를 의미합니다. 아시아 세션에 해당하는 한국의 경우, 장의 개장 시간대인 08~09시를 전후로 변동성이 크게 나타날 것이므로 이를 아시아 킬 존(Asia Kill Zone)으로 볼 수 있습니다. 런던과 뉴욕 역시도 모두 각자의 킬 존을 가지며, 한국 시간 기준으로 런던 킬 존은 16~19시,

뉴욕 킬 존은 21~24시 정도의 시간으로 생각해볼 수 있습니다. 물론 24시간 개장한 시장의 경우 엄밀하게는 개장·폐장의 개념이 없기 때문에 대략적인 시간대로 받아들이는 것이 좋습니다.

투자자들을 꾀어내는 유다 스윙

1) 유다 스윙(Judas Swing)이란?

Judas Swing: London Kill Zone

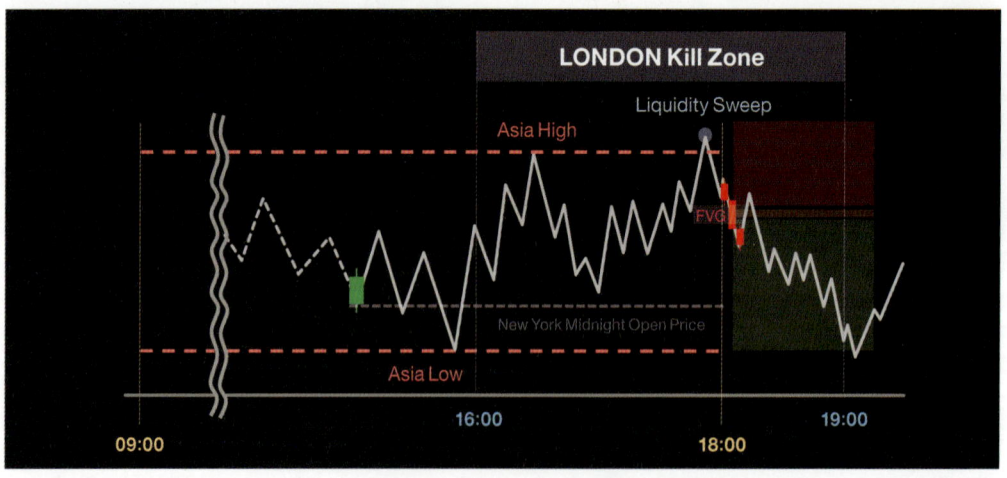

유다* 스윙 패턴은 마켓 메이커들이 소액 투자자들을 속이기 위해 마치 시장이 특정 방향으로 지속될 것처럼 보이게 한 뒤 추세를 반전시켜 투자자들을 함정에 빠트리는 패턴의 일종

---

* 유다(Judas): 유다는 성경에 등장하는 'Judas Iscariotes'에서 기원한 용어입니다. 예수의 열두 제자 중 한 명으로 은화 30냥에 예수를 배반한 인물이며, 이로 인해 유다(Judas)는 배반자·배신자의 의미로 사용됩니다.

입니다. 유다 스윙은 아시아, 런던, 뉴욕 세션과 킬 존의 개념을 바탕으로 이루어지는 일 단위의 패턴이며, 주로 런던 세션에서 투자자들을 꾀어내는 'London Judas Swing'이 대표적입니다. 유다 스윙은 일 단위의 패턴이며, 3~4시간 정도의 비교적 짧은 시간대에서 관찰 가능한 패턴이므로 일봉, 주봉 등의 타임프레임에서는 찾을 수 없으며, 분 단위 혹은 시간 단위의 낮은 타임프레임에서 관찰해야 합니다.

2) 유다 스윙의 단계 식별하기

Judas Swing: 식별 단계(1-2)

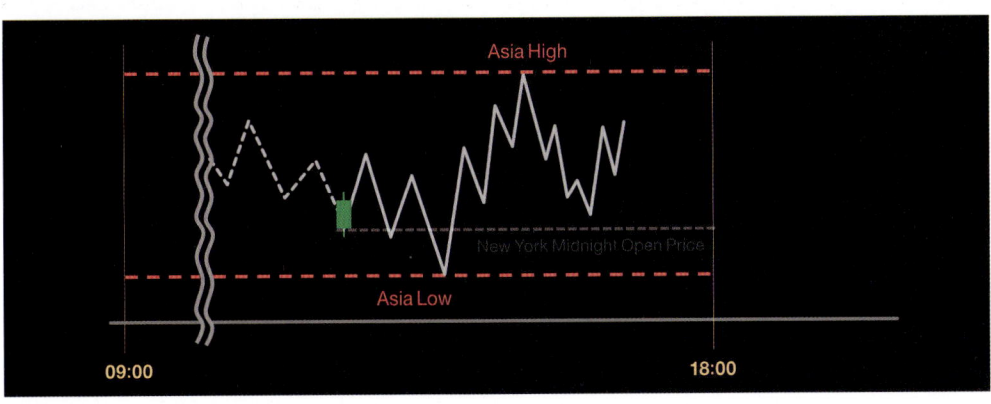

① 아시아 세션의 가격 범위 확인하기

한국 시간으로 오전 9시에서 오후 6시 동안의 가격 범위에서 고점과 저점을 확인합니다. 이를 각각 Asia High, Asia Low로 표시합니다.

② 뉴욕의 자정 시간(오후 2시)에서 나타난 캔들스틱의 시가 확인하기

한국 시간으로 오후 2시에 해당하며, 이때 해당 시점의 캔들의 시가를 표시해둡니다. 이를 기준으로 가격이 어디에 위치하는지를 이용하여 유다 스윙의 형성 여부를 가늠할 수 있습니다.

Judas Swing: 식별 단계(3-4)

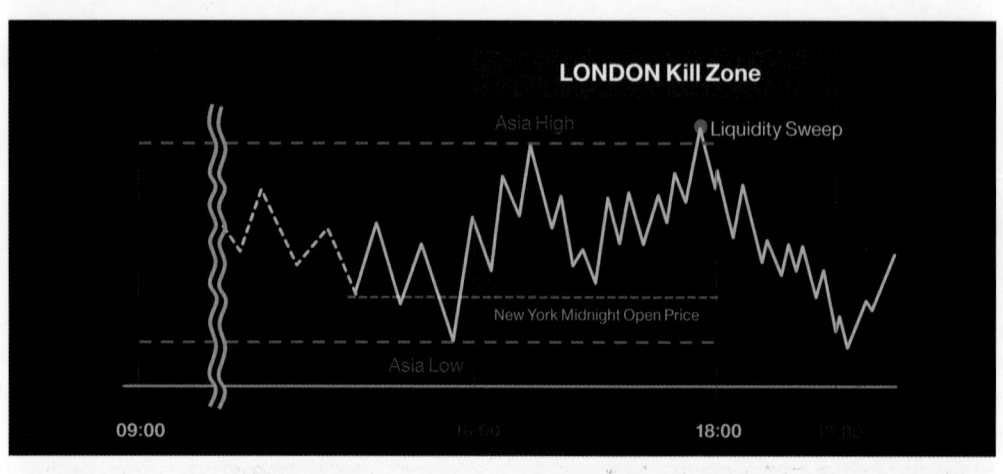

③ 런던 킬 존(London Killzone)인 16~19시 동안의 움직임 확인하기

가격이 런던 킬 존인 16~19시에 뉴욕 자정의 시가를 기준으로 상방에 위치하는지, 하방에 위치하는지 확인합니다. 하락이 예상되는 경우 런던 킬 존 동안 가격은 뉴욕 자정의 시가 상방에 위치할 것이며, 반대로 상승이 예상되는 경우 가격은 뉴욕 자정의 시가 하방에 위치할 것입니다.

④ 아시아 세션의 가격 범위에서 유동성 확보 여부 확인하기

①에서 설정하였던 Asia High/Low를 기준으로 유동성 확보가 나타나는지 확인합니다. 이는 마켓 메이커들이 가격 움직임을 위한 원동력을 확보하는 과정입니다. 약세 시나리오의 경우 Asia High에서, 강세 시나리오의 경우 Asia Low에서 유동성이 확보되며, 유동성 확보는 주로 캔들의 긴 꼬리 형태로 나타납니다.

Judas Swing: 식별 단계(5-6)

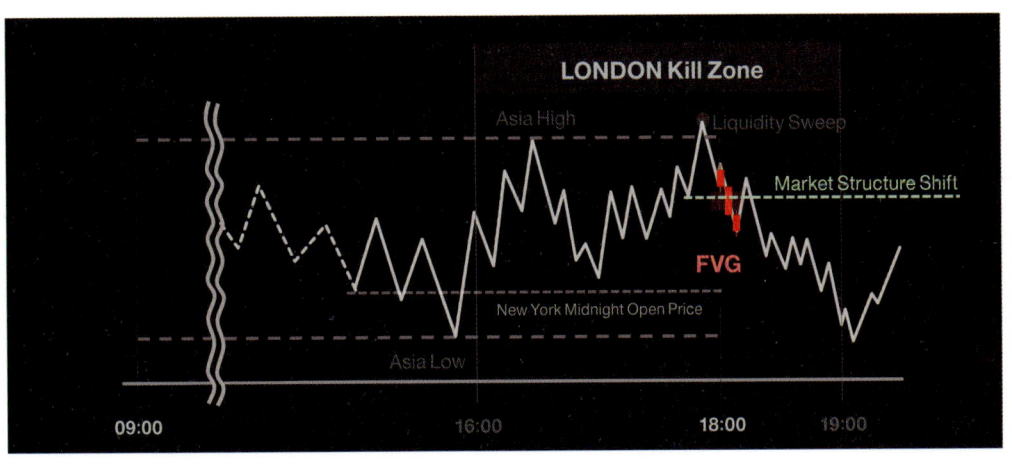

⑤ 시장의 구조 전환(MSS*)이 나타나는지 확인하기

유동성을 확보한 후 추세가 반전되는 양상이 유다 스윙의 핵심이자 마켓 메이커들의 함정입니다. 따라서 시장의 구조 전환이 나타나는지 확인하는 과정은 필수적입니다. 이는 ④에서 나타난 유동성 확보가 만들어낸 변곡점을 기준으로 MSS가 나타나는 것을 토대로 판단합니다.

⑥ 유리한 진입 지점 찾기

추세 전환이 확인되었다면 거래를 위해 적절한 진입 구간을 찾아야 합니다. 일반적으로 가격 불균형이 FVG의 형태로 나타나는 경우, 시장은 이를 다시 메우기 위해 일시적으로 회귀할 가능성이 높으므로 이를 노린 진입 구간을 설정할 수 있습니다.

★ MSS(Market Structure Shift): 차트의 추세를 깨뜨리며 추세의 역전을 확인하는 것으로, MSB(Market Structure Break)와 같은 개념입니다.

Judas Swing: 식별 단계(7)

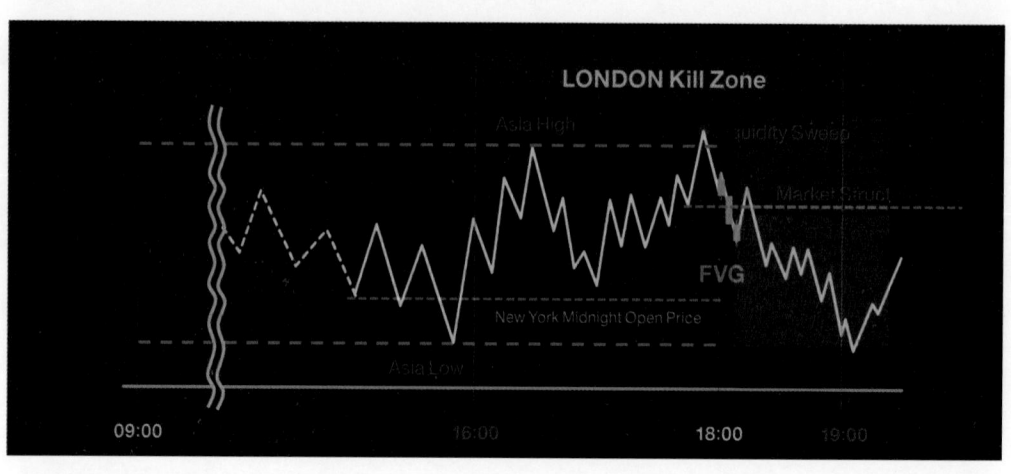

⑦ 목표가 설정하기

Asia Range 또는 차트에서 확인할 수 있는 Buy-side Liquidity나 Sell-side Liquidity까지를 목표 구간으로 설정합니다. 강세 시나리오의 경우 Asia High 혹은 Buy-side Liquidity를, 약세 시나리오의 경우 Asia Low나 Sell-side Liquidity를 목표 구간으로 설정할 수 있겠습니다.

실제 사례 분석으로 알아보는 유다 스윙

1) 비트코인, 한 달간의 발생 빈도 분석

Case Analysis: BTCUSDT, 5M, BINANCE

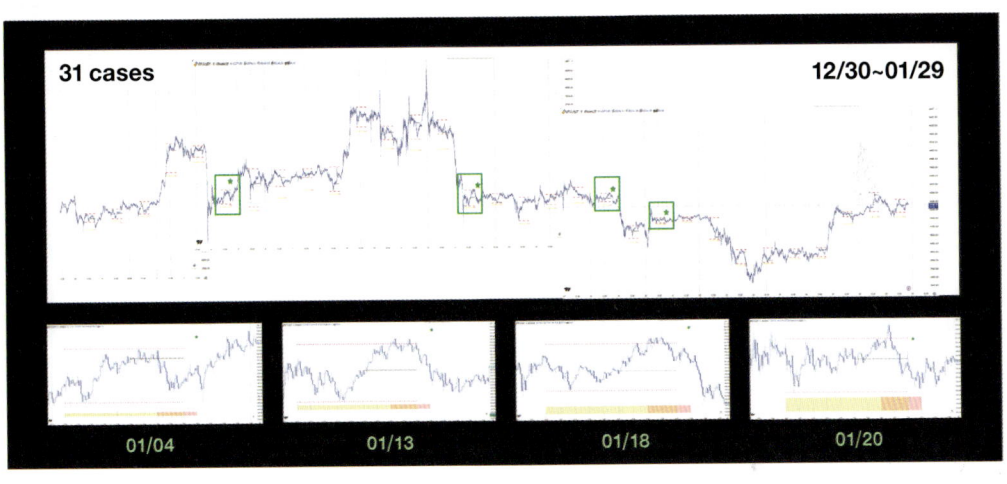

2024년 1월,* 약 31일간의 비트코인 차트입니다.

5분봉 차트를 사용하였으며, 31일간의 흐름 중 유의미한 유다 스윙은 총 4차례 나타났습니다. 그중 Asia High/Low나 BSL/SSL**까지 가격이 변동하여 유의미한 목표가를 달성한 사례는 3건이었습니다. 총 13%의 발생 빈도를 보였다고 할 수 있으며, 발생하였을 때의 신뢰도는 약 75% 정도라 생각해볼 수 있습니다.

다만 비트코인의 현물 ETF 승인 이슈에 따른 변동성이 극대화되었던 시기임을 감안한다면 횡보세를 보이는 시장에서의 발생 빈도는 차이가 날 수 있습니다.

이제 각각의 발생 사례를 보다 세부적으로 살펴보겠습니다.

---

* 2023년 12월 30일부터 2024년 1월 29일까지의 분석.
** BSL/SSL: Buy-side Liquidity / Sell-side Liquidity

2) 발생 사례 세부 분석

Judas Swing Case 1: 강세 시나리오

하단의 노란색 영역은 아시아 세션(09~18시)을, 붉은 영역은 런던 킬 존(16~19시)을 의미합니다. 아시아 세션과 런던 킬 존은 약 2시간가량 중첩되므로 Asia High/Low는 중첩 구간을 제외한 09~16시의 가격 움직임 내에서 설정하였습니다.

뉴욕의 자정 시각 형성된 캔들의 시가를 기준으로 가격의 위치를 판단합니다. 빨간색 화살표로 표시한 것과 같이 기준 구간 하방에 위치하며 하락세가 나타났음을 알 수 있습니다. 비록 런던 킬 존 시간대를 약간 벗어났으나, Asia Low 근처에서 상승을 위한 유동성 확보 (Liquidity Sweep)가 관찰됩니다. 이후 시장은 반전하며 상승 추세로의 MSS가 나타났으며, 유동성 확보 과정에서 형성된 FVG를 진입 구간으로 둔 롱 포지션 혹은 현물 매수 전략을 취할 수 있습니다. 실제로 가격 움직임은 Asia High를 넘어서 목표가를 달성하였습니다.

Judas Swing Case 2: 약세 시나리오

첫 번째 사례와는 반대로 상승 추세에서 하락 추세로 전환되는 약세 시나리오의 유다 스윙입니다. 뉴욕 자정의 캔들 시가를 기준으로 가격은 상방에 위치하며 상승세를 보였으나, 상방에서의 Asia High를 건드리는 유동성 확보 이후 MSS를 그리며 하락세로 변하는 모습이 관찰됩니다.

두 번째 사례의 경우 FVG가 관찰되지는 않습니다. 실제 트레이딩 시라면 MSS가 나타난 이후 MSS의 약간 하방에서 숏 포지션을 진입할 수 있습니다. 강한 하락이 나타났으나, Asia Low를 깨지는 않은 모습입니다.

Judas Swing Case 3: 약세 시나리오

세 번째 사례 역시 약세 시나리오에 해당합니다. 가장 전형적인 유다 스윙의 형태를 보이고 있습니다. 뉴욕 자정의 시가를 기준으로 가격이 지속 상승하다 Asia High에서 유동성을 확보한 후 하락하는 모습이 관찰됩니다. 회색 영역으로 표시한 FVG는 이후 갭이 메워진 것이 확인됩니다. 이러한 움직임을 노린 진입 구간 설정이 가능합니다. Asia Low 혹은 그 이전 새벽에 나타난 변곡점을 목표가로 설정할 수 있으며, 실제로 저점을 강하게 허무는 움직임이 나타나며 목표가에 도달하였습니다.

Judas Swing Case 4: 약세 시나리오

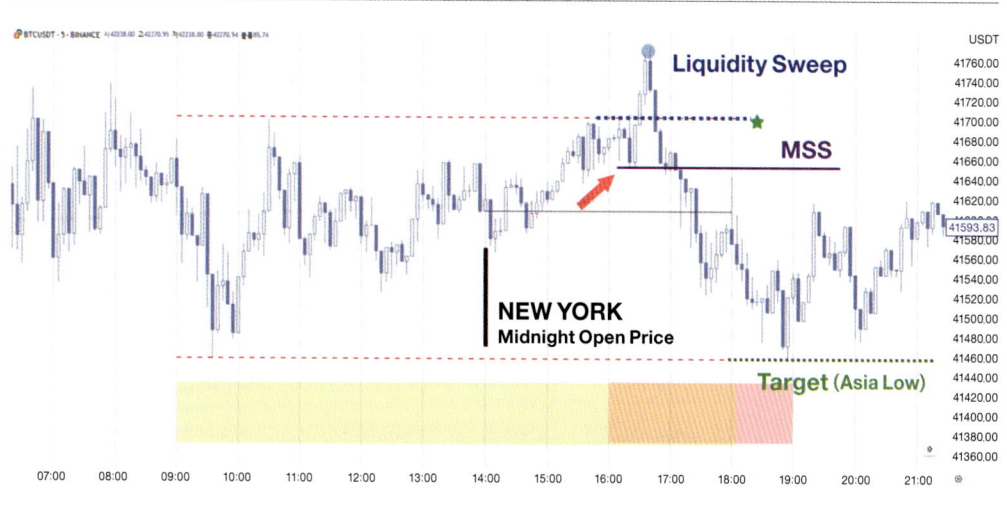

마지막 사례 역시 약세 시나리오입니다. 세 번째 사례와는 달리 유동성 확보 이후 하락이 비교적 급격하게 나타나 진입하기에 쉽지 않았을 것이라 생각됩니다. 그러나 유다 스윙의 구조는 동일하며, 역시 동일하게 MSS 하방을 진입 구간으로 설정하여 숏 포지션에 진입한 후, 목표가는 Asia Low를 이용할 수 있습니다.

13
ICT Daily Bias:
오늘 하루 시장의 방향을 알려주세요

트레이딩에 있어 오늘 하루 진행될 시장의 방향을 알 수 있다면 어떨까요?

포지션을 설정할 때 보다 자신감을 가질 수 있을 뿐만 아니라, 단기(Intraday) 트레이딩에서 정말 유용하게 활용할 수 있을 것입니다. 이번 파트에서 설명드릴 개념인 Daily Bias가 바로 이러한 요구를 충족시켜줄 수 있는 하나의 방법이 될 수 있습니다. Daily Bias는 새로운 '일봉'이 어떤 방향으로 나타날 것인지 유추함으로써 시장의 단기 방향성을 가늠할 수 있는 효율적인 접근법입니다.

Daily Bias와 Po3, Po3를 알아야 Daily Bias가 보인다

1) Daily Bias란?

Daily Bias: Bullish Bias

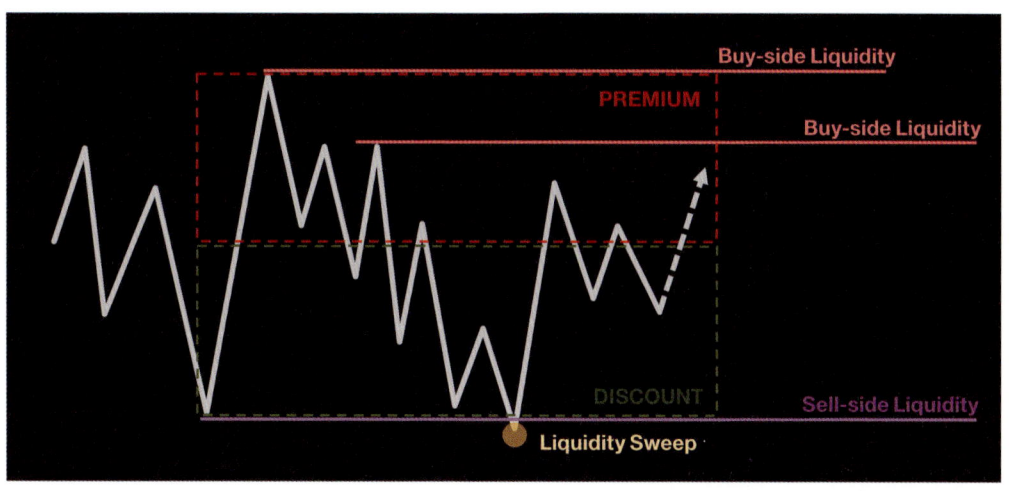

Daily Bias는 ICT 콘셉트에서 시장 분석에 기본적으로 사용하는 개념입니다. 역시 유동성 확보(Liquidity Sweep) 움직임을 기반으로 하고 있으며, 특정 일의 추세가 상승세를 보일지, 하락세를 보일지 가늠하기 위해 사용됩니다. 말 그대로 하루(Daily)에 시장이 어떤 방향으로 편중(Bias)되어 움직일지 파악하는 것이 Daily Bias인 것입니다.

ICT에서 제시하는 Daily Bias의 3요소는 다음과 같습니다.

- Structure: 시장 구조
- Liquidity: 유동성
- Order Flow: 매수·매도 주문의 흐름

추가적으로 "시장의 '방향성'은 유동성을 바탕으로 그려진다"라고 언급하고 있습니다.

2) Po3와 Daily Bias 사이의 관계

Daily Bias는 해당 일(Daily)에 가격이 어느 방향으로 치우쳐(Bias) 움직일지를 가늠할 수 있는 도구라 하였습니다. 해당 방향성의 원동력은 '유동성(Liquidity)'에서 비롯되므로 유동성을 확보하는 과정을 먼저 이해하고 넘어가야 합니다. 마켓 메이커들의 유동성 확보 과정은 특정 종목의 가격(혹은 시장)을 원하는 방향으로 유도하기 위해 나타납니다. 만약 마켓 메이커들이 현재 가격보다 더 높은 가격에서 수익을 실현하기를 희망한다면 가격을 어떤 식으로 움직일 수 있을까요?

지속적으로 '매수'만을 진행하여 가격을 끌어올린다면, 그만큼 흡수해야 하는 물량의 가격대가 점차 높아지게 되므로 소위 투자의 '가성비'가 떨어지게 됩니다. 이러한 상황을 방지하기 위해 마켓 메이커들은 물량을 지금보다 저점에서 추가적으로 확보하여 가격을 쉽게 끌어올리고자 하는 것입니다. 물량을 저점에서 추가 확보하기 위해 마켓 메이커들은 물량을 우선적으로 매도함으로써 가격 하락을 유발하고, 가격의 급락을 만들어낸 이후 개인 투자자들의 공포심에 따른 투매(Panic Sell)를 유도합니다. 이후 세력은 저점에서 투매 물량을 받아낸 후 가격을 빠른 속도로 끌어올리곤 하는데, 이는 시장 심리가 완전히 하락 방향으로 돌아설 경우 오히려 가격을 끌어올리기가 힘들어질 수 있기 때문입니다.

이러한 일련의 메커니즘을 정리한 개념이 Po3(Power of Three)입니다. 앞서 살펴본 바와 같이 축적(Accumulation) - 조정(Manipulation) - 발산 및 분배(Distribution)의 3단계로 이루어집니다. Daily Bias와 관련 있는 내용 위주로 빠르게 살펴보도록 하겠습니다.

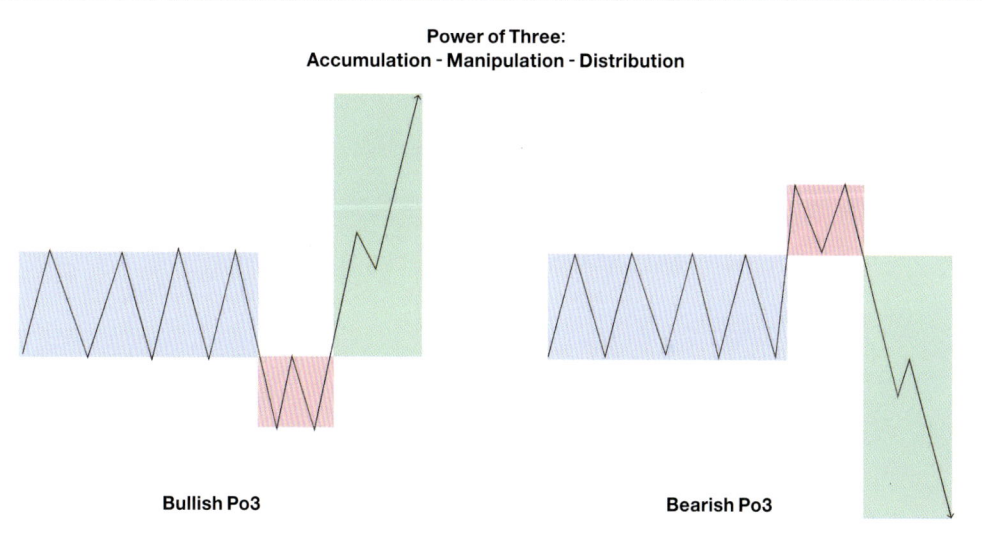

Power of Three:
Accumulation - Manipulation - Distribution

Bullish Po3   Bearish Po3

① 축적(Accumulation)

마켓 메이커들의 주 매집 구간에 해당합니다. Daily bias, 즉 일일(Intraday) 트레이딩의 관점에서 볼 경우 하루의 시가(Daily Open) 부근에서 매집 단계가 주로 나타나게 됩니다.

② 조정(Manipulation)

조정(Manipulation) 단계는 마켓 메이커들이 유도하고자 하는 방향으로 이동하기 위해 유동성을 확보하는 과정입니다. 주로 Swing High/Low와 같은 주요 변곡점을 기준으로 나타납니다.

③ 발산 및 분배(Distribution)

분배에 해당하는 단계로, 마켓 메이커들이 가격을 원하는 방향으로 유도하고, 수익을 실현하며 포지션을 종료하는 단계입니다. 보통 분배(Distribution) 이후에는 가격의 되돌림이 나타나게 됩니다. 이러한 가격의 되돌림은 차트상에서는 '캔들의 꼬리' 형태로 나타날 수 있습니다.

이 3단계가 하루 내에 일어난다면, 즉 시간봉, 분봉 단위의 낮은 타임프레임에서 명확한 Po3가 관찰된다면 일봉상에서는 다음과 같이 표현될 것입니다.

---

① 축적(Accumulation): 캔들의 시가(Open)

② 조정(Manipulation): 강세 Po3의 경우 캔들의 저가(Low), 약세 Po3의 경우 캔들의 고가(High). 꼬리 형성

③ 발산 및 분배(Distribution): 캔들의 종가(Close). 반대쪽 꼬리와 몸통 형성

결국 Daily Bias를 통해 알고자 하는 '오늘 일봉의 방향'은 Po3를 내포하고 있는 셈입니다.

Daily Bias 확인하기, Liquidity의 흔적과 PD Array

1) 주봉 타임프레임에서 거시적 시장의 추세와 구조 확인하기

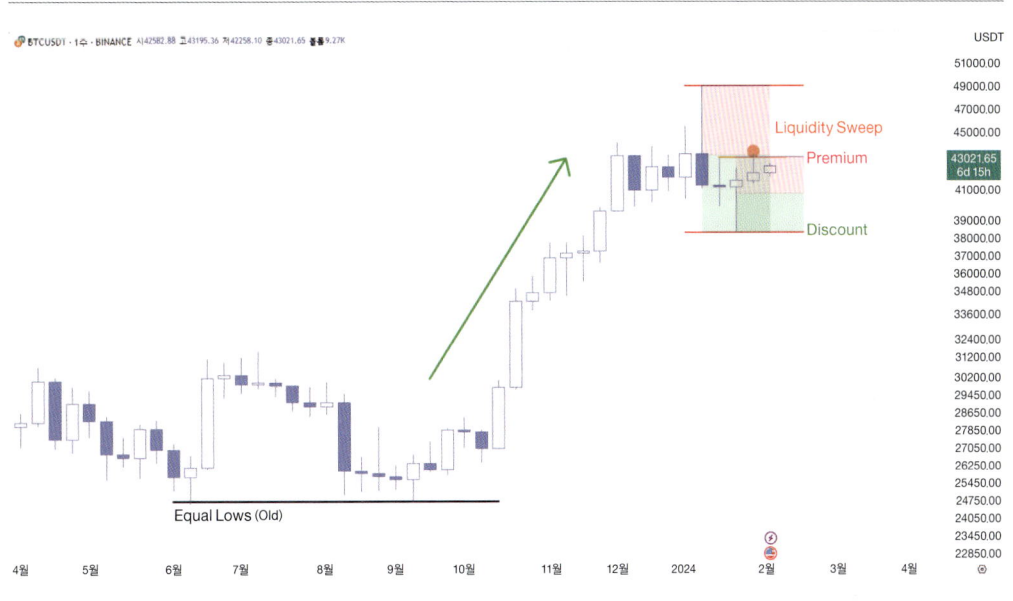

시장은 상승과 하락을 반복하며 움직입니다. 즉, 어제의 일봉이 양봉이라 하여 오늘 형성될 일봉이 양봉일지, 음봉일지는 알 수 없습니다. 하지만 보다 높은 타임프레임에서 차트를 바라보면 어느 방향으로 향할 가능성이 높을지에 대한 힌트를 얻을 수 있습니다. 만약 주봉 타임프레임에서 강력한 상승 모멘텀이 이어지고 있다면, Daily Bias는 상승 방향으로 나타날 가능성이 높아질 것입니다.

또 하나 유용하게 사용할 수 있는 팁은 가장 최근에 형성된 주봉의 캔들스틱 형태를 관찰하는 것입니다. 만약 직전 캔들이 마루보주 캔들과 같은 강한 추세를 가진 캔들의 형태로 나타났다면, 특정 방향에 대한 모멘텀이 그만큼 강력할 것을 기대할 수 있습니다.

예시의 차트는 비트코인의 주봉 차트입니다. 주봉상 2023년 9월 중순을 기점으로 비트코인은 강한 상승 랠리를 보이기 시작했습니다. ETF 승인 이슈가 있었던 2024년 1월, 비트코인은 단기 고점을 형성한 후 하락 되돌림(Pullback)을 보이며 긴 꼬리를 지니는 양봉의 형태로 저점을 그렸습니다. 마지막 3개의 주봉은 연속으로 양봉을 그리며 저점을 높여가고 있으나, 몸통의 크기는 상당히 압축된 상태입니다.

이는 가격의 변동이 크지 않고 일정 범위(Range) 내의 움직임을 보인다는 의미입니다. 자세히 살펴보면 직전 주봉의 고점이 상승 이후 보합세에서 나타난 캔들의 고점과 저점을 기준으로 PD Array를 작도하였을 때 Equilibrium 레벨에서 유동성을 확보한 것이 관찰됩니다.

고점에서 형성된 유동성 구간은 Buy-side Liquidity로 작용하여 하락 방향으로의 가격 움직임을 유발하곤 합니다. 또한 1~2주 전의 단기 움직임으로 PD Array를 작도하였을 때, 마지막 주봉의 가격은 Premium(고평가) 구간에 위치해 있어 단기적 Equilibrium 레벨로 회귀할 가능성 역시 존재합니다.

2) 일봉 타임프레임에서 Swing Range 확인하기

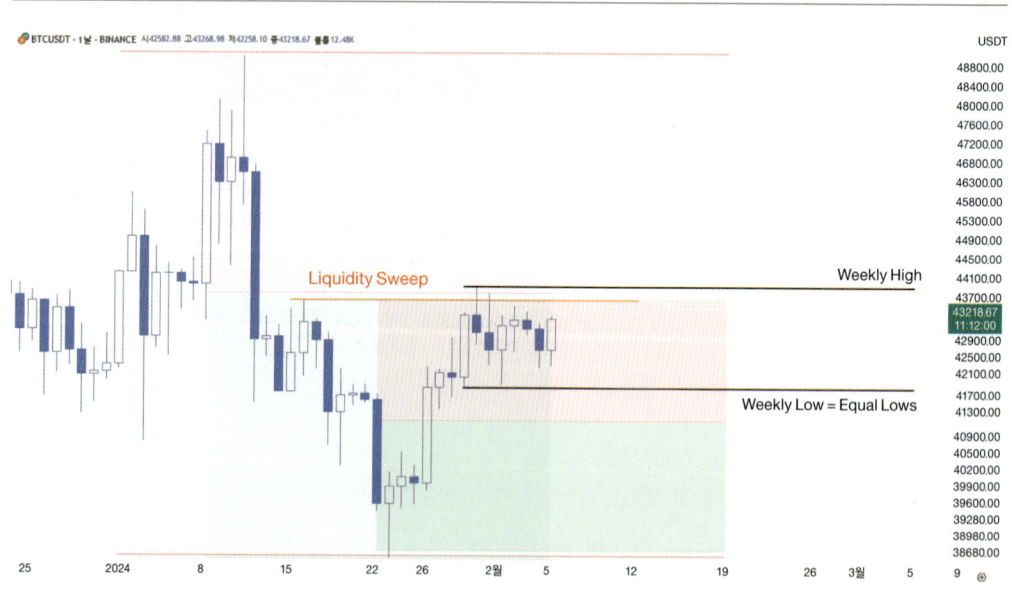

Daily Bias를 찾기 위해서는 일봉 차트에서의 시장 구조를 파악하는 것이 매우 중요합니다.

주요 고점과 저점을 식별하고 가격 움직임의 방향을 예측하는 것은 월요일과 같은 주 초에 시행하는 것이 보다 유리합니다.

예시의 차트는 비트코인의 일봉 차트입니다. 앞서 살펴본 주봉 차트를 확대한 차트이며, 검은 밴드로 표시한 고점과 저점은 한 주의 가격 범위(Weekly Range)에 해당합니다. 꼭 한 주 단위로 가격 범위를 설정해야 하는 것은 아니며, 최근 나타난 유의미한 변곡점들을 토대로 유연하게 설정할 수 있습니다.

여기서 눈여겨보아야 할 부분은 해당 주간 가격 범위(Weekly Range)가 형성된 이후, 이를 침범하는 캔들이 아직 형성되지 않았다는 사실입니다. 이어서 설명할 '유동성(Liquidity)'이 주간 범위에서는 아직 확보되지 않았음을 알 수 있습니다.

3) 유동성 확보 여부 확인하기

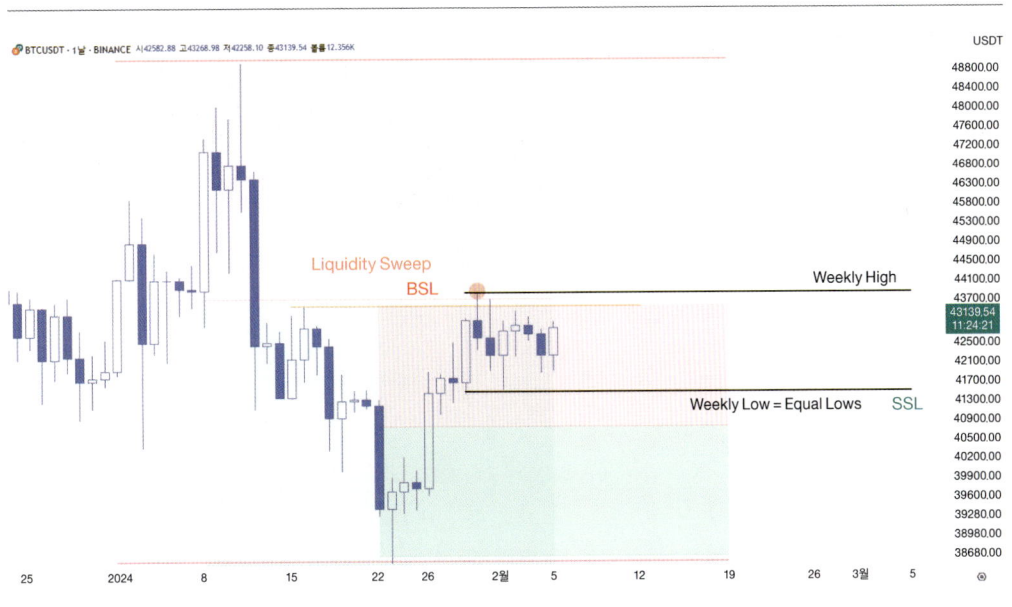

앞선 단계에서 확인한 Swing Range에 더하여 이전의 고점 혹은 저점을 건드리는 유동성 확보(Liquidity Sweep) 움직임이 일어났는지 확인합니다. 고점의 경우 BSL(Buy-side Liquidity)로,

저점은 SSL(Sell-side Liquidity)로 작용하는 것이 일반적이며, 가장 최근에 나타난 유동성 확보 움직임일수록 보다 중요하게 작용합니다.

유동성 확보 여부를 확인하였다면, 다음으로 해야 할 작업은 아직 유동성 확보가 일어나지 않은 반대편의 유동성 확보 가능 구간을 찾는 것입니다. 한 측의 유동성이 확보되면, 이후 가격은 반대 측 유동성을 확보하기 위해 움직이는 경향이 존재하기 때문입니다.

차트상에서 주간 가격 범위의 고점(Weekly High)에 해당하는 고점은 1월 중순 형성된 고점을 약간 상회하는 것을 볼 수 있습니다. 해당 구간은 BSL(Buy-side Liquidity)로 작용하는 구간이므로 마켓 메이커는 이 주간 가격 범위의 고점(Weekly High)을 만들어내며, 오히려 단기적으로 하락 방향으로의 '연료'를 확보했을 것이라 추측할 수 있습니다.

4) PD Array상에서 가격의 위치가 Premium인지, Discount인지 확인하기

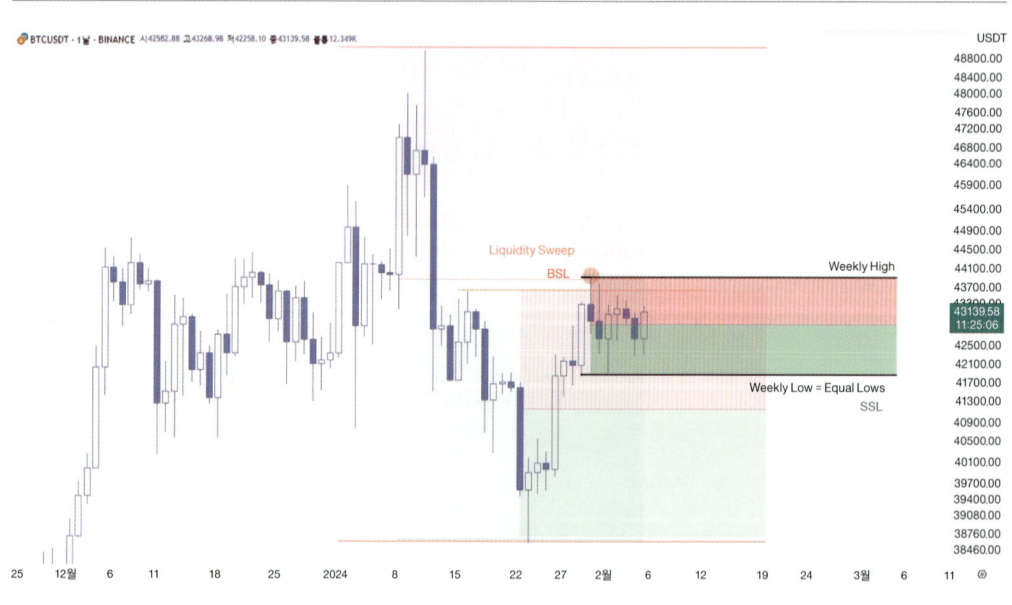

마지막으로 앞서 확인한 가격 범위를 토대로 PD Array를 작도합니다. 변곡점 간의 50% 구간을 기점으로 상방은 Premium(고평가 구간), 하방은 Discount(저평가 구간)로 간주합니다. 만약 현재의 가격이 PD Array상 한쪽으로 강하게 치우쳐 있다면 50% 구간인 Equilibrium 레벨로 회귀할 가능성이 높아지게 됩니다.

계속해서 비트코인의 일봉 차트입니다. 앞서 살펴본 주간 가격 범위(Weekly Range)를 이용해 50% 구간을 기점으로 PD Array를 작도한 것입니다. 현재 형성 중인 마지막 캔들의 종가가 빨간색의 Premium Zone에 위치함을 알 수 있습니다. 또한 앞서 다루었던 주봉 차트상에서도 역시 Premium Zone에 위치하고 있었기 때문에 가격은 Equilibrium 구간으로의 회귀를 위해 하락할 가능성이 비교적 높은 상황입니다.

5) FVG, 오더블록과 같은 차트상의 주요 구간 확인하기

이제 Daily Bias를 위해 주요 변곡점을 이용한 가격 범위, 유동성 확보 움직임의 유무, PD Array까지 살펴보았습니다. 하지만 지금까지 살펴본 요소만으로는 Daily Bias를 충분히 가늠하기 어렵습니다. 이를 뒷받침할 추가적인 근거를 찾기 위해 FVG, 오더블록과 같은 주요 구간을 확인합니다.

FVG와 같은 가격의 불균형이나 오더블록과 같은 수평 매물대 구간은 가격이 유의미하게 반응할 수 있는 구간에 해당합니다. 만약 FVG가 형성되었다면 가격은 해당 불균형을 해소하기 위한 단기적 움직임을, 오더블록이 형성되었다면 지지·저항 작용으로 인한 반전 양상을 보일 가능성이 높습니다. 이는 Daily Bias에 영향을 미칠 수 있으며, 추가적으로 진입·목표·손절 구간을 설정하는 데 사용될 수 있습니다. 또한 시장 움직임은 항상 되돌림을 동반하므로 이러한 되돌림의 깊이를 예측하는 데에도 기준점으로 사용할 수 있습니다.

다만 FVG와 오더블록은 내가 설정한 타임프레임 외에도 다양한 타임프레임에서 각기 다르게 형성될 수 있습니다. 또한 같은 타임프레임에서도 양쪽 방향에서 모두 형성될 수도 있죠. 모든 타임프레임의 차트를 다 확인하는 것은 불가능하므로 FVG, 오더블록을 발견하였다 하더라도 무조건 해당 방향으로 움직일 것이라고 확신하는 것은 금물입니다.

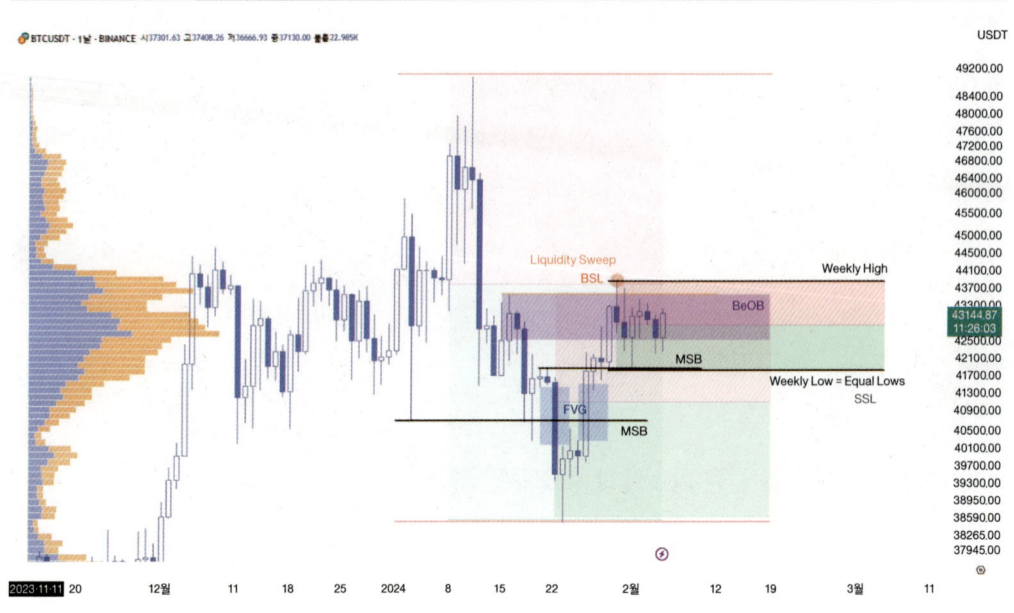

  일봉 차트상에서 주간 가격 범위(Weekly Range) 내에서는 유의미한 FVG가 관찰되지 않았습니다. 그러나 1월 중순경 고점을 형성한 양봉을 기준으로 약세 오더블록의 형성은 관찰됩니다. 해당 오더블록은 차트 좌측에 위치한 볼륨 프로파일 지표상에서도 POC(Point of Control)에 해당할 만큼 큰 매물대를 동반한 구역임을 알 수 있습니다. 한 주의 가격 흐름이 약세 오더블록 내에서 머무르는 양상을 보이므로 가격은 약세 오더블록에서 저항을 맞으며 하락할 가능성이 있습니다.

6) 낮은 타임프레임에서 Daily Bias를 점검하기

분봉 혹은 시간봉 단위의 낮은 타임프레임에서 Po3의 개념이 Daily Bias를 충족시키며 나타나는지 점검합니다. 하루의 시작인 일봉의 시가 근방에서 축적(Accumulation) 단계가 나타나는지, 이후 조정(Manipulation)으로 유동성 확보가 나타난다면 어느 구간이 그 대상이 될지 등을 확인해야 합니다. 앞선 단계에서 구조 분석이 잘 이루어졌다면 그리 어렵지 않게 확인할 수 있습니다.

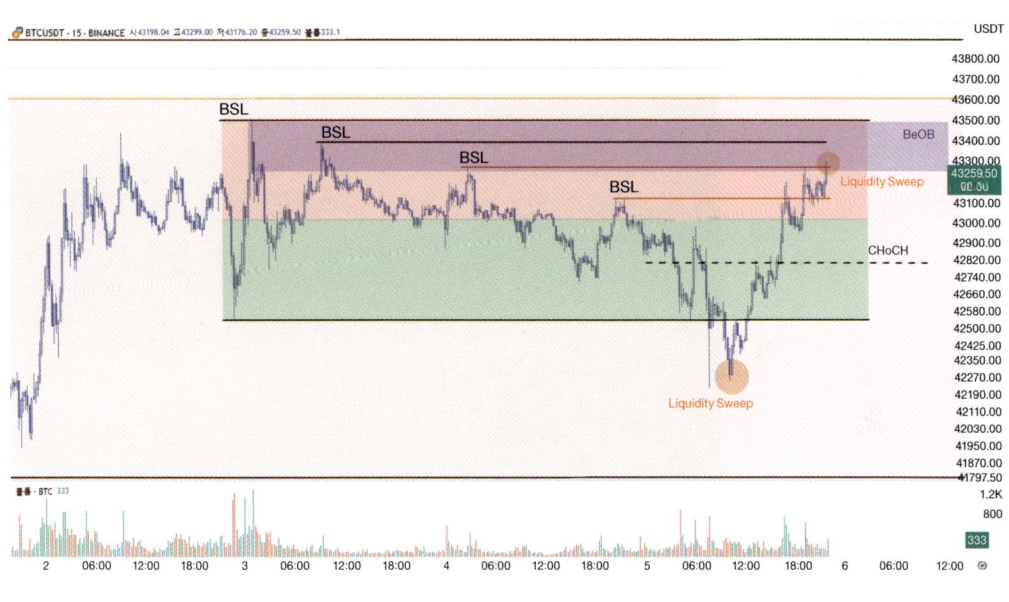

같은 차트에서 15분봉 타임프레임을 이용해 보다 자세히 Daily Bias를 평가한 것입니다. 우선 3일 전인 2월 2일에 형성된 차트상의 저점과 주간 가격 범위의 고점(Weekly High)을 이용하여 가격 범위를 설정하였으며 PD Array를 함께 작도하였습니다. 최근 하루(2월 5일) 동안 가격은 Swing Low를 하방 돌파하며 유동성을 확보하였는데요. 정확하게는 Sell-side Liquidity를 목표로 한 유동성 확보 움직임이었습니다.

이후 가격은 반등하며 2월 2일부터 5일 동안 이루어진 하락 추세를 상승세로 전환시키는 CHoCH(반대 추세로의 전환)가 관찰됩니다. 가격은 현재 Premium Zone에 위치하고 있으므로

Equilibrium으로의 회귀가 일어날 수 있습니다. Premium Zone에 표시된 4개의 검은색 실선은 최근에 형성된 고점들을 표시한 것입니다. 이들은 각각 Buy-side Liquidity로 작용하여 추후 유동성 확보가 나타난다면 하락세의 동력이 될 수 있습니다. 최근의 유동성 확보 움직임은 4개의 BSL 중 2개의 BSL을 Sweep하는 움직임을 보였습니다. 또한 주간 가격 범위의 고점(Weekly High) 근방에서 약세 오더블록의 형성을 관찰할 수 있습니다. 이러한 구역은 마켓 메이커들의 주문이 집중된 구간으로 저항 및 가격 반전이 나타날 수 있습니다.

앞선 분석에 더하여 낮은 타임프레임에서의 분석 역시 하락 방향으로의 Daily Bias에 힘을 실어주고 있습니다.

Daily Bias를 확인, 점검하여 시장의 방향을 얼추 예상하였다면, 이제 통상적인 기술적 분석을 바탕으로 트레이딩을 시행합니다. 24시간 운영되는 외환 혹은 가상자산 시장의 경우 유럽, 미국, 아시아의 주요 거래 시간대를 반영한 세션 & 킬 존 개념을 함께 활용한다면 보다 Daily Bias를 확실히 결정할 수 있을 것입니다.

14
ICT MMXM: 세력의 움직임을 그려내다

이번 파트에서 다룰 MMXM은 Market Maker X(Buy or Sell) Model의 약자로, ICT 콘셉트의 다양한 프라이스 액션 관련 개념이 종합적으로 반영된 복합 개념에 해당합니다. 마켓 메이커들의 매수·매도와 이에 따른 가격 변동을 모델화한 것이라 볼 수 있으며, 단계별로 가격 영역을 구분하여 패턴화한 개념입니다.

MMXM의 구조

Market Maker X(Buy or Sell) Model

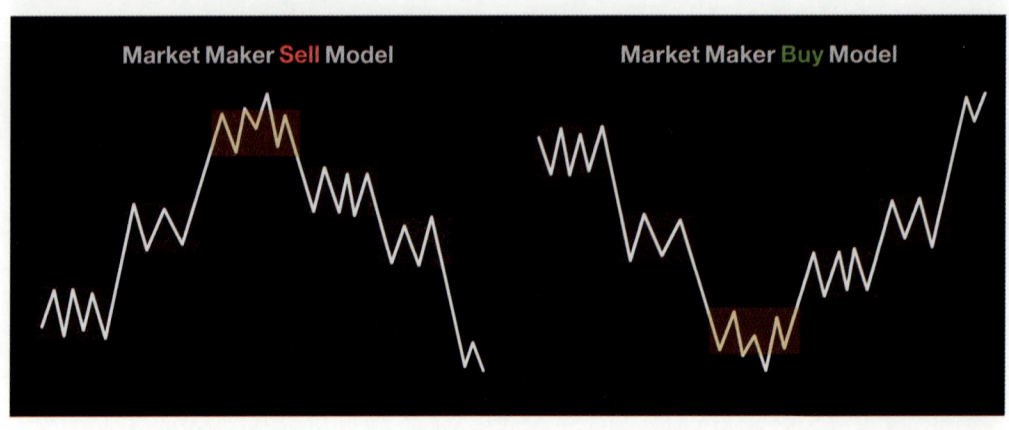

MMXM은 복잡한 개념처럼 보이지만 매 순간 다양한 타임프레임에서 일어났던 마켓 메이커들의 움직임을 시각화한 것에 불과합니다. 1시간봉 차트에서 관찰된 MMXM은 일봉 차트에서의 MMXM 일부 구조에 해당하기도 합니다. MMXM은 높은 타임프레임과 낮은 타임프레임 모두를 오가며 되풀이되는 일종의 프랙탈* 구조를 보이는 것입니다.

이러한 MMXM을 통해 마켓 메이커들의 움직임을 정형화하기 위해서는 세 가지 대전제가 필요합니다.

---

1. 세력은 유동성을 확보하려 움직인다(Hunt Liquidity).

2. FVG와 같은 가격 불균형이 나타난다면 다시 균형을 찾으려는 성질이 있다(Rebalance).

3. PD(Premium & Discount) Array에서 가격은 Equilibrium으로 회귀하려는 성질이 있다.

---

* 프랙탈(Fractal): 작은 구조가 전체 구조와 비슷한 형태로 끝없이 되풀이되는 구조. 단순한 구조가 끊임없이 반복되면서 복잡하고 묘한 전체 구조를 만드는 것으로, '자기 유사성(Self-similarity)'과 '순환성(Recursiveness)'이라는 특징을 가지고 있습니다. 이러한 프랙탈은 기술적 분석 영역에서도 적용이 가능하며, 과거 차트와 현재 차트의 유사성을 통해 기술적 분석에 활용할 수 있습니다.

세력이 유동성을 확보하려 움직이는 과정에서 일시적인 시장의 불균형(Imbalance)이 발생하게 되며, 가격은 생겨난 불균형을 해소하는 방향으로 움직인다는 것입니다. 만약 '유동성 확보'와 '불균형 해소'가 적절하게 일어난다면 세력은 시장 가격을 원하는 방향으로 유도할 수 있습니다.

이렇게 세력이 물량을 확보하고 시장이 균형을 되찾는 과정에서 반복되는 패턴이 나타나게 되는데, 이를 모델화시킨 것이 MMXM의 본질이라 할 수 있겠습니다.

MMXM의 형태는 매도 모델(Market Maker Sell Model: MMSM)과 매수 모델(Market Maker Buy Model: MMBM)로 나뉩니다. 매수 모델은 가격이 하락 후 상승하는 V 혹은 U자 형태를 보이며, 매도 모델은 이와 반대인 역V 혹은 역U자 형태를 보입니다. 이들의 세부적인 단계를 ICT 콘셉트에서는 7가지로 분류하였으나, 모든 모델이 완벽하게 동일한 구조를 따르는 것은 아닙니다. 다만 모델의 시작점인 'Original Consolidation'과 가격 반전이 나타나는 핵심 구간인 'SMR(Smart Money Reversal)'은 모든 MMXM 모델에서 필수적으로 나타나야 합니다.

MMSM에서는 SMR이라는 반전 구간 이후 매도 혹은 숏 포지션 전략을 취할 수 있습니다.

Market Maker Sell Model

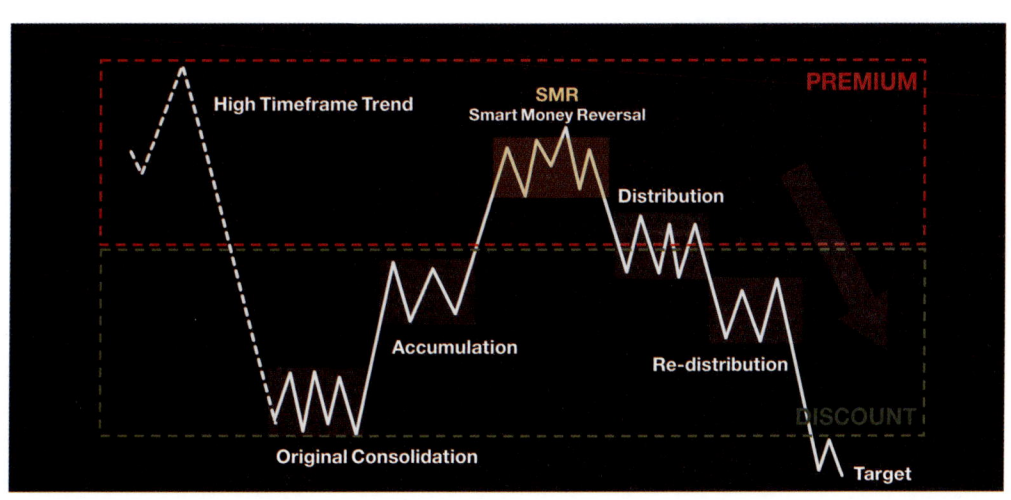

MMBM의 경우 반대로 현물 매수 혹은 롱 포지션 전략을 취할 수 있습니다.

Market Maker Buy Model

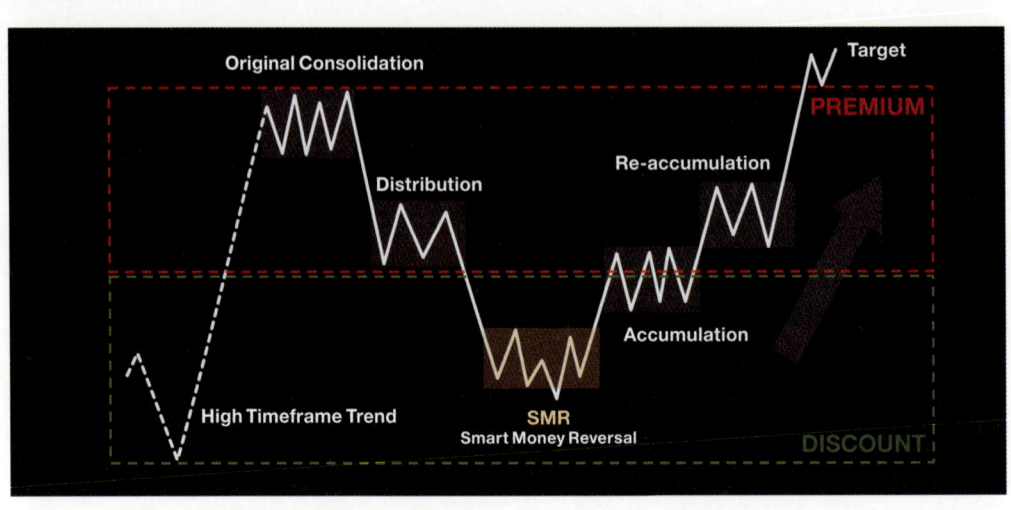

MMXM의 식별 과정

Identifying MMXM: MMBM 예시

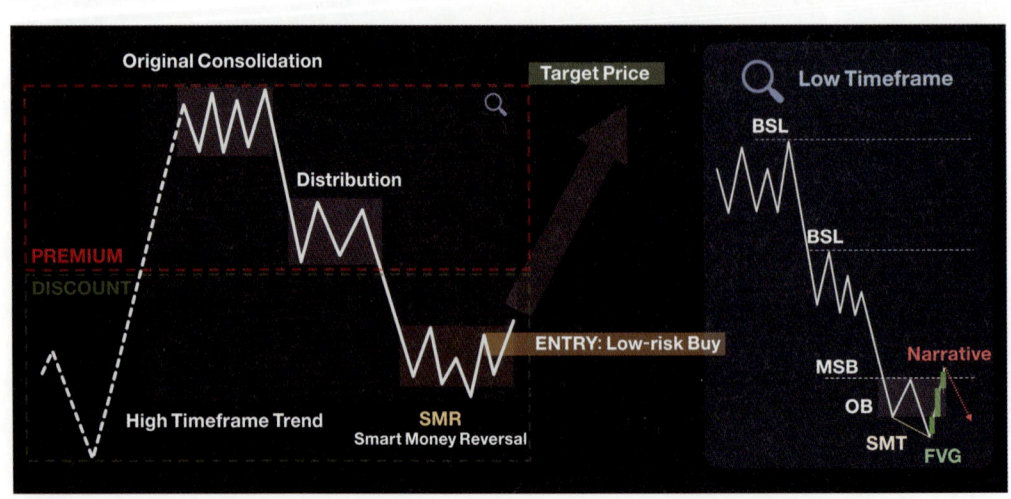

1) 높은 타임프레임에서 기존의 추세를 통해 PD Array 확인하기

MMBM의 경우 직전에 강한 상승세가, MMSM의 경우 강한 하락세가 나타나는 것이 일반적입니다. 이때 MMBM의 경우를 가정하여 상승세가 시작되었던 저점과 MMBM이 시작되는 구간을 기준으로 PD Array를 작도합니다. 이를 바탕으로 지금 가격이 Premium과 Discount 중 어디에 위치하고 있는지 알 수 있습니다. 50% 구간인 Equilibrium과 멀어질수록 가격은 Equilibrium을 향해 회귀하려 할 것입니다.

스윙 트레이딩의 경우 일봉~4시간봉 정도의 타임프레임을, 데이 트레이딩의 경우 4시간봉~1시간봉 정도의 타임프레임을 주로 사용합니다.

2) 낮은 타임프레임에서 유동성을 얻을 수 있는 부분을 확인하며 MMXM 구조 파악하기

앞서 여러 번 살펴보았던 유동성 확보에 관한 개념이 또다시 등장합니다. 상방에 위치한 Buy-side Liquidity, 그리고 하방에 위치한 Sell-side Liquidity에서 유동성이 확보될 수 있습니다. 주로 단기 고점 혹은 저점들로 이루어지며, MMXM이 나타나기 이전부터 형성된 저점 혹은 고점일 수도 있습니다. 이를 토대로 모식도와 같이 MMXM의 각 단계를 대략적으로 식별할 수 있습니다.

스윙 트레이딩의 경우 30분봉~1시간봉 정도의 차트를, 데이 트레이딩의 경우 분봉 차트를 주로 사용합니다.

3) 오더블록, FVG 등을 확인하며 마켓 메이커의 흔적 파악하기

오더블록은 세력이 대량 주문을 통해 시장에 진입한 흔적이라 볼 수 있습니다. 이는 강한 지지·저항 구간으로 작용할 수 있습니다. FVG는 시장의 불균형(Imbalance)을 나타낸 캔들스틱으로 주로 급격한 가격 변동이 나타날 때 형성됩니다. 시장은 일시적으로 이러한 불균형을 해소(Rebalance)하는 방향으로 움직이기 때문에 오더블록과 FVG를 확인하며 MMXM의 각 단계를 더욱 구체화할 수 있습니다.

4) 현재 시장 흐름 확인하기

가격이 현재 상승 중이라면 BSL에서의 유동성을 확보하기 위함인지, 혹은 이전에 나타났던 가격 불균형을 해소하기 위함인지의 여부를 확인해야 합니다. 반대로 가격이 하락 중이라면 SSL에서의 유동성 확보, 혹은 역시 마찬가지로 이전에 나타났던 가격 불균형을 해소하기 위함인지의 여부를 확인해야 합니다. 유동성 확보나 불균형의 해소로 인해 가격이 움직이는 경우, 목적을 달성한 후 가격이 다시 반전될 가능성이 높기 때문입니다.

5) 진입 구간 설정하기

MMXM의 구조상 SMR(Smart Money Reversal) 구간은 가격이 반전되는 시작점이자, 가장 낮은 리스크로 거래에 진입할 수 있는 구간입니다. 이뿐만 아니라 BSL, SSL 구간 역시도 유용한 거래 진입 구간으로 이용할 수 있습니다.

6) 손절가 및 목표 구간 설정하기

Original Consolidation 부근(PD Array의 상·하단)을 목표가로 설정합니다. 손절가의 경우 BSL, SSL로 추정되는 구간에서 조금 더 여유를 두거나, R의 개념 등을 활용하여 설정할 수 있습니다.

 **MMSM**

Market Maker Sell Model

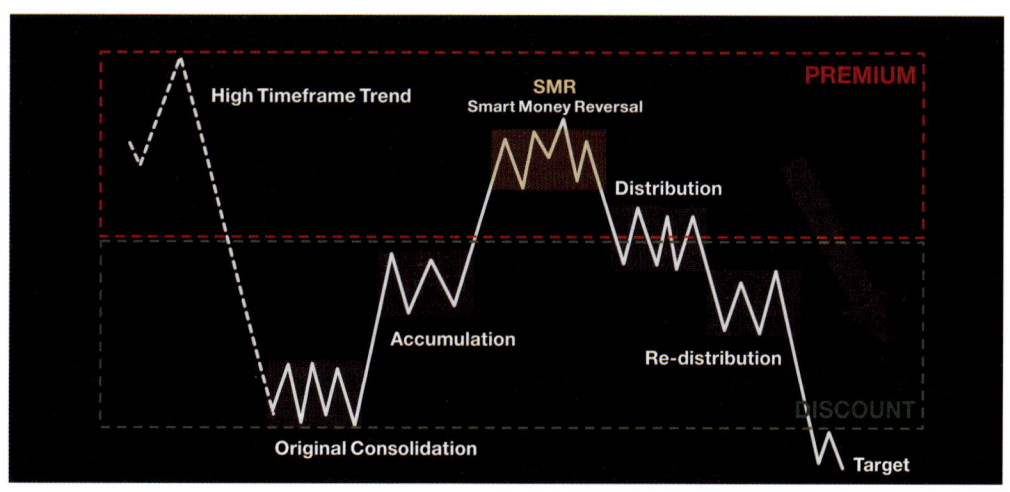

　MMSM은 Premium 구간에 위치한 가격이 SMR을 보이며 Discount 구간으로 끌어내려지는 모습을 보입니다.

1) 높은 타임프레임에서의 하락 추세(HTF Downtrend)

HTF Trend + Original Consolidation

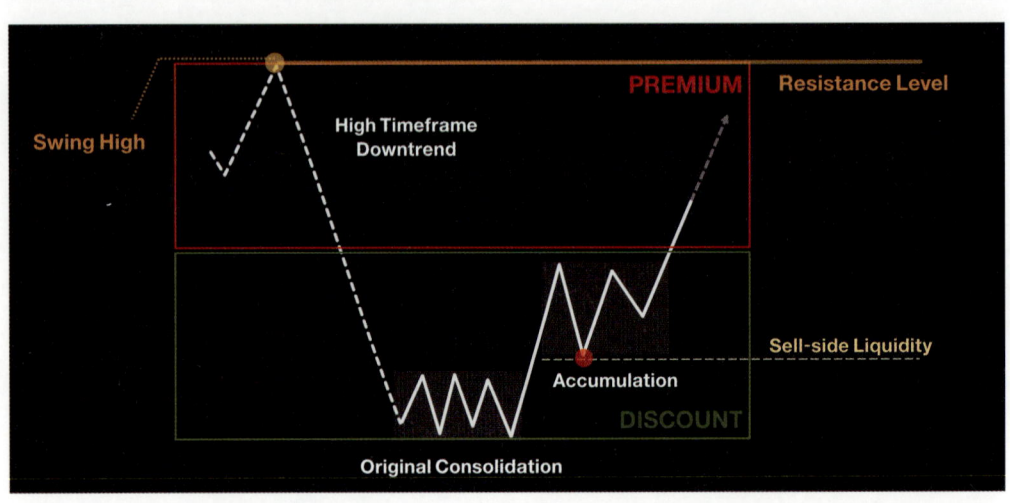

높은 타임프레임상에서 명확한 하락세가 관찰됩니다. 이때 하락세의 시작점이 되는 고점을 기록해두어야 합니다. 해당 고점은 주요 저항 구간으로 작용할 수 있을 뿐 아니라, PD Array 의 기준이 되기 때문입니다.

2) Original Consolidation

시장이 축적(Accumulation) 단계에 있을 때 형성되는 구간으로, 가격은 횡보하게 됩니다. 와이코프 분석에서의 축적(Accumulation)과 유사한 개념을 가진 구간이나 보다 좁은 개념으로 사용되는 것으로 이해하는 것이 좋습니다. Sell-side Liquidity가 형성되는 곳으로, 마켓 메이커들은 추후 이곳을 노릴 가능성이 높습니다.

3) Accumulation

가격이 Original Consolidation 구간을 상방 돌파한 후 나타나는 구간으로, 역시 계속해서 매집(Accumulation)이 이루어지는 구간입니다. 가격은 Original Consolidation까지의 되돌림을 주며 큰 변동을 보이는 경우도 있으나, Swing High/Low를 형성하며 단순하게 상승하는 경우도 존재합니다.

소액 투자자들의 경우 가격이 상승 반전한 것으로 기대하며 매수를 이어가므로 가격은 추가적으로 상승하게 됩니다.

4) SMR(Smart Money Reversal)

Smart Money Reversal

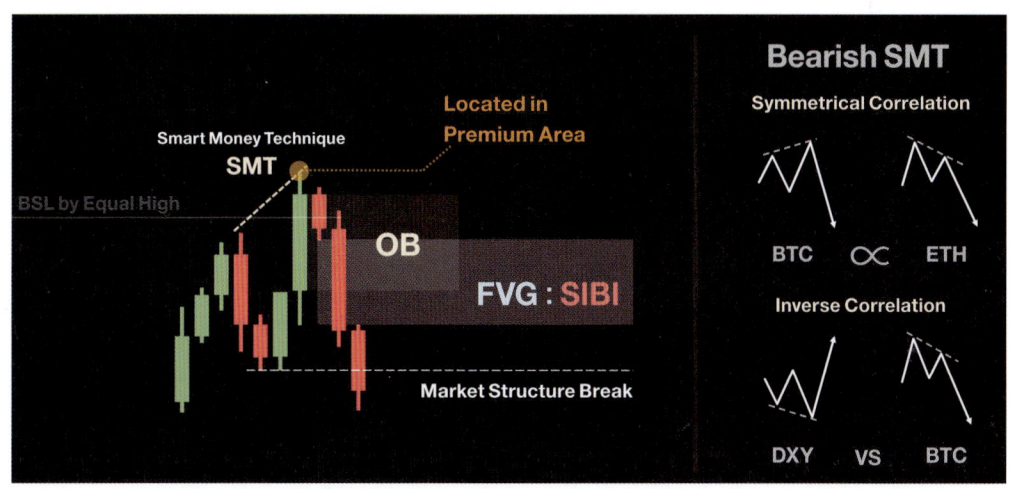

세력에 의해 추세 반전이 나타나는 구간입니다. 이를 기점으로 추세가 반전됨에 따른 트레이딩 전략을 수립할 수 있습니다. MMXM에서 핵심이 되는 중요한 구간에 해당하며, SMR이 나타나는 기간은 Original Consolidation보다 짧은 경우가 많습니다.

MMSM의 경우 SMR에서 고점은 PD Array상 Premium 구역에 위치하게 되는데, 시장은 이를 다시 Equilibrium 구간으로 되돌리려 하기 때문에 가격은 하락세로 전환됩니다. 또한 앞서 찾아두었던 PD Array의 상단이 되는 높은 타임프레임에서의 주요 고점과 가깝게 SMR이 형성된다면 추가적인 저항이 하락세를 부추길 수 있습니다.

SMR이 차트의 주요 고점과 일치하는 수준에서 나타난다면, SMR이 만들어지는 과정은 Buy-side Liquidity를 확보하는 과정으로도 볼 수 있습니다. SMR에서의 고점을 그리는 움직임은 Higher High의 형태로도, Lower High의 형태로도 나타날 수 있습니다. 앞서 살펴보았던 다른 자산 간의 관계를 이용하는 SMT-Divergence를 함께 접목시킬 수도 있습니다.

고점을 형성한 캔들을 기준으로 약세 오더블록이 형성되고, 가격은 이내 하락하며 가격 불균형이 FVG의 형태로 나타나는 경우가 많습니다. 가격 하락이 직전의 저점을 하방 돌파하며 MSB가 나타난다면 SMR이 이루어진 것으로 볼 수 있습니다.

5) Low-risk Sell(저리스크 매도 전략)

Low-risk Sell & Distribution

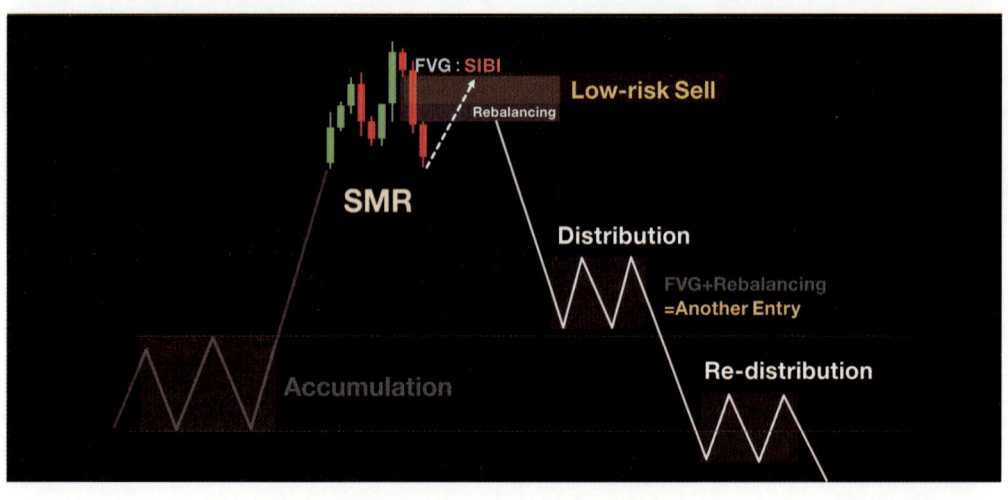

SMR이 나타난 이후 가격은 다시 반등하며 SMR 막바지에 나타났던 FVG를 채우려는 움직임이 나타나게 됩니다. 이러한 일시적 상승 움직임은 SMR에서 형성되었던 약세 오더블록까지 나타나곤 하는데, 이 역시도 유동성 확보 움직임으로 볼 수 있습니다. FVG의 갭이 메워지고 나면 시장은 다시 본래의 하락 방향으로 움직일 가능성이 높습니다. 따라서 이러한 일시적 반등은 아주 좋은 숏 포지션 진입 기회로 활용할 수 있습니다. SMR 역시도 분배

(Distribution) 과정 중 하나로 볼 수 있습니다.

6) 1st Stage of Distribution(1차 분배)

앞서 나타났던 Accumulation과 반대로 마켓 메이커들의 매도와 함께 분배가 일어나는 구간입니다. 마찬가지로 와이코프 분석에서의 분배(Distribution)와 유사하나, 조금 더 단기적인 개념으로 이해하는 것이 좋습니다. 분배 구간 내에서도 오더블록과 가격의 불균형이 나타날 수 있으며, SMR 구간만큼 매력적인 자리는 아니지만 또 다른 진입 구간으로 활용할 수 있습니다.

7) 2nd Stage of Distribution(2차 분배)

1차 분배 과정에 이은 추가적인 분배 과정입니다. 모든 MMSM에서 분배(Distribution)가 2번 나타난다는 의미는 아니며, 분배가 여러 번에 걸쳐 나누어 일어날 수 있다는 개념으로 이해하시는 것이 좋습니다. 일반적으로 추가적인 분배는 앞서 살펴보았던 Accumulation 근처에서 형성되는 경우가 많습니다.

8) 목표 구간 설정

Target Area: Below the Original Consolidation

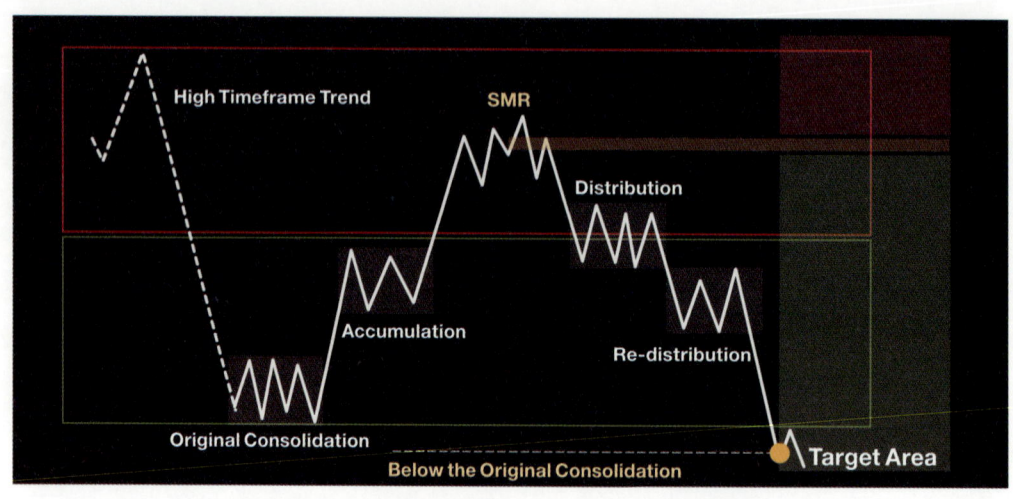

　하락 방향으로의 가격 유도는 통상적으로 Original Consolidation 구간보다 아래 구간을 목표로 하여 나타납니다. 이는 하방에 위치하는 Sell-side Liquidity를 확보하기 위함입니다. 마켓 메이커들이 가격을 움직이기 위한 '연료'가 될 소액 투자자들은 Original Consolidation 당시 손절가를 주로 횡보 구간의 저점으로 설정하였을 가능성이 높습니다. 모식도에서 편의상 'Target Area'로 명명한 구간은 앞서 살펴보았던 매집(Accumulation) 성향을 띠는 구간에 해당합니다.

　이러한 과정을 통해 충분히 가격을 하락시키며 유동성이 원하는 대로 확보되었다면, 이후 마켓 메이커들은 다시 가격 상승을 유도하기 쉬워질 것입니다. 즉, MMSM 이후 이어지는 상승세는 또 다른 MMBM을 만들어낼 수 있는 것입니다. 프랙탈(Fractal)의 관점에서 가격 움직임이 지속적으로 되풀이되는 것처럼 MMXM 역시 지속적으로 되풀이될 수 있습니다.

 **MMBM**

Market Maker Buy Model

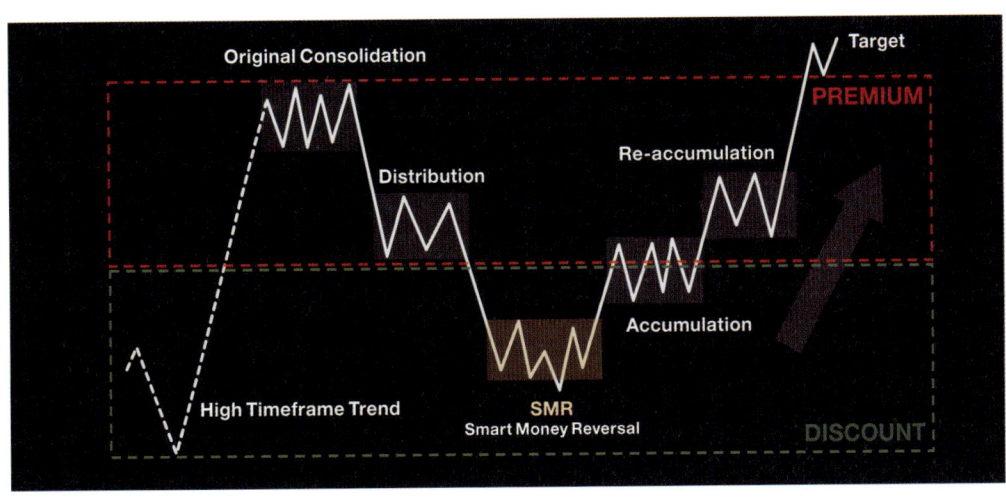

MMBM은 MMSM과 동일한 원칙을 따르지만 그 양상은 반대로 나타납니다.

HTF Trend + Original Consolidation

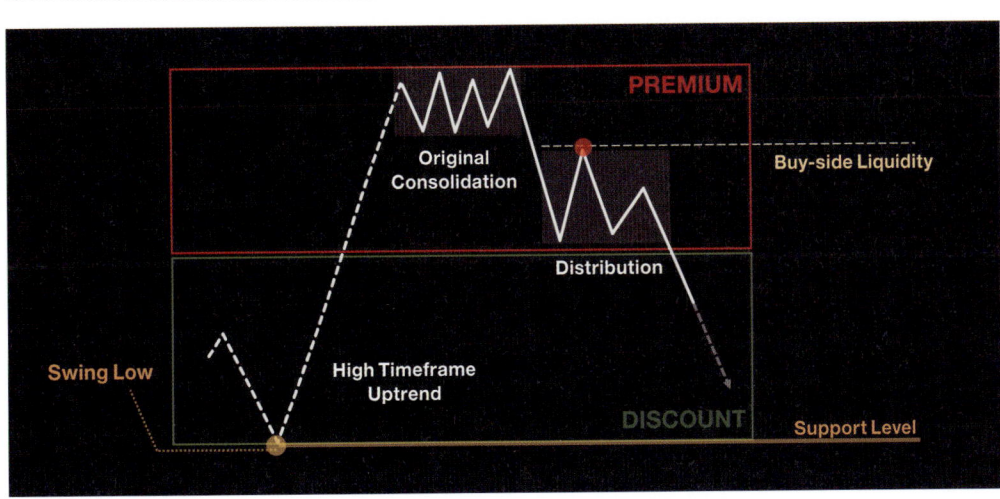

1) 높은 타임프레임에서의 상승 추세(HTF Uptrend)

높은 타임프레임상에서 명확한 상승 추세가 관찰됩니다. 이때 상승세의 시작점이 되는 저점을 기록해두어야 합니다. 해당 저점은 주요 지지 구간으로 작용할 수 있을 뿐 아니라, PD Array의 기준이 되기 때문입니다.

2) Original Consolidation

시장이 분배(Distribution) 단계에 있을 때 형성되며, 가격의 횡보가 나타납니다. 와이코프 분석에서의 분배(Distribution)와 유사한 개념을 가진 구간이나 보다 좁은 개념으로 사용되는 것으로 이해하는 것이 좋습니다. Buy-side Liquidity가 형성되는 곳으로, 마켓 메이커들은 추후 이곳을 노릴 가능성이 높습니다.

3) Distribution

가격이 Original Consolidation 구간을 하방 돌파한 후 나타나는 구간으로, 재차 분배(Distribution)가 이루어지는 구간입니다. 가격은 Original Consolidation까지의 상승 되돌림을 주며 큰 변동을 보이는 경우도 있으나, 단순한 스윙 움직임만을 나타내며 하락하는 경우도 있습니다.

소액 투자자들의 경우 가격의 하락을 우려하여 매도세를 이어갑니다.

4) SMR

Smart Money Reversal

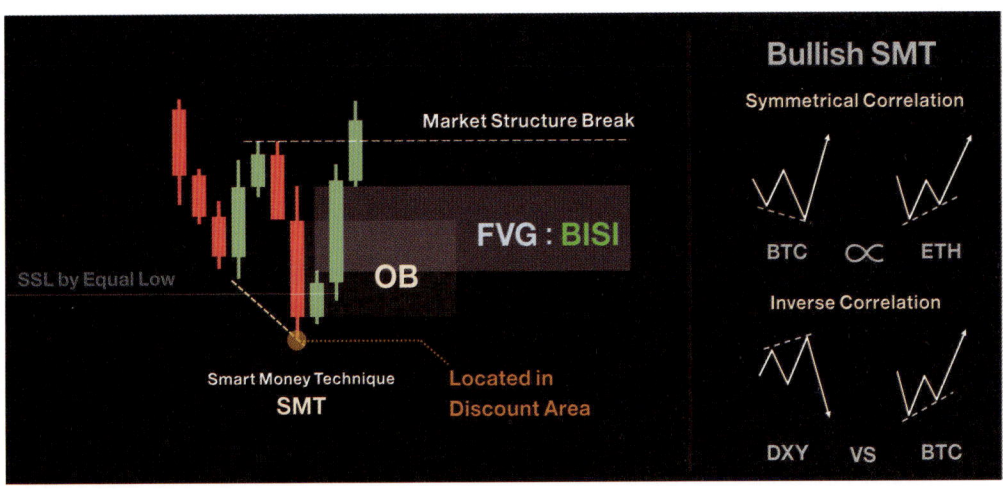

세력에 의해 추세 반전이 나타나는 구간이며, SMR에서 형성된 저점은 Discount 구간에 속합니다. 가격은 Equilibrium으로 회귀하려는 성질에 의해 상승세가 나타나게 됩니다. PD Array 설정의 기준이 되는 높은 타임프레임상의 저점 구간은 지지 역할을 하며 가격의 상승 반전에 힘을 실어줄 수 있습니다.

MMSM과 마찬가지로 MMBM 역시 SMR 구간에서 오더블록과 FVG를 동반하는 경우가 빈번하게 나타납니다. 저점을 형성한 캔들을 기준으로 강세 오더블록이 형성되고, 가격은 이내 상승하며 가격의 불균형이 FVG의 형태로 나타나는 경우가 많습니다. 가격 상승이 직전의 Swing High를 상방 돌파하며 MSB가 나타난다면 SMR이 이루어진 것으로 간주할 수 있습니다.

5) Low-risk Buy(저리스크 매수 전략)

Low-risk Buy & Accumulation

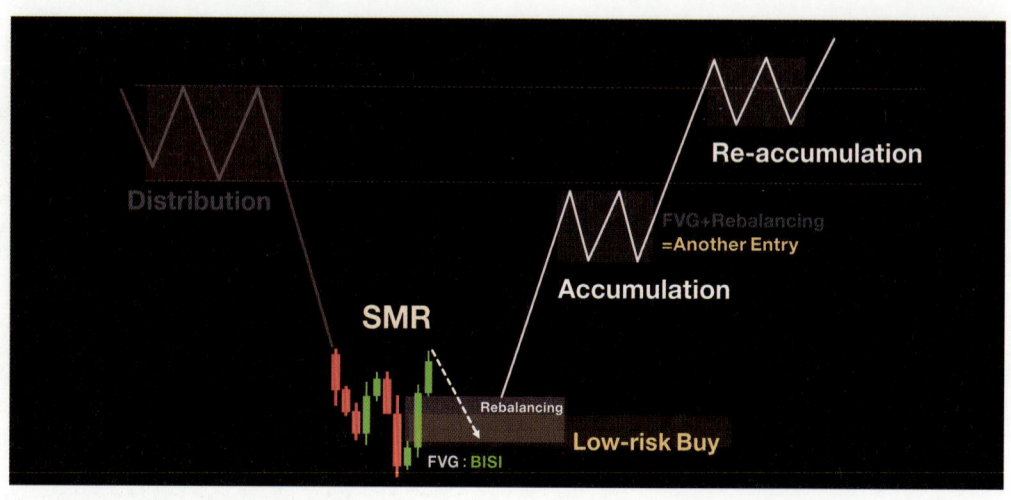

SMR이 나타난 이후 가격은 다시 하락하며 SMR 과정에서 형성된 가격 불균형을 해소하고자 하는 움직임을 보입니다. 유동성 확보를 위해 강세 오더블록까지 도달할 가능성이 높으며, 가격 불균형이 해소된 이후 상승세가 다시 이어질 가능성이 높습니다. MMSM과 마찬가지로 MMBM에서도 SMR 이후 나타나는 리테스트 움직임은 리스크가 적은, 좋은 현물 매수 혹은 롱 포지션 트레이딩 진입 기회입니다.

6) 1st Stage of Accumulation(1차 축적)

앞서 나타났던 Distribution과 반대로 마켓 메이커들의 매수, 즉 매집(Accumulation)이 일어나는 구간입니다. 마찬가지로 와이코프 분석에서의 축적(Accumulation)과 유사하나, 조금 더 단기적인 개념으로 이해하는 것이 좋습니다. Accumulation 구간 내에서도 오더블록과 가격의 불균형이 나타날 수 있으며, SMR 구간만큼 매력적인 자리는 아니지만 또 다른 진입 구간으로 활용할 수 있습니다.

7) 2nd Stage of Accumulation(2차 축적)

1차 축적 과정에 이은 추가적인 매집(Accumulation) 과정입니다. 모든 MMBM에서 Accumulation이 2번 나타난다는 의미는 아니며, 세력의 매집이 여러 번에 걸쳐 나누어 일어날 수 있다는 개념으로 이해하시는 것이 좋습니다. 일반적으로 추가적인 축적은 앞서 살펴보았던 Distribution 근처에서 형성되는 경우가 많습니다.

8) 목표 구간 설정

Target Area: Above the Original Consolidation

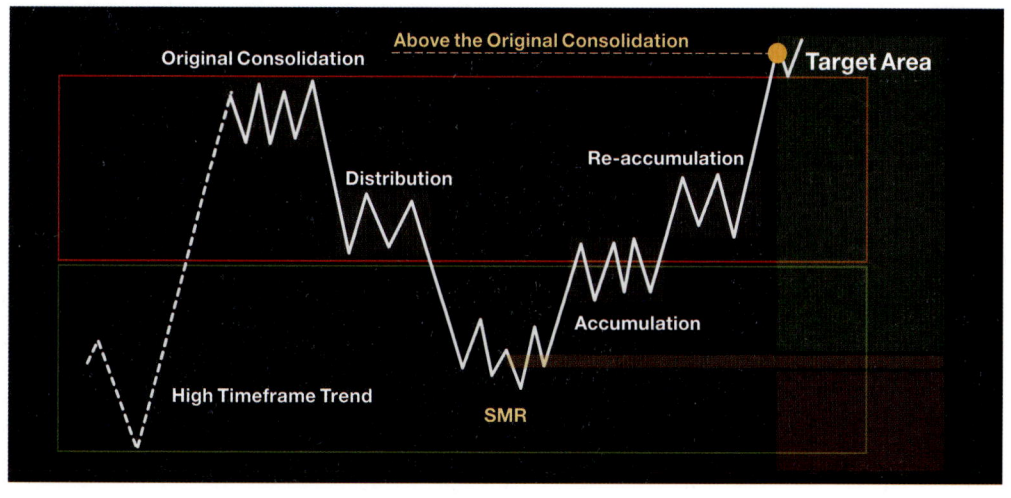

상승 방향으로의 가격 유도는 통상적으로 Original Consolidation 구간보다 상방 구간을 목표로 하여 나타납니다. 이는 상방에 위치하는 Buy-side Liquidity를 확보하기 위함입니다. 저리스크 매수 구간에서 진입을 완료하였다면 Original Consolidation 부근에서 충분히 수익 실현을 해놓는 것이 안전합니다.

실제 사례를 통해 확인하는 MMXM

MMBM(Market Maker Buy Model)의 사례이며, 비트코인 선물 차트의 8시간봉 차트로 2022년 7월경의 움직임을 담고 있습니다.

1) 높은 타임프레임에서 상승 추세를 확인하고 PD Array 설정하기

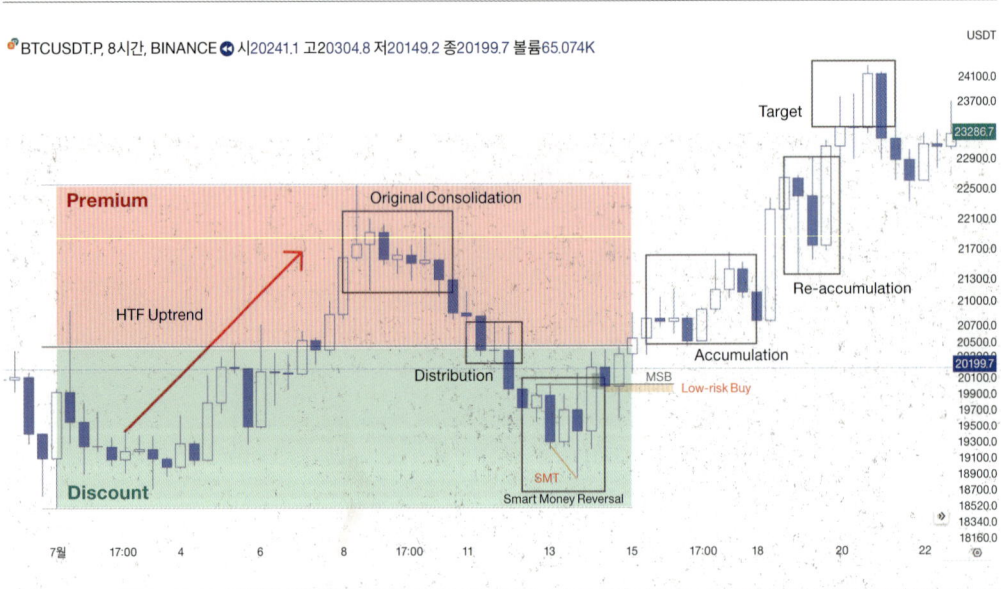

7월 1일의 단기 저점 형성 이후 상승세가 나타난 것을 볼 수 있습니다(빨간색 화살표). 이후 Original Consolidation으로 구분한 횡보 구간이 확인됩니다. Consolidation의 고점과 7월 1일의 저점을 기준으로 PD Array를 작도합니다. 가격은 Premium 구간에서 Discount 구간으로 하락하는 모습이 관찰됩니다.

편의상 차트에는 이미 Distribution과 SMR, Accumulation 등의 구성 요소를 모두 표기해 두었습니다만, 본래 가격 흐름이 진행되는 중에는 보다 낮은 타임프레임으로 변경하여 오더 블록, FVG 등을 파악해나가며 구간을 식별해야 합니다.

2) 마켓 메이커들이 유동성을 얻을 수 있는 구간 확인하기

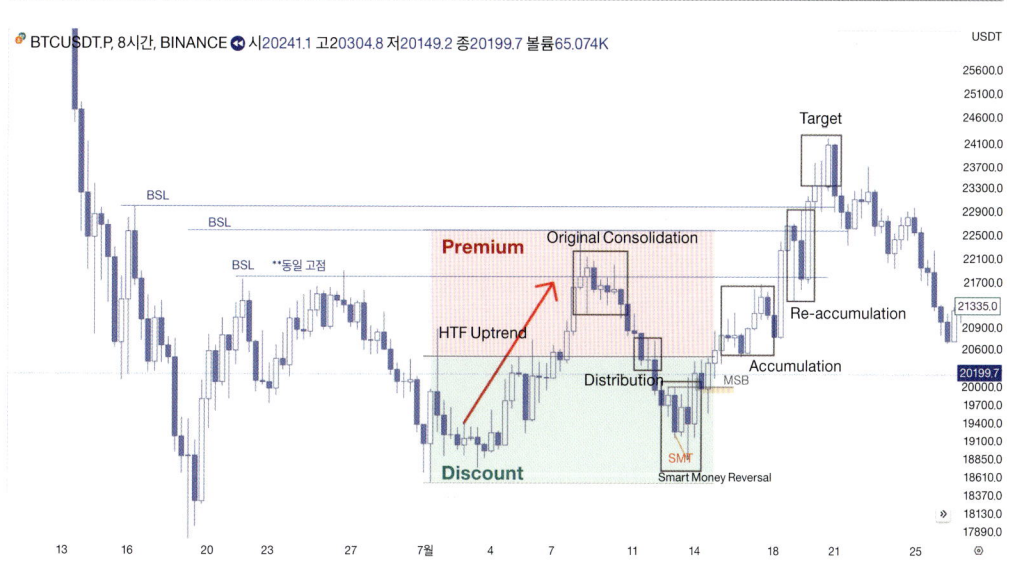

보다 높은 타임프레임상에서 차트를 살펴보면 상승 추세가 나타나기 전 여러 차례 Swing High가 형성되었음을 알 수 있습니다. 이들은 각각 Buy-side Liquidity로 후에 작용할 수 있으며, MMBM이 진행되며 축적(Accumulation)이 이루어지는 경우, 해당 BSL을 스탑 헌팅(Stop Hunting) 하는 식으로 나타날 것이라 짐작할 수 있습니다.

특히 상승 추세 직전, 높이가 유사한 두 개의 고점(차트상에서 **동일 고점으로 표시)이 이루어낸 동일 고점은 마켓 메이커들에게 매력적인 유동성 확보 구역으로 작용할 수 있습니다. 실제로 Original Consolidation은 동일 고점에 근접하여 형성된 것을 확인할 수 있습니다.

3) 낮은 타임프레임에서 MMBM의 구성 요소 확인하기

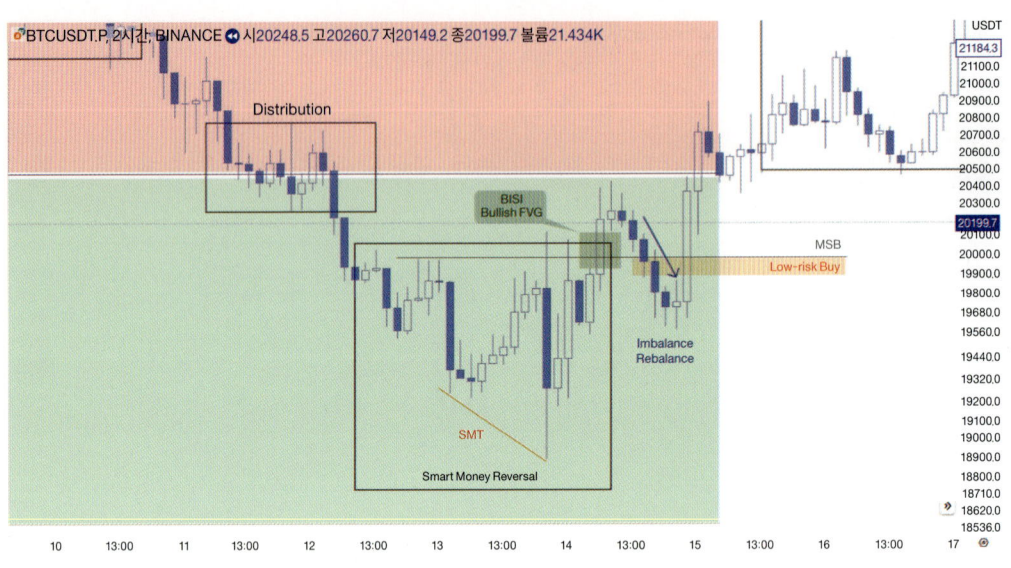

2시간봉 차트에서 차트를 보다 세밀하게 살펴보겠습니다. 8시간봉 차트에서 몸통이 짧은 캔들로 나타났던 Distribution 구간은 2시간봉 차트에서는 보합세를 나타낸 구간으로 육안으로 확인할 수 있습니다. 또한 SMR 구간에서 추세가 상승 반전하며 MSB가 나타났으며, 저점이 점차 낮아지는 Lower Low의 양상으로 SMT가 나타났음을 확인할 수 있습니다.

특히 MSB를 이루는 긴 장대양봉은 강세 FVG로 추후 해당 갭을 채우려는 움직임이 일어날 것을 기대할 수 있습니다. 이러한 움직임을 기대하며 설정한 진입 구간이 차트상에 표시된 저리스크 매수 구간에 해당하며 이를 진입 구간으로 삼는 롱 포지션을 계획할 수 있습니다.

4) 저리스크 매수 구간에서의 매수 이후, 목표가 설정하기

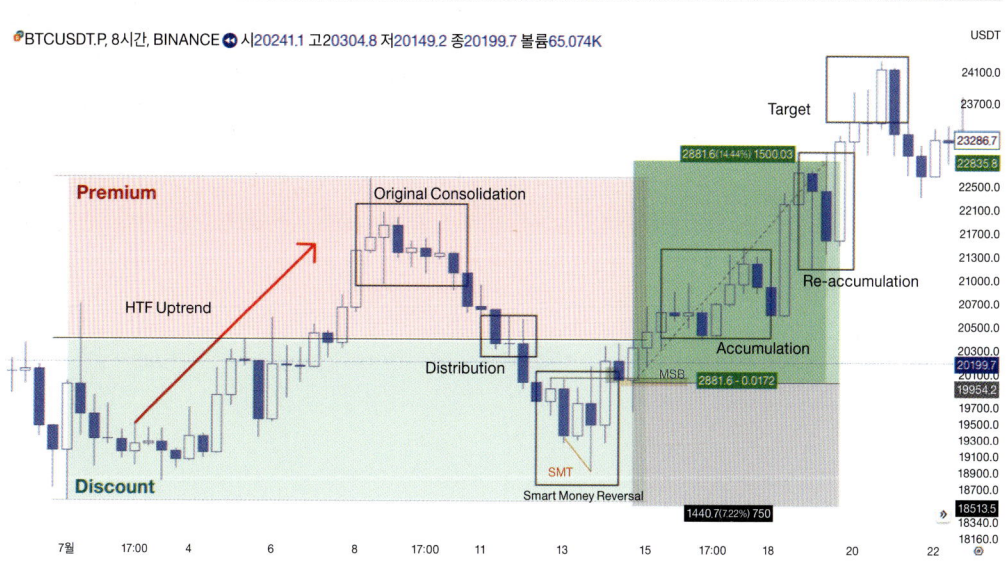

MMBM에 대한 구조가 어느 정도 식별되었다면, Original Consolidation 상방을 목표로 롱 포지션을 설정할 수 있습니다. 최종적인 목표가는 Original Consolidation 직상방 정도를 노릴 수 있으며, 분할 수익 실현 이후 리스크 제거 등을 통해 이후 추가적인 상승까지 포지션을 유지하여 조금 더 수익을 극대화할 수 있습니다.

MMXM은 ICT 콘셉트의 프라이스 액션 개념이 총집합된 내용으로 보아도 무방합니다. 또한 다른 다양한 트레이더들 역시도 MMXM과 유사한 모델들을 제시하고 있으며, 저마다의 해석과 기준이 다소 상이합니다. 따라서 MMXM의 구조와 형태를 오직 한 가지로 정형화하여 암기한 후 적용하는 것보다는 그 기저에 담긴 원리—'세력은 유동성을 확보하려 하고 가격의 불균형은 해소되려는 성질을 지닌다'—를 이해하고 적용하는 연습을 하는 것이 옳은 방향일 것입니다. 또한 MMXM이 뚜렷하게 관찰되더라도 타 보조지표와 기술적 분석 도구, 그리고 다양한 데이터들과 매크로 이슈들을 항상 참고해가며 근거를 중첩시키는 트레이딩을 행해 나가야겠습니다.

15

ICT Unicorn Model: 브레이커 블록과 FVG의 환상적인 조합

유니콘 모델(Unicorn Model)이란?

1권*에서 살펴보았던 브레이커 블록(Breaker Block)에 대해 기억하시나요?

브레이커 블록은 일반적인 오더블록이 형성된 이후 가격이 반전되며 오더블록을 깰 때 형성됩니다. 정확하게는 오더블록이 위치한 구역을 강하게 추세 전환하는 캔들을 '브레이커 블록'이라 정의하였습니다.

---

* 《차트 분석 바이블》1권 649~650쪽에서 다루었습니다.

프라이스 액션

브레이커 블록 반전 모멘텀이 기존의 오더블록을 깰 때 발생

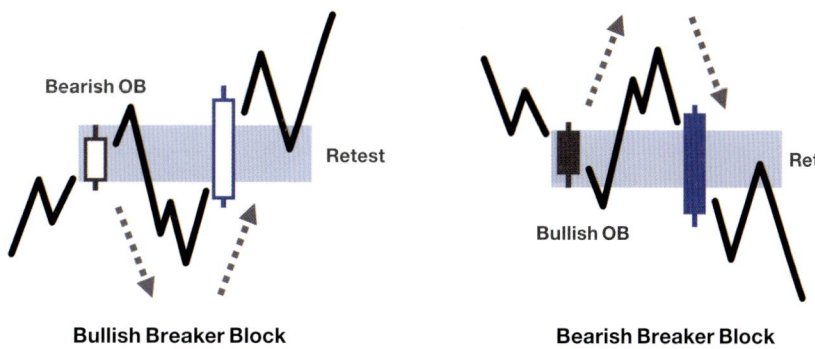

하지만 이번 파트에서 다룰 유니콘 모델에서는 기존 오더블록 영역을 브레이커 블록 구간으로 간주하고 있습니다. 이는 오더블록을 돌파하는 장대 양봉·음봉의 범위가 큰 경우 정확한 진입가를 설정하기 어려워진다는 점을 감안한 것입니다.

보다 용이한 매매 적용을 위해 유의미한 브레이커 블록의 범위를 기존 오더블록의 영역으로 한정하였으며, 오더블록이 유의미한 지지·저항 구간으로 작용한다는 점에서 합리적인 진입가 설정이라 여겨집니다.

유니콘 모델을 한 문장으로 표현한다면 다음과 같습니다.

반대 추세로 시장 구조를 깨뜨리는 브레이커 블록(Breaker Block),
그리고 브레이커 블록과 동일한 방향으로 나타난 FVG가 서로 중첩되는 구간을
'포지션 진입 구간(Entry)'으로 삼는 모델

프라이스 액션

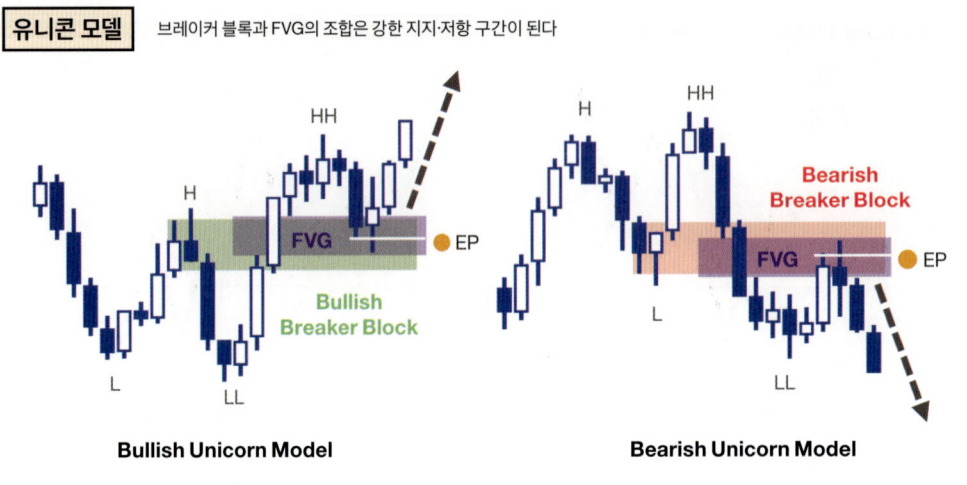

유니콘 모델의 경우 우선적으로 명확한 시장 구조가 확인되어야 합니다. 강세 모델의 경우 하락 추세 속에서 저점(L)이 나타난 뒤 고점(H)을 기록하고, 이후 더 낮은 저점(LL)을 그린 것을 볼 수 있습니다. 이때 모식도와 같이 이전 오더블록 구간을 깨뜨리는 상승 방향의 브레이커 블록, 그리고 브레이커 블록이 형성되며 나타난 같은 방향의 FVG, 마지막으로 더 높은 고점(HH)이 형성된다면 유니콘 모델을 적용할 준비가 되었다고 볼 수 있습니다.

브레이커 블록은 통상적으로 장대양봉 혹은 장대음봉의 형태로 나타나게 됩니다. 마루보주 캔들의 경우는 거래량을 동반한 강한 움직임을 의미하기도 하지만, 급격한 움직임으로 생긴 가격 불균형을 의미하는 경우도 종종 있습니다.

만약 브레이커 블록이 FVG와 함께 나타난다면, 시장은 이때 생긴 FVG를 메우는 방향으로 짧은 되돌림을 보일 가능성이 높습니다. 또한 브레이커 블록이 나타난 위치는 이전 오더블록이 있었던 위치이므로 차트상 유의미한 구간으로 볼 수 있습니다. FVG 이후 짧은 되돌림이 나타난다면 가격은 다시 브레이커 블록의 위치에서 지지·저항을 마주할 가능성이 상당히 높습니다. 결국 모식도와 같이 강세 유니콘 모델(Bullish Unicorn Model)은 강세 브레이커 블록에서 지지를 받아 다시 상승세를, 약세 유니콘 모델(Bearish Unicorn Model)은 약세 브레이커 블록에서 저항을 맞아 다시 하락세를 이어갈 가능성이 높은 것입니다.

그리고 이를 포지션 진입의 기회로 삼는 모델이 바로 유니콘 모델이라 할 수 있습니다.

유니콘 모델 트레이딩: 진입가, 목표가, 손절가 설정하기

1) 강세 유니콘 모델(Bullish Unicorn Model)

프라이스 액션

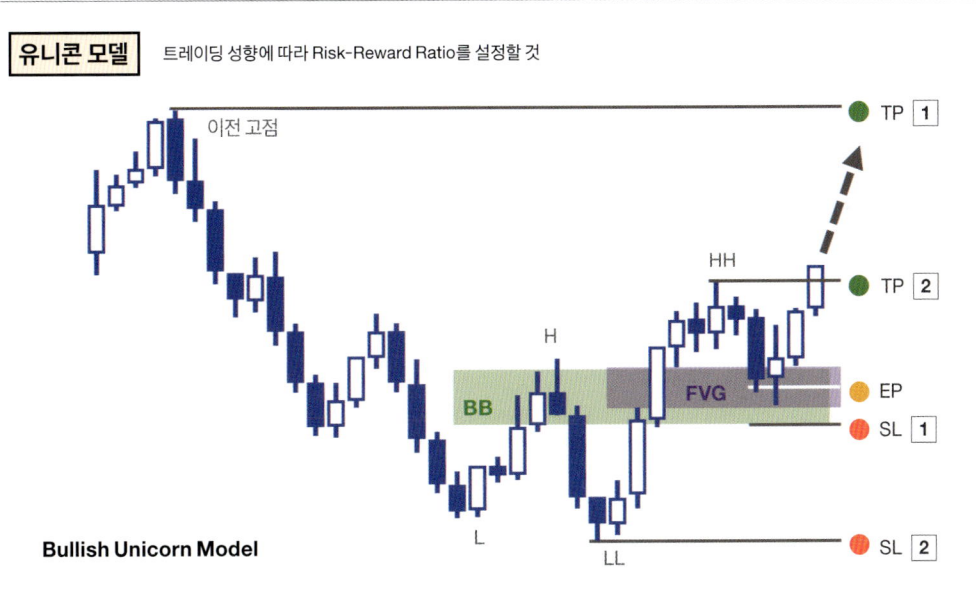

강세 유니콘 모델의 경우는 현물을 매수하거나 롱 포지션에 진입할 수 있는 모델에 해당합니다.

유니콘 모델의 특징 중 하나는 FVG와 브레이커 블록이 중첩된 구간을 진입 구간으로 삼는 만큼 진입 구간이 꽤나 구체적이라는 점입니다. 여기서 나아가 첫 번째 손절가는 강세 브레이커 블록의 지지를 기대하는 타이트한 설정을 가져갈 수 있습니다. 즉, 강세 브레이커 블록의 하단 혹은 이전 약세 오더블록의 하단으로 손절가를 설정할 수 있습니다. 이 경우 손실 폭이 상당히 제한된 타이트한 트레이딩을 하게 되는 것이며, 이러한 설정은 높은 손익비를 추구할 수 있다는 장점이 있습니다. 투자자의 성향에 따라 이전의 주요 저점 혹은 SSL(Sell-side Liquidity)이 위치한 구역들을 추가적인 손절가로 설정할 수 있습니다.

목표가의 경우 기존의 주요 고점, 그리고 BSL(Buy-side Liquidity)이 위치한 구간으로 설정할 수 있으며, 유니콘 모델의 경우 비교적 높은 손익비를 가져갈 수 있는 모델에 해당합니다.

2) 약세 유니콘 모델(Bearish Unicorn Model)

프라이스 액션

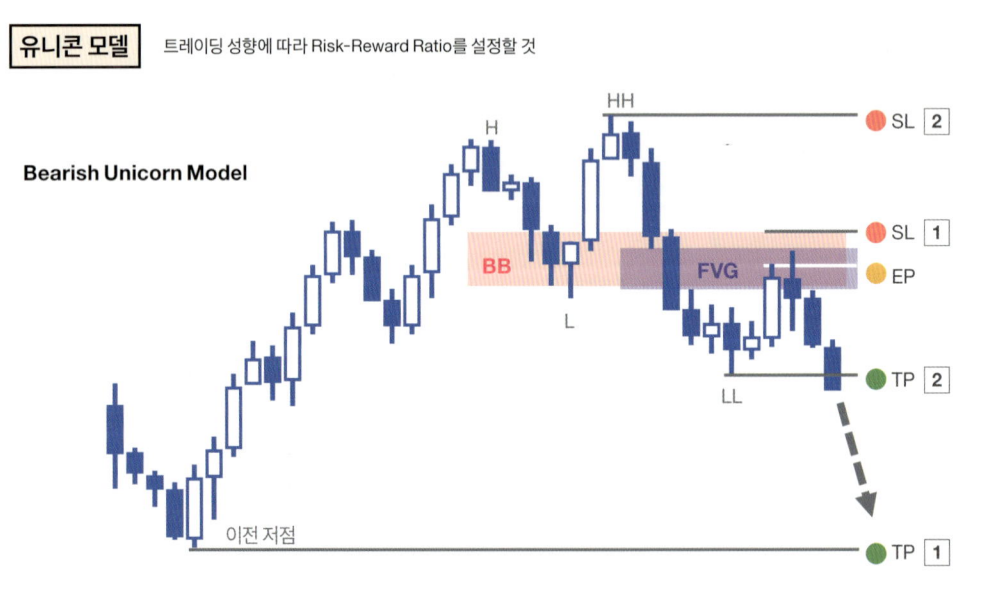

반대로 약세 유니콘 모델은 숏 포지션을 취할 수 있는 모델에 해당합니다. 만약 현물을 지니고 있었다면 약세 유니콘 모델의 출현 시 현물을 매도하는 전략을 취할 수 있습니다.

마찬가지로 진입가의 경우 약세 브레이커 블록과 FVG의 중첩 구간 내에서 진입할 수 있습니다. 손절가의 경우 약세 브레이커 블록의 상단 혹은 주요 고점들을 이용할 수 있으며, 목표가 역시도 투자자들의 성향과 종목의 변동성, 그리고 손익비 등에 따라 자유롭게 설정할 수 있습니다.

실전 예시로 알아보는 유니콘 모델

강세 유니콘 모델

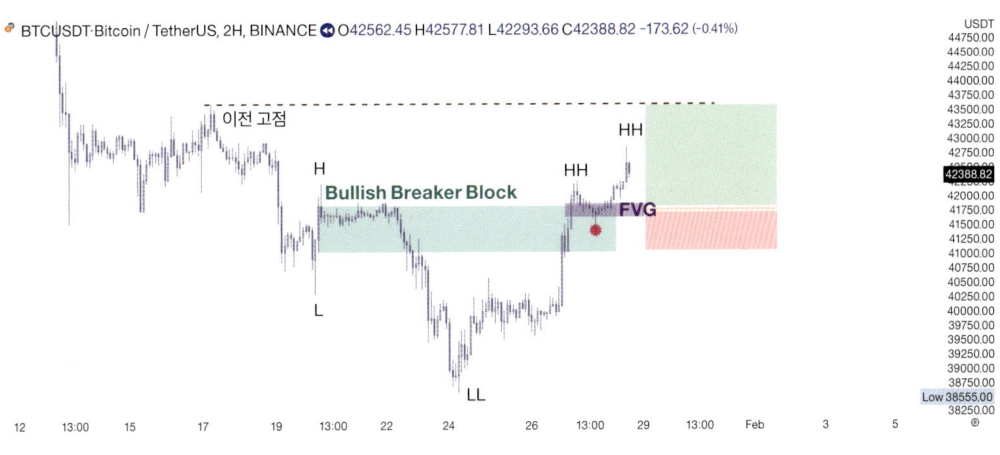

비트코인의 2시간봉 차트입니다. 시기는 비트코인 현물 ETF 승인 이후 일시적 조정을 보였던 2024년 1월 중순경으로, 기존의 고점에서 저점을 그리며 이어지는 명확한 하락 추세가 관찰됩니다(L→LL).

1월 24일경 나타난 저점(LL) 이후 상승세를 보인 시장은 장대양봉 형태로 기존의 약세 오더블록을 돌파하는 모습을 보입니다. 강세(Bullish) MSB를 통해 시장 구조가 상승 전환되었으므로 기존의 약세 오더블록 영역을 강세 브레이커 블록의 영역으로 새롭게 정의할 수 있습니다.

이후 직전 고점을 살짝 넘어서는 Higher High가 형성되었으며, 작은 FVG가 동반된 것이 확인됩니다(보라색 박스). FVG의 경우 강세 브레이커 블록이 이루는 구역 내에 중첩되어 있습니다.

강세 유니콘 모델의 경우 브레이커 블록과 FVG의 중첩 구간에서 진입하는 것이 원칙이며, 직전 고점 바로 이후 진입하는 것도 좋은 진입 기회가 될 수 있습니다. 위 경우 FVG의 해소가 비교적 매우 단시간 내에 일어난 형태이며, 유니콘 모델의 브레이커 블록과 FVG의 경우 한 차례 해소되더라도 추가적인 되돌림 시 한두 차례 더 지지 역할을 할 수 있는 구간에 해당합니다.

강세 유니콘 모델

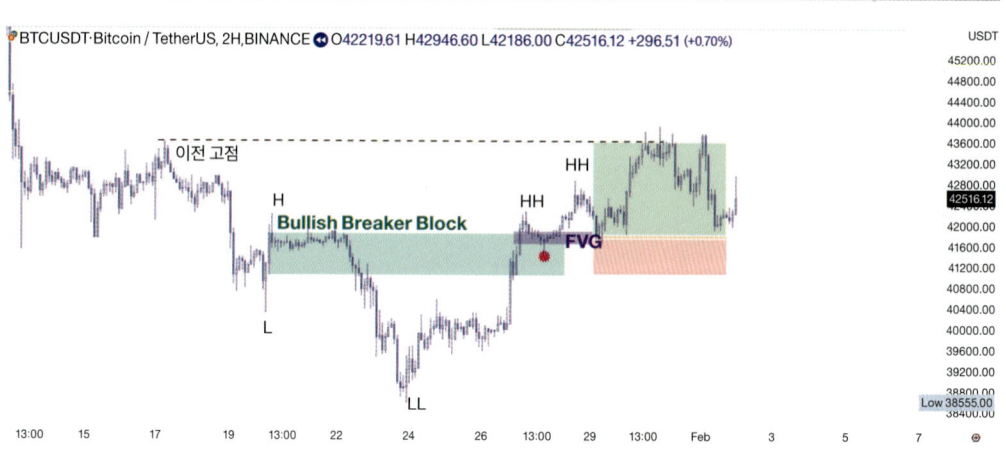

이후 가격은 한 차례 정도 더 브레이커 블록과 FVG의 중첩 구간을 테스트하였으며, 약간 뒤늦은 진입 역시도 가능했을 것이라 생각됩니다. 기존 고점들을 넘어 이전 고점으로 표시된 고점까지 상승하며 무난하게 목표가를 달성하였습니다. 이전 고점은 강한 저항 레벨이자 Buy-side Liquidity(BSL)로 작용할 수 있는 구간이며, 이후 가격이 일시적으로 하락하는 모습이 관찰됩니다.

유니콘 모델의 원리는 아주 단순합니다. FVG의 갭을 메우는 구간이 브레이커 블록의 강한 지지·저항과 동반될 때 신뢰할 수 있는 반전 구간이 된다는 것입니다. 하지만 이전에 배웠던 프라이스 액션의 개념들을 조합하여 트레이딩의 진입 기회를 찾는다는 점에서 심화편에서 다룰 의미는 충분히 있다고 생각됩니다.

심화편에서 다룬 프라이스 액션은 대부분 ICT 콘셉트에 기반을 두어 기존의 개념들을 조합하고, 다른 방식으로 적용한 예시들입니다. 하지만 저희가 다룬 모델들에만 의지하여 트레이딩에 임할 필요는 없습니다. 여러분도 얼마든지 프라이스 액션의 기본기를 활용해 자신만의 조합을 만들고 모델화하여 트레이딩에 적용할 수 있습니다. 심화편의 프라이스 액션이 시장 구조를 파악할 수 있는 안목을 기르고 본인의 트레이딩 근거를 확고히 하는 데 조금이나마 보탬이 되었길 바랍니다.

2장
유동성 파헤치기:
세력의 움직임에 편승하라

1 유동성과 세력, 쉽게 이해하기
2 선물 시장의 특징과 유동성
3 데이터를 통해 알아보는 세력의 움직임
4 Liquidity Cascades: 급락 조정의 '진단'부터 '처치'까지

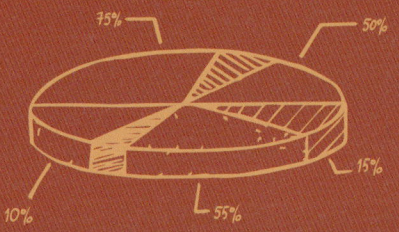

1. 유동성과 세력, 쉽게 이해하기

📊 세력은 누구인가?

사실상 모든 차트 움직임의 기저에는 세력의 의도가 담겨 있습니다. 따라서 대부분의 기술적 분석 이론은 이러한 세력의 의도 및 움직임을 이해하는 과정에서 생겨난 패턴과 모델이라 할 수 있습니다.

세력은 개인 혹은 리테일(Retail, 소매), 소위 개미 투자자들에 반대되는 시장 참여자를 말합니다. 즉, 많은 돈을 보유하고 큰 금액의 매수·매도 주문을 진행함으로써 가격 변동을 만들어내고 시장을 이끌어나갈 수 있는 존재들을 의미합니다. 통상적으로 우리는 고래, 세력, 마켓 메이커, 스마트 머니 등의 다양한 표현으로 세력을 지칭하며, 앞서 1장에서 살펴보았던 ICT의 Smart Money Concept(SMC) 이론 역시 이러한 움직임을 분석하고자 하는 이론에 해당합니다.

《차트 분석 바이블》에서는 최대한 객관적인 자료들을 담기 위해 다소 딱딱하고 어려운 글을 써왔습니다만, 이번 장 '유동성 파헤치기'에서는 객관적이고 표준화된 용어에 더해 개념을 쉽게 이해할 수 있도록 풀어 설명드리도록 하겠습니다. 세력 역시도 꾸준히 '마켓 메이커'로 표현해왔으나, 이번 장에서는 그 의미를 보다 와닿게 하기 위해 '세력'이라는 단어로 풀어나가 볼까 합니다. 소액 투자자들 역시 가장 와닿는 단어 중 하나인 '개미'라는 단어로 통칭하도록 하겠습니다.

이러한 세력은 어떤 시장인지, 그리고 그 종목의 시가총액이 어떠한지 등에 따라 그 규모가 달라지기에 어느 규모 이상이 세력인지를 정의하는 것은 상대적일 수 있습니다. 다만 각 차트에서 나타나는 평균적인 거래량에 비해 상대적으로 강한 거래량이 발생할 시 이를 세력에 의한 움직임으로 볼 수 있습니다.

유동성 확보의 이유, 세력은 함께 가길 원하지 않는다

이번 파트에서는 세력의 움직임과 관련된 용어, 그리고 차트에서의 움직임을 쉽고 자세하게 살펴볼 예정입니다. 이에 앞서 가장 중요한 사실 하나를 기억하고 갈 필요가 있습니다.

세력은 개미들과 함께 가길 원하지 않는다!

앞으로 살펴볼 모든 세력의 움직임은 '세력이 개미들과 함께 가길 원하지 않는다'라는 사실을 기반으로 하고 있습니다. 그렇다면 왜 세력은 개미들과 함께 가길 원하지 않는 것일까요? 물론 가장 큰 이유는 경제적 이유, 즉 수익 때문일 것입니다. 물론 세력의 수익은 진입가와 매도가에 의해 결정되는 것이기 때문에 개미들에게 수익을 조금 나눠준다고 해서 세력이 얻는 수익이 크게 변하는 것은 아닙니다. 따라서 단순히 큰 수익을 얻기 위해서가 아니라, 개미들로 인한 잠재적 손해를 방지하기 위한 것임을 이해하여야 합니다. 이러한 손해는 경제적·시간적 손해를 모두 포함한 개념입니다. 다음에서 보다 구체적으로 살펴보도록 하겠습니다.

1) 세력의 차트 운전, 핸들링(Handling)

세력이 개미들과 함께 가길 원하지 않는 가장 큰 이유는 바로 '핸들링' 때문입니다. 기본적으로 세력은 가격을 움직일 수 있는 큰돈을 움직이는 주체이지만, 개미들이 많이 붙게 되면 아무리 세력이라도 불필요한 손해를 보게 됩니다. 이게 어떠한 의미인지 간단하게 모식도를 살펴보도록 하겠습니다.

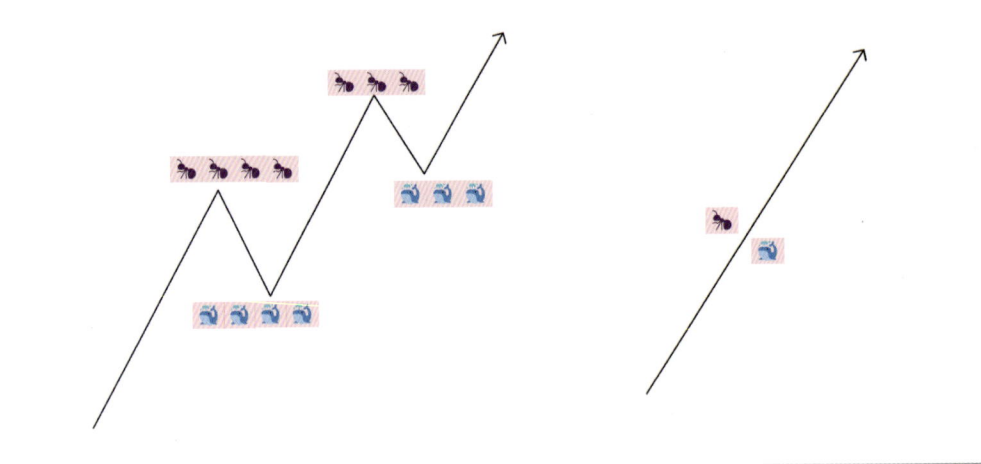

세력은 왼쪽이든 오른쪽이든 가격을 상승시킬 수 있는 힘은 충분합니다. 다만 왼쪽처럼 개미 투자자들이 많이 붙어 있는 상태라면 가격 상승 과정에서 계속해서 수익 실현을 하면서 빠져나가는 개미 투자자들이 생기게 됩니다.

이 경우 가격을 원하는 만큼 충분히 상승시키기 위해서는 해당 물량을 받아줄 다른 투자자들이 있어야 합니다. 강한 호재로 다른 개미 투자자들이 물량을 받아준다면 큰 문제는 없으나, 결국은 또 다른 개미 투자자들이 계속해서 가격 상승을 방해하는 상황이 생기게 될 것입니다. 같은 가격까지 상승시키는 과정에서 개미들이 상대적으로 많이 달려든 경우, 세력은 시장을 조작하는 데에 추가적인 비용을 들이게 되어 손해를 입을 수 있습니다. 가격을 원하는 대로 핸들링하기엔 다소 불편한 상황인 것입니다.

특히 빠르게 올리고 빠져나가야 하는 상황에서 개미 투자자들이 가격의 핸들링을 방해한다면 이러한 투자자들을 털어내기 위해 재차 하락 과정을 만들고, 유동성을 확보해야 하는 시간적 손해까지 발생하니 세력의 입장에서는 여간 짜증이 나는 상황이 아닐 것입니다.

따라서 세력은 큰 가격 움직임을 만들어내기 전에 개미 투자자들을 정리하고 자신들이 유동성, 즉 물량을 확보함으로써 이후의 가격 움직임을 핸들링하기 편한 상태로 만들어놓게 되는 것입니다. 이처럼 개미 투자자들을 정리하고 물량을 확보하는 과정이 우리가 흔히 이야기하는 유동성의 해소, 확보와 관련한 개념에 해당합니다.

2) Liquidity? Buy-side Liquidity? Sell-side Liquidity? 이해하기 어려운 용어들

Sell-side/Buy-side Liquidity (SSL/BSL)

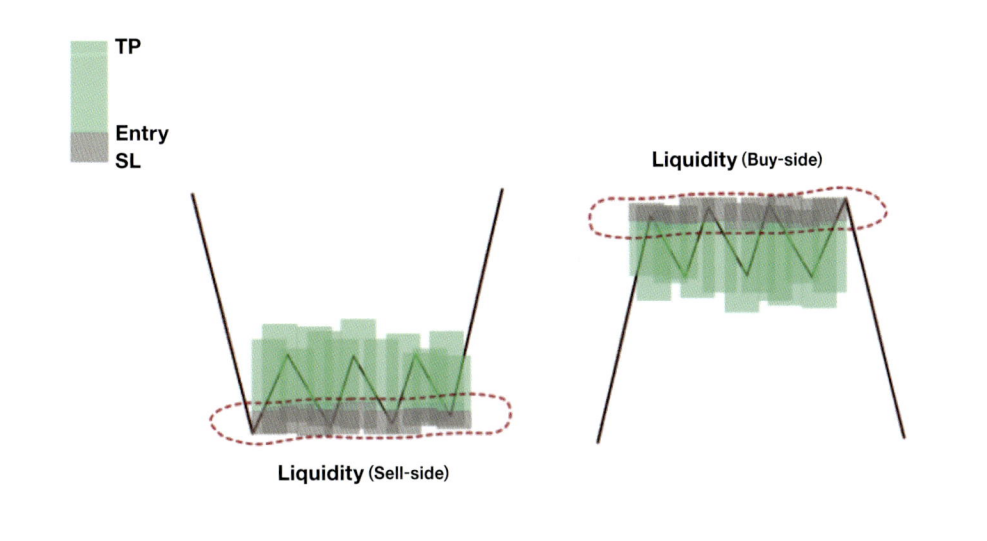

앞서 1권*에서 Sell-side Liquidity와 Buy-side Liquidity에 대해 다룬 적이 있습니다. Sell-side Liquidity(SSL)란 매도 주문들이 놓여 있는 유동성이 풍부한 구역(Liquidity Area)을 말하며, 롱 포지션에서의 손실 제한(Stop Loss) 주문들이라고 설명드린 바 있습니다. 반대로 Buy-side Liquidity(BSL)란 매수 주문들이 형성하는 유동성이 풍부한 구역(Liquidity Area)을 말하며, 이는 이미 진입한 롱 포지션의 목표가가 위치한 구역일 수도 있고, 숏 포지션의 손절가가 위치한 구역이 될 수도 있다고 하였습니다.

위의 설명이 사전적이고 표준화된 것은 맞으나, 다소 딱딱하고 어려운 감이 있습니다. 이번 파트에서는 왜 Sell-side Liquidity가 '매도측의 유동성'이라는 이름으로 불리는지, 그 과정을 쉽게 풀어 설명드리도록 하겠습니다.

먼저 위에서 유동성의 확보는 기본적으로 세력이 개미 투자자들의 물량을 정리하며, 자신들의 물량 우위를 확보하고 추후 가격을 핸들링하기 좋은 상태로 만드는 것이라 설명드렸습니다. 그렇다면 Sell-side Liquidity는 왜 '매도측의 유동성'이라 불리는 것일까요?

Sell-side Liquidity가 생기는 곳은 차트의 하단 방향으로, 이는 하락 과정에서 숏 포지션의 수익 실현 구간이자 롱 포지션들의 청산 구간이 됩니다. 또한 세력의 롱 포지션 진입 가격에 해당하기도 합니다. 이러한 SSL은 주요 지지 구간에 위치하게 되며, 해당 구간에서 세력은 반드시 개미 투자자들을 정리하고, 유동성을 확보하려 합니다. 유동성 확보 과정에서 개미들의 '매도'로 인해 유동성이 확보되기 때문에 매도측의 유동성이라고 부를 수 있는 것입니다. 세력들은 반대로 Sell-side Liquidity에서 매수하려 할 가능성이 높습니다.

Buy-side Liquidity는 반대로 기존의 고점을 돌파하는 움직임을 보이기 때문에 많은 개미 투자자들은 '매수' 주문을 넣게 됩니다. 세력은 이러한 매수 주문을 보고 신나게 물량을 떠넘기게 됩니다. 결국 고점에서 물량을 받은 개미 투자자들은 세력들의 거짓 돌파(False Breakout)에 당한 채 손실을 입게 되며, 세력들은 이 과정에서 숏 포지션으로 전환하여 다시 수익을 낼 수 있게 되는 것입니다.

★ 《차트 분석 바이블》, 607쪽.

비트코인 선물 8시간봉 차트입니다.

강한 상승이 나타나는 과정에서 차익 실현 물량이 대거 나타나며 가격은 일시 하락하게 됩니다. 하지만 세력은 추가적인 상승을 원하기에 Range High까지의 상승을 보인 뒤, 가격은 횡보하게 됩니다. 해당 구간에서 거래량이 크진 않지만 몇 군데의 Sell-side Liquidity가 형성된 것을 확인할 수 있으며, 이는 향후 지지가 나타날 수 있는 구간입니다.

상승 후 고점을 형성한 후 세력들은 일부 물량의 수익 실현을 진행하였으며, 이후 강한 조정이 나타납니다. 그러나 이전의 상승 추세가 강했기에 시장에는 매수 심리가 강한 상태입니다. 따라서 조정 시 '3'의 위치에서 매수 포지션을 취하는 개미 투자자들이 많을 것이라 예상할 수 있습니다.

이에 세력은 기존의 SSL 위치보다 더욱 깊게 추가 하락을 이끌어내며 세력들의 숏 포지션 수익 실현과 함께 개미 투자자들의 롱 포지션 청산을 만들어냈습니다. 이 과정에서 추가 하락 시에 롱 포지션에 재진입한 것은 역시 세력들이었을 것입니다. 이러한 작업들이 바로 Liquidity Sweep, 즉 유동성 확보 과정입니다. Sell-side Liquidity를 해소하는 과정에서 강하게 개미들의 물량을 청산시킨 후 거래량을 동반하며 세력들이 물량을 재확보하기 때문에 반발 매수가 강하게 나타나고, 이는 캔들의 큰 가격 범위와 함께 긴 아랫꼬리를 형성하게 됩니다.

3) 한눈에 정리하는 세력의 유동성 확보

① 세력은 개미와 함께 가길 원하지 않습니다. 개미 투자자들을 털어내는 과정은 세력의 물량 확보 과정과 같으며, 유동성 확보가 일어나는 과정입니다.

② SSL, BSL은 명칭 자체에 너무 신경 쓰기보다는 해당 구간이 세력들의 가격 핸들링을 위한 물량 확보 구간이라는 것을 이해하는 것이 중요합니다. SSL은 차트 하단에 위치하며, 개미들은 매도하고 세력들은 이 매도 물량을 받아내는 자리입니다. BSL은 차트 상단에 위치하며, 개미들은 매수하고 세력들은 물량을 떠넘기는 자리입니다.

③ 유동성 확보 움직임은 SSL, BSL을 때에 따라 완전히 해소할 수도, 덜 해소할 수도, 또는 강하고 깊은 움직임을 보이며 해소가 일어날 수도 있습니다. 이는 세력들 역시도 완벽하게 원하는 만큼 조절할 수는 없는 영역입니다.

④ 거래량의 상대적 강도를 통해 유동성 확보의 강도를 파악할 수 있습니다.

⑤ 세력의 유동성 확보 과정을 이해하고 매매에 활용한다면 좋은 진입 구간을 얻을 수 있으며, 거짓 돌파(False Breakout)에 속지 않고 거래에 임할 수 있게 됩니다.

2

선물 시장의 특징과 유동성

선물 시장에서 유동성의 의미

1) 선물 시장에서의 유동성 확보, 세력은 반대로 가길 원한다

앞서 "세력은 개미와 함께 가길 원하지 않는다"라는 내용을 살펴본 바 있습니다. 하지만 선물 시장에서의 세력은 개미 투자자들이 '반대로' 가길 원합니다.

이번 파트에서는 선물 시장의 원리와 함께 선물 시장에서의 세력과 개미 투자자들의 움직임에 대해 살펴보도록 하겠습니다.

크립토 선물의 이해: 제로섬 게임

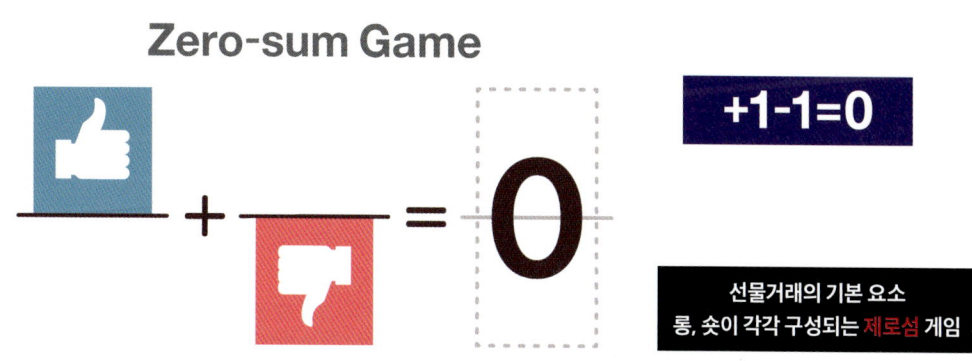

세력은 개미 투자자들과 함께 가길 원하지 않지만, 선물 시장은 개미 투자자들이 완전히 없어지길 원하지 않습니다. 이는 바로 선물 시장의 제로섬 게임*의 원리 때문입니다. 가격이 상승할 때, 롱 포지션의 수익과 숏 포지션의 손실을 더하면 0이 되어야 하는 것입니다.

현물 시장의 경우 수익을 보기 위해 현물을 사고 싶어 하는 사람이 많아지면서 물건을 교환하는 과정에서 가격이 오르게 됩니다. 가격은 이론적으로는 끝없이 상승할 수 있는 것입니다. 예를 들어 금을 가지고 싶은 사람이 너무나 많아질 경우 금값은 계속해서 오를 수 있습니다. 따라서 현물 시장에서 세력은 수익 실현을 위해 가진 물량을 모두 떠넘기기 전에는 마치 개미 투자자들과 같은 방향을 가고 싶어 하는 것처럼 시장을 조종하고 가격을 상승시키며 개미 투자자들을 유인하게 됩니다.

반면 선물 시장의 경우 모두가 같은 방향을 보고, 모두 가격 상승을 기대하며 매수를 한다면 가격이 오르지 못하게 됩니다. 이 부분이 다소 난해하게 다가올 수 있으므로, 조금 더 구체적으로 살펴보도록 하겠습니다.

선물 시장의 주요 원칙 중 하나는 거래소는 손실을 보지 않는다는 점입니다. 포커를 칠 때 딜러가 손실을 보지 않는 것과 비슷한 원리입니다. 선물 시장 거래소는 롱/숏 포지션의 거래를 중계할 뿐 어떠한 상황에서도 손실을 입지 않으려 합니다. 앞으로 나올 내용들을 이해하기 위해서는 바로 이 점을 이해하는 것이 매우 중요합니다. 이를 위해 거래소에서 사용하는 개념이 자동자산청산(Auto-Deleveraging: ADL) 시스템입니다. 자동자산청산 시스템은 거래소가 손실을 보지 않기 위해 제로섬 게임에 따라 만들어진 규칙입니다.

예를 들어 모든 투자자가 롱 포지션만을 보유하고 있다면 실제로 현물 자산 가치가 상승하였을 때 롱 포지션의 가격 상승에 대한 수익을 제공해줄 수가 없습니다. 따라서 자동자산청산 시스템을 활용하여 가격이 오를 때 오히려 롱 포지션을 청산시킴으로써 선물 시장이 정상적으로 운영될 수 있도록 합니다.

---

* 제로섬 게임(Zero-sum Game): 한쪽의 이득과 다른 쪽의 손실을 더하면 제로(0)가 되는 게임을 일컫는 말. 게임 이론으로부터 등장한 용어이지만, 정치·경제·사회 분야 등 무한 경쟁 상황에서 패자는 모든 것을 잃고 절대 강자만 이득을 독식하는 현상을 설명할 때도 종종 사용됩니다. 대표적인 제로섬 게임으로는 포커나 경마 등 도박을 들 수 있으며, 경쟁 스포츠나 정치에서의 선거, 선물거래나 옵션거래 등도 제로섬 게임에 해당됩니다.

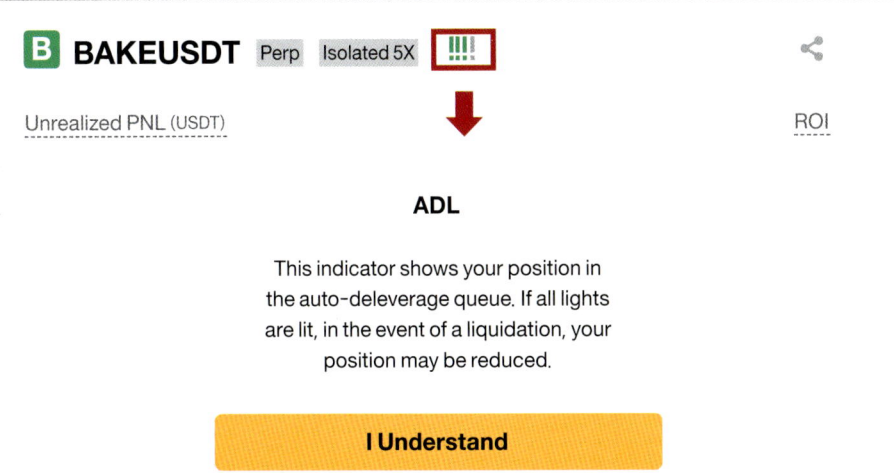

위 그림은 바이낸스 거래소에서 선물거래를 해보신 분들이라면 익숙한 그림일 것이라 생각합니다. 종종 포지션 옆에 느낌표로 표시되기도 하는 저 신호의 의미가 바로 자동자산청산 위험도를 알려주는 것입니다. 이러한 제로섬 게임의 룰과 자동자산청산 시스템을 세력의 입장에서 한 번 더 살펴보도록 하겠습니다.

세력이 선물 시장에서 수익을 보기 위해서는 세력과 다른 방향의 포지션을 잡는 개미 투자자들이 많아야 합니다. 즉, 세력이 수익을 보기 위해서는 개미 투자자들이 손실을 제공해주어야 합니다. 개미 투자자들이 손실을 제공해주지 못하는 상황이라면, 세력도 억지로 가격을 움직일 수 없는 상태가 됩니다. 세력 역시도 자동자산청산 시스템에 의해 원하는 수익을 다 올리지 못하게 되는 것입니다. 따라서 세력은 개미 투자자들이 자신들과 반대로 생각하고, 반대 포지션을 잡고 손실을 제공해주길 원하게 됩니다.

이제 세력이 왜 개미 투자자들과 함께 가길 원하지 않는지, 특히 선물 시장에서는 왜 개미 투자자들과 '반대로' 가길 원하는지 어느 정도 개념이 잡혔을 것입니다. 다음 파트에서는 선물 시장, 특히 요즘 각광받고 있는 가상화폐 시장에서 세력의 흔적을 확인할 수 있는 다양한 데이터, 그리고 지표들에 대해 다루어볼 예정입니다.

3. 데이터를 통해 알아보는 세력의 움직임

앞서 살펴본 바와 같이 모든 차트 움직임의 기저에는 세력의 의도가 담겨 있습니다. 반대로 생각해본다면, 세력의 움직임은 반드시 차트에 흔적을 남기기 마련입니다. 차트의 움직임에 더해 다양한 데이터와 지표들을 활용한다면 이러한 세력의 움직임을 조금이나마 예측하고 대비할 수 있으며, 더 나아가 세력의 움직임을 이용하는 똑똑한 개미 투자자가 될 수도 있을 것입니다.

가상자산 선물 시장을 기준으로 트레이딩에 사용할 수 있는 유용한 데이터 및 지표들에 대해 먼저 알아보는 시간을 가져보도록 하겠습니다. 본 데이터의 설명은 코이날라이즈(Coinalyze)에서 제공하는 지표 및 데이터를 저희 팀이 보기 편하게 정렬하여 사용하고 있는 화면을 기본으로 합니다. coinalyze.net은 무료로 사용 가능한 사이트이며, 일부 기능의 경우 유료 구독이 필요하지만 유료 결제를 하지 않고도 충분히 데이터를 확인할 수 있습니다.

지금부터 이들 데이터에 대해 차근차근 살펴보도록 하겠습니다.

세력의 흐름을 읽기 위한 다양한 데이터 총정리

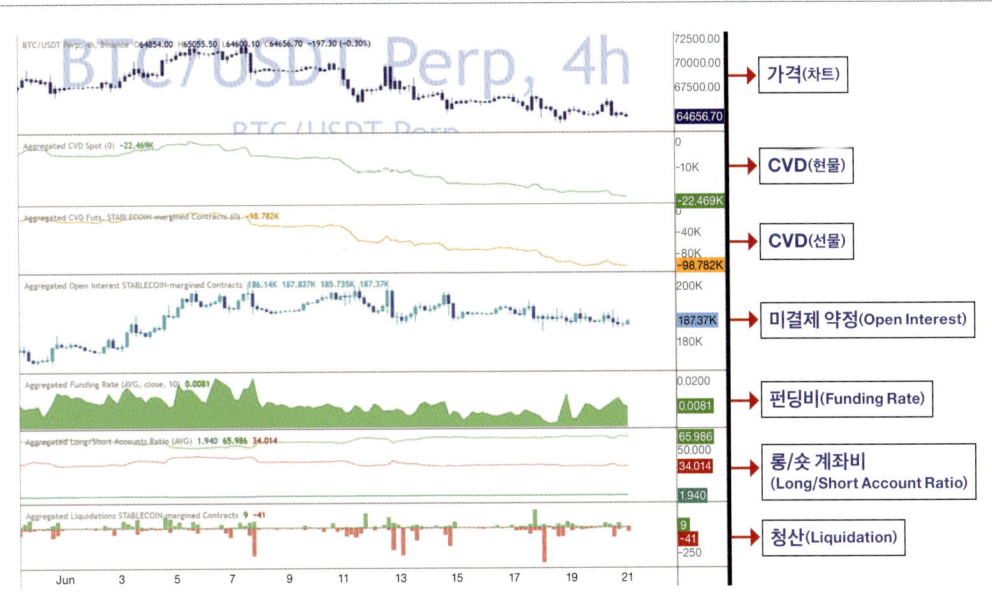

1) 가격(차트)

일반적으로 사용하는 캔들 차트를 가장 상단에 위치시켜 놓았습니다. 데이터를 볼 때 함께 참고하기 위함이며, 추가로 거래량 등의 지표를 함께 켜놓을 수도 있습니다.

2) CVD(Cumulative Volume Delta, 누적 델타 거래량)

CVD: What is Delta?

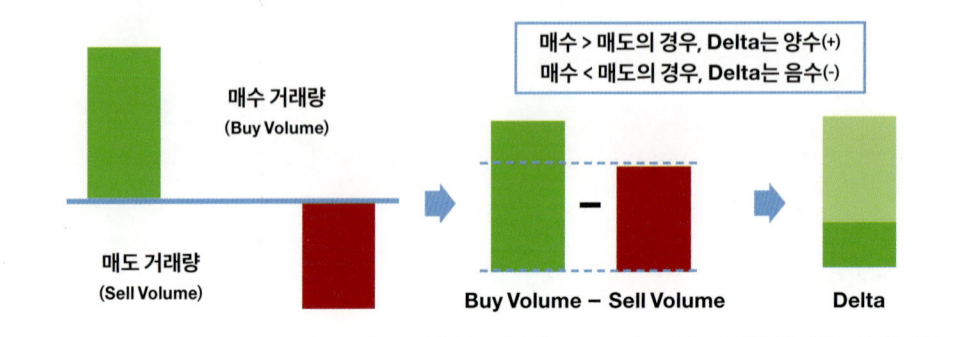

　CVD란 매수·매도 거래량의 차이를 누적한 것으로 매수세와 매도세 중 어떤 추세가 우위에 있는지 판단하는 데 활용할 수 있는 거래량 기반의 지표입니다. 매도 주문이 먼저 들어오고, 그 매도 주문을 흡수하며 매수 주문이 체결될 때, 이를 '매수 거래량'이라고 합니다. 이는 매수세가 증가함을 의미합니다. 반대로 매수 주문이 먼저 들어오고, 그 매수 주문을 흡수하며 매도 주문이 체결될 때, 이를 '매도 거래량'이라고 부릅니다. 이는 매도세가 증가함을 의미합니다.

　따라서 이러한 CVD의 증감을 통해 매수세와 매도세의 상대적인 강도를 판단할 수 있습니다. CVD가 상승하고 있다면 실제 거래에서 가격을 높이는 매수 거래량 체결이 많음을, CVD가 하락하고 있다면 실제 거래에서 가격을 낮추는 매도 거래량 체결이 많음을 알 수 있게 됩니다.

　위 데이터에서 표시되는 코이날라이즈(Coinalyze)의 CVD는 Aggregated CVD입니다. 이는 조회하는 차트의 특정 거래소가 아닌 모든 거래소의 데이터를 누적하여 합친 데이터임을 의미합니다. 또한 거래 내역이 모두 공개될 수밖에 없는 특징을 가진 가상자산 시장에서는 거래 대금의 금액대를 구분 지어 CVD를 계산하는 사이트*도 존재합니다. 이렇게 금액대를 구분 지어 CVD를 계산할 경우 고액 그룹, 그리고 소액 그룹들의 매수·매도 동향을 파악할 수 있어 유용합니다. 즉 세력의 움직임, 그리고 개미 투자자들의 움직임을 보다 정확하게 파악할 수 있게 되는 것입니다.**

3) 미결제 약정(Open Interest)

미결제 약정은 옵션이나 선물 시장과 같은 파생 상품 계약 중 아직 결제가 이루어지지 않아 자산이 되지 못한 계약의 총수입니다. 누군가의 매수는 누군가의 매도로 이루어지는 것이기 때문에 이때의 계약은 롱 포지션과 숏 포지션을 묶어 1개의 계약으로 간주하는 것입니다. 보다 쉽게 설명하면, 롱 포지션에서의 체결되지 않은 계약(Open Contract)의 수는 숏 포지션의 체결되지 않은 계약 수와 같다는 것입니다.

롱 포지션을 오픈한 투자자들은 '매도 주문(Sell Order)'을 통해 포지션을 종료할 수 있으며, 숏 포지션을 오픈한 투자자들의 경우 '매수 주문(Buy Order)'을 통해 포지션을 종료할 수 있습니다. 이처럼 옵션 계약의 보유자가 누구인지에 관계없이 아직 체결되지 않은 옵션 계약의 수가 미결제 약정이 되는 것입니다.

★ 아쉽게도 각 금액대별로 거래량에 따른 CVD를 보여주는 파이어차트(Firechart)의 경우는 유료 사이트에 해당합니다.
★★ 단, 고액·소액 그룹으로 표시되는 흐름이 정확히 동일 집단의 거래만을 뜻하지는 않으므로 주의가 필요합니다. 즉, 고액을 매수한 후 소액씩 매도하거나 소액씩 매수한 후 고액을 매도한다면, 그 둘은 동일 집단이더라도 다른 그룹으로 표시될 수 있습니다.

시장에 롱 포지션만 많고 숏 포지션이 적은 상태라면 아무리 롱 포지션의 계약 수가 많아도 서로 짝이 이루어지지 않기 때문에 미결제 약정은 증가하지 않습니다. 그러나 한쪽 포지션이 많은 상태에서 반대 포지션이 유입된다면 쌍이 이루어지는 것이므로 미결제 약정이 증가하게 됩니다. 미결제 약정은 계약이 완료된 양을 나타내는 거래량과는 달리, 특정 선물 계약의 미체결된 포지션만을 나타낸다는 것이 특징입니다. 따라서 포지션이 종료 또는 청산당하는 경우, 미결제 약정의 수치는 줄어들게 됩니다.

미결제 약정은 유동성의 흐름을 보다 정확하게 파악할 수 있으며, 시장으로 유입되는 자금이 증가하는지, 감소하는지 식별하는 데 도움을 줍니다. 미결제 약정이 늘어난다면 투자자들의 종목에 대한 관심이 증가하고 있음을 뜻하며, 이를 통한 자금의 유입을 기대할 수 있습니다. 반대로 미결제 약정이 줄어든다면 시장의 열기가 식고 자금이 이탈할 수 있음을 의미합니다.

또한 세력의 입장에서 본다면 가격을 움직이기 위해서는 미결제 약정이 증가할 필요가 있습니다. 즉, 자신들과 반대되는 포지션 역시 많이 들어올 필요가 있는 것입니다. 미결제 약정이 증가하였다는 것은 세력도, 그리고 세력에 의해 유도당한 반대 포지션의 개미 투자자들도 충분히 포지션을 잡았다는 것을 의미하며, 큰 변동을 줄 일만이 남았음을 의미하는 것이기도 합니다.

반대로 미결제 약정이 낮은 경우, 세력들은 위·아래로의 작은 가격대의 움직임만을 줌으로써 개미 투자자들을 흔들며 특정 포지션 방향으로 유도할 가능성이 높습니다.

4) 펀딩비(Funding Rate)

펀딩비는 기본적으로 무기한(Perpetual) 선물 시장에만 존재하는 개념입니다. 먼저 선물 시장에 대한 개념부터 알아보고 넘어가도록 하겠습니다. 잠시 농부 박 씨의 삶을 예로 들어 설명해보겠습니다.

박 씨는 1년 뒤 쌀을 수확하여 시장에 팔기 위해 1년 전부터 일을 시작합니다. 하지만 1년 뒤 쌀값은 매년 다르기 마련입니다. 물론 쌀이 비싸게 팔린다면 좋겠지만, 여러 이유로 쌀값이 폭락하게 된다면 박 씨는 큰 손해를 입고 말 것입니다. 이에 쌀을 사들이는 도매업자가 박

씨에게 이러한 제안을 하게 됩니다. "내가 1년 뒤 쌀을 반드시 어느 정도 가격엔 사줄 테니 마음 놓고 농사를 지으시겠습니까?" 박 씨는 물론 조금 더 좋은 가격을 받을 수 있을지도 모르지만, 혹시 모를 위험 제거를 위해 이 계약서에 서명을 하게 됩니다. 바로 이러한 과정이 선물 시장의 시작이라 볼 수 있는데요. 실제로 선물 시장을 영어로 'Futures'라 부르는 것도 어느 정도 이해가 되는 부분입니다.

즉, 선물 시장에서는 상품 자체는 거래되지 않습니다. 실제 거래되는 것은 '선물'이라고 일컬어지는 장래에 있어서의 인수-인도 계약뿐입니다. 선물 시장의 중요한 경제적 기능은 가격 변동의 위험을 원하지 않는 헤저(hedger, 농부 박 씨)로부터 가격 변동 위험을 감수하면서 보다 높은 이익을 추구하려는 투기자(도매업자)로의 이전을 가능하게 한다는 점입니다.

통상적으로 선물거래는 미래의 특정 시기에 미리 정해둔 가격으로 매매할 것을 약정하는 거래를 의미합니다. 쉽게 말해 미래의 가치를 사고파는 거래인 것입니다. 따라서 미래에 현물을 주고받는 특정 시기를 결정하기 마련이며, 해당 만기일이 다가오면 미체결 상태에 있던 계약들이 종료되며 정해둔 가격으로 해당 자산을 거래하게 됩니다. 즉, 선물 시장의 기본은 '유기한' 선물인 것입니다.

하지만 점차 시장 구조가 복잡해져 감에 따라 만기가 정해져 있지 않은 무기한 선물거래가 출현하게 되었습니다. 이론적으로 무기한 선물 시장에서는 만기일의 개념이 없으므로 포지션을 지속적으로 유지할 수 있게 됩니다. 결국 이로 인해 무기한 선물거래는 현물 시장에서의 거래와 유사한 성격을 띠게 되는 것입니다.

그런데 여기서 문제가 생깁니다. 만약 특정 포지션을 보유하는 데에 어떠한 제재도 가해지지 않는다면, 시장 분위기에 따라 특정 포지션에 투자자들이 과도하게 집중될 소지가 있습니다. 이는 결국 현물과 선물 시장의 가격 괴리로 이어지게 되며, 선물 시장이 '제로섬 게임'이라는 앞선 전제에도 문제가 생길 수 있습니다. 따라서 파생상품 거래소는 이를 방지하기 위해 펀딩비라는 제도를 도입하게 된 것입니다.

비트코인 무기한 선물 펀딩비

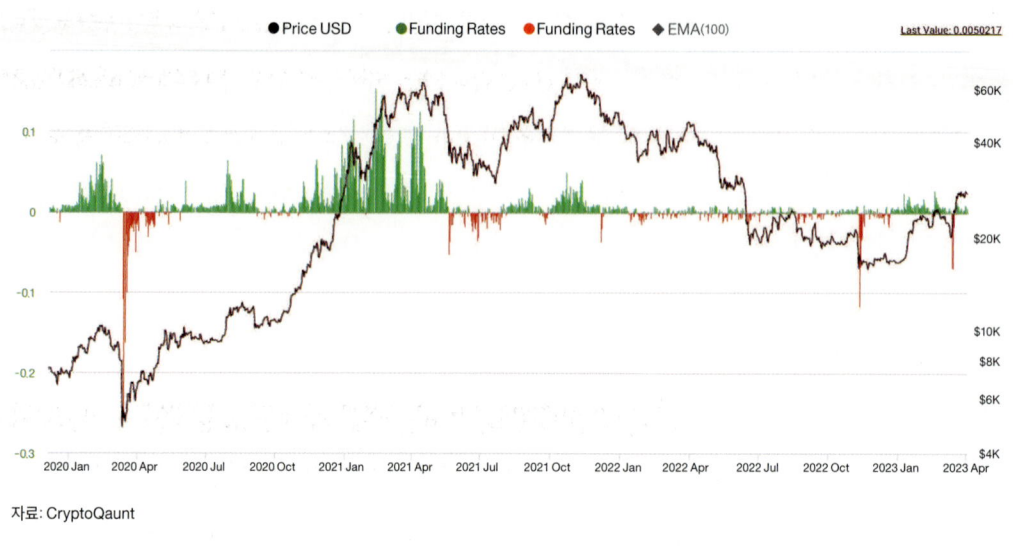

자료: CryptoQaunt

　펀딩비란 자산의 현물 가격과 무기한 선물 가격의 차이만큼 특정 포지션의 투자자들이 다른 포지션의 투자자들에게 수수료를 제공하거나 제공받는 것을 말합니다. 해당 수수료를 산출, 부과하는 시기는 거래소마다 상이할 수 있으며, 바이낸스 거래소의 경우 매 8시간*마다 펀딩비를 부과합니다.

　펀딩비가 양수인 경우 롱 포지션 투자자들이 숏 포지션 투자자들에게 수수료를 지불하게 되며, 펀딩비가 음수인 경우 숏 포지션 투자자들이 롱 포지션 투자자들에게 수수료를 지불하게 됩니다. 또한 펀딩비는 투자자 간에 부여되는 것이므로 거래소는 이를 통한 중간 수수료를 수취하지는 않습니다. 펀딩비를 통해 시장이 롱/숏 중 어느 방향으로 치우쳐 있는지를 가늠할 수 있으며, 시장 분위기를 파악하는 데 활용할 수 있습니다.

* 한국 시간 기준 09:00, 17:00, 익일 01:00.
　위 시간대를 기준으로 하나 펀딩비가 심화될 경우, 포지션 불균형을 해소하기 위해 펀딩비 부과 시간 및 횟수가 변동될 수 있습니다.

펀딩비의 계산 과정은 다소 복잡하지만, 중요한 것은 포지션을 보유한 사람을 기준으로 하는 것이 아니라, 포지션을 잡고 있는 총계약 금액을 기준으로 한다는 것입니다. 따라서 포지션 보유 계좌 수는 적더라도 세력이 큰 사이즈의 포지션을 많이 보유한다면 펀딩비는 올라갈 수 있습니다. 반대로 포지션 보유 계좌 수는 아주 많더라도 개미 투자자들의 작은 사이즈의 포지션이 대부분이라면 펀딩비는 그다지 올라가지 않을 수 있습니다.

5) 롱/숏 계좌비(Long/Short Accounts Ratio)

위의 펀딩비가 포지션의 총금액의 합의 방향을 기반으로 한 지표라 한다면, 지금 알아볼 롱/숏 계좌비는 계좌 수 자체의 비율을 나타내는 지표입니다. 즉, 돈이 많아도 적어도 똑같이 1표인 셈입니다. 세력과 개미 투자자들의 방향을 유추하기 위해 꼭 참고해야 할 지표 중 하나입니다.

앞서 살펴 보았듯, 선물 시장에서 롱 포지션이 수익을 보기 위해서는 그에 상응하는 규모의 숏 포지션이 있어야 할 것이며, 모두가 롱 포지션을 바라보고 있다면 결국 아무도 수익을 낼 수 없는 구조를 가지고 있습니다. 따라서 롱 포지션과 숏 포지션의 비율이 지나치게 한쪽으로 기울게 된다면 역시 세력의 입장에서는 가격을 움직이기 어려워지게 됩니다.

이 롱/숏 계좌비와 펀딩비를 같이 묶어 해석한다면 세력과 개미 투자자들의 방향을 어느 정도 유추할 수 있게 됩니다. 몇 가지 경우를 예를 들어 살펴보겠습니다. 먼저 펀딩비가 과열되지 않았는데도, 롱/숏 계좌비가 지나치게 높은 경우입니다. 이 경우 롱 포지션과 숏 포지션의 금액은 그다지 한쪽으로 치우치지 않았는데도 롱 포지션과 숏 포지션에 진입한 투자자들의 수는 롱 포지션 쪽으로 크게 치우쳐 있다고 해석할 수 있습니다. 즉, 세력들은 크게 포지션을 잡고 있지 않거나 혹은 숏 포지션을 잡고 있으며, 롱 포지션을 주로 잡고 있는 주체는 개미 투자자들일 가능성이 높다고 볼 수 있겠습니다.

반대로 펀딩비는 상승하지만 롱/숏 계좌비는 감소하고 있다면 어떨까요? 이때는 세력들이 롱 포지션에 많이 진입하여 전체적인 시장의 무게추가 롱 포지션 쪽으로 쏠려 있을 가능성을 염두에 두는 것이 좋습니다. 계좌비가 그다지 오르지 않은 것으로 보아 개미 투자자들은 크게 한쪽으로 쏠려 있지 않거나 약간 숏 포지션 쪽으로 선회했다고 해석할 수 있을 것입니다. 매수 관점을 보고 있는 세력들이 이상적으로 생각하는 방향이라 할 것입니다.

이외에도 다양한 경우의 수가 있겠으나, 원리를 이해하고 차근차근 생각해본다면 세력과 개미 투자자들의 흐름을 읽어내는 눈을 갖출 수 있을 것입니다. 하지만 펀딩비와 롱/숏 계좌비를 이용한 추론에도 한계는 존재합니다. 바로 얼마나 높은 것이 과열된 것인지 객관적인 기준이 없다는 점입니다. 즉, 흐름을 읽어내기 위해서는 반드시 어느 정도 꾸준히 차트를 분석해오던 종목에서 적용하는 것이 좋습니다. 또한 종목마다 펀딩비와 롱/숏 계좌비의 과열의 기준이 다를 수 있습니다. 따라서 다른 종목 간에 같은 잣대를 이용하여 흐름을 판단하는 일은 없어야 하겠습니다.

6) 청산(Liquidation)

말 그대로 롱/숏 포지션의 청산량을 의미하는 데이터입니다. 코이날라이즈(Coinalyze) 데이터에서는 아래의 빨간색 막대가 롱 포지션의 청산을, 위의 녹색 막대가 숏 포지션의 청산을 의미합니다. 청산량과 함께 유의미하게 볼 수 있는 데이터는 미결제 약정입니다.

예를 들어 가격의 강한 하락과 롱 포지션의 많은 청산이 나타났을 때 미결제 약정은 하락할 가능성이 매우 높습니다. 이때 직후 재차 미결제 약정이 상승하는 경우들이 많으며, 대부분의 경우 이는 청산된 포지션과 같은 방향의 포지션일 가능성이 높습니다. 이러한 경우라면 롱 포지션의 신규 유입을 뜻하는 것이라 볼 수 있습니다. 하지만 롱 포지션과 숏 포지션의 정확한 흐름을 모두 알기는 어려우므로 가격 추세의 방향과 CVD, 펀딩비와 롱/숏 계좌비 등 다양한 데이터들을 함께 복합적으로 체크하는 것이 중요합니다. 다음 파트에서는 간단한 실제 사례를 통해 세력의 유동성 확보 과정과 그때 나타나는 데이터의 흐름을 살펴보도록 하겠습니다.

세력의 유동성 확보, 데이터를 통해 해석하기

데이터를 복합적으로 해석하는 것은 처음엔 다소 난해할 수 있으나, 기술적 분석의 강력한 보조 도구가 되어줄 수 있습니다. 차트의 흐름에 더해 세력과 개미 투자자들의 움직임에 대한 분석까지 어느 정도 추론할 수 있게 되는 것입니다. 이번 파트에서는 세력이 Sell-side Liquidity를 해소하는 과정에서 나타나는 데이터의 흐름을 살펴보며, 과연 정말 Sell-side Liquidity를 해소하는 과정에서 개미 투자자들의 롱 포지션이 청산되며 세력이 물량을 확보한 것인지 확인해보도록 하겠습니다.

1) 차트에서 살펴보는 Sell-side Liquidity의 해소

바이낸스 거래소의 펜들코인(PENDLE) 무기한 선물의 4시간봉 차트입니다. 펜들코인은 2024년 5월 매우 강력한 상승을 보인 이후 지속해서 하락하며 하락 추세선을 형성하였습

니다. 이때 제일 좌측 저점(첫 번째 빨간색 동그라미)은 강한 상승 이전 거래량이 동반되며 만들어진 세력의 강세 오더블록이자 Sell-side Liquidity에 해당합니다. 이후 하락 과정에서 해당 지지 구간 근처에서 여러 번의 지지가 나타난 것을 확인해볼 수 있습니다. 이는 하락에 베팅한 개미 투자자들의 숏 포지션의 청산 과정일 수도 있으며, 세력의 롱 포지션 물량 확보 과정일 수도 있습니다. 지지 구간 상방에서의 몇 차례 일시적 반등 이후, 계속하여 재차 Sell-side Liquidity를 해소하였으며, 3 Tap Setup과 유사한 구조를 만들어내며 하락 추세선을 돌파, 이후 강한 상승을 만들어내었습니다.

앞서 세력의 유동성 확보 과정에 대해 살펴보았습니다. 미결제 약정의 개념을 더해 간단히 정리하자면 세력의 유동성 확보는 다음과 같은 순서로 나타난다고 볼 수 있겠습니다.

📌 **세력의 유동성 확보**

개미 투자자들의 롱 포지션 청산

& 세력 + 개미 투자자들의 숏 포지션 수익 실현

& 그로 인한 미결제 약정의 감소

↓

저점에서의 세력의 롱 포지션 진입

& 그로 인한 미결제 약정의 증가

정말 데이터상에서 세력의 유동성 확보가 관찰되는지 살펴보도록 하겠습니다.

2) 데이터를 통한 '유동성 확보'의 해석

상단의 모식도에서 표시한 박스 구간은 차트상에서 가장 마지막으로 테스트된 저점이자 하락 추세선 돌파 전 가장 우측의 빨간색 동그라미로 표시된 Sell-side Liquidity를 해소한 구간에 해당합니다.

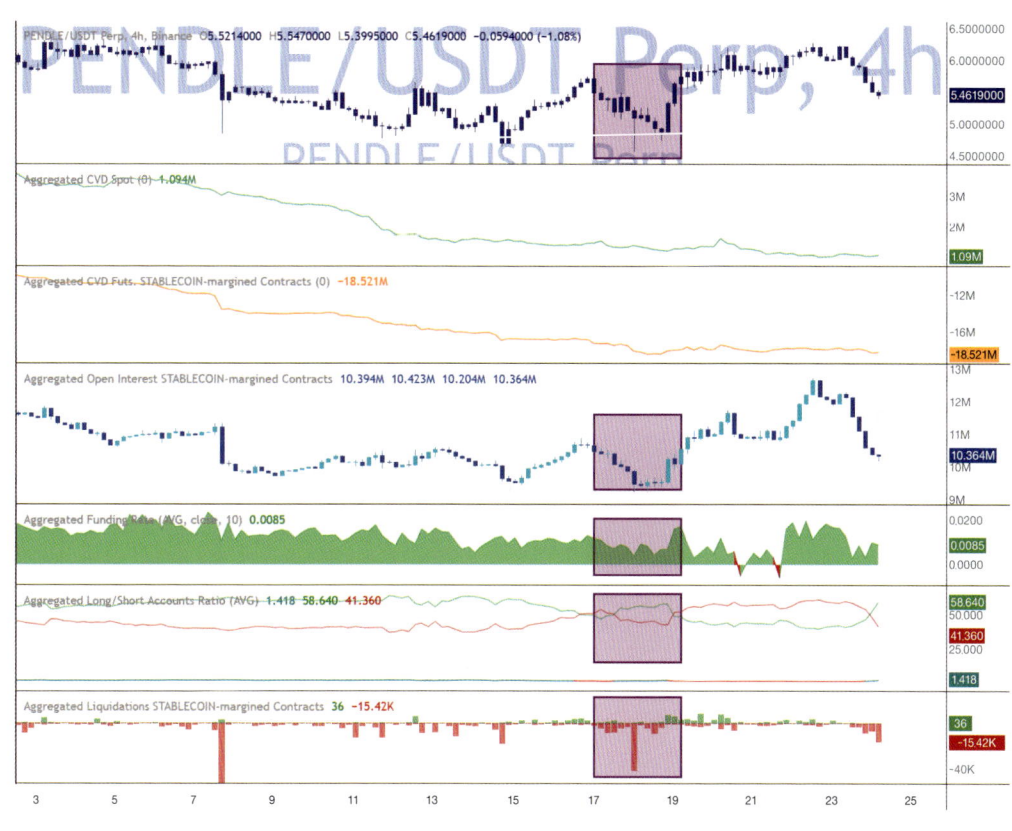

먼저 가장 아래 위치한 Liquidations(청산량) 데이터를 살펴보면 하단의 빨간색 막대그래프로 롱 포지션의 청산이 아주 강하게 나타났음을 확인할 수 있습니다. 또한 중간의 파란색 막대그래프로 표시된 미결제 약정을 살펴보면 롱 포지션의 청산과 함께 미결제 약정이 감소한 것을 확인할 수 있는데요. 이후 재차 미결제 약정이 증가하였으며, 강한 상승과 함께 미결제 약정이 더욱 강하게 증가한 것을 확인할 수 있습니다.

또한 하락 후 상승 과정에서 미결제 약정이 증가하는 과정(박스의 우측 끝 부근)에서 펀딩비의 증가 역시 확인할 수 있습니다. 이때 롱/숏 계좌비를 살펴볼 경우 롱 포지션의 비율은 박스의 우측 끝 부근에서 급감하였으며, 숏 포지션 계좌 수의 비율은 증가하는 것을 살펴볼 수 있습니다.

펀딩비는 증가한 것으로 보아 시장의 무게추는 롱 포지션 쪽으로 기울었으나 롱/숏 계좌비는 감소하였으므로 상대적으로 롱 포지션을 잡은 트레이더들의 수는 줄어들었음*을 알 수 있습니다. 적은 계좌 수, 큰 금액. 바로 세력이 들어왔음을 유추할 수 있는 지점입니다.

선물 CVD(상단 세 번째 노란색 그래프) 역시도 현물 CVD에 비해 보다 뚜렷하게 상승반전이 나타나는 것을 볼 수 있습니다.

요약하자면 하락 과정에서 마지막 Sell-side Liquidity를 이탈하며 유동성 확보가 나타나는 과정에서 롱 포지션 청산량이 강하게 나타났으며, 이는 개미 투자자들의 청산**일 가능성이 매우 높습니다. 이후 펀딩비의 증가, 롱/숏 계좌비의 감소, 그리고 미결제 약정이 다시 증가한 점을 미루어볼 때 세력의 진입을 추론할 수 있습니다. 이후 CVD의 상승 변곡과 함께 거래량을 동반한 상승이 나타나며 하락 추세선을 돌파하는 강한 상승이 나타난 것을 확인해볼 수 있습니다.

다만 주의할 점은 결코 데이터만으로 유동성 확보를 확인할 수는 없다는 것입니다. 또한 데이터 역시도 후행성의 성격을 띠기 때문에 차트를 기본으로 차트에서 나타난 움직임을 기술적 분석을 통해 분석한 후 데이터를 통해 분석을 보조한다는 개념으로 활용해야 합니다.

---

* 해석에 다소 주의를 기울여야 하는 부분은 롱/숏 계좌비가 단순 계좌의 수를 알려주는 것이 아닌 롱 포지션과 숏 포지션의 계좌 수의 비율만을 알려준다는 점입니다. 즉, 롱/숏 계좌비의 감소는 롱 포지션의 감소일 수도 있으나 숏 포지션의 증가일 수도 있습니다. 물론 결론적으로 해석 결과에 큰 차이는 없습니다.
** 강제 청산 + 공포에 의한 포지션 종료

4
Liquidity Cascades: 급락 조정의 '진단'부터 '처치'까지

Liquidity Cascades란?: 조정은 '왜' 나타나는가

1) 코리 호프스타인이 주장한 '유동성의 폭포'(Liquidity Cascades by Corey Hoffstein)

Liquidity Cascades의 개념은 뉴파운드 리서치(Newfound Research) 사의 코리 호프스타인(Corey Hoffstein)이 쓴 "Liquidity Cascades — The Coordinated Risk of Uncoordinated Market Participants"라는 제목의 논문에서 다루어지며, 본격 대두되기 시작했습니다.

논문 제목이 다소 심오하고 어렵습니다. 한국말로 해석하자면 다음과 같습니다.

"유동성의 폭포 – 조율되지 않은 시장 참여자들에 의해 만들어진 공동의 위험"

코리 호프스타인

과연 호프스타인은 어떤 현상을 가리켜 이처럼 표현했는지 살펴보도록 하겠습니다.

논문의 내용 역시도 굉장히 깊은 내용을 담고 있습니다. 이 책에서는 호프스타인의 논문 속의 지나치게 깊은 내용을 다루기보다는 실전적으로 도움이 되는, 즉 보다 미시적인 관점에서 Liquidity Cascades가 나타나는 원인과 시기, 그리고 Liquidity Cascades의 바닥을 유추하는 방법을 중심으로 이야기를 풀어나가 보도록 하겠습니다.

먼저 논문의 내용을 간략하게 짚고 넘어가도록 하겠습니다. 시장의 크고 갑작스러운 하락은 역사적으로 계속해서 존재해왔습니다. 이는 시장의 성숙도와는 큰 관련이 없습니다. 오히려 최근 복잡한 시장 구조 속에서 더욱 많이 일어나고 있는 현상이기도 합니다. 호프스타인은 이러한 현상에 대해 몇 가지 가설을 제시하였는데요. 미국의 금리, 연준*과 중앙은행, Passive Trading과 헷징, 그리고 옵션거래로 인한 레버리지의 증가에 이르기까지 거시 경제에 대한 상당히 깊은 내용들을 다루고 있습니다. 호프스타인은 다음과 같은 '시장의 순환'에 관한 모식도를 제시하였습니다.

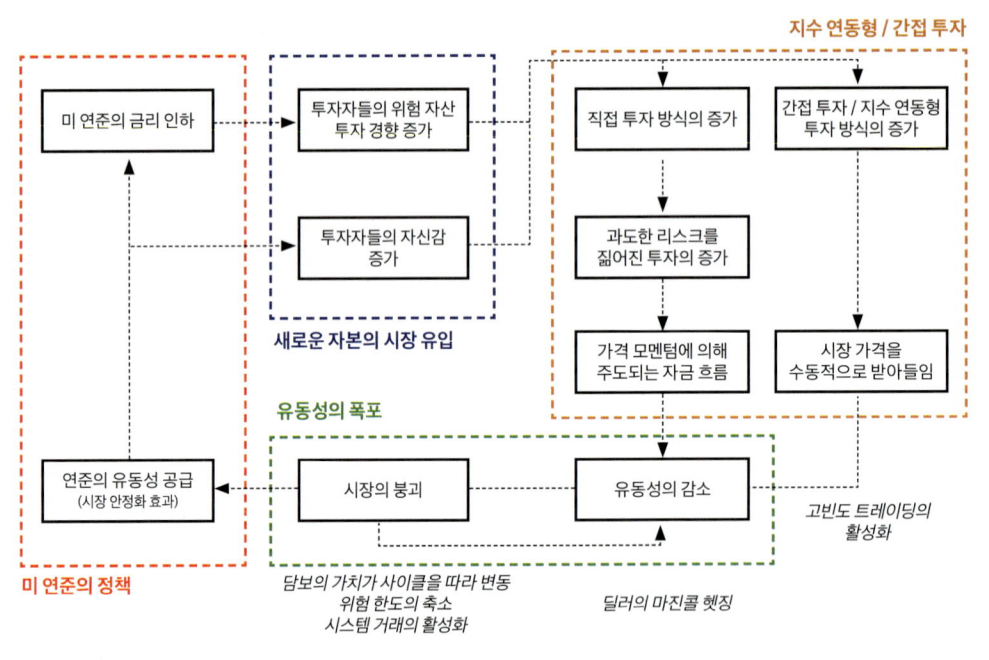

---

* **연방준비제도(FED)**: 미국의 중앙은행으로, 미국 내 통화정책을 관장하며, 은행·금융기관에 대한 감독과 규제, 금융체계의 안정성 유지, 미 정부와 대중, 금융기관 등에 대한 금융 서비스의 제공 등을 그 목적으로 합니다. 연준은 FOMC라는 위원회를 통해 미국의 기준금리를 결정합니다.

다소 복잡할 수 있지만, COVID-19 시기에 우리 모두가 겪었던 좋은 예시를 이용하여 모식도의 내용을 살펴보도록 하겠습니다. '시장의 순환'에 관한 모식도이나, 우선 시작을 COVID-19 여파로 인한 시장의 대폭락이라 가정하겠습니다. 미국의 연준은 대폭락에 대한 대책으로 금리를 인하하고 통화량을 늘리며 양적 완화를 시작하였습니다. 투자자들은 낮아진 금리와 양적 완화로 인해 자신 있게 위험을 감수하며 트레이딩에 뛰어들기 시작합니다.

이때 투자의 방식은 크게 두 가지로 나눌 수 있습니다. 첫 번째 방식은 직접 투자를 결정하는 방식입니다. 통상적으로 직접 투자의 경우 보다 많은 리스크를 짊어진 채 과감하게 투자하는 경우가 많습니다. 두 번째 방식은 수동적으로 투자를 결정하는 방식입니다. 현대 금융시장이 복잡해져 감에 따라 전통적인 주식, 채권형 펀드부터 지수 추종 펀드 등에 이르기까지 다양한 펀드 상품들이 세상에 나와 있고, 이러한 펀드 상품들은 내가 종목을 직접 골라서 투자하는 것이 아닌, 수동적으로 프로그램 혹은 펀드 매니저들에 의해 투자가 결정되는 방식입니다.

두 번째 방식의 간접 투자가 늘어남에 따라 조율되지 않은 투자자들이 조율된 방식으로 움직이기 시작합니다. 이러한 투자가 쌓여감에 따라 시장은 과열되고 유동성은 점차 감소하게 됩니다. 이러한 유동성의 고갈은 결국 시장의 붕괴로 이어지게 되는 것입니다.

호프스타인의 논문은 지금까지 이 책에서 다루었던 내용들보다 훨씬 더 거시적인 관점에서 유동성을 다룬 논문이라 할 수 있습니다. 호프스타인이 말한 3가지 시장 붕괴의 위험 요인을 살펴보며 이번 파트를 마치도록 하겠습니다.

3가지 시장 붕괴의 위험 요인

코리 호프스타인

① 완화적 통화정책(Accommodative Monetary Policy)

② 수동적 투자의 증가, 그로 인한 영향(the Rise and Influence of Passive investing)

③ 레버리지의 증가에 따른 유동성 부족(Insufficient Liquidity in the face of increased leverage)

2) 가상자산 시장에서의 '유동성의 폭포'(Liquidity Cascades in Crypto Market)

현대 투자 시장에서 가상자산 시장은 '가장 유동성이 풍부한'* 시장 중 하나입니다. 실제로 최근 비트코인의 경우는 좀 덜합니다만, 하루에 20% 이상의 등락을 보이는 것이 전혀 신기하지 않을 정도의 시장입니다. 따라서 Liquidity Cascades라고 부를 만한 움직임 역시 매우 자주 나타납니다.

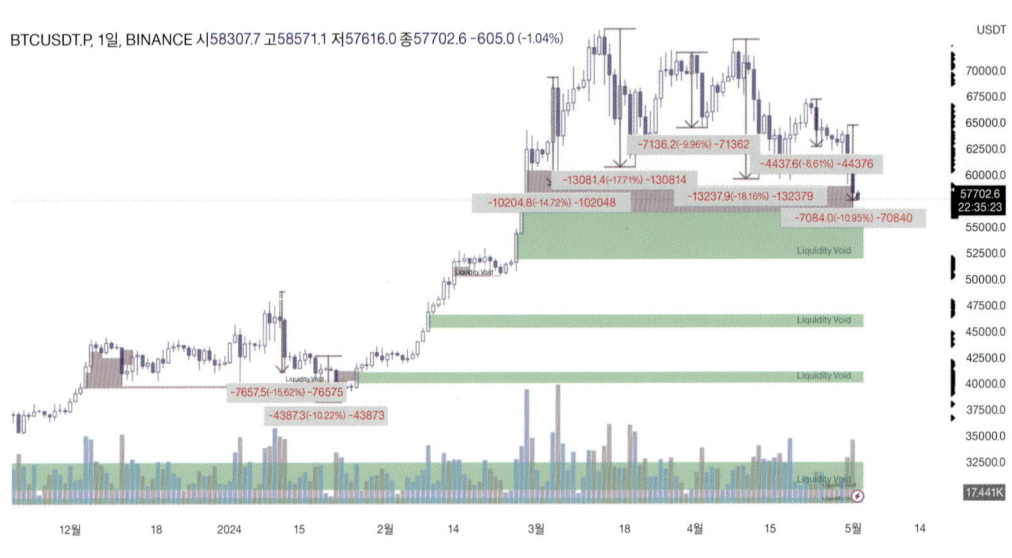

2023년 말부터 2024년 5월까지의 바이낸스 거래소의 비트코인 무기한 선물 일봉 차트입니다. 전고점을 뚫는 대상승장을 보였음에도 불구하고, 상승 장세에서도 항상 횡보(Consolidation)의 시기는 나타납니다. 상승 이전, 그리고 상승 이후에도 보합 과정에서 약 2~3일 만에 10% 이상 하락하는 Cascades에 준하는 움직임이 여러 차례 관찰됩니다. 가상자산 시장 역시도 호프스타인의 이론에서 크게 벗어나지 않습니다. 호프스타인의 3가지 시장 붕괴의 위험 요인에 맞추어 가상자산 시장의 위험 요인에 대해 살펴보도록 하겠습니다.

★ 유동성뿐 아니라 변동성 역시 가장 심한 수준입니다.

① 완화적 통화정책

가상자산 시장 역시 전반적인 통화정책의 영향을 크게 받을 수밖에 없습니다. 2024년의 비트코인 대상승 역시 COVID-19 이후 시장의 양적 완화의 영향으로 보다 쉽게 상승을 기록했을 수 있습니다. 하지만 이후 양적 긴축과 물가 진정을 위해 금리 인상이 거듭되었고, 가상자산 시장 역시 좋은 흐름을 보이지 못하였습니다. 가상자산 시장은 금리와 통화정책에 아주 민감하게 반응하는 시장 중 하나입니다.

② 수동적 투자의 증가, 그로 인한 영향

가상자산 시장은 아직 조율되지 않은 투자자들을 규합한 '수동적 투자'가 본격적으로 이루어지고 있다고 보기 어렵습니다. 비트코인 현물 ETF가 승인되었습니다만, 아직 본격적으로 자리잡았다고 보기는 어렵습니다. 다만 가상자산 시장은 그 어떤 시장보다도 프로그램을 활용한 알고리즘 트레이딩, 그리고 소위 고래, 세력 집단이라고도 불리는 Large Holder들이 강한 영향력을 발휘하고 있는 시장입니다.

엄밀하게 호프스타인이 언급한 요인과 완전하게 일치하는 개념은 아닙니다만, 비트코인 역시 연쇄 청산 등의 유동성 확보를 위한 세력들의 조작(Manipulation)에 매우 취약한 구조를 가지고 있습니다.

③ 레버리지의 증가에 따른 유동성 부족

가상자산 시장에서 가장 중점적으로 살펴보아야 할 요인입니다. 가상자산 시장은 선물 시장으로의 진입장벽이 극도로 낮으며, 그로 인해 선물 시장의 비중이 매우 높습니다. 진입장벽이 낮기 때문에 선물 투자는 매우 어려운 영역임에도 불구하고 '조율되지 않은' 시장 참여자들이 그 어느 시장보다도 많이 참여하고 있습니다. 또한 가상자산의 경우 그 특성상 무기한 선물 상품(Perpetual Futures)이 많습니다. 이는 어느 한쪽으로의 포지션 집중이 일어날 시 심각한 유동성 부족에 쉽게 직면하게 만듭니다.

하이블록 캐피털(Hyblock Capital) 사에서 제시한 Liquidity Cascades와 가상자산 시장의 변동성의 연관성에 대해 정리하며 이번 파트를 마치도록 하겠습니다.

횡보(Consolidation)는 큰 가격 움직임 뒤에 나타나며, 다음 큰 파동을 위해서는 필수적인 과정입니다. 이러한 횡보 과정 중에 개미 투자자들의 유입이 많아지게 되는데요. 일반적으로 횡보 과정이 길어질수록 더 많은 트레이더들이 포지션을 오픈하게 되며, 이는 더 많은 손절 주문(Stop Loss)이 생성됨을 의미합니다. 즉, 박스권 장세가 길어질수록 시장은 변동성(Volatility)에 취약해져 가며, 시장의 피로감은 증가하는 것입니다.

따라서 이러한 이유들로 인해 횡보가 길어질수록 그 이후 파동은 마치 코일 스프링같이 폭발적인 경우가 많습니다. 또한 횡보(Consolidation) 과정 중 주요 가격 레벨을 건드리게 되면 많은 청산(Liquidations), 그리고 손절(Stop Loss)을 유발하게 됩니다. 그리고 이러한 많은 청산과 손절은 가격이 더욱 한 방향으로 움직이도록 도와주는 촉매의 작용을 하게 됩니다. 즉, '변동성(Volatility)'과 '유동성의 폭포(Liquidity Cascades)'가 연쇄적으로 함께 연결되어 나타나는 것입니다.

Liquidity Cascades 유추하기: 조정은 '언제' 나타나는가

조정이 언제 나타날지를 예측하는 것은 실로 어려운 일입니다만, 아예 불가능한 일만은 아닙니다. 특히 각 거래의 움직임이 모두 기록되는 가상자산 시장의 경우, 여러 데이터를 이용하여 조정을 예측할 수도 있습니다. 이번 파트에서는 하이블록 캐피털 사에서 제시한 Liquidity Cascades를 예측하는 3가지 데이터에 대해 알아보도록 하겠습니다.

1) 미결제 약정(Open Interest)

먼저 살펴볼 데이터는 미결제 약정입니다. 앞서 살펴본 바와 같이 미결제 약정이란 파생상품 계약 중 아직 결제가 이루어지지 않은 계약의 총수를 의미합니다. 이때의 계약은 롱 포지션과 숏 포지션을 하나로 묶어 1개의 계약으로 간주합니다. 즉, 미결제 약정이 1억 달러일 경우 시장에 1억 달러짜리 롱 주문과 1억 달러짜리 숏 주문이 존재한다는 뜻으로 받아들일 수 있습니다.

미결제 약정을 통해 우리는 트레이더들이 얼마나 시장에 진입하고 있는지, 혹은 시장을 이탈하고 있는지를 확인할 수 있습니다. 미결제 약정의 증가는 결국 시장에 열려 있는 포지션의 증가를 의미한다고도 볼 수 있으며, 그 뜻은 시장에 걸려 있는 손절 주문이 늘어난다는 것으로도 볼 수 있습니다. 이는 결국 조정이 나오기 쉬운, 불안한(Volatile) 상황이 조성된 것이라 볼 수 있습니다.

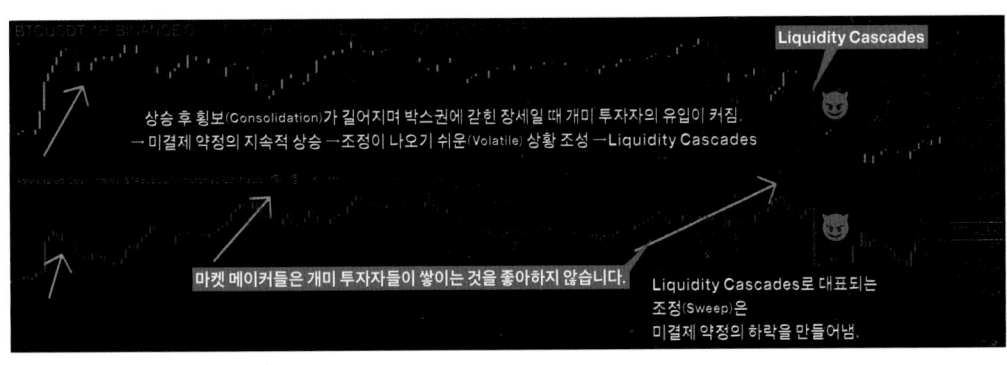

비트코인의 2024년 3월 말 상승 이후, 4월 초 나타난 Liquidity Cascades의 사례를 살펴보도록 하겠습니다.

횡보(Consolidation)는 큰 상승 이후 필연적으로 나타나는 과정입니다. 이때 횡보가 길어지며 박스권에 갇힌 장세가 나타날 경우, 새로운 파동을 고대하는 개미 투자자들의 유입이 점차 많아지게 됩니다. 이러한 유입을 보여주는 지표 중 하나가 '미결제 약정'인 것입니다.

여러 차례 다루었습니다만, 세력들은 개미 투자자들과 같이 가고 싶어 하지 않습니다. 가격이 박스권에 갇혀 있지만, 미결제 약정은 지속 상승하는 양상을 보이고 있습니다. 이 상황은 조정이 나오기 쉬운, 불안한(Volatile) 상황에 해당하며, 곧 Liquidity Cascades와 함께 미결제 약정은 하락하게 됩니다. 개미 투자자들의 눈물의 청산 혹은 손절을 급락한 미결제 약정 안에서 엿볼 수 있는 것입니다.

2) 롱/숏 계좌비(Long/ Short Accounts Ratio)

롱 포지션과 숏 포지션의 비율 역시 중요한 지표 중 하나입니다.

앞서 살펴본 것과 같이 선물 시장은 결국 제로섬 게임 구조로, 거래소는 수수료만 수취할 뿐 피해를 보지 않습니다. 따라서 선물 시장에서 어느 한쪽이 수익을 내기 위해서는 그에 상응하는 규모의 반대 포지션이 있어야 합니다. 롱 포지션과 숏 포지션의 비율이 지나치게 한쪽으로 기울게 된다면 세력의 입장에서는 가격을 움직여도 수익을 거두기 어려운 구조가 만들어지는 셈입니다.

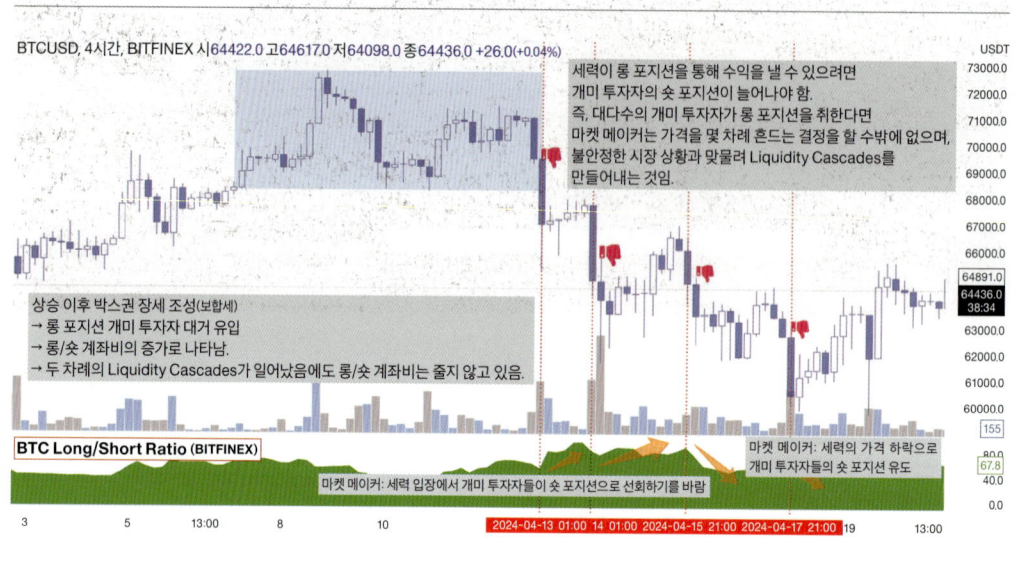

비트코인의 강한 상승 이후 2024년 4월, 약 4일에 걸쳐 나타난 연속적인 Liquidity Cascades를 살펴보도록 하겠습니다. 이번 사례를 통해 세력들이 얼마나 철저하게 개미 투자자들을 털어내고 가려는지, 그 의지를 엿볼 수 있습니다. 역시 상승 이후 박스권 장세가 형성되었으며, 비트코인의 전고점 돌파 이후 다시 전고점에 가깝게 근접한 순간이었기에 많은 사람이 전고점을 뚫기를 기대하고 있었던 순간이었습니다.

따라서 개미 투자자들은 대부분 롱 포지션을 택하는 시점이었으며, 개미 투자자들의 롱 포지션 유입은 롱/숏 계좌비의 상승에서 알아챌 수 있습니다. 두 차례의 Liquidity Cascades가 나타났음에도(아래 손가락 두 번째까지) 롱/숏 계좌비는 줄지 않습니다. 세력들은 속으로 이렇게 생각했을지 모릅니다.

'개미 투자자들이 숏 포지션을 잡아야 할 텐데!'

하지만 개미 투자자들이 숏 포지션을 잡을 리 만무합니다. 시장이 더 큰 상승을 보일 것이라 기대하기 때문입니다. 오히려 저점 매수의 순간이라 생각하는 사람이 많았는지 롱/숏 계좌비가 추가 상승하는 것을 볼 수 있습니다. 이 지점이 중요한 지점입니다. 약간의 조정에도 불구하고 롱/숏 계좌비가 오히려 늘어나 버린 경우, 세력들은 어떠한 스탠스를 취하게 될까요?

'에이, 뜻대로 안 되네…. 그냥 손해가 나더라도 지금 상승시키고 이득은 모두 나눠 가지자.'

절대 그럴 리가 없습니다. 세력들은 추가 하락을 통해 개미 투자자들을 숏 포지션으로 유도하게 됩니다. 결과적으로 두 차례가량의 Liquidity Cascades 움직임이 추가로 나타났으며, 그제야 롱/숏 계좌비가 어느 정도 하락한 것을 확인할 수 있습니다.

3) 소액 투자자들의 CVD(Small Orders CVD)

앞서 언급했듯, CVD란 매수·매도 거래량의 차이를 누적한 것으로 매수세와 매도세의 우위를 판단하는 데 활용하는 거래량 기반의 지표입니다.

따라서 이러한 CVD의 증감을 통해 매수세와 매도세의 상대적인 강도를 판단할 수 있으며, 특히 금액대를 구분 지어 CVD를 계산할 경우 고액 그룹, 그리고 소액 그룹들의 매수·매도 동향을 파악할 수 있어 유용합니다. 가상자산 시장의 경우 Material Indicators 사에서 제공하는 파이어차트(Firechart)를 통해 금액대별 CVD를 파악할 수 있습니다.

앞서 살펴보았던 것과 같은 시기, 2024년 4월 비트코인의 Liquidity Cascades를 계속해서 살펴보도록 하겠습니다.

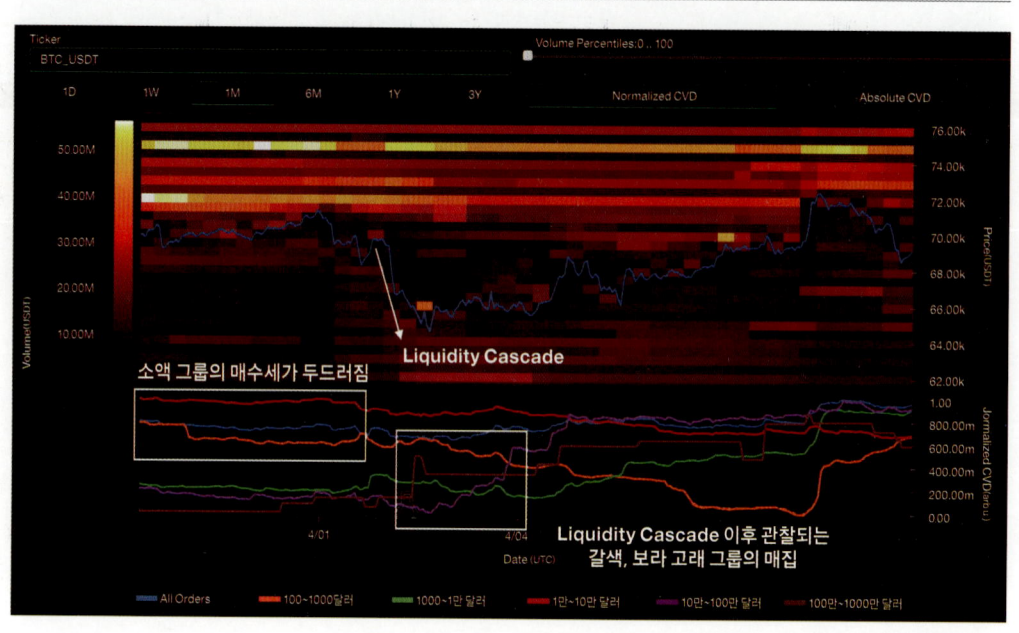

    3월 다섯째 주(하얀색 박스 첫 번째)까지만 하더라도 소액 그룹의 매수세(주황색 선)가 두드러짐을 확인해볼 수 있습니다. 앞서 살펴본 것과 같이 상승 이후 횡보 과정에서 개미 투자자들이 붙는 과정의 실제 예시인 셈이죠. 이후 Liquidity Cascade가 나타납니다.

    흥미로운 것은 그다음 움직임인데요. Liquidity Cascade 이후로 갈색, 보라색 선으로 나타나는 고액 투자자들의 매집이 관찰된다는 점입니다. 이와 같은 형태는 다음처럼 패턴화시킬 수도 있습니다.

상승 → 횡보(Consolidation) → 박스권 장세에서의 개미 투자자 유입
→ Liquidity Cascades → 세력들의 저점 매집 → 재상승

    이 과정을 미결제 약정, 펀딩비, 롱/숏 계좌비, CVD, 청산량 등의 다양한 데이터들을 활용하여 유추할 수 있는 것입니다.

Liquidity Cascades 하락 모델

이러한 Liquidity Cascades는 다양한 형태로 나타나게 되며, 크게 3가지 정도의 패턴으로 분류해볼 수 있습니다. 하나씩 차근차근 살펴보도록 하겠습니다.

1) 하락 모델 I: 급하락 후 반등 모델(Buy the Dip)

Liquidity Cascades 하락 모델 I

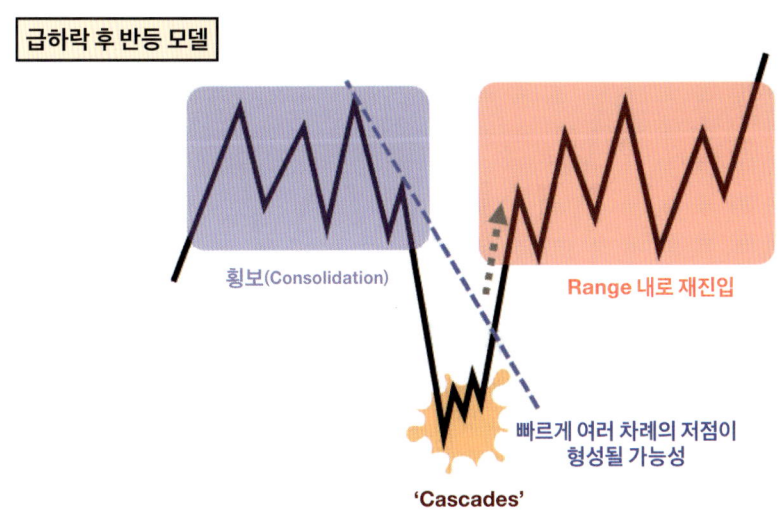

가장 단순한 모델 중 하나로, 한 차례의 급락 이후 곧이어 반등이 나타나는 모델입니다.

유동성을 확보하기 위한 조정 이전엔 대부분 큰 상승 이후 보합세가 어느 정도 나타나게 됩니다. 이후 예상하지 못한 타이밍에 Liquidity Cascades 움직임이 나타나게 됩니다. 첫 번째 하락 모델은 한 차례의 급락만을 나타낸 이후, 곧이어 다시 원래의 가격 범위 내로 재진입하게 됩니다. 이 과정에서 개미 투자자들의 많은 롱 포지션 물량들은 강제 청산당하거나, 혹은 손절로 인해 종료됩니다.

하락 모델 I의 급락 하단부에서는 롱 포지션 종료 물량들과 새로 진입한 숏 포지션 등으로

'연쇄작용'처럼 호가가 밀리는 현상이 나타날 수도 있습니다. 이 과정에서 매수 세력과 매도 세력의 혼조 속에 빠르게 여러 차례의 저점이 형성될 수 있습니다.

2) 하락 모델 II: 이중·삼중 바닥 모델(Double/Triple Bottom)

Liquidity Cascades 하락 모델 II

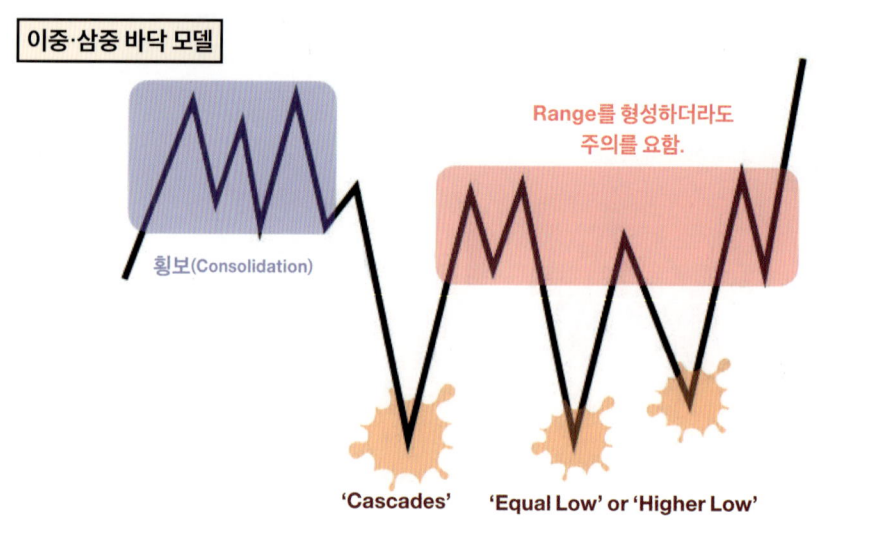

하락은 한 차례로 끝나지 않는 경우가 더 많습니다. 개미 투자자들의 입장에서는 하락이 여러 차례 나올 때 '시드머니가 녹는' 경우가 많이 발생하게 됩니다. 하락 모델 II와 III는 한 차례로 끝나지 않는 조정에 대해 다루고 있습니다.

하락 모델 II는 하락이 한 차례로 끝나는 줄 알았으나, 여러 차례에 걸쳐 계속해서 Cascades가 나타나는 형태입니다. 이러한 경우 조정 이후 어느 정도 가격 범위를 형성하더라도 주의를 필요로 하며, 포지션 진입에 있어서도 비중 및 리스크 관리가 요구됩니다.

하락 모델 II의 경우 대부분 비슷한 가격 수준의 동일 저점 혹은 약간 높아지는 저점인 Higher Low가 나타나게 되며, 간혹 3 Tap Setup의 Low, Low Swept, Low Retest와 유사하게 저점이 약간 낮아지는 형태로 나타날 수도 있습니다.

3 Tap Setup의 개념과 구성 요소

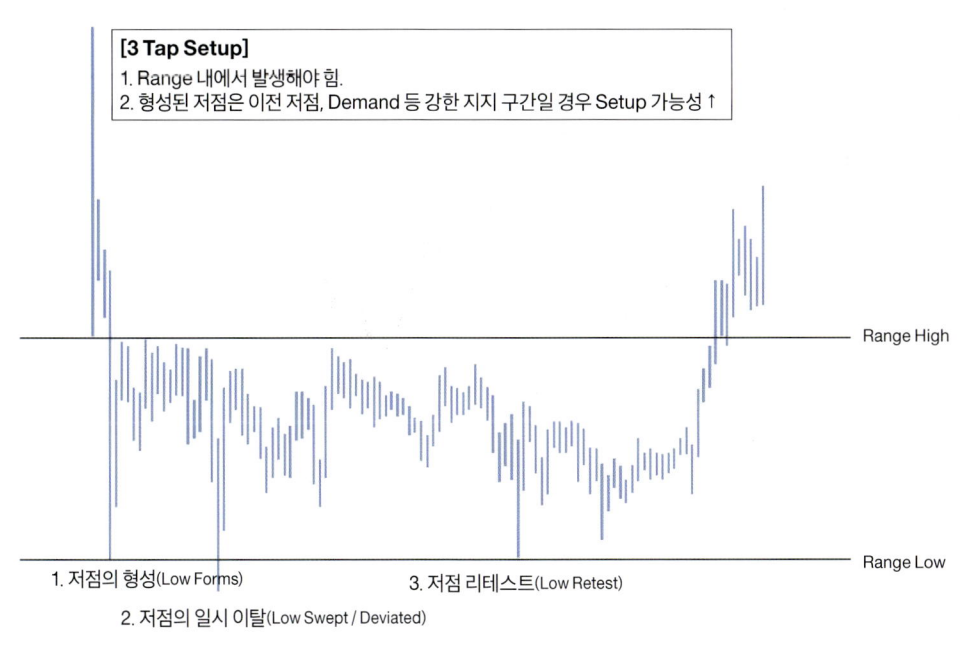

3) 하락 모델 III: 계단식 하락 모델(Cascading Drop)

마지막 모델은 개인 투자자들을 가장 절망에 빠뜨릴 수 있는 모델입니다. 계단식으로 연속해서 Liquidity Cascades가 나타나는 모델입니다.

조정 가운데에는 롱 포지션의 청산과 손절이 상당히 많이 나타나게 됩니다. 또한 계속해서 저점을 갱신할 경우에는 롱 포지션에 진입하기에도, 숏 포지션에 진입하기에도 어려운 진퇴양난의 시기가 찾아오게 됩니다.

이러한 조정은 통상적으로 하락 추세선 혹은 단기 하락 채널 등을 형성하는 경우가 매우 많으며, 조정의 끝을 파악하기에 가장 좋은 방법은 이러한 하락 추세선 혹은 하락 채널의 상방 돌파 이후 리테스트를 확인하는 방법입니다.

Liquidity Cascades 하락 모델 Ⅲ

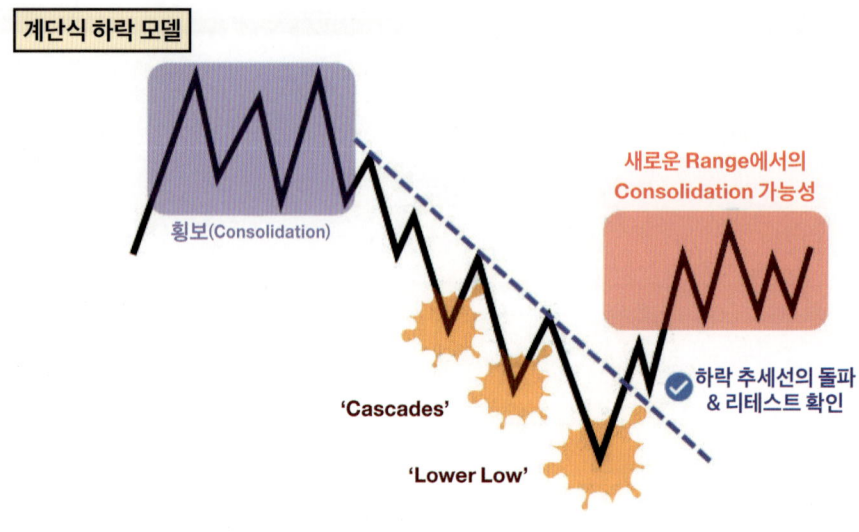

하지만 역시 이후에도 하락 모델 Ⅱ와 결합되어 몇 차례 더 비슷한 높이의 저점을 만드는 등의 추가적인 조정 움직임을 보일 수 있으므로, 투자의 진입에 매우 신중을 기해야 하는 모델입니다.

하락 모델 Ⅲ처럼 강한 계단식 하락이 나타난 경우에는 이후 가격 움직임이 바로 기존의 박스권에 재진입하지 못하고 새로운 박스권을 만들며 추가적인 보합세를 보이는 경우가 많습니다. 다시 말해, 기존의 상승 추세를 다시 이어가기 위해서는 시간이 필요한 셈입니다.

Liquidity Cascades 실전 전략: 피할 수 없다면 이용하라

이번 파트에서는 3가지 하락 모델이 나타난 실제 사례를 살펴보며, 하락 모델에 대응하는 실전 전략에 대해 알아보도록 하겠습니다.

먼저 하락 모델 I의 사례부터 살펴보도록 하겠습니다.

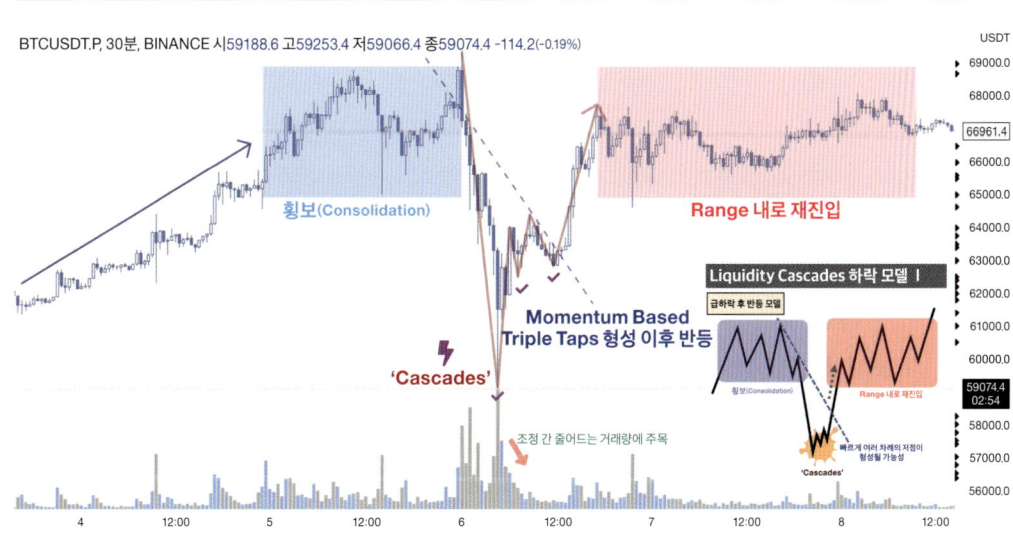

2024년 3월 4일의 바이낸스 거래소 비트코인 무기한 선물 30분봉 차트입니다. 상승은 차트상에 표시된 것보다 훨씬 오랫동안 이어져 왔으며, 고점에서 보합세가 나타납니다. 이후 갑작스러운 하락 움직임이 나타났습니다. 이러한 움직임을 Liquidity Cascades라 볼 수 있으며, 한 차례의 급락 이후 기존의 박스권 내로 재진입한 것을 확인해볼 수 있습니다.

이 당시의 데이터를 추가적으로 살펴보도록 하겠습니다. 상단부터 가격, 미결제 약정, 펀딩비 순서입니다.

한 차례의 급락 움직임에 상승하던 미결제 약정이 급감하였으며, 펀딩비의 과열 역시 해소된 것을 확인해볼 수 있습니다.

다음은 하락 모델 II의 사례입니다.

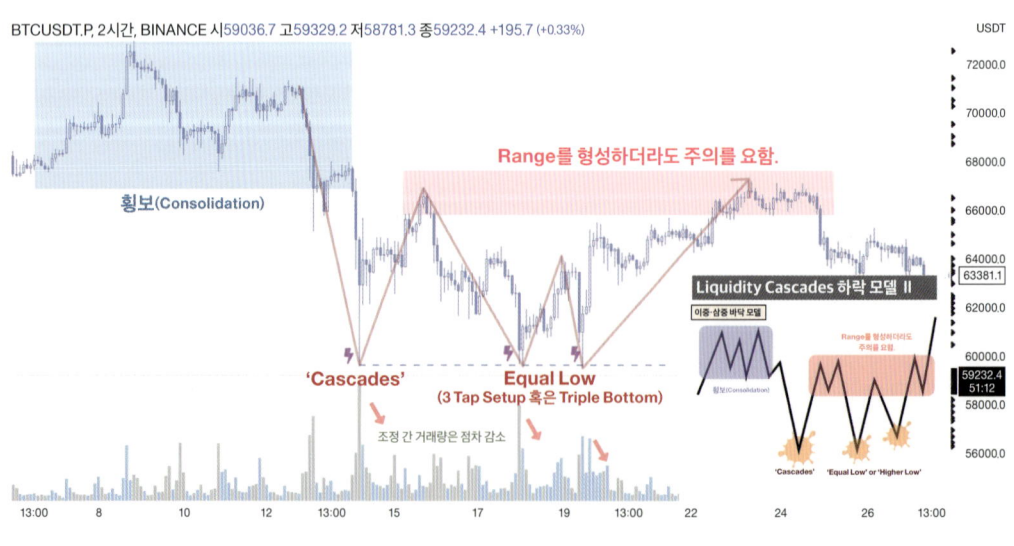

역시 바이낸스 거래소의 비트코인 무기한 선물 차트이며, 이번 차트는 2시간봉 차트입니다. 2024년 4월 13일부터 약 1주일 여간 Liquidity Cascades가 지속된 예시이며, 하락 모델 Ⅱ에 부합하는 예시입니다.

역시 보합세가 지속되던 중 갑자기 하락이 발생하게 되는데요. 이번 예시의 경우 비슷한 높이의 저점(Equal Low)을 두 차례 더 형성하며, 3 Tap Setup 혹은 삼중 바닥형 패턴과 유사한 형태로 흘러가게 됩니다. 조정 움직임에서 조정이 어떤 형태로 나타날지 예측하는 것은 실제로 매우 어려운 일입니다. 다만 여러 조정 움직임을 분석해보았을 때, 이번 예시에서 하락 모델 Ⅱ를 따라갈 것이라 예측할 수 있는 데이터 중 하나는 롱/숏 계좌비입니다.

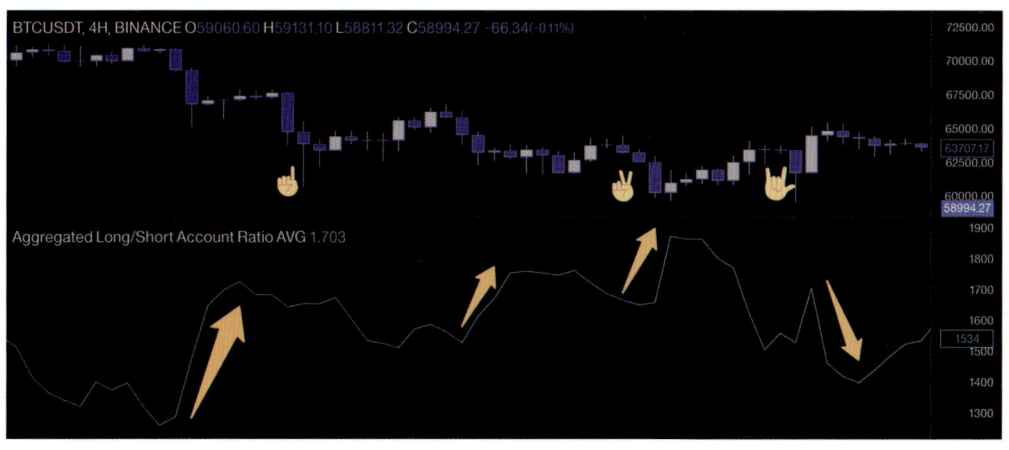

앞선 예시와 동일한 차트입니다. 세 차례의 저점이 관찰되고 있습니다.

흥미로운 점은 첫 번째 조정 이전에도 약간의 하락 움직임이 있었습니다만, 이때 롱/숏 계좌비가 치솟은 것을 확인해볼 수 있다는 것입니다. 첫 번째 조정 이후에는 롱/숏 계좌비가 오히려 전고점을 돌파해버렸습니다. 두 번째 조정 이후에도 마찬가지로 추가적으로 전고점을 돌파해버리는 양상을 보이고 있습니다. 세 번째 조정 이후에는 롱/숏 계좌비의 급감을 확인할 수 있습니다.

결국 세력은 세 번째 저점까지 만들어내고 나서야 시장에 공포 분위기를 가져다주며, 원하는 방식으로 시장을 만들어갈 수 있게 된 것입니다.

마지막 예시 역시 비트코인 무기한 선물의 2시간봉 차트이며, 약 1주일여 동안 17%가량의 하락이 나타난 깊은 조정의 예시입니다. 지속적으로 낮아지는 저점(Lower Low)과 LTF상의 하락 채널을 만들어내며 전형적인 '계단식 하락(Cascading Drop)'의 형태를 보였는데요. 함께 살펴보도록 하겠습니다.

강한 계단식 하락 이후 하락 채널의 상방 돌파가 일어나며, 이후 리테스트까지 확인할 수 있습니다. 이 경우 기존의 박스권과는 조금 다른 영역대에서 새로운 보합세가 일어나는 경우가 많습니다.

이때의 데이터를 살펴보면 아주 흥미로운 움직임이 관찰됩니다.

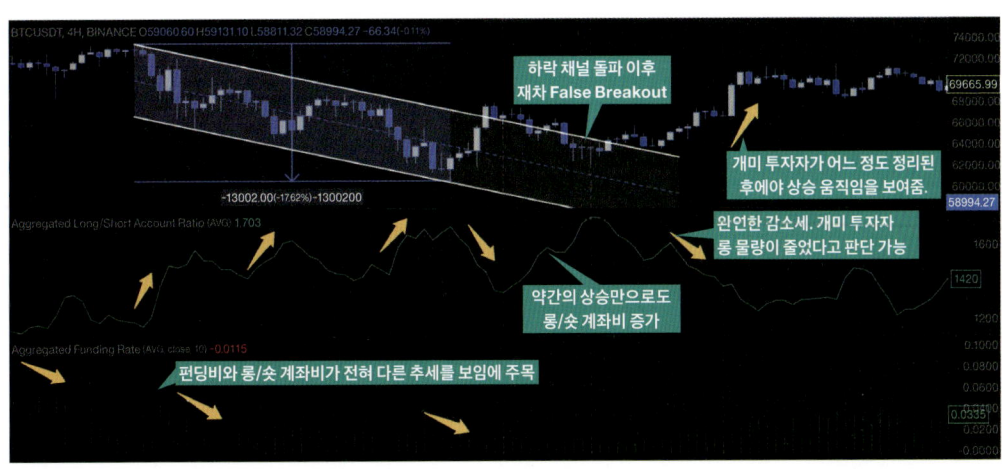

첫 번째로 펀딩비와 롱/숏 계좌비가 전혀 다른 추세를 보인다는 점입니다.

펀딩비는 하락 이전부터 계속해서 감소하는 움직임을 보여주고 있습니다. 이는 숏 포지션에 많은 금액대가 집중되고 있다고 해석할 수 있습니다. 반면 롱/숏 계좌비는 지속 상승하고 있습니다. 따라서 이 두 정보를 합쳐서 다음과 같은 해석을 할 수 있습니다.

> "고액 그룹(Market Maker)들은 숏 포지션을 잡았으나,
> 소액 그룹(Retail)들은 롱 포지션을 잡았다."

두 번째로 주목할 만한 것은 롱/숏 계좌비가 확실한 하락 반전을 보인 후에야 조정이 마무리되었다는 점입니다.

앞서 하락 모델 II의 실제 사례와 마찬가지로 롱/숏 계좌비는 하락 간에도 지속 상승하는 모습을 보입니다. 개미 투자자들의 '저점 매수(Buy the Dip)' 시도가 이어지고 있다고 볼 수 있습니다. 세력들이 이를 가만두지 않는 것입니다.

가격을 계단식으로 지속 하락시킨 후, 롱/숏 계좌비가 어느 정도 하락 반전된 이후에야 가격을 올리기 시작합니다.

세 번째로 주목할 것은 돌파 이후의 움직임입니다. 하락 반전을 보였던 롱/숏 계좌비는 단기 하락 채널을 돌파하자마자 다시 꿈틀거리기 시작합니다. 전고점에 육박할 정도입니다. 이에 세력들은 하락 채널 상단을 재차 하방 돌파하는 깊은 거짓 돌파 형태의 리테스트를 만들어냈습니다. 하락 채널 상단이 재차 하방 돌파당했을 때, 많은 개미 투자자들의 신규 물량이 청산 혹은 손절되었을 것입니다. 이후 롱/숏 계좌비는 완연한 하락을 보였으며, 가격은 상승한 후 새로운 박스권에서 보합세를 보였습니다.

3장
실전 매매 전략

1 추세선과 오더블록을 활용한 매도 셋업 전략
2 거짓 돌파에 데이터를 접목한 단기 매도 셋업 전략
3 머리어깨형 패턴과 분배를 접목한 매도 셋업 전략
4 리테스트의 개념과 다양한 타임프레임 분석을 통한 매수 셋업 전략
5 불 트랩을 역이용한 매도 셋업 전략

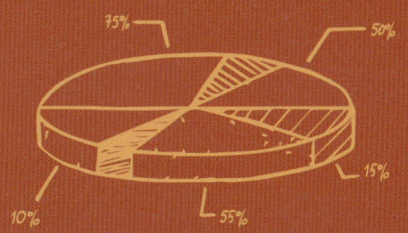

1 추세선과 오더블록을 활용한 매도 셋업 전략

　3장에서는 《차트 분석 바이블》 1권에서 다룬 다양한 기술적 분석 방식과 프라이스 액션을 결합하여 실제 매매에 활용할 수 있는 전략을 간단히 소개하고자 합니다. 이 단원에서 제시하는 전략은 절대적인 것이 아니며, 투자자 본인이 다양한 기술적 분석 기법을 조합하여 자신만의 매매 전략을 수립할 수 있도록 돕는 것을 목표로 하고 있습니다. 이를 통해 독자 스스로 자신의 스타일과 목표에 맞는 매매 전략을 개발하고, 더 나은 투자 결정을 내리는 데 도움을 얻길 바랍니다.

　먼저 소개해드릴 전략은 추세선(Trendline)과 오더블록(Orderblock)의 개념을 접목하여 매매 진입(Entry) 구간 설정에 활용할 수 있는 전략입니다. 《차트 분석 바이블》 1권의 추세선(88쪽)과 오더블록(634쪽)에 대한 내용을 먼저 참고한다면 더욱 쉽게 느껴질 것입니다.

　추세선은 모든 자산을 막론하고, 기술적 분석에서 가장 기초적이며 중요한 개념입니다. 추세선은 다른 근거에 더해 주요 진입 또는 탈출 구간의 단서를 제공하긴 하지만, 막상 실전에 적용하면 잘 맞지 않게 느껴질 수 있습니다. 만약 추세선의 이탈, 돌파로 매매가 청산당한 경험이 있다면 본 전략이 도움이 될 것입니다.

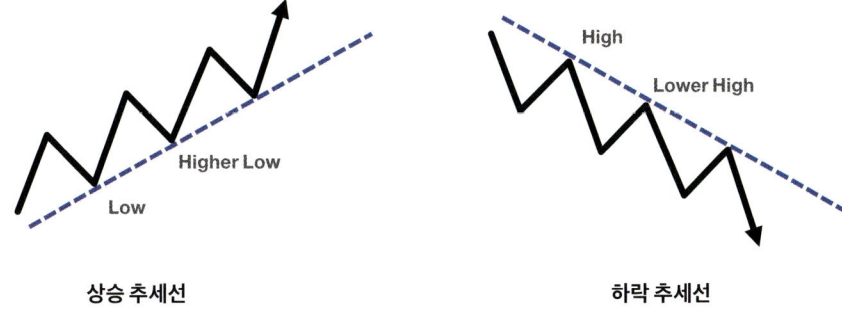

본 전략을 다루기에 앞서 추세선의 개념을 간단히 짚어보겠습니다. 추세선은 명확한 변곡점을 이은 가상의 선을 의미합니다. 상승 추세에서 가격 움직임상의 저점을 연결하면 상승 추세선으로, 반대로 하락 추세 속에서 고점을 연결한 선은 하락 추세선으로 볼 수 있습니다. 이들은 각각 지지와 저항 작용을 하게 되며, 이를 토대로 가격이 추세선을 테스트한 후 다시 본래 추세로 돌아갈 것을 기대하는 진입 전략을 세울 수 있습니다.

추세선의 원칙은 이를 넘어서는 움직임이 나타나지 않는 것이며, 가격이 추세선을 이탈하거나 돌파하였을 때 이를 무효화(Invalidation)되었다고 간주합니다. 만약 하락 추세선을 상승 돌파하는 움직임이 나타나면 하락 추세선이 무효화되었으므로 상승세가 시작될 것으로 판단하며, 매수 혹은 롱 포지션에 진입하는 것을 고려할 수 있습니다.

하지만 언제나 예외는 존재합니다. 단순히 추세선에 의지한 매매 진입은 원치 않는 결과를 가져올 수 있습니다. 가격이 추세선의 지지·저항을 돌파하더라도 곧 되돌아오는 경우가 종종 나타나기 때문입니다. 이를 거짓 돌파(False Breakout)라 하며, 설정한 손절 구간을 넘어선 움직임이 나타난다면 포지션이 청산되는 최악의 경우를 마주할 수 있습니다. 물론 세력은 유동성을 확보하기 위해 이를 노린 덫(Stop Hunting)을 두기도 합니다.

그럼 어떤 근거를 더하여 보다 유리한 매매를 할 수 있을까요? 근거가 될 수 있는 다양한 개념 중 오더블록을 만나보겠습니다.

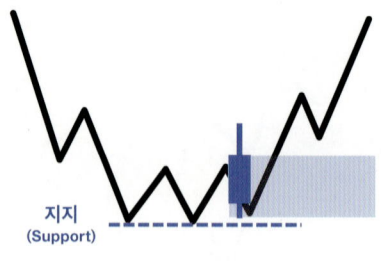
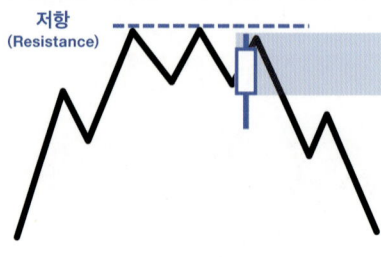

| 오더블록 | 가격을 움직일 수 있는 스마트 머니가 위치한 구역 (BuOB: 음봉의 시가-저가, BeOB: 양봉의 시가-고가) |

강세 오더블록
(Bullish Orderblock)

약세 오더블록
(Bearish Orderblock)

1장에서도 살펴본 바 있는 오더블록은 가격을 움직이는 힘을 지닌 세력이 시장에 진입한 흔적이자 매집 구간이라 할 수 있습니다. 매물대라는 표현으로도 익숙한 오더블록은 지지·저항 구간 부근에서 나타나곤 합니다. 이들은 상승 전 음봉(Bullish OB: BuOB), 하락 전 양봉(Bearish OB: BeOB)의 형태로 나타나며, 다양한 타임프레임에서 관찰될 수 있습니다. 이러한 오더블록에는 다수의 매물이 포진해 있으며, 세력은 원하는 방향으로 시장을 움직이기 위해 오더블록 구간의 유동성을 확보하려는 경향이 있습니다.

추세선과 오더블록을 활용한 전략

이번 전략은 추세선이 형성된 경우를 가정합니다. 이때 추세선의 지지와 저항을 기대한 포지션 진입을 계획하였다면, 거짓 돌파 등으로 인해 포지션이 청산될 우려가 존재합니다. 이에 이를 피하고자 예상 테스트 구간 이전에 형성된 오더블록 구간을 진입 구간으로 두는 것이 본 전략의 핵심이라 할 수 있습니다.

전략의 모식도: 하락 추세선 + 약세 오더블록의 경우

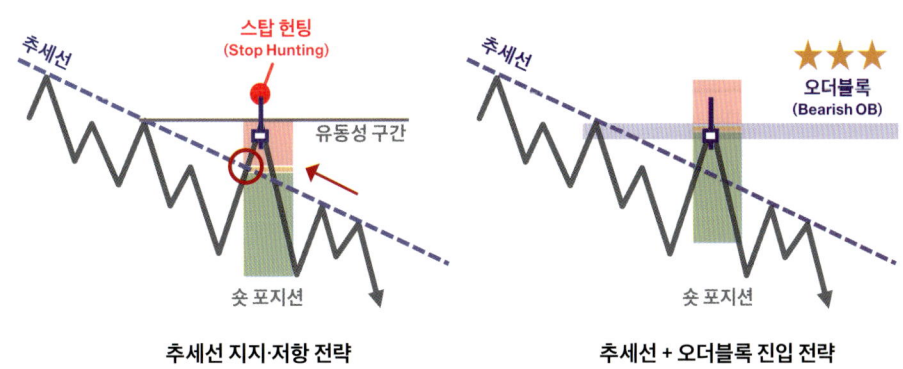

위 그림을 참고하면 본 전략을 직관적으로 이해할 수 있을 것입니다.

우선 추세선이 형성된 것을 확인할 필요가 있습니다. 이후 가격이 점차 추세선에 가까워진다면 투자자들은 추세선의 지지·저항이 나타날 것이라 생각하기 쉽습니다. 이때 단순히 지지·저항만을 고려하여 트레이딩에 임한다면, 가격이 추세선을 테스트하는 때(좌측) 포지션에 진입하게 됩니다.

하지만 만약 가격이 추세선을 테스트하는 것을 넘어서 손절 구간까지 도달한다면 어떨까요? 놀랍게도 이런 일은 꽤 빈번하게 일어납니다. 추세선의 지지·저항을 맞을 것이라 예상했던 투자자들은 포지션이 청산되는 아픔을 맞게 되는데, 세력은 이러한 과정을 통해 포지션 청산을 유도하여 유동성을 확보하곤 합니다.

보통 추세선 예상 테스트 지점을 진입으로 삼을 때, 손절 구간은 이전의 접점(추세선과의 접점) 부근에 두곤 합니다. 위 모식도(좌)에서는 하락 추세선을 형성하는 고점에 손절 구간을 둔 것을 알 수 있습니다.

이때 주의해야 할 점이 바로 추세선 내에서 형성된 오더블록의 존재를 알아차리는 것입니다. 해당 구간은 세력이 시장을 원하는 방향으로 움직일 때 필요한 유동성 구간이자 지지·저항에 해당하기 때문입니다. 세력이 손절 구간을 넘어서는 방향으로 유도하는 것은 단순히 개

3장 실전 매매 전략 **255**

인 투자자들을 골탕 먹이기 위함이 아닌, 해당 구간의 유동성을 확보하기 위함입니다. 이는 긴 꼬리가 달린 캔들의 형태로 나타날 수 있습니다.

우리는 위 내용을 토대로 세력의 움직임에 편승하여 이득을 취하는 전략을 생각할 수 있습니다. 오더블록 영역을 손절 구간이 아닌 진입 구간으로 삼는 것입니다. 단 하락 추세선에서 약세 오더블록(BeOB)을, 상승 추세선에서 강세 오더블록(BuOB)을 고집할 필요는 없습니다. 오더블록이 유동성 구간이자 지지·저항으로 작용한다는 사실을 바탕으로 상황에 맞게 활용하는 것이 중요합니다. 이를 통해 세력의 함정을 피할 수 있으며 기존 추세 방향에 맞춰 수익을 얻을 수 있게 됩니다.

사례 분석

하락 추세선 + 약세 오더블록을 활용한 실전 전략 예시

가상자산의 한 종류인 리플(XRP)의 30분봉 타임프레임입니다. 하락 추세선과 약세 오더블록에서의 유동성 확보 움직임을 기대한 숏 포지션을 계획하였습니다.

12~14일 동안 형성된 고점을 토대로 하락 추세선을 작도할 수 있습니다. 14일 12시경 가격이 하락 추세선에 가까워지는 모습이 관찰됩니다. 만약 추세선 상의 예상 테스트 구간을 진입 구간으로, 13일 12시경의 고점을 손절 구간으로 둔 숏 포지션을 계획하였다면(이미지 좌측), 긴 윗꼬리를 지닌 장대양봉으로 인해 포지션이 청산되었을 수 있습니다.

만약 13일 12시경의 고점에서 형성된 오더블록(BeOB)을 진입 구간으로 두었다면 어땠을까요? 해당 고점은 매수측 유동성으로 작용할 수 있으며, 세력이 가격을 하락 방향으로 움직일 때 좋은 연료가 되어줄 수 있습니다. 이를 감안하여 해당 오더블록 구간을 진입 구간으로 두고, 손절 구간은 추세선의 첫 번째 고점보다 상방으로 여유 있게 설정합니다. 손익비는 동일하게 1:2.5로 가정하였습니다.

다행히 가격은 약세 오더블록에서 유동성을 확보한 이후 다시 하락세를 이어갔으며, 포지션은 목표가를 달성하였습니다. 추세선의 첫 번째 고점 역시 매수측 유동성으로 작용할 수 있으므로, 이를 확보하는 움직임을 대비하여 손절 구간은 그보다 약간 상방에 두는 것이 유리합니다. 물론 손절 구간이 커질수록 손익비가 악화될 수 있으므로 상황에 맞게 설정할 것을 권장합니다.

2
거짓 돌파에 데이터를 접목한 단기 매도 셋업 전략

두 번째 주제는 숏 포지션과 같은 매도 전략을 짧은 호흡으로 적용할 수 있는 전략에 대해 이야기하려 합니다. 주로 하락장에서 빛을 발하는 숏 포지션 전략은 상승장에서도 투자자에게 유리한 기회를 안겨줄 수 있습니다.

먼저, 늘어난 롱 포지션 델타를 상대로 한 단기 헷징(Hedging)으로서 의의를 지닙니다. 상승장에서도 필연적으로 동반되는 하락 조정에서 단기 숏 포지션을 취함으로써 과도한 롱 포지션 리스크를 분산시키고 추가 수익을 확보할 수 있습니다.

두 번째로, 실제로 큰 상승을 보인 후 분배 양상이 관찰되는 개별 종목에서 숏 포지션을 진입하여 수익을 극대화할 수 있습니다. 실제로 상승장에서 세력의 이탈로 인해 강한 하락을 보이는 종목들의 경우, 낮은 레버리지의 숏 포지션만으로도 큰 이익을 취할 수 있습니다.

이번 전략은 상승 방향으로의 거짓 돌파(False Breakout) 움직임에 CVD, 미결제 약정(Open Interest)과 같은 데이터를 결합하여 단기 매도 셋업을 구사하는 것을 목표로 합니다.

거짓 돌파는 주요 지지·저항 구간을 테스트하는 세력의 움직임으로, 투자자들을 꾀어내어 함정에 빠지도록 만드는 주범이기도 합니다. 중요한 것은 거짓 돌파 이후 나타날 가격의 방향은 기존 추세와 동일할 수도, 반대로 향할 수도 있다는 사실입니다.

후자의 경우 불 트랩(Bull Trap), 베어 트랩(Bear Trap)이라고도 불리며 각각 Upthrust와 Spring의 형태로 나타납니다. 이는 세력이 시장을 원하는 방향으로 유도하기 위해 유동성을 확보하길 원할 때 나타납니다. 위 그림은 세력이 Spring 형태의 베어 트랩을 통해 숏 포지션 투자자들을 청산시킨 후 가격을 다시 상승시키는 움직임을 설명하고 있습니다.

상단 저항 구간에서 거짓 돌파가 나타난 이후, 추세가 연속되어 상승한 모습

반대로 거짓 돌파가 나타난 후 다시 기존 추세의 방향으로 강한 돌파가 나타날 수 있습니다. 이 경우 거짓 돌파는 세력의 시험대로 볼 수 있습니다. 일시적인 돌파 움직임은 주요 지지·저항 구간을 돌파하기 위해 얼마만큼의 힘이 소모되는지 가늠하는 과정인 것입니다. 위 예시는 과거 단기 고점에서 형성된 저항을 강하게 돌파하기 전에 해당 구간을 일시적으로 돌파하며 테스트하는 모습을 보여줍니다.

위와 같이 거짓 돌파가 나타난 상황에서 CVD, 미결제 약정(Open Interest), 펀딩비(Funding Rate), 청산(Liquidation)과 같은 데이터를 확인한다면, 추후 추세의 진행 방향을 예측함에 근거를 더할 수 있습니다.

거짓 돌파에 데이터를 접목한 매도 셋업 전략의 사례

펀딩비(Funding Rate)는 가상자산을 대상으로 한 무기한 선물 시장(Perpetual Market)에서 특정 포지션으로 물량이 과도하게 집중되는 것을 방지하는 역할을 합니다. 본 파트에서 활용하는 데이터는 펀딩비를 포함하므로 가상자산 종목을 대상으로 한 사례 분석을 다루도록 하겠습니다.

솔라(SXP)에서의 매도 셋업 전략

SXPUSDT.P, 4시간, BINANCE

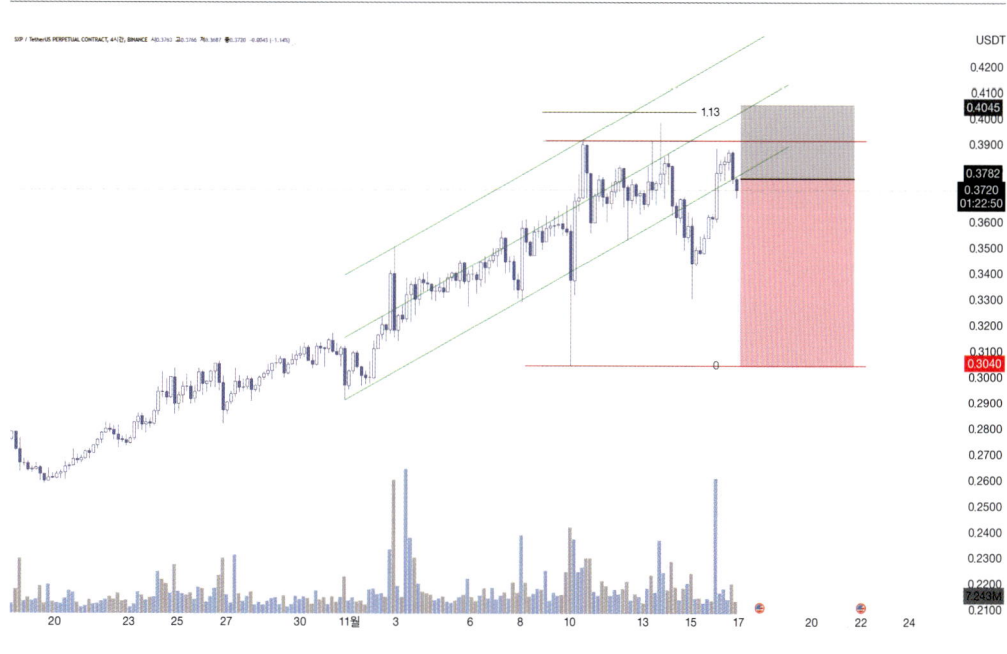

　가상자산의 한 종목인 솔라(SXP)의 무기한 선물거래 차트입니다. 다음 데이터에서 확인할 수 있는 근거를 바탕으로 매도 포지션에 진입한 사례입니다. 우선 녹색 밴드로 표시된 상승 채널의 가격 이탈이 확인되며, 이탈 후 형성된 단기 고점은 이전 고점을 넘어서지 못하고 있습니다.

코이날라이즈(Coinalyze) 플랫폼의 SXPUSDT.P 데이터, 1시간, BINANCE

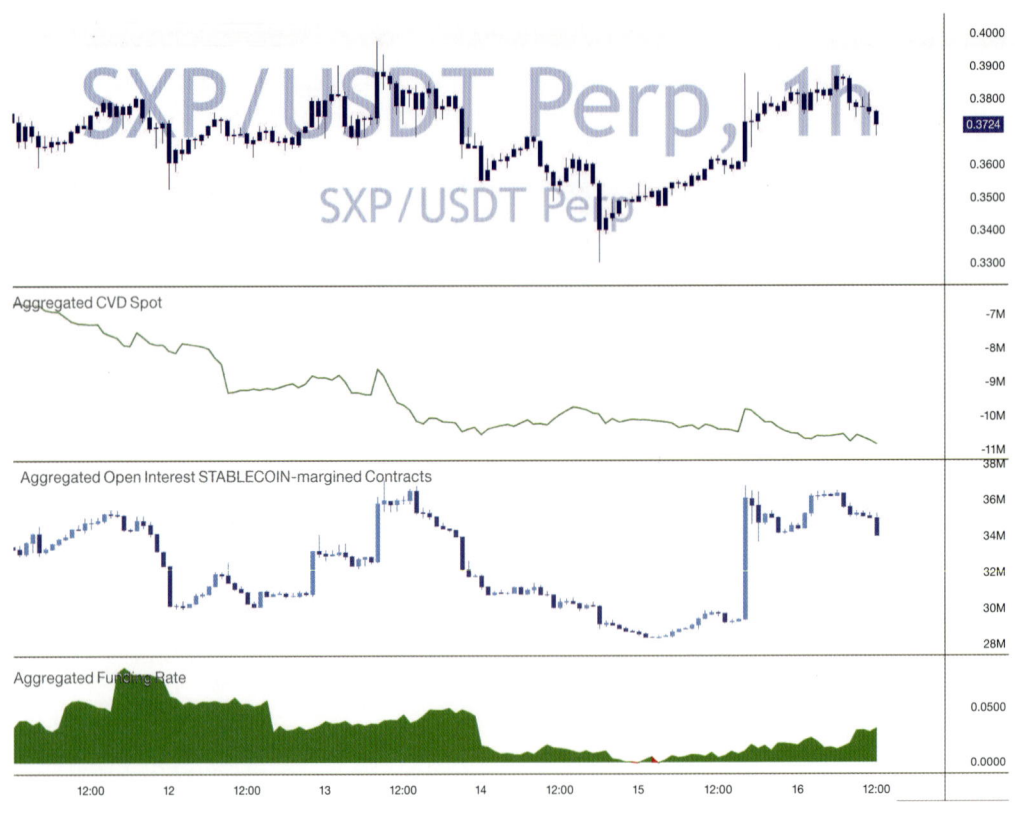

가상자산 종목에 대한 개별 데이터를 확인할 수 있는 코이날라이즈(Coinalyze)의 데이터입니다. 위에서 두 번째 칸의 CVD 감소세와 세 번째 칸의 미결제 약정의 감소가 관찰됩니다. 상승 채널의 이탈 이후 거짓 돌파 여부를 판단하기 위해 높은 타임프레임상에서 가격 흐름을 확인한 후 CVD, 미결제 약정 데이터 또한 약세를 보임을 확인한 것입니다.

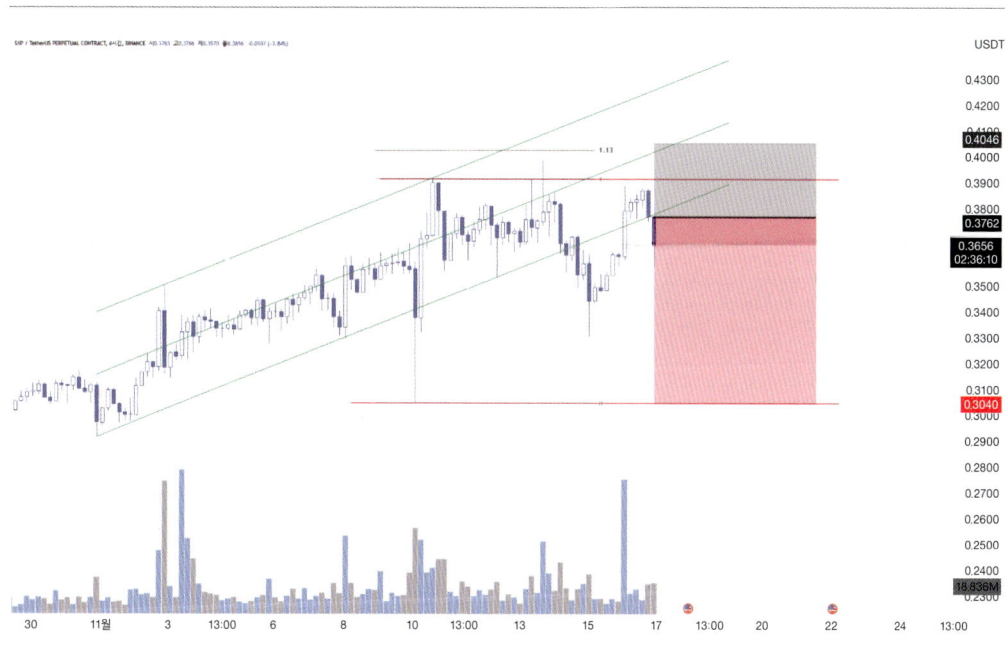

약 1시간 뒤, 기대하였던 하락이 나타남에 따라 소량 수익 실현 이후 리스크를 제거하였습니다. 가상자산 전반의 시가총액 변화를 알려주는 TOTAL3 지표의 수급 변화를 추가로 확인하여 약세 구조일 시 재진입을 계획합니다.

추가적으로 매물대 지표(Volume Profile)를 통해 POC와 HVN 구간을 확인하여 현 가격대가 POC의 지지 작용을 받을 수 있음을 고려하였습니다. 만약 가격이 해당 구간을 하방 돌파한다면 강한 하락이 이어질 것으로 예상하였는데, VAL의 하단이 LVN들로 구성되어 있기 때문입니다. 포진된 매물대 자체가 적기 때문에 충분한 지지를 보여주지 못한다는 의미입니다.

하락이 지속된다면 분할 수익 실현을 진행하되 일부 비중을 남겨 수익 극대화를 추구하고자 하였습니다. 만약 POC의 지지가 강해 다시 상승세로 전환될 경우 포지션의 50~70%가량을 수익 실현할 것을 계획하였습니다.

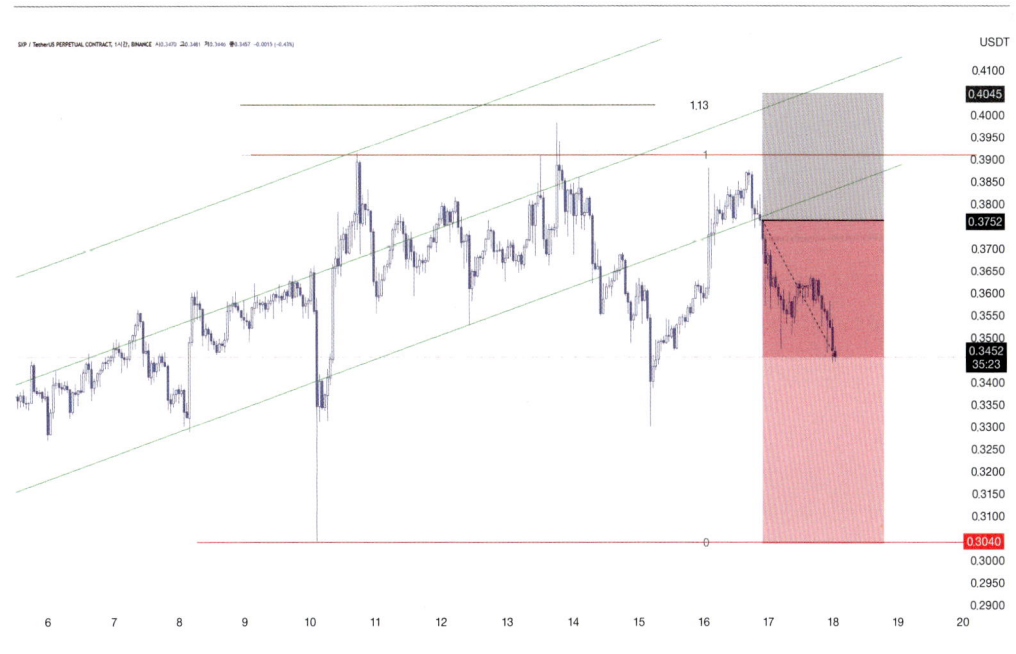

　　최종적으로 현물 기준 8% 이상의 하락을 확인하였으며 성공적으로 숏 포지션을 종료하였습니다.

아크(ARK)에서의 매도 셋업 전략

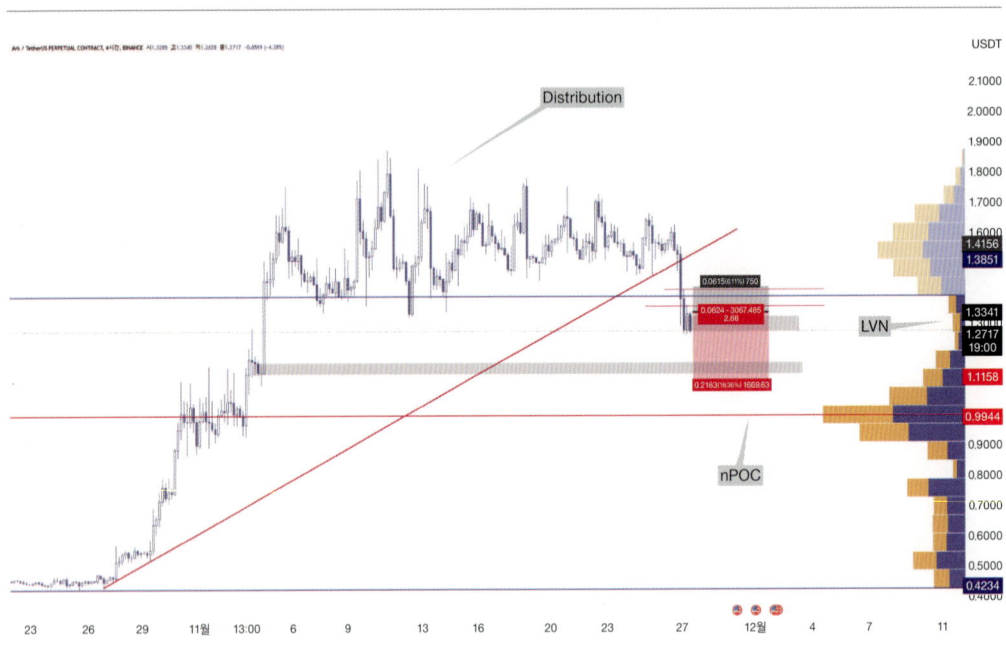

　가상자산의 한 종류인 아크(ARK)에 대한 숏 포지션 플랜입니다. 다음과 같은 근거의 중첩을 이용하여 매도 포지션에 진입하였습니다. 우선 가격이 일시적으로 정체되며 분배(Distribution) 구조를 보이고 있습니다.

　CVD 및 미결제 약정의 감소가 관찰되었으며, 상승 추세선을 강하게 하방 돌파한 것을 확인하였습니다. 또한 현 가격대가 매물대 지표상 낮은 매물대가 포진한 LVN에 해당하기에 하방 돌파가 가속화될 가능성이 높다고 판단하였습니다. 빨간색 수평선은 NPOC이므로 NPOC를 해소하는 하락 움직임을 근거로 보충하였습니다.

가격 하락이 지속되며 목표가를 달성한 모습입니다. 현물 기준으로 -23% 이상의 하락이 나타났으며, 성공적으로 숏 포지션을 종료하였습니다.

인젝티브(INJ)에서의 매도 셋업 전략

INJUSDT.P, 2시간, BINANCE

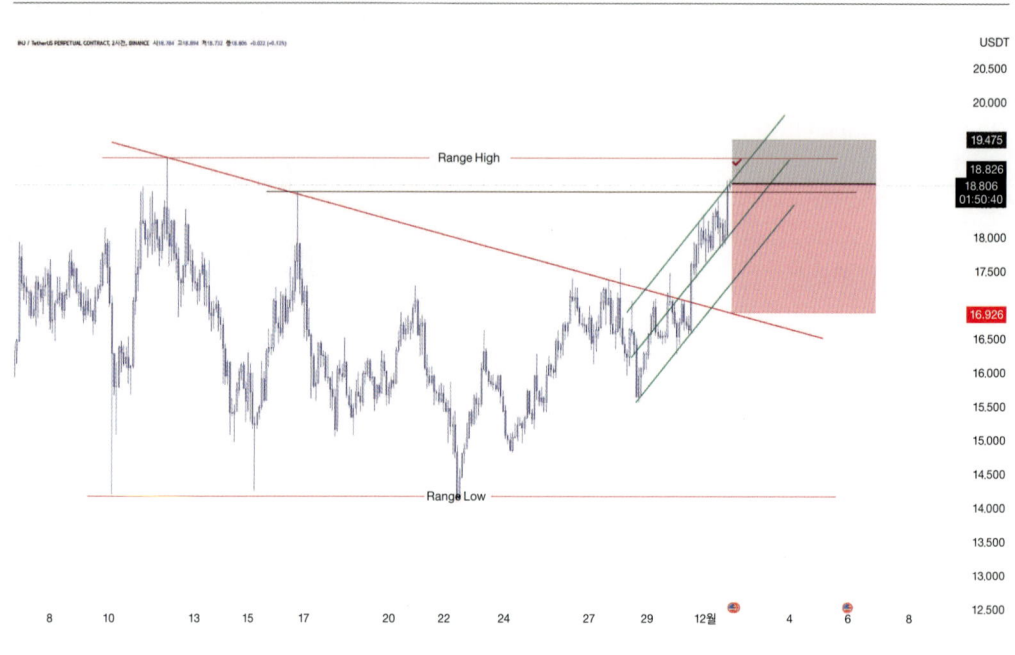

가상자산의 한 종류인 인젝티브(INJ)에 대한 숏 포지션 플랜입니다. 앞서 살펴본 두 예시와는 달리, 하락 추세선을 돌파한 후 상승 채널을 형성하고 있던 차트에서 CVD와 미결제 약정의 변곡을 근거로 상승 채널의 상단에서 매도 포지션에 진입한 사례입니다.

차트상 상승 채널의 형성과 이전 고점의 돌파 후 Range High에서 저항이 확인됩니다. 또한 상승 채널 상단에서 Swing Failure Pattern이 관찰되나, 이전 고점을 거짓 돌파한 것으로 판단하였습니다. CVD와 미결제 약정의 감소세가 관찰되었으며 최근 상승분에 대한 가격 불균형이 해소되기를 기대하였습니다.

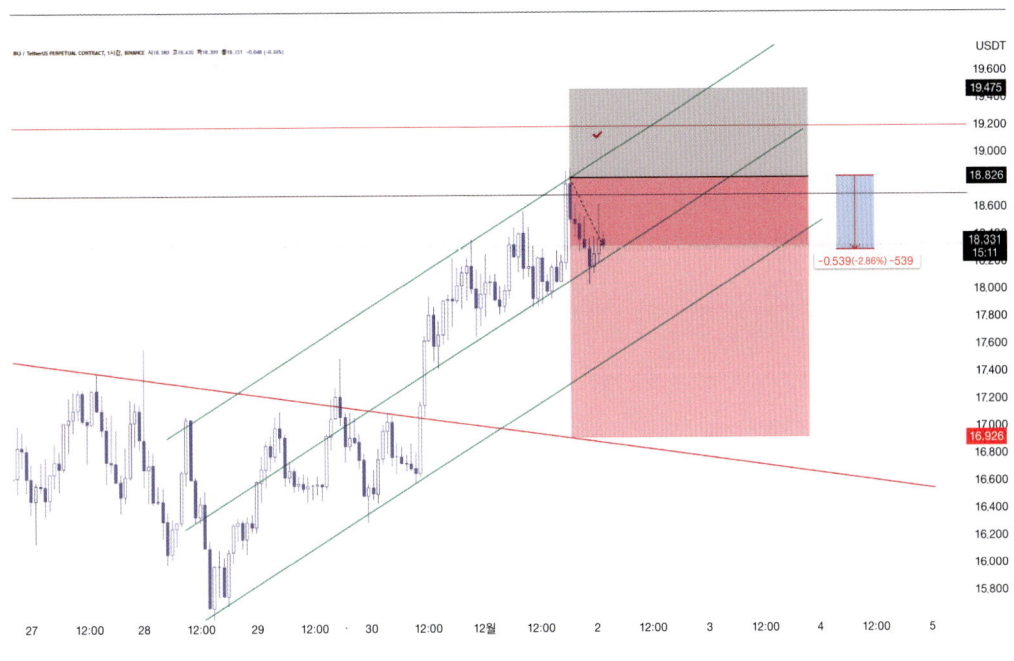

이후 가격은 하락하였으며, 채널의 중간 지점(Mid-level)에서 리스크를 제거한 후 분할 수익 실현 및 수익의 극대화를 노렸습니다.

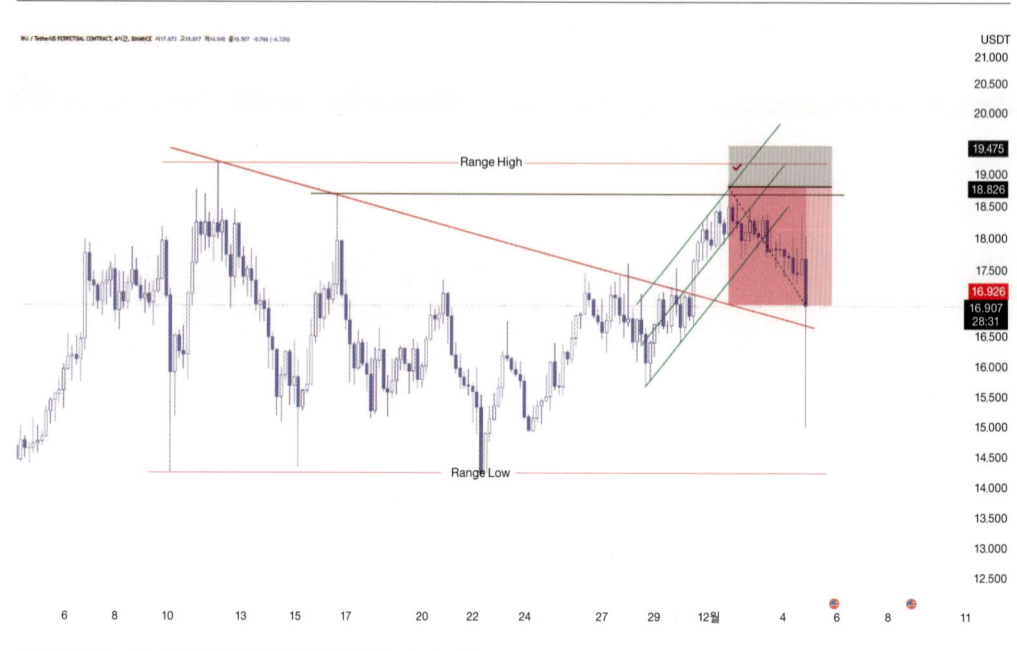

　남은 물량은 롱 포지션 델타에 대한 헷징으로 지속 운영하였습니다. 최종적으로 현물 기준 -20%가 넘는 하락을 보이며 목표가를 달성했습니다.

3 머리어깨형 패턴과 분배를 접목한 매도 셋업 전략

이번 파트는 머리어깨형 패턴에 분배(Distribution)의 개념을 접목하여 매도·숏 포지션에 활용할 수 있는 간단한 전략을 소개해드리려 합니다. 한마디로 정리하면 머리어깨형 패턴에서 추세의 반전을, 분배 구간을 통해 세력의 이탈을 확인하는 전략입니다. 《차트 분석 바이블》 1권에서 '머리어깨형 패턴(Head & Shoulder Pattern)'(156쪽)과 '분배(Distribution)'(324쪽)의 개념에 대한 내용을 먼저 접하시길 권합니다.

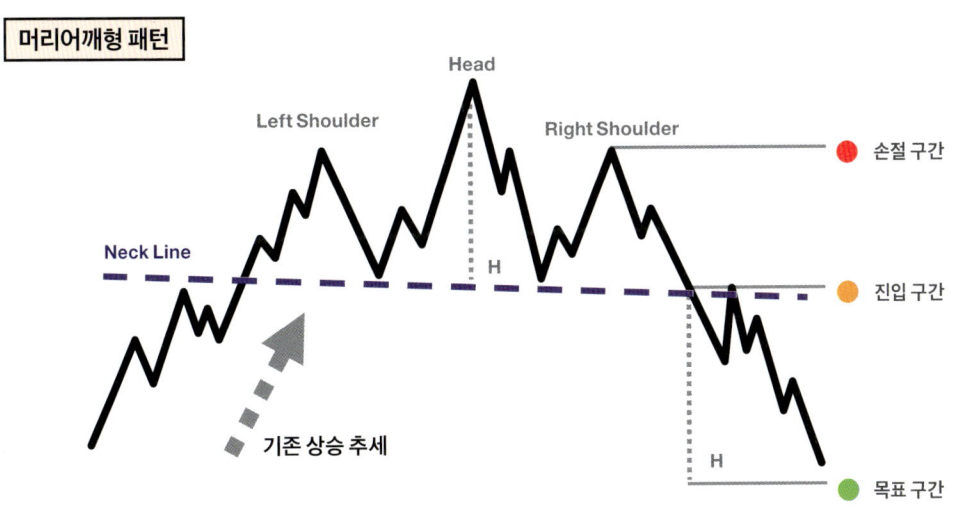

머리어깨형 패턴

이번 전략을 적용하기 전에 머리어깨형 패턴을 숙지해둘 필요가 있습니다. 본 패턴의 이름은 마치 사람의 어깨와 머리의 형태를 닮았다 하여 붙여진 것입니다. 상승 추세에서 형성된 첫 고점을 좌측 어깨로, 이후 나타난 보다 높은 고점을 머리로 두며 머리를 넘어서지 못하는 세 번째 고점을 우측 어깨로 간주합니다. 양어깨 사이의 단기 저점을 잇는 선을 목선이라 부르는데요, 이는 저항 역할을 할 뿐만 아니라 숏 포지션의 진입 구간으로 활용될 수도 있습니다.

머리어깨형 패턴은 상승 추세가 그 힘을 다하여 하락세로 전환될 때 자주 나타납니다. 이에 좌측 어깨, 머리, 우측 어깨로 갈수록 거래량이 줄어드는 모습을 보이곤 합니다. 이번 전략은 머리어깨형 패턴을 통해 하락세로의 반전을 기대할 때 분배 영역을 확인하여 그 근거를 더함에 의의가 있습니다.

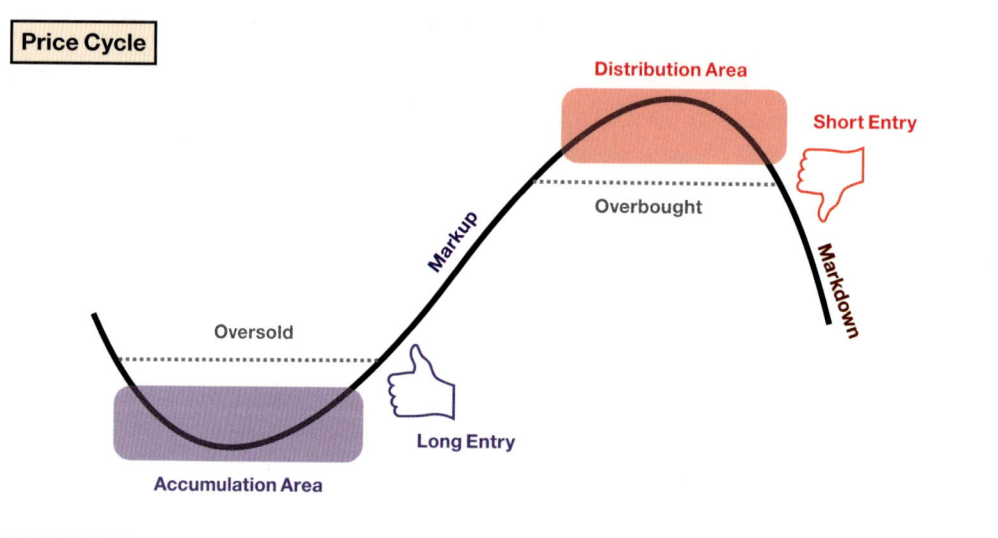

분배의 개념을 간략히 설명하기 위해 와이코프 이론의 가격 주기 모식도를 첨부하였습니다. 와이코프는 시장이 상승과 하락을 반복하며 과매도 구간에서는 축적(Accumulation)이, 과매수 구간에서는 분배(Distribution)가 나타난다고 하였습니다. 세력과 같은 큰손들은 과매도 구간에서 저렴한 가격에 자산을 매집하고 과매수 구간에서 여러 차례에 나누어 수익을 실현하기 마련입니다. 축적과 분배는 앞선 과정이 차트상 흔적으로 나타난 것입니다.

세력은 분배를 통해 충분히 수익을 실현한 후 가격을 다시 낮춤으로써 저렴한 가격에 자산을 매집하려는 경향이 있습니다. 이러한 가격을 낮추는 과정을 이용하여 숏 포지션을 통해 수익을 도모하는 것이 이번 전략의 핵심입니다. 머리어깨형 패턴은 시장 과열 및 과매수를 확인할 수 있는 이정표로, 분배 구간은 세력의 수익 실현 흔적이라 생각하면 더욱 이해가 빠를 것입니다.

 머리어깨형 패턴과 분배 구간을 활용한 전략

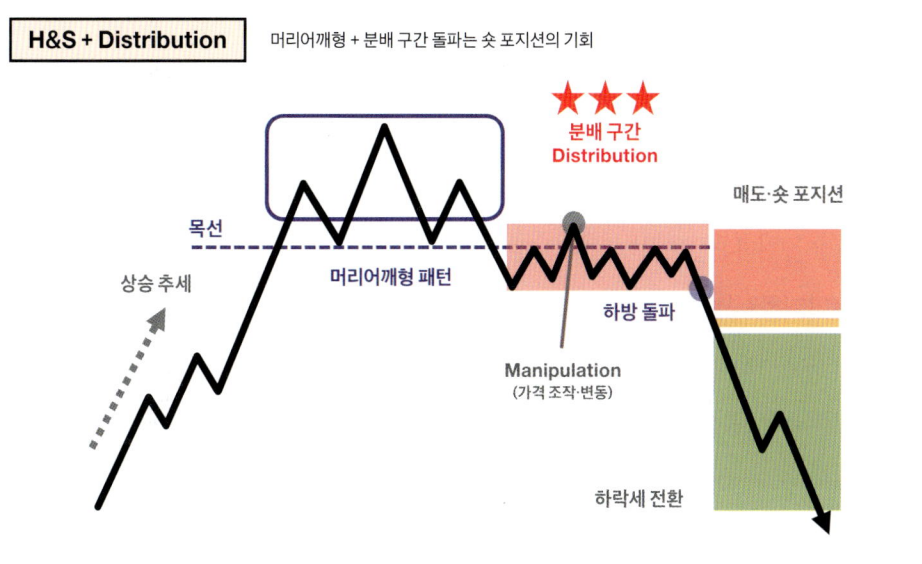

본 전략의 적용 순서는 그림과 같습니다. 우선 명확한 상승 추세에서 머리어깨형 패턴이 형성되는 것을 확인합니다. 이후 머리어깨형 패턴의 목선 부근에서 분배 구간이 나타나는지 살펴보아야 하는데, 중요한 것은 목선이 저항 역할을 한다고 하여 분배가 목선 아래에서만 이루어질 것이라 생각하면 안 된다는 사실입니다.

머리어깨형 패턴이 확인된 경우 투자자들은 보통 목선 부근에서 숏 포지션 진입을 시도하는데요. 세력은 이 점을 이용하여 하락 방향으로의 유동성을 확보하기 위해 가격을 일시적으로 상승시킬 수 있습니다. 이는 목선이 상승 돌파되는 듯한 장면으로 비춰지는데, 투자자로 하여금 상승세가 다시 나타날 것이라 기대하게 함으로써 롱 포지션으로 유인하려는 목적이 있습니다. 모식도상에서는 시장 조작(Manipulation)으로 표기하였으며 작은 Po3(Power of Three)가 이루어진 것으로도 볼 수 있습니다.

이처럼 목선 부근에서 가격이 횡보하며 분배 구간이 형성되었다면, 가격이 이를 강하게 하방 돌파할 때 본격적인 하락세가 시작할 것으로 기대할 수 있습니다. 이때 높은 거래량을 동반한 하락이 나타날 수 있습니다. 진입 구간은 분배 구간 하방에 설정할 수 있으며, 손절 구간은 손익비를 고려하여 분배 구간 상방 또는 머리어깨형 패턴의 우측 어깨 등을 기준으로 여유롭게 설정합니다. 목표 구간은 과거 저점과 같은 주요 레벨을 기준으로 설정할 수 있겠습니다.

사례 분석

ETHUSDT, 2시간, BINANCE

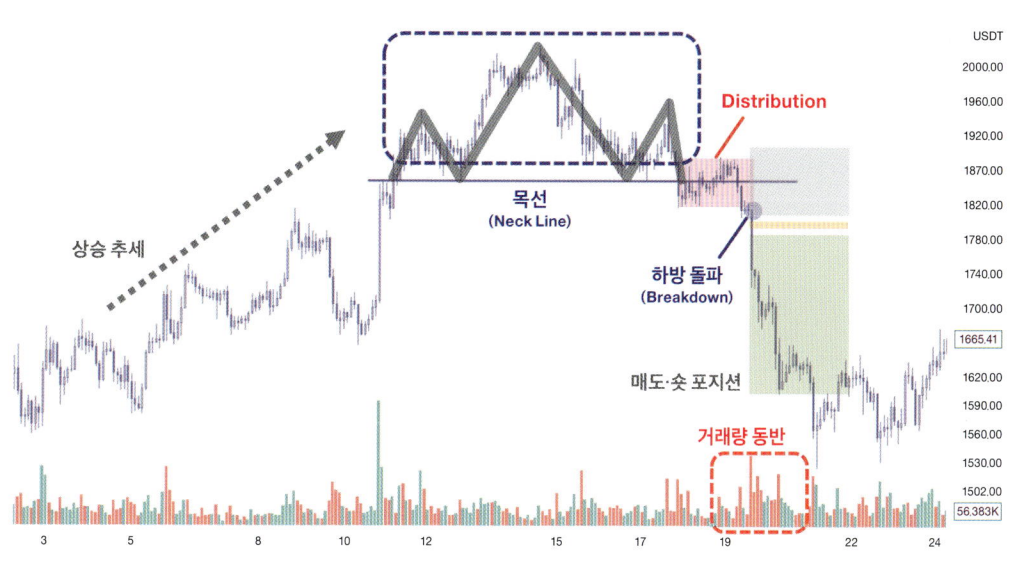

　머리어깨형 패턴 + 분배 구간 전략의 사례를 살펴보겠습니다. 이더리움(ETH)의 2시간봉 타임프레임입니다. 3일부터 상승세를 이어오던 차트는 14~15일경 고점을 그리며 상승세가 주춤하는 모습입니다. 실제로 고점이 높아짐에도 불구하고 거래량이 뒷받침되지 않았습니다. 고점 형성 후 이보다 낮은 고점이 형성되었으며, 최고점을 기준으로 전·후의 고점을 각각 좌측 어깨와 우측 어깨로 보는 머리어깨형 패턴을 그릴 수 있습니다.

　각 어깨 사이의 저점을 기준으로 작도된 목선은 1850달러 부근에 형성되었습니다. 17일경 시장은 목선을 일시 이탈하였으나 곧이어 목선을 상방 돌파하는 듯한 모습을 보여줍니다. 이때 일부 투자자들은 상승세가 지속될 것으로 판단하여 롱 포지션 및 현물 매수를 시도하였을 수 있습니다. 이는 세력에게 있어 물량을 떠넘기고 시장을 이탈할 수 있는 좋은 기회가 되었을 것입니다. 해당 구간(1820~1870달러)을 분배 구간으로 가정할 수 있습니다.

　목선을 넘어서는 짧은 상승은 오래 이어지지 못했습니다. 19일경 급격한 하락이 거래량을 동반하며 나타났으며, 10일부터의 상승분을 모두 반납하는 깊은 조정으로 이어졌습니다. 분배 구간의 하방인 1800달러에 숏 포지션 진입을 설정하였다면 좋은 트레이딩이 되었을 것입니다. 비록 사례이지만 손절 구간은 분배 구간의 상방(1900달러), 목표가는 1:2의 손익비를 기준으로 1600달러를 고려할 수 있습니다.

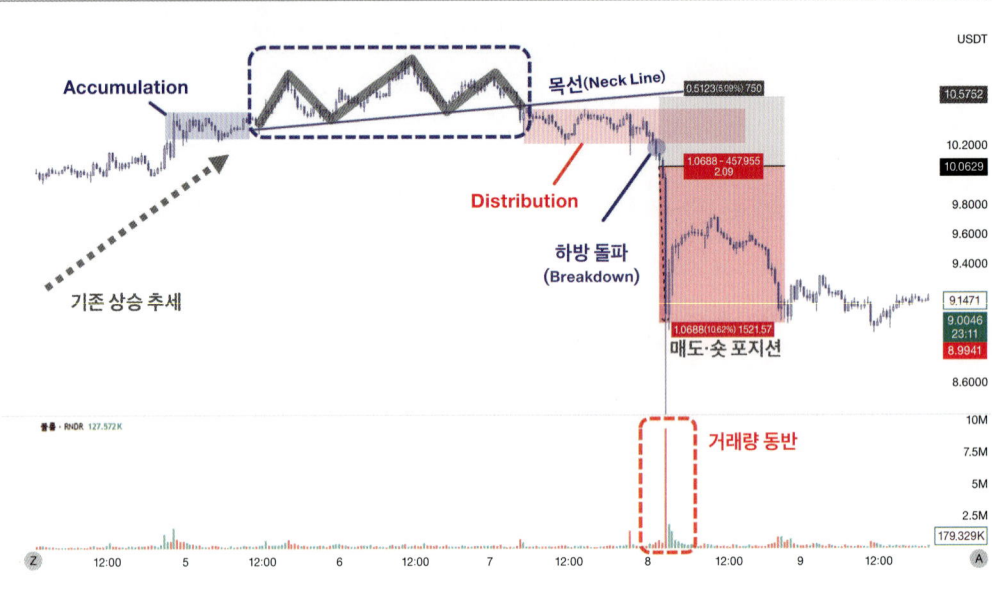

가상자산의 한 종목인 렌더(RNDR)의 사례를 추가로 살펴보겠습니다. 비록 차트에 표현되지 않았으나 RNDR은 3일부터 9.75달러를 시작으로 꾸준히 상승해오던 상황이었습니다. 6일경 10.8달러로 고점을 기록하였으나 거래량이 충분히 동반되지 않은 모습입니다. 이후 보다 낮은 고점이 형성되며 머리어깨형 패턴이 형성되었습니다. 목선은 두 어깨 사이의 저점을 기준으로 작도하였을 때 우상향하는 모습을 보입니다.

목선이 사선으로 그어짐에도 불구하고, 이후 가격은 10.3~10.4달러 구간에서 횡보하는 모습이 관찰됩니다. 이는 머리어깨형 패턴이 형성되기 직전에 짧게나마 매집이 이루어졌던 구간과 동일합니다. 이번 사례에서의 분배는 물론 세력의 수익 실현 또는 시장 이탈이 드러난 것일 수 있지만, 앞선 매집 구간에서 형성된 매물대가 저항 역할을 한 것으로 해석할 수 있습니다.

    8일경 분배 구간을 하방 돌파하는 움직임이 나타나며 시장은 불안한 모습을 보였습니다. 이때 10.05달러 부근을 진입으로 삼는 숏 포지션을 가정해보겠습니다. 손절 구간은 분배 구간의 상방인 10.57달러로, 목표 구간은 1:2 손익비를 고려하여 설정합니다. 이후 매우 높은 거래량을 동반하며 급격한 하락이 나타났습니다. 목표 구간을 넘어서는 하락폭이었으나 이후로도 하락세가 이어졌음에 주목해야 합니다.

4
리테스트의 개념과 다양한 타임프레임 분석을 통한 매수 셋업 전략

　네 번째 주제는 다양한 타임프레임 분석을 통한 매수 셋업 전략입니다. 본 전략은 높은 타임프레임상에서 하락세를 보이던 특정 자산이 상승 반전을 보일 때, 이를 롱 포지션 또는 중장기적 현물 매수의 기회로 삼는 것을 중점으로 두고 있습니다.

　오늘은 이러한 높은 타임프레임상에서 상승 반전이 나타나는 자산에 대한 3단 매매 셋업 전략을 소개해드리려 합니다.

　이번 전략은 기존의 지지와 저항이 돌파된 후 역할이 뒤바뀜을 의미하는 S/R Flip과 이에 접촉하는 움직임인 리테스트(Retest)의 개념을 숙지해야 합니다. 추세선은 주된 지지·저항 역할을 하며 하락 추세선의 경우 통상 저항 구간으로 작용합니다. 만약 이를 강하게 상승 돌파하는 경우 하락 추세선은 지지로 그 역할이 바뀔 수 있으며 이를 S/R Flip이라 부릅니다.

ETHUSDT.P, BINANCE 거래소, 4시간봉 타임프레임에서 관찰된 하락 추세선의 돌파와 S/R Flip의 예시

리테스트는 매수자와 매도자가 지속적으로 균형을 맞춰 나갈 때 자연스럽게 나타나는 프라이스 액션입니다. 위 그림의 경우, 하락 추세선을 상승 돌파하는 움직임이 나타나자 차익 실현을 위해 매도하는 투자자들로 가격이 다시 하락하며 추세선에 가까워지는 것을 볼 수 있습니다. 하지만 이후 상대적인 저점에서 매수하는 투자자들로 인해 가격은 다시 상승 반전을 보이게 되는데, 이것이 하락 추세선을 리테스트하는 형태로 나타나는 것입니다.

리테스트의 다양한 형태

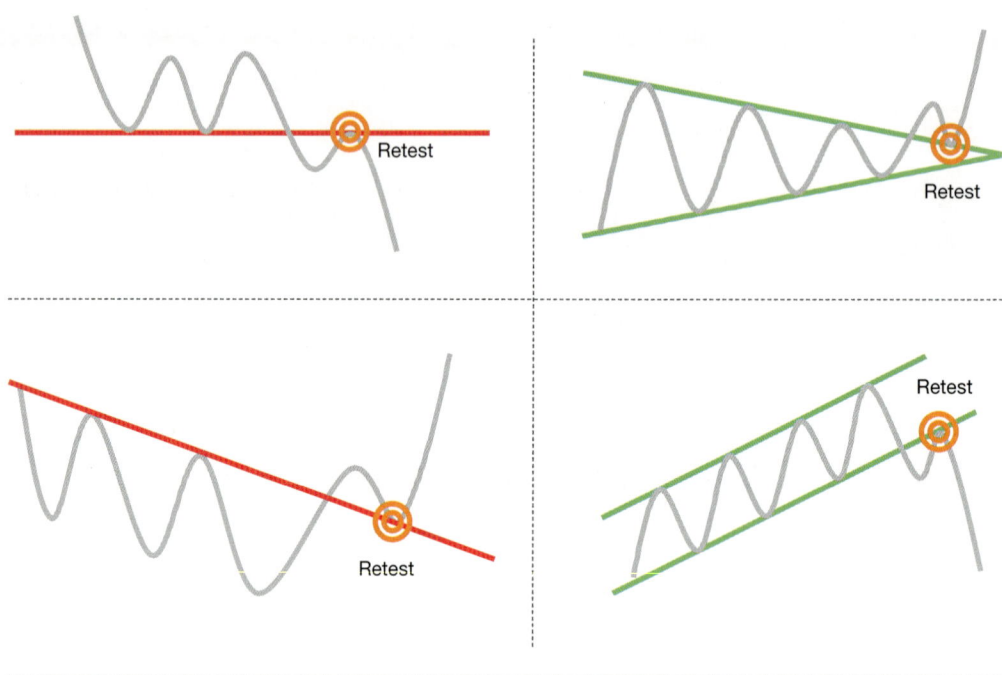

    1장에서도 살펴보았듯이 리테스트는 다양한 형태와 크기로 나타날 수 있으며, 주요 지지·저항 구간을 벗어나며 발생할 수 있습니다. 기술적 분석에서 다루는 대부분의 패턴은 리테스트와 연관되어 있는 경우가 많습니다.

    그렇다면 매매에 있어 리테스트를 왜 기다려야 할까요?

    먼저, 리테스트를 이용할 경우 지지·저항 구간이 돌파된 것을 뒤늦게 확인하고 추격 매수하는 것보다 훨씬 좋은 진입 기회를 점할 수 있게 됩니다. 뒤늦은 추격 매수는 높은 확률로 손실을 입을 수 있으며, 운 좋게 리테스트가 일어나 다시 수익 구간에 도달한다면 다행이지만 거짓 돌파의 경우 포지션이 청산당하는 것은 시간문제일 것입니다.

    다음으로, 유리한 진입 기회를 잡을수록 손익비 역시 좋아질 가능성이 높습니다. 단기 선물거래의 경우 단순히 리테스트를 기다리는 것만으로 손익비가 쉽게 변하는 것을 확인해볼 수 있습니다.

마지막으로, 리테스트를 기다리는 습관을 들인다면 FOMO(Fear Of Missing Out)에 의한 충동적인 매매의 빈도가 줄어듭니다. FOMO란 뒤처지고 있다는 생각에 조급하게 투자를 하는 행위를 말합니다. 리테스트가 많은 경우에서 나타남을 생각해보면, 리테스트를 기다림으로 인해 FOMO를 방지하고 보다 유리한 진입 기회를 기다릴 수 있게 되는 것입니다.

리테스트가 일어나지 않은 채로 추세를 보이는 종목은 무리하지 않고 놓아주면 그만입니다.

리테스트의 개념과 다양한 타임프레임 분석을 통한 매수 셋업 전략

이러한 추세선의 S/R Flip과 리테스트의 개념을 이용해 매매에서 좋은 성과를 거둔 바가 있으므로, 이를 전략화하여 소개하겠습니다.

우선, 높은 타임프레임상에서 하락세를 보이는 종목을 선정합니다. 명확한 하락 추세선을 보이는 경우 진입이 보다 수월하며, 테마 및 매크로 이슈와 같은 호재가 있는 종목이라면 보다 신뢰도 높은 매매를 할 수 있습니다. 그 외에도 이동평균선의 역배열이 해소되는 움직임이나 이격도의 감소 등을 체크해두는 것도 유용합니다.

다음으로, 타임프레임을 낮추어 상승 채널의 등장 여부를 확인합니다. 거시적 하락세 속에서 상승 반전의 신호를 찾는 것으로, 현물 CVD의 증가와 같은 데이터상 근거가 뒷받침된다면 더욱 좋습니다.

낮은 타임프레임의 상승 채널과 높은 타임프레임의 하락 추세선을 근거로 매력적인 진입 위치를 설정합니다. 주로 상승 채널의 중간 지점(Mid-level), 하단 경계 및 하락 추세선을 진입 위치로 고려할 수 있습니다.

이후 리테스트를 기다린 후 이를 진입 기회로 삼아 매수·롱 포지션에 진입합니다. 빠른 이해를 도울 수 있도록 실전 사례를 살펴보겠습니다.

실전 사례

IOSTUSDT.P, 8시간, BINANCE

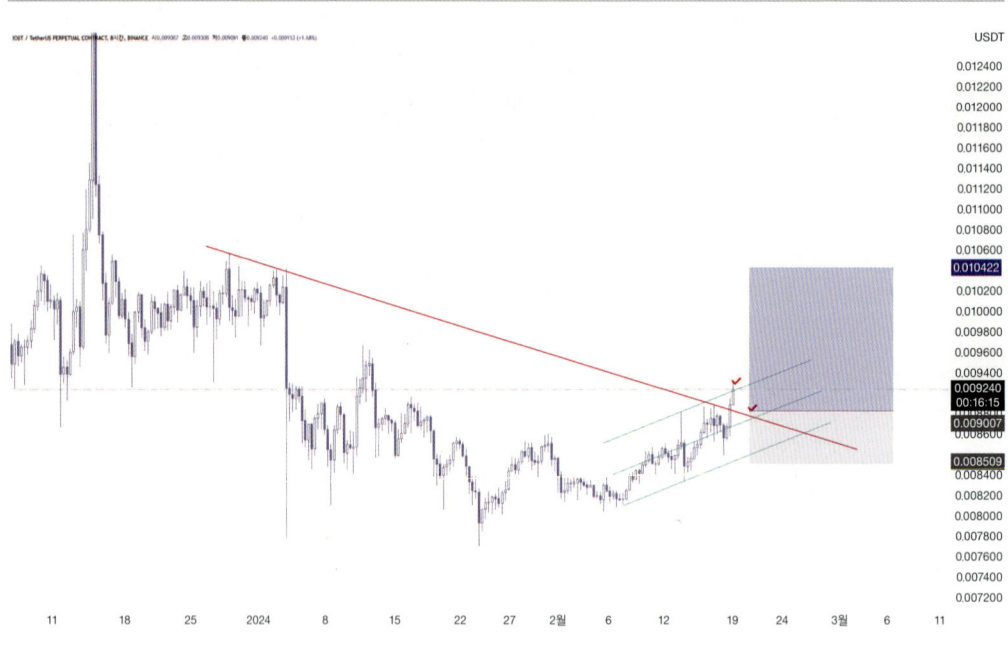

    가상자산의 한 종류인 이오스트(IOST)에 대한 롱 포지션 플랜입니다. 앞서 살펴보았던 전략을 그대로 이용하여 매수 포지션에 진입하였습니다.

    우선 8시간 타임프레임과 같은 높은 타임프레임에서 하락 추세선이 확인되었으며, 이를 돌파하는 상승 움직임이 관찰됩니다. 낮은 타임프레임으로 보면, 최근 2주간 상승 채널이 형성됨을 알 수 있습니다. 또한 파이어차트(Firechart)에서 현물 CVD의 강한 상승이 확인됩니다.

IOSTUSDT의 파이어차트(Firechart)상 1주간 CVD 움직임

진입 타점은 크게 두 군데로 설정하였으며, 근거는 다음과 같습니다.

먼저, 거시적 하락 추세선과 상승 채널 중간 지점(Mid-level)의 중첩 구간을 고려하였습니다. 이는 가장 주가 되는 진입 구간으로, 리테스트를 기다린 후 진입하는 전략입니다.

다음으로, 상승 채널 돌파 이후 채널의 상단을 리테스트 할 때 진입을 계획하였습니다. 추격 매수에 해당하므로 1R 대신 0.5R 수준의 적은 비중을 권장합니다. 이후 나타난 움직임은 매우 흥미롭습니다.

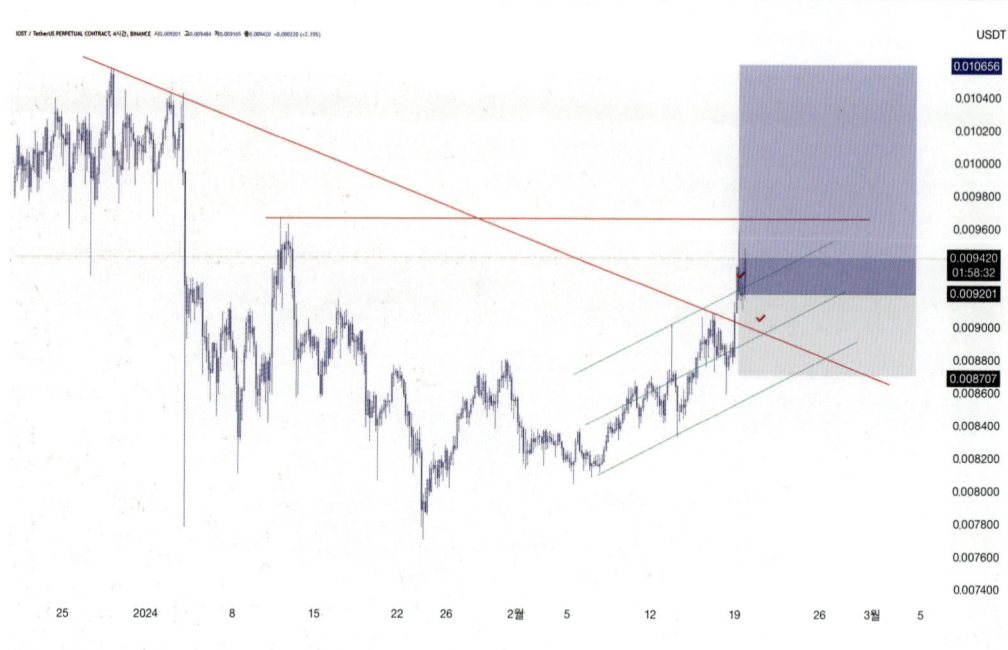

먼저 나타난 움직임은 두 번째 진입 구간이자 추격 매수에 해당하는, 상승 채널 돌파 이후 리테스트였습니다.

0.5R로 1차 매수에 진입할 수 있었으며, 진입 구간이 다소 높았기에 리스크를 조기에 제거한 후 주된 진입 구간에서의 재진입을 염두에 두었습니다.

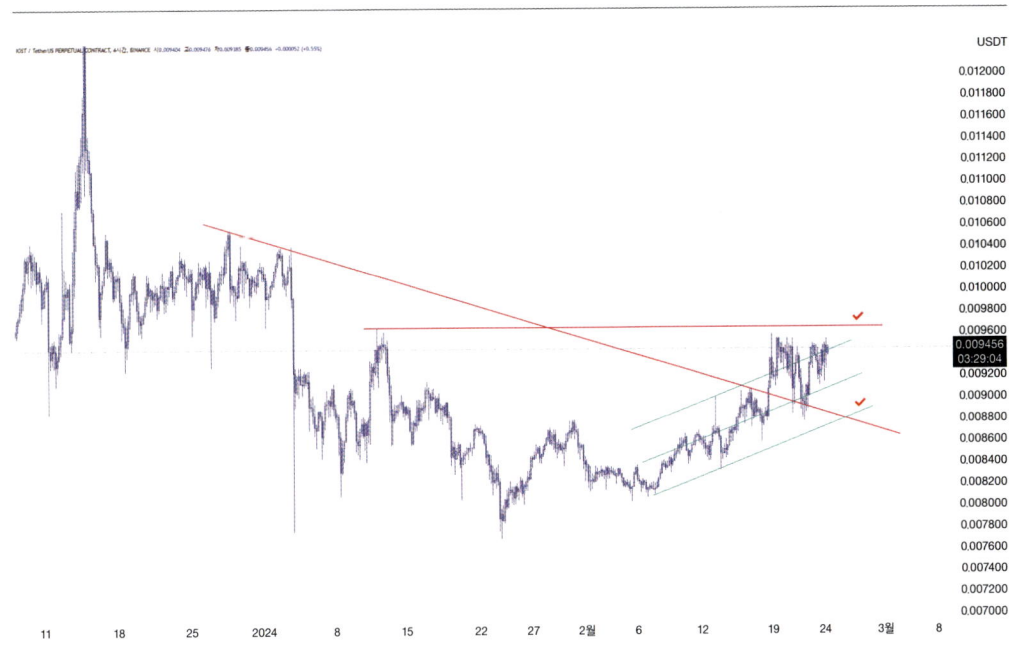

뒤이어 거시적 하락 추세선을 리테스트하는 움직임이 관찰되었습니다. 따라서 0.5R 선 진입 물량에 대해서는 리스크 제거 상태에서 보유를 지속하였으며, 주된 진입 구간에 해당하기에 추가 진입을 고려하였습니다.

최종적으로 주된 진입 구간을 기준으로 현물 기준 +22.8% 이상의 상승이 나타나며 성공적으로 포지션을 종료하였습니다.

다음으로 살펴볼 사례는 프랙스쉐어(FXS)라는 이름의 가상자산 종목입니다.

FXSUSDT.P, 4시간, BINANCE

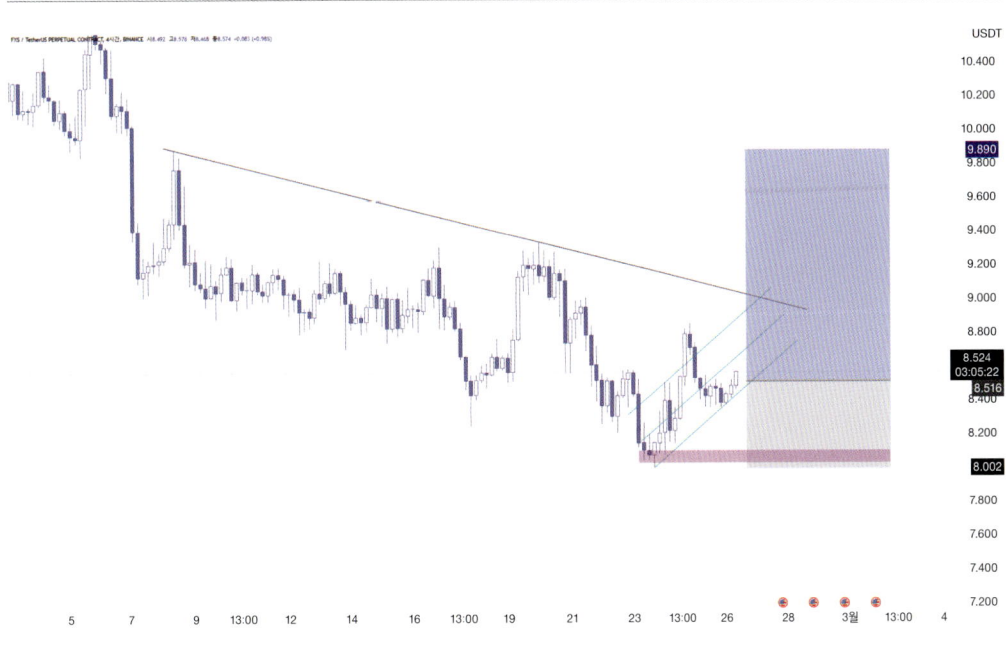

프랙스쉐어(FXS) 역시 앞서 살펴본 전략을 토대로 매수 포지션에 진입하였습니다.

우선 4시간봉 타임프레임상에서 명확한 하락 추세선을 확인합니다. 하락 추세선까지의 유동성 확보 움직임이 나타날 가능성을 고려하였습니다. 또한 낮은 타임프레임상에서 상승 채널이 확인됩니다.

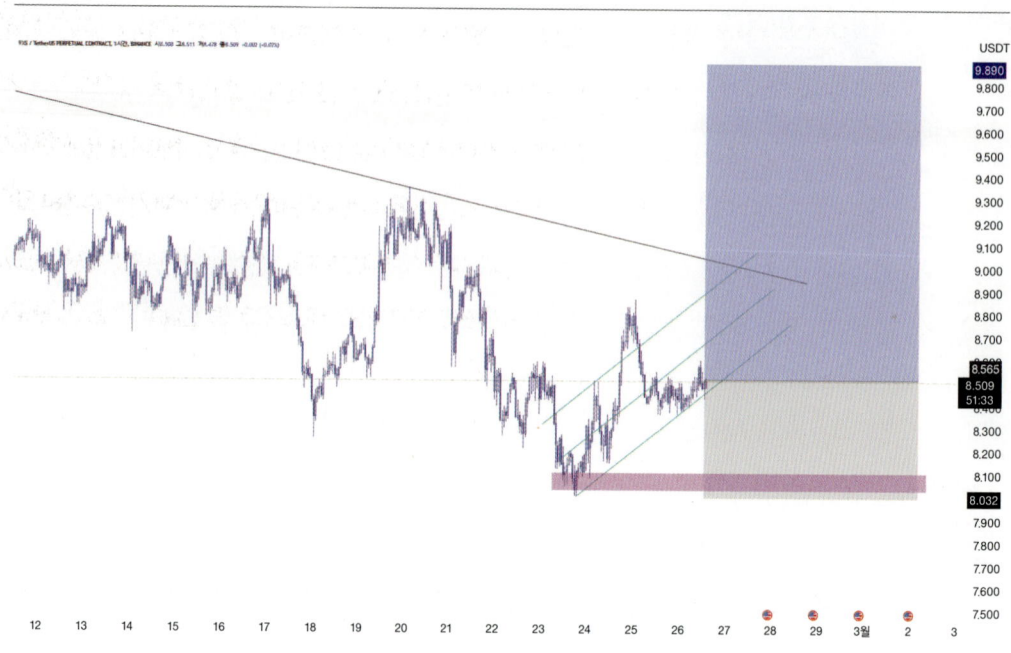

　상승 채널의 하단을 진입 구간으로 고려하였으며, 시장은 실제로 채널의 하단을 리테스트 하는 모습입니다.

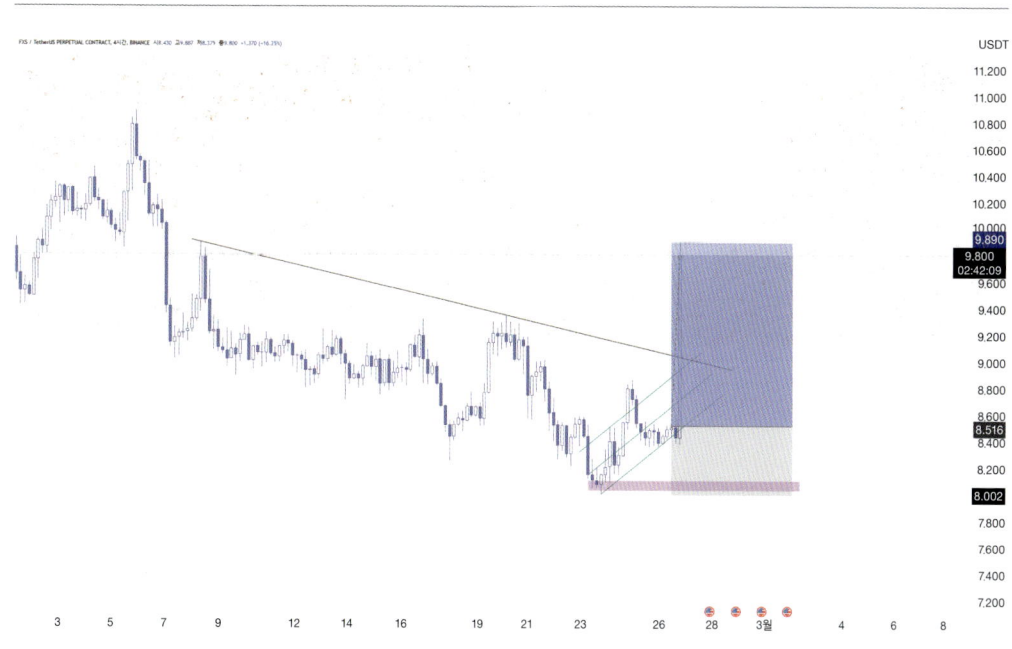

　　진입이 완료된 직후, 시장은 급격한 상승 움직임을 보이며 최종적으로 목표가를 달성하였습니다. 현물 기준 +15% 이상의 상승이 나타났으며 성공적으로 포지션을 종료하였습니다.

5
불 트랩을 역이용한 매도 셋업 전략

    트레이딩에 있어 세력의 움직임을 이해하는 것은 매우 중요합니다. 이때 세력이 이용하고자 하는 유동성이 무엇인지 이해하고, 이를 역이용할 수 있다면 트레이딩의 승률을 보다 높일 수 있을 것입니다.

    마지막으로 소개할 전략은 마치 가격이 상승할 것처럼 꾸며낸 뒤 다시 하락세를 유도하여 투자자들을 함정에 빠뜨리는 불 트랩(Bull Trap)을 역이용한 전략입니다.

불 트랩을 역이용한 매도 셋업 전략

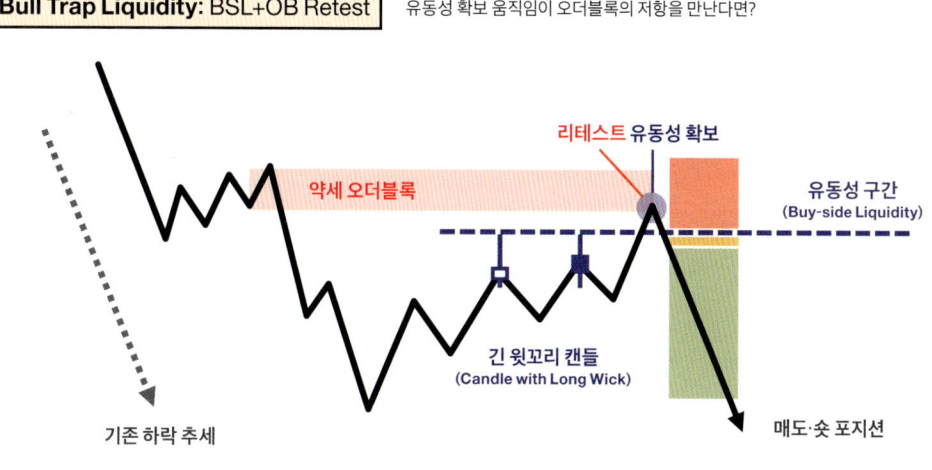

본 전략은 아주 단순합니다. 일반적으로 세력은 가격 하락을 유도하기 위해 매수측 유동성(Buy-side Liquidity)을 확보하려 합니다. 이는 스윙 고점이나 긴 윗꼬리를 지닌 캔들의 고점에서 주로 형성되는데, 본 전략은 세력의 해당 움직임을 역이용한 것입니다. 물론 단순히 유동성 구간으로 의심되는 구간을 돌파한다고 하여 무조건 '불 트랩(Bull Trap)'으로 해석하는 것은 무리가 있습니다.

이에 전략의 근거를 더하기 위해 오더블록이 지지·저항의 역할을 할 수 있다는 점을 접목하였습니다. 약세 오더블록(Bearish OB: BeOB)의 개념을 사용하였으며, 이는 가격이 하락세를 보이는 시점에 매물이 집중되어 있는 영역을 의미합니다. 만약 매수측 유동성을 해소하는 일시적인 상승이 오더블록의 저항을 뚫지 못하는 경우, 해당 오더블록을 리테스트한 것으로 해석할 수 있습니다.

이후 가격이 매수측 유동성 구간으로 다시 하락하는 모습을 보일 때 해당 구간을 숏 포지션의 진입 구간으로 설정할 수 있습니다. 손절 구간은 손익비와 리스크 관리를 바탕으로 설정해야 하나, 통상 오더블록 상방에 설정할 수 있습니다. 목표 구간은 손익비를 고려하여 과거 저점과 같은 주요 구간으로 설정할 수 있습니다.

전략 속에 숨겨진 세력의 움직임을 한 번 더 자세히 살펴보겠습니다. 약세 오더블록은 세력이 가격 하락을 유도하기 전 매도 물량을 충분히 확보하기 위한 구간으로, 개미(개인 투자자)들을 속이기 위해 일시적인 양봉의 형태로 나타나는 경우가 많습니다. 이를 통해 개미를 속여 매도 물량을 효율적으로 매집하는 것이 가능하며, 매집이 충분히 완료된 경우라면 이후 강한 하락을 유도합니다.

오더블록에서 충분한 물량을 매집하였더라도, 강한 가격 하락을 유도하는 과정에서 발 빠른 개인 투자자들의 물량이 뒤따라 붙게 됩니다. 세력은 이를 털어내기 위해 매수측 유동성을 확보하는 움직임을 만들며, 해당 구간에서 개인 투자자들의 숏 포지션 청산을 유도합니다. 이는 긴 윗꼬리를 지닌 캔들로 표현되며, 세력은 새롭게 숏 포지션에 진입하며 유동성 확보를 진행합니다. 이때 이러한 반발 매도 움직임을 노린 또 다른 개인 투자자들의 숏 포지션 진입이 이어질 수 있습니다.

세력은 이를 또다시 털어내기 위해 매수측 유동성을 해소(유동성 확보)하는 움직임을 보이게 됩니다. 하지만 이러한 움직임을 학습한 개인 투자자들은 긴 윗꼬리를 지닌 캔들이 강한 저항 구간으로 작용한다는 사실을 알고 있습니다. 이에 세력은 자신의 물량은 훼손시키지 않는 범위(오더블록을 초과하지 않는 범위)에서 기존 매수측 유동성의 윗꼬리를 일시 돌파하는 강한 상승을 일시적으로 유도하고, 이는 개인 투자자들의 숏 포지션 청산으로 이어지게 됩니다.

이러한 과정은 Bearish 3 Tap Setup의 형태로 나타나게 됩니다. 가장 중요한 사실은, 개인 투자자들의 숏 포지션 청산과 유동성 확보를 위한 일시적 상승이 상방의 오더블록 구간을 넘기지 않는다는 점입니다. 이러한 상황에도 불구하고 또다시 개인 투자자들의 숏 포지션이 진입한다면 어쩔 수 없이 세력은 이들을 데려갈 수밖에 없습니다. 우리는 이를 역이용하여 수익을 추구하고자 하는 것입니다.

실전 사례

BTCUSDT, 15분, BINANCE

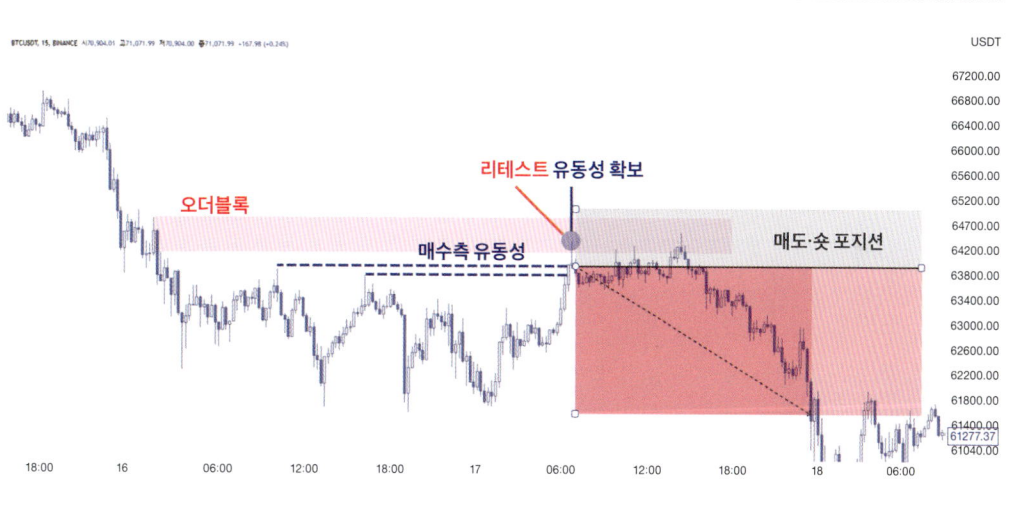

　비트코인(BTC) 15분봉 타임프레임에서 본 전략을 적용한 예시입니다. 16일 전후로 하락세가 진행되는 와중에 다수의 매물이 포진한 오더블록이 형성되었습니다. 이후 이어진 하락세 속에서 긴 윗꼬리를 지닌 캔들이 등장하며 매수측 유동성을 이루는 모습이 관찰됩니다. 17일 06시경 가격은 매수측 유동성 구간을 상방 돌파하며 유동성 확보 움직임이 나타납니다. 기대하는 하락이 나타나기 위해선 상방의 오더블록이 강한 저항 역할을 해주어야 할 것입니다.

　가격이 오더블록 구간에 접촉하며 긴 꼬리를 그릴 때 매수측 유동성 구간을 진입 구간으로 삼는 숏 포지션을 계획합니다. 해당 포지션의 손익비는 1:2, 포지션 유지 기간은 24시간으로 설정하였습니다.

　17일 15시경 오더블록을 상방 돌파하려는 움직임이 재차 나타났지만 결국 저항을 뚫어내지 못했습니다. 차트상 '리테스트·유동성 확보'로 나타낸 고점을 또 다른 매수측 유동성으로 생각한다면 해당 구간 또한 유동성 확보가 이루어진 셈입니다. 실제 매매 시 이처럼 단번에 원하는 하락이 나오지 않을 수 있으므로, 손절 구간은 오더블록 상방에 여유 있게 설정하는 것이 권장됩니다. 이후 가격은 하락세로 전환되며 18일경 목표가를 달성하는 모습입니다.

가상자산의 한 종류인 솔라나(SOL)의 10분봉 타임프레임 차트입니다. 마찬가지로 하락세 와중에 형성된 오더블록을 볼 수 있는데, 긴 윗꼬리를 지닌 캔들이 오더블록 바로 하방에서 매수측 유동성을 형성한 것을 볼 수 있습니다.

약 세 차례에 걸쳐 형성된 구간인 만큼 유동성이 확보(해소)된다면 강한 하락 움직임을 기대할 수 있습니다. 이후 13일 23시경 윗꼬리를 지닌 장대양봉이 유동성 구간을 해소함과 동시에 오더블록의 저항을 맞는 모습이 관찰됩니다. 앞선 사례와 마찬가지로 숏 포지션을 계획합니다.

매수측 유동성을 해소한 양봉의 종가 구간을 눈여겨본 뒤, 이어질 캔들이 음봉으로 나타날 것을 감안하여 진입 구간은 유동성 구간이 아닌 양봉 종가 하방으로 설정합니다. 목표가는 이전 스윙 저점으로, 손절 구간은 오더블록의 상방에 두어 1:2.5의 손익비를 가질 수 있도록 설정하였습니다.

포지션은 최소 4시간 동안 유지하는 것으로 계획했으나 예상보다 급격한 하락 움직임이 나타나며, 약 30분 만에 목표가에 도달하였습니다. 이후로도 하락세가 더욱 이어지는 모습이 나타났습니다. 숏 포지션 물량을 일부 남겨 수익을 극대화하였다면 보다 만족스러운 매매가 되었을 것입니다.

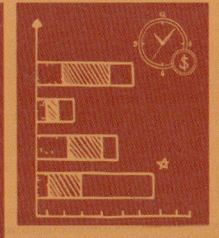

4장
엘리어트 파동 이론

1 엘리어트 파동 이론의 기초
2 파동 구성 법칙과 등급의 분류
3 충동파
4 대각삼각
5 조정파: 기초
6 조정파: 심화
7 파동의 분석 방법과 쉽게 범하는 실수

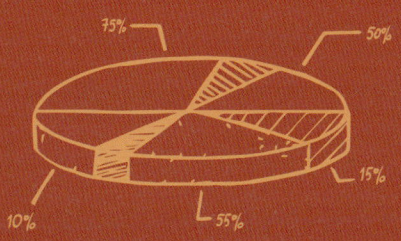

1 엘리어트 파동 이론의 기초

시장 경제에 관심이 있는 분들이라면 한 번쯤 '엘리어트 파동'이라는 용어를 들어보았을 것입니다. 이는 엘리어트라는 실존 인물의 이름을 그대로 차용한 것으로, R. N. 엘리어트(Elliott)가 1946년 집필하여 《Financial World Articles》지에 기고한 "The Wave Principle: Nature's Law"에 뿌리를 둔 이론입니다. 뿌리를 두었다고 표현하는 이유는, 현재 해당 원고가 온전히 남아 있지 않으며 현대에 전해지는 엘리어트 파동 이론은 후대의 분석가들이 체계를 수립하여 정리한 것이기 때문입니다.

엘리어트 파동 이론에 대한 투자자들의 평가는 다양하게 나뉩니다. 소위 '호불호'가 심한 기술적 분석 이론 중 하나라고 할 수 있습니다. 일각에서는 구시대적인 파동 이론이므로 현대에 적용하기는 어려우며, 내용이 난해하고 해석이 모호하다는 비판의 목소리가 존재합니다. 이처럼 평가가 엇갈림에도 불구하고, 엘리어트 파동 이론은 여전히 기술적 분석의 한 축을 맡고 있으며, 분명 그만한 이유가 있을 것입니다.

글쓴이(치과아저씨)의 경우에도 투자를 시작한 지 어느덧 수년이 흘렀지만, 아직 엘리어트 파동 이론을 완전히 이해하고 활용하는 경지에 이르렀다고 감히 말하기 어렵습니다. 하지만 본 이론의 원리를 이해하고 적절히 활용할 수만 있다면 투자에 도움이 될 것은 분명합니다.

이번 4장에서는 엘리어트 파동 이론을 치과아저씨 팀의 시각에서 해석하여 여러분께 공유하고자 합니다. 물론 엘리어트 파동 이론을 다루는 서적은 서점에서 흔히 접할 수 있습니다. 하지만 치과아저씨 팀이 엘리어트 파동 이론을 이해하려 기울인 노력들을 기존의 유명 저서 및 자료와 접목하여 해석하고, 나아가 이를 공유하는 것은 또 다른 의미를 지니리라 생각합니다. 이에 본 파트가 단순히 엘리어트 파동 이론을 소개하는 것을 넘어 독자 여러분과 허심탄회하게 토의할 수 있는 장이 되었으면 하는 바람입니다.

엘리어트 파동이란?

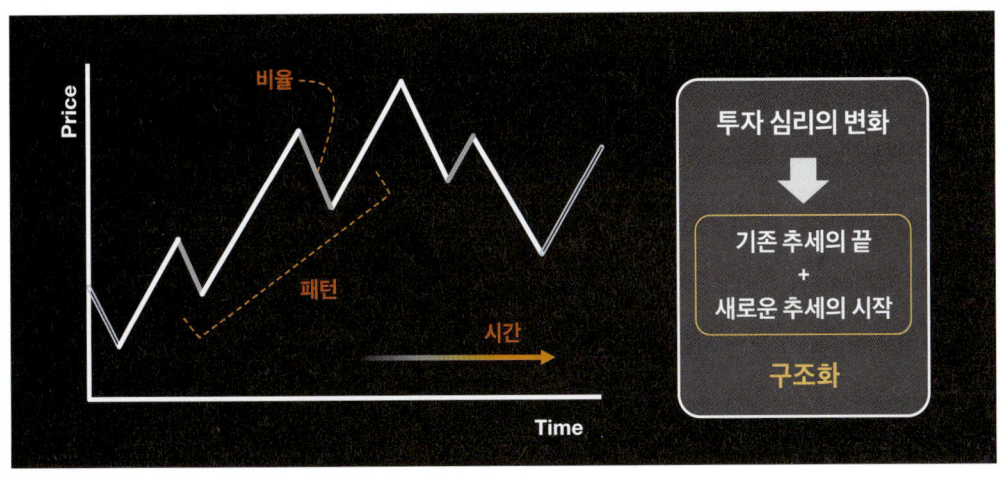

투자에 있어 차트(Chart)는 시장 가격의 움직임을 평면상에 나타낸 것으로, 시장 참여자들의 심리와 행동 양상이 도표상에 표현된 것이라 할 수 있습니다. 엘리어트 파동 이론은 이러한 차트의 움직임을 바탕으로 하고 있으며, 가격이 특정 시점에서 어떻게 움직이는지 그 방향과 정도를 설명하는 이론입니다. 엘리어트 이론을 재정립하여 발전시킨 글렌 닐리(Glenn Neely)의 저서에는 다음과 같은 문구가 있습니다.

시간이 경과함에 따라 기존의 사고방식에 싫증을 느낀
시장 참여자(투자자)들이 새로운 방식으로 생각하게 되면서
'집단 심리'가 변화할 수 있다.

글렌 닐리(네오웨이브 설립자)

이러한 집단 심리의 변화는 특정 추세의 끝을 알림과 동시에 새로운 추세가 시작됨을 의미합니다. 그러므로 엘리어트 파동 이론은 이러한 추세의 변화를 식별하고 예측 가능하게 구조화한 것이라 할 수 있습니다.

엘리어트 파동 이론의 의의

엘리어트 파동 이론은 차트 패턴(Chart Pattern)과 같이 차트에 그려지는 가격 움직임에 초점을 둔 기술적 분석 방식입니다. 이동평균선(Moving Average), 상대강도지수(Relative Strength Index) 등과 같은 보조지표가 차트상의 가격과 거래량 정보를 가공하여 산출한 지표라면, 엘리어트 파동 이론은 오로지 가격의 형태와 거래량의 크기를 바탕으로 분석이 이루어집니다.

얼핏 보기에 단순히 차트의 움직임만을 토대로 시장을 파악하고 움직임을 예측하는 것은 너무 막연하다는 생각이 들 수 있습니다. 하지만 가격이 오르고 내림에 있어 원인 없는 움직임은 없음을 기억해야 합니다. 가격은 어떠한 원인(수요와 공급의 변화, 뉴스 등)에 의해 움직이는 것이며, 이를 있는 그대로 드러내는 것은 차트 그 자체입니다. 그러므로 앞으로 다가올 움직임을 예측하여 행동하고자 한다면, 가격 움직임에 우선 집중하는 건 잘못된 접근은 아닐 것입니다.

글렌 닐리는 엘리어트 파동 이론이 3가지 특징적인 양상을 지닌다고 하였습니다. 먼저, 새로운 기술의 개발이나 초대형 사고와 같이 기본적 요소(Fundamental)에 예상치 못한 영향을 미치는 뉴스가 발생하더라도 엘리어트 파동 이론을 적용할 수 있다는 점입니다. 또한, 시장의 발생 가능한 움직임을 모두 기술할 수 있는 '완전성'을 갖추었다고 하였으며, 분석이 시간 흐름에 따라 변화하는 연속성, 동태성을 가진다고 하였습니다.

엘리어트 파동 이론은 주식, 채권, 지수 및 가상자산과 같이 다양한 투자 영역에 적용할 수 있으며, 가격과 거래량만으로 분석이 가능하다는 점에서 장점을 지니고 있습니다. 하지만 이론 체계가 상당히 복잡하고 방대하다는 점과 예측의 불확실성이 가장 큰 단점으로 작용하고 있습니다. 더욱이 이론을 적용하는 상황이 매 순간 달라지기 때문에 분석 방식을 단순화하거나 자동화할 수 없다는 점 역시 어려움으로 다가오고 있습니다.

무엇에 기초를 두었는가?

엘리어트 파동 이론의 창시자 R. N. 엘리어트는 다음과 같이 말했습니다.

인간도 해나 달과 다를 바 없는 자연 속의 한 주체다.
따라서 인간의 행동들도 그것의 나타남을 수리적으로
분석하는 대상이 된다. …

한 걸음 더 나아가, 이처럼 인간의 행동이 주기적 순환의 과정을
밟는다는 근거하에서 그 행동의 변화를 계량화함으로써 전례 없는
수준의 타당성과 확실성을 갖춘 미래 예측을 해낼 수 있다.

R. N. 엘리어트(1871~1948)

그가 주장한 주기적 순환의 근거를 뒷받침할 개념은 무엇이 있을까요? 바로 프랙탈(Fractal)과 피보나치수열(Fibonacci Sequence)입니다.

 프랙탈

프랙탈

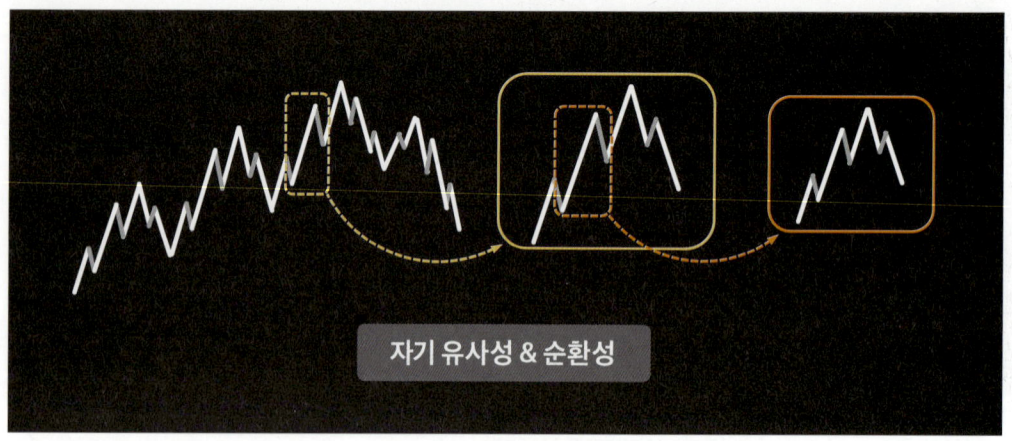

프랙탈(Fractal)이란 단순한 구조가 끊임없이 반복되면서 복잡하고 묘한 전체 구조를 만드는 것이라 정의할 수 있습니다. 자기 스스로를 닮은 모습이 되풀이되며 구성된 자기 유사성(Self-similarity)과 순환성(Recursiveness)이 특징입니다.

어떤 도형의 일부를 확대하였을 때 그 도형의 전체적 모습이 똑같이 반복되어 나타나는 것이라 할 수 있으며, 실제로 엘리어트 파동 내부에 또 다른 파동의 모습이 재현되는 것을 통해 이를 쉽게 이해할 수 있습니다.

피보나치수열

엘리어트 이론에서의 파동을 이해하기 위해서는 피보나치수열(Fibonacci Sequence)을 알고 있어야 합니다. 피보나치수열은 《차트 분석 바이블》 1권 6장 '피보나치의 이해' 편을 참고하면 보다 쉽게 이해할 수 있습니다.

피보나치수열

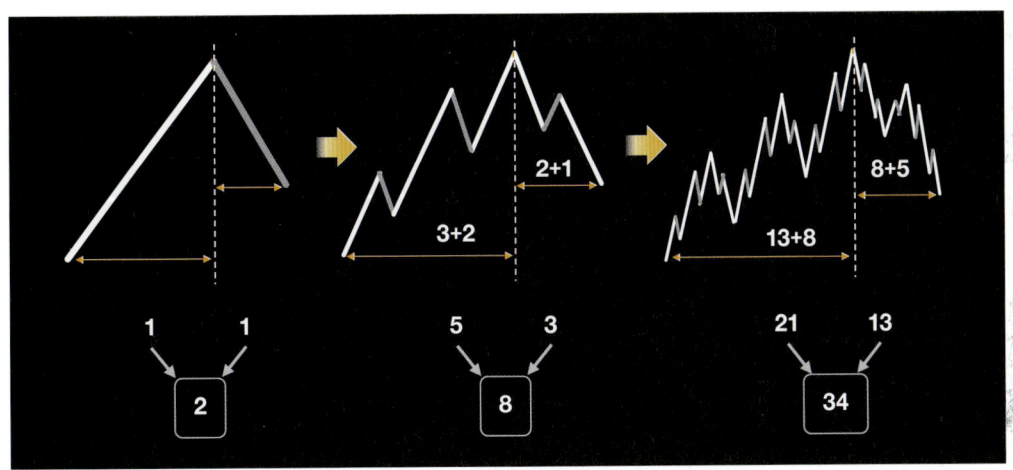

피보나치수열이 중요한 이유는 엘리어트 파동을 식별하는 데 있어 기초가 되기 때문입니다. 이해를 돕기 위해 엘리어트 파동 구성을 간략히 살펴보겠습니다.

엘리어트 파동은 주된 추세 방향으로 움직이는 동인파(Motive Wave)와 반대 방향으로 향하는 조정파(Corrective Wave)로 구분할 수 있습니다. 동인파와 조정파로 구성된 엘리어트 이론은 1+1=2 종류의 파동으로 이루어져 있으므로 피보나치수열을 만족하고 있습니다.

하나의 동인파는 보다 작은 5개의 파동으로 이루어져 있으며 각각 3개의 동인파와 2개의 조정파로 구성됩니다. 이는 3+2=5에 해당하므로 피보나치수열을 만족합니다. 또한 조정파는 보다 작은 3개의 파동으로 구성됩니다. 주된 추세와 가격의 되돌림을 거치며 각각 5개, 3개의 하위 파동이 나타나는 셈입니다. 5+3은 8로 또 다른 피보나치수열을 만족하게 됩니다.

왜 논란이 생기는가?

복잡한 이론과 다양한 패턴의 변형
엘리어트 파동 이론에서 제시하는 일반적 패턴과 각각의 변형은 제각각 다른 관계를 형성합니다. 그리고 채널(Channel)의 진행과 가격의 움직임, 기술적인 특성 역시 모두 상이합니다. 이는 엘리어트 파동 이론을 접함에 있어 높은 진입장벽으로 작용할 수 있습니다.

파동을 분류하고 식별하는 데에 있어 주관이 개입될 수 있음
엘리어트 파동 이론의 경우 세부적인 사항까지 철저하게 분석해야 합니다. 이러한 오해가 생기는 이유는, 시장 구조(Market Structure) 분석의 과정이 다소 지루하고 어렵게 느껴져 이를 완전히 마무리하는 것이 힘들기 때문일 것입니다.

엘리어트 이론은 후향적 분석과 판단에 의존함
엘리어트 파동 이론은 시장 움직임의 구조를 파악하는 데에서 출발합니다. 원전이라 할 수 있는 엘리어트의 단편 기고문에 따르면, 파동 예측은 특정 움직임이 끝난 바로 직후에 가능하며 모든 움직임을 정확히 예측하는 것은 불가능하다고 언급하고 있습니다.

이는 자칫 본 이론이 '지나간 시장 움직임에 의지하는' 또는 '지나고 나서야 알 수 있는' 개념으로 왜곡될 소지가 있습니다.

파동의 기초

엘리어트 파동 이론을 이해하기 위해서는 파동(Wave)의 개념을 명확하게 정의해야 합니다. 파동이란 시간에 따른 가격의 변화 움직임을 의미하며, 이는 공개된 시장에서 매수와 매도 간의 불균형에 의해 나타나는 결과물입니다. 양측 간의 힘의 균형이 바뀌는 순간 가격의 방향은 변화하게 되며, 이는 새로운 파동의 등장을 의미합니다.

그렇다면 파동의 시작과 끝을 어떻게 구분해야 할까요? 이를 위해 글렌 닐리가 제시한 모노파동(Monowave)의 개념을 알아보도록 하겠습니다. 모노파동은 파동의 최소 단위라 할 수 있습니다. 이를 바탕으로 차트상의 가격 움직임을 파동으로 나누어 해석할 수 있으며, 그 정도에 따라 파동의 등급을 구분할 수 있게 됩니다.

모노파동

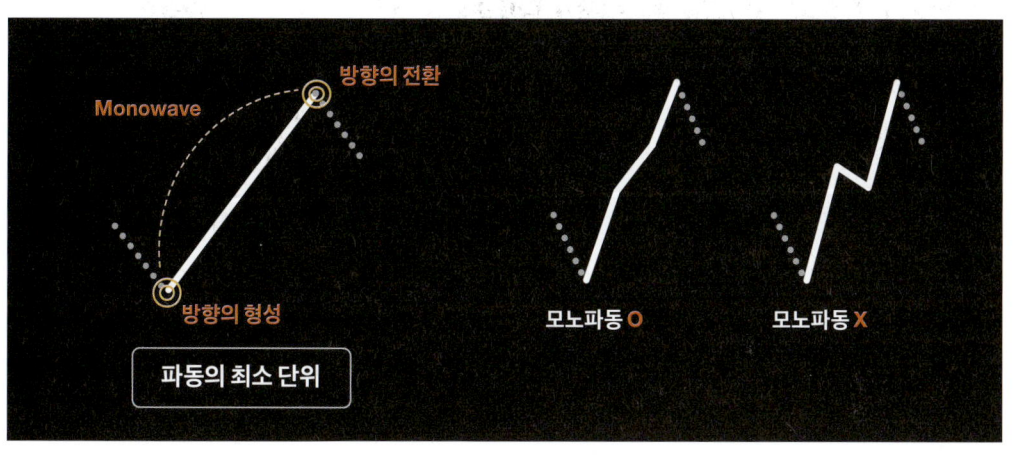

모노파동은 가격의 방향이 형성된 후 '방향이 변화하기 전'까지의 움직임을 의미합니다. 파동의 최소 단위이자 가장 단순한 형태의 파동인 것입니다. 중요한 점은 일시적으로 가격의 움직임이 둔화되거나 강화되더라도 방향 자체가 변하지 않는 경우 하나의 모노파동으로 간주한다는 사실입니다.

파동의 의의

5개의 하위 파동으로 구성된 한 단락의 파동 운동은 항상 한 가지 또는 그 이상의 외부적 영향으로 인해 일어납니다. 이는 3개의 충동파와 2개의 조정파를 거치며 자산 가격의 변동으로 나타나는데, 파동 발생의 원인이 된 외부적 영향은 이러한 변동 속에서 자연스레 흡수, 조절됩니다.

더욱이 해당 움직임을 유발한 이벤트 또는 뉴스는 대체로 파동 운동이 마무리되면서 그 영향력이 약해지는데, 그 과정 동안에 또 다른 새로운 뉴스가 수시로 시장에 영향을 미치게 됩니다. 이처럼 각 파동의 폭과 기간은 다양한 요소가 복합적으로 작용함으로써 조절되며, 한 단락의 파동을 완성하는 것입니다.

파동의 구성

동인파 & 조정파

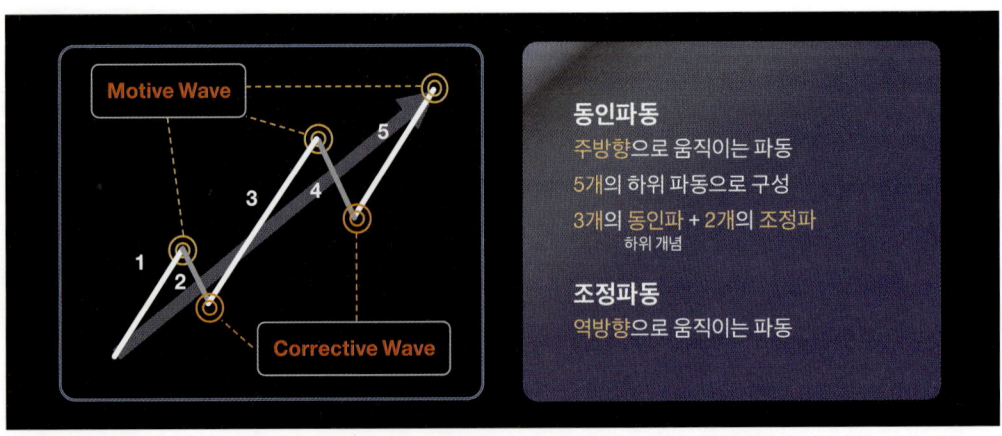

시장의 주된 방향(주방향)으로 움직이는 동인파동(Motive Wave)은 그 내부에 5개의 하위 파동이 위치해 있습니다. 1, 3, 5번째 파동은 주방향으로 움직이는 파동으로, 전체적인 방향을 결정하며 작은 단위의 동인파이기도 합니다. 2, 4번째 파동은 역진(Contrary) 또는 조정(Corrective) 파동으로, 교정파로도 불립니다. 이들은 동인파를 일부 되돌리며 파동의 전체적 방향성을 뒷받침합니다.

동인파동은 충동파(Impulse Wave)와 대각삼각(Diagonal Triangle: 쐐기 혹은 다이아고날) 두 종류로 세분화됩니다. 충동파는 동인파로 볼 수 있으나 동인파가 꼭 충동파인 것은 아닙니다. 흔히 충동파를 동인파의 개념으로 혼용하고 있으나, 충동파와 대각삼각 간의 특징이 상이하므로 여기서는 이 둘을 포괄하는 개념인 동인파를 사용합니다.

동인파동

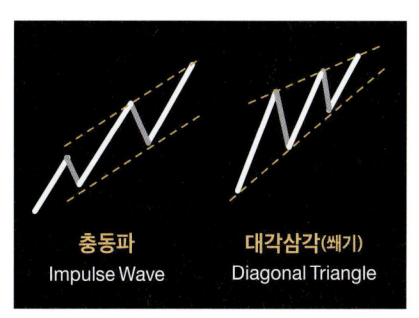

충동파 기본 규칙

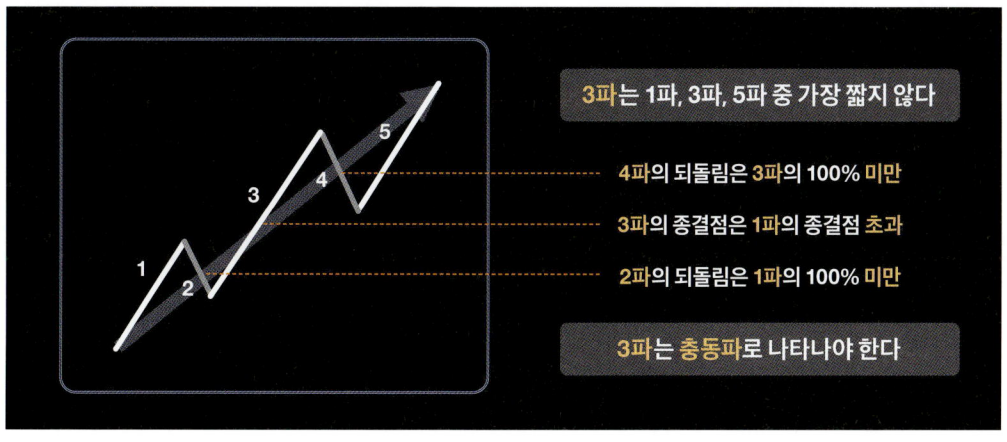

충동파는 몇 가지 기본 규칙을 지니고 있습니다. 만약 기본 규칙 중 한 가지라도 어긋나는 모습을 보인다면, 파동 분석이 적절치 못할 가능성이 높습니다. 여기서는 편의상 충동파의 하위 다섯 파동을 1, 2, 3, 4, 5파로 표기하도록 하겠습니다.

우선, 충동파의 하위 1파, 3파, 5파 중에서 3파는 가장 짧은 파동이 되어서는 안 됩니다. 오히려 3파가 가장 길게 나타날 때가 존재합니다. 달리 말해, 세 파동 중 가장 짧은 파동은 1파 또는 5파인 것입니다. 또한, 3파는 충동파의 형태로 나타납니다. 만약 3파가 대각삼각 형태로 관찰되거나 충동파의 조건을 만족하지 못한다면 분석의 신뢰도는 떨어집니다.

다음으로, 2파는 1파를 100% 미만으로, 4파는 3파를 100% 미만으로 되돌립니다. 2파는 1파의, 4파는 3파의 시작점을 넘어서는 수준까지 가격을 되돌리지 않는다는 이야기입니다. 마지막으로, 3파는 1파의 종결점을 넘어서 나아가야 합니다. 3파가 끝나는 지점이 1파의 종결점을 초과하여 형성되어야 하는 것입니다.

충동파 기본 규칙

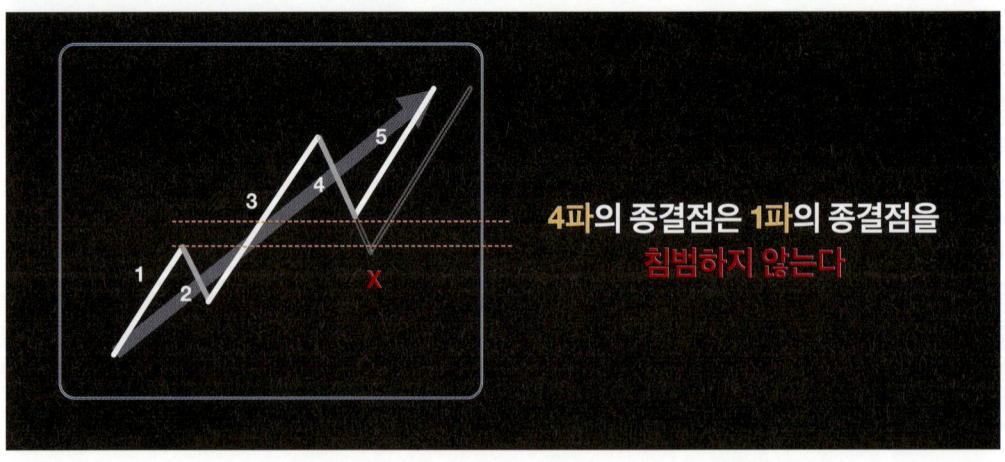

또한 충동파에는 하위 파동 중 4파가 1파와 중첩되지 않는다는 기본 규칙도 있습니다. 4파의 종결점이 1파의 종결점을 침범하지 않는다는 것으로, 상승 방향의 충동파를 기준으로 4파의 저점이 1파의 고점보다 높아야 합니다. 만약 본 규칙이 위배되는 경우 엘리어트 파동 이론을 따르지 않는 것으로 간주해야 합니다. 창시자 엘리어트 또한 이를 위배하는 경우는 모든 분석을 통틀어 단 한 번에 불과하다고 저술하였습니다.

파동의 구조

앞서 언급한 프랙탈(Fractal) 구조를 기억하신다면 파동의 구조를 보다 쉽게 이해할 수 있습니다.

파동의 구조

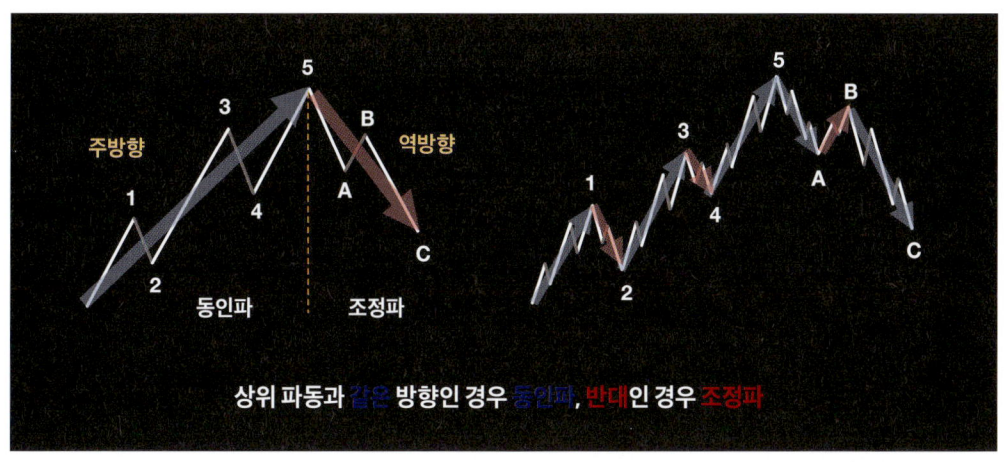

주방향의 파동인 동인파는 5개의 하위 파동으로 이루어져 있다고 말씀드렸습니다. 그런데 이러한 동인파를 보다 높은 타임프레임에서 한 발자국 떨어져 바라보면, 거대한 동인파를 이루는 작은 동인파로 볼 수 있습니다.

한편 동인파 이후 나타나는 조정파는 3개의 하위 파동으로 이루어져 주 추세의 반대 방향으로 진행됩니다. 흥미로운 점은 조정파의 하위 파동(A, B, C)을 자세히 들여다볼 때 A와 C 내부에 또 다른 5개의 하위 파동이 존재한다는 사실입니다. 조정파 내부에 작은 단위의 동인파가 존재하는 셈이며, 이는 프랙탈의 원리에 상응하는 개념입니다.

위의 내용으로 알 수 있는 점은 동인파의 방향이 주방향과 항상 같은 것은 아니란 사실입니다. 마찬가지로 조정파의 방향이 항상 역방향인 것 또한 아닙니다. 파동의 성격은 절대적인 것이 아닌 상대적인 방향에 따라 결정됩니다. 따라서 어떠한 파동의 동인파 또는 조정파 여부를 판단할 때 해당 파동이 속해 있는 보다 큰 파동과의 방향 일치 여부를 살펴야 합니다.

파동의 구분

파동의 구분

성격	파동의 구분		형성 기간
초장기 파동	초대형 순환파	Grand Supercycle	
	대형 순환파	Supercycle	약 50년 내외
장기 파동	순환파	Cycle	약 10년 내외
	기본 파동	Primary	약 1~3년 내외
중기 파동	중간 파동	Intermediate	1년 이하(수 개월)
단기 파동	소파동	Minor	
	미세 파동	Minute	
	초미세 파동	Miniature	** 본래 Minuette로 알려져 있음.
	극초미세 파동	Subminiature	

　엘리어트 파동이 이처럼 프랙탈의 특성을 지니므로 파동 형성 기간을 기준으로 파동의 등급을 구분할 수 있습니다. 시장 주기(Cycle)는 오름세와 내림세, 상승장과 하락장을 반복하며 나타나므로 가장 큰 파동 주기는 하나의 동인파와 하나의 조정파로 구성된다고 할 수 있습니다. 이들은 또다시 각각 5개와 3개의 하위 파동으로 세분화할 수 있습니다. 해당 하위 파동은 내부에 더욱 작은 하위 파동을 지니며 자기 반복성을 보이게 됩니다.

　이에 엘리어트는 차트상에서 파동을 식별할 때 상위 등급과 하위 등급 여부에 따른 혼선을 방지하기 위해 파동의 등급을 구분하여 정의하였습니다. 일반적으로 거시 경제에서 기업의 설비투자와 관련된 경기 순환은 10년 내외(7~12년)로 반복된다고 알려져 있습니다. 이를 설비투자 순환 또는 쥐글라르 순환(Juglar Cycle)이라 하며, 엘리어트 파동 구분상 순환파(Cycle)에 해당합니다.

보다 상위 등급의 대형 순환파(Supercycle)는 약 50년 내외로 분류하였는데, 전쟁이나 기술혁신과 같은 원인으로 발생하며 40~70년의 순환 주기를 지니는 콘드라티에프 순환(Kondratieff Cycle)과 흡사한 주기를 지닙니다. 이처럼 엘리어트가 구분한 파동의 주기는 경제학적 측면과도 부합한다는 것을 알 수 있습니다.

파동의 식별

엘리어트는 이러한 파동을 식별하기 위해 채널(Channel)을 작도하여 식별할 것을 제안하였습니다. '추세대'로도 불리는 채널은 서로 평행한 두 추세선(Trendline)을 기반으로 그려집니다.

파동의 식별

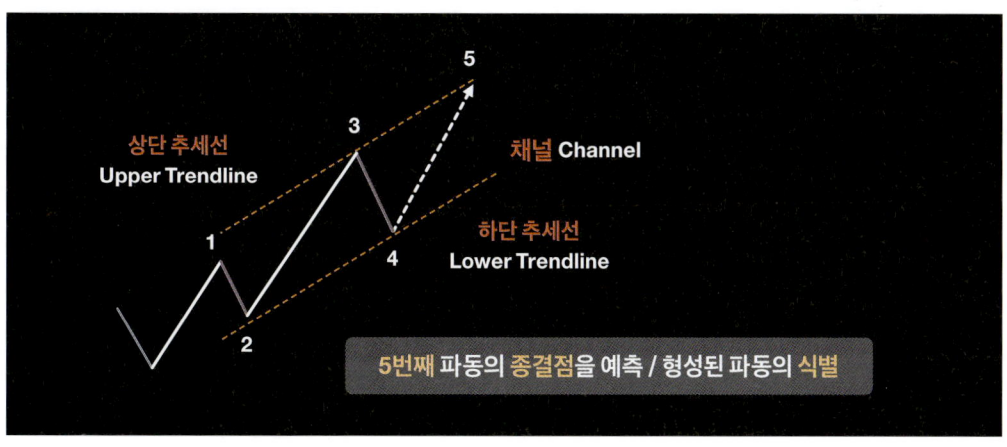

위 그림과 같이 엘리어트는 1, 2, 3, 4파의 각 종결점(변곡점)을 기반으로 추세선을 그어 파동의 최종 종결 지점을 확인할 수 있다고 이야기하였습니다. 해당 채널은 동인파의 상단과 하

단 경계를 이루게 되는데, 만약 파동 분석상 채널을 적용할 수 없다면 파동 식별이 어려워질 수 있습니다.

채널은 1파와 2파가 완성된 이후에나 가능하므로 한 단위의 파동이 시작될 때 바로 식별할 수 있는 것이 아님을 유의해야 합니다. 본 식별 방식의 의의는 동인파의 하위 5파가 어디서 완성되는지를 예측하는 것에 있습니다. 다시 말해 채널을 통한 파동 식별 방식은 5파의 종결점을 예측하거나, 이미 형성된 파동을 식별할 때 유용하게 사용될 수 있습니다.

파동의 식별

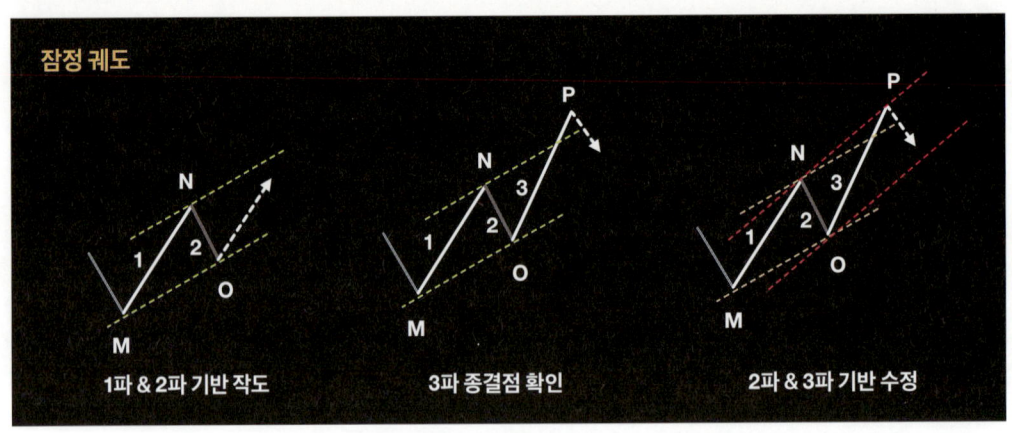

파동 식별을 위한 채널의 작도 순서는 다음과 같습니다.

우선 1파와 2파의 형성이 완료되었을 때, 각 변곡점(그림상 M, N, O)을 기준으로 채널의 잠정적인 경로인 잠정 궤도를 작도합니다. 이후 3파의 흐름을 관찰하며 채널을 벗어나는지의 여부를 추적합니다. 3파가 완성된다면 2파와 3파를 기반(N, O, P)으로 채널의 궤도를 수정합니다.

파동의 식별

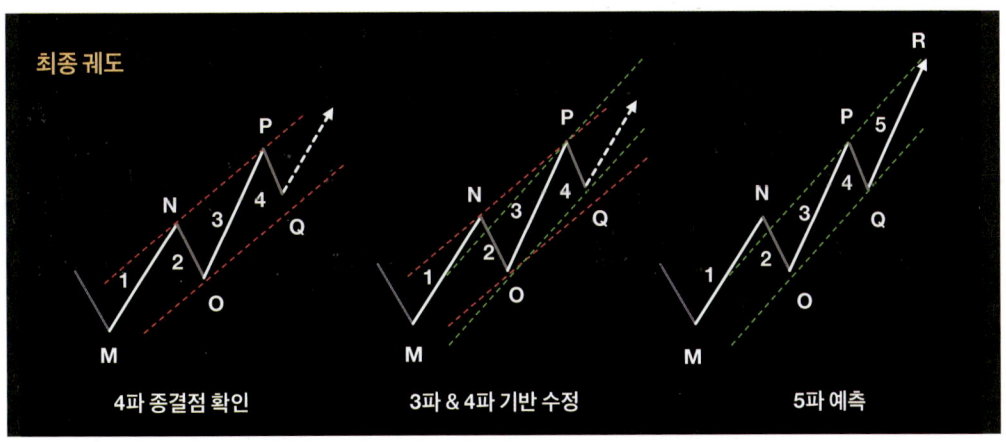

동일하게 4파까지 진행이 완료되었다면, 4파의 완료 지점(Q)을 기준으로 채널을 수정하며 이를 최종 궤도로 간주합니다. 이때 마지막 5파의 종결점은 최종 궤도상에 존재할 가능성이 높습니다. 만약 3파의 기울기가 수직에 가까울 정도로 비정상적인 모습을 보이는 경우, 5파의 예측 종결점이 과도하게 높은 위치에 존재하게 됩니다. 이 경우 1번 파동을 기준으로 하단 추세선과 평행하게 작도하는 것이 유리할 수 있습니다.

2
파동 구성 법칙과 등급의 분류

　엘리어트 파동 이론에서는 연장, 변동, 균등, 중첩뿐만 아니라 교대, 비례, 복잡성 등 아주 다양한 법칙이 존재합니다. 이번 파트에서는 이를 집약해 다루기보다 기초적이고 대표적인 구성 법칙을 위주로 소개함으로써 이어질 내용에 대한 이해를 높이는 데 중점을 두었습니다.

　구성 법칙을 바탕으로 파동의 움직임을 설명하는 것은 번거롭고 복잡하게 느껴질 수 있습니다. 하지만 이는 엘리어트 파동 이론이 담는 방대한 분량의 지식과 패턴을 보다 간편하게 분류하고 해석할 수 있도록 하기 위한 필수적인 과정입니다. 다만 여러 구성 법칙을 모두 완벽하게 암기할 필요는 전혀 없습니다. 오히려 단순히 암기하기보다 담고 있는 기초적인 원리를 이해하는 것이 더욱 중요합니다. 이러한 노력은 앞으로 다룰 다양한 패턴과 예외 사항 등을 접할 때 비로소 빛을 발할 것입니다.

　'예비적 구성 법칙'에서는 파동과 패턴을 구분하고 식별할 수 있는 데 적용할 법칙을, '대표적 구성 법칙'에서는 추후 본격적으로 다룰 동인파: 충동파 & 다이아고날, 조정파에 주효하게 쓰일 법칙을 다루도록 하겠습니다.

> 💡 본 파트에서 다룰 구성 법칙의 선별 기준과 서술 순서는 엘리어트 파동 이론을 현대적으로 재정립한 글렌 닐리의 저서에서 영감을 얻었음을 밝힙니다.

예비적 구성 법칙

교대(Alternation)의 법칙

"교대는 사실상 시장의 법칙이다."

– R. N. 엘리어트

교대의 법칙은 상승세 이후 하락세가 형성되는 것부터 엘리어트 파동 이론 내의 다양한 패턴 및 규칙에 이르기까지 다양한 영역에서 적용할 수 있는 법칙입니다. 여기서 '교대'란 고유한 특성을 지닌 서로 다른 파동, 패턴 등이 번갈아 가며 나타나는 것을 의미합니다.

교대의 법칙

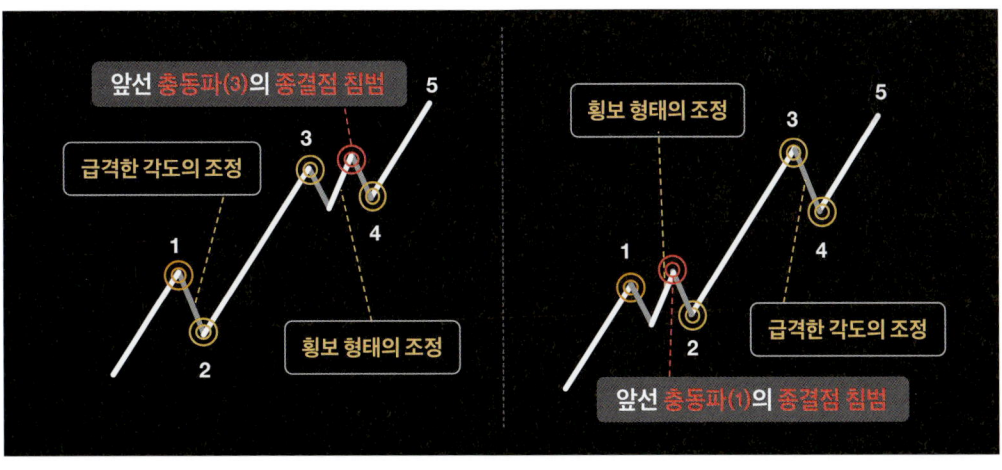

가장 대표적인 교대의 법칙은 충동파(Impulse Wave)의 하위 파동에서 찾아볼 수 있습니다. 충동파의 하위 2파와 4파는 그 형태와 복잡성이 서로 번갈아가며(교대하며) 나타난다는 것이 이에 해당합니다. 조정파(Corrective Wave)이기도 한 두 파동은 2파가 급격한 각도의 조정파로 나타난다면, 4파는 횡보 형태의 조정파로 나타나는 경우가 많습니다. 이때 급격한 각도의 조정파는 앞선 파동의 종결점을 넘어서지 않지만, 횡보 형태의 조정파는 이를 넘어설 수 있습니다. 즉, 충동파 내에서 관찰되는 교대는 하위 2파, 4파가 각각 급각 횡보 형태의 조정파로 나타나며, 둘 중 하나가 앞선 파동의 종결점을 넘어선다면 다른 하나는 그렇게 하지 않는다는 것입니다.

그렇다면 조정파 내에서 찾아볼 수 있는 교대의 법칙은 어떤 것이 있을까요? 조정파의 경우 교대의 법칙을 위배하는 경우가 빈번하게 관찰되므로, 이후 서술할 법칙들이 항상 적용되는 것은 아님을 유의해야 합니다. 따라서 본 법칙을 단순히 암기하여 적용하기보다 서로 다른 특징을 가진 파동이 번갈아 등장하는 것이 법칙의 핵심임을 기억하시기 바랍니다.

교대의 법칙

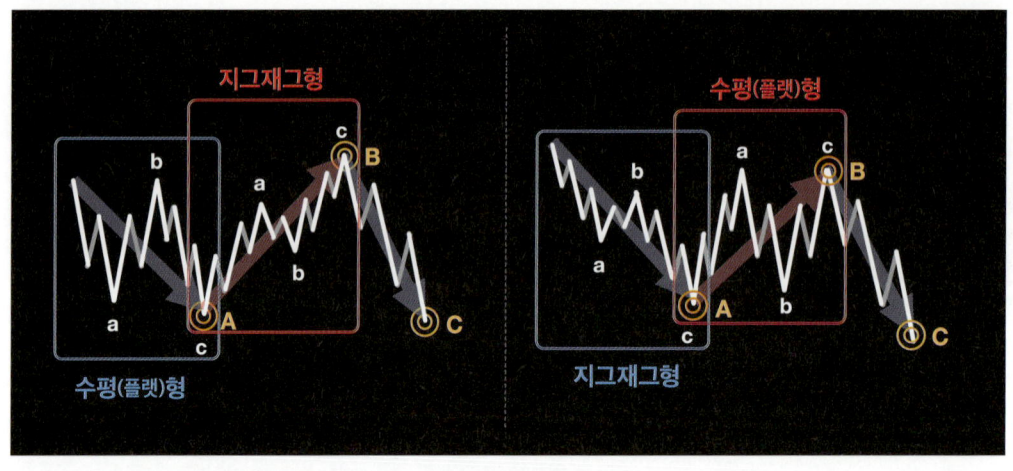

조정파는 그 형태에 따라 플랫(Flat), 지그재그(Zigzag), 삼각(Triangle) 등으로 나눌 수 있습니다. 이 중 플랫과 지그재그는 3개의 하위 파동으로 구성되어 있으며, 여기서는 편의상 이를 A, B, C파로 표기하였습니다. 조정파에서 관찰되는 가장 대표적인 교대의 법칙은 바로 A파와 B파가 서로 다른 종류의 파동으로 형성된다는 것입니다. 예를 들어 A파가 평탄한 플랫 조정파로 형성되었다면 B파는 지그재그로, 반대로 A파가 지그재그로 형성되었다면 B파는 플랫 조정파로 형성되는 식입니다. 물론 이러한 교대가 항상 동일하게 나타나는 것은 아닙니다.

교대의 법칙

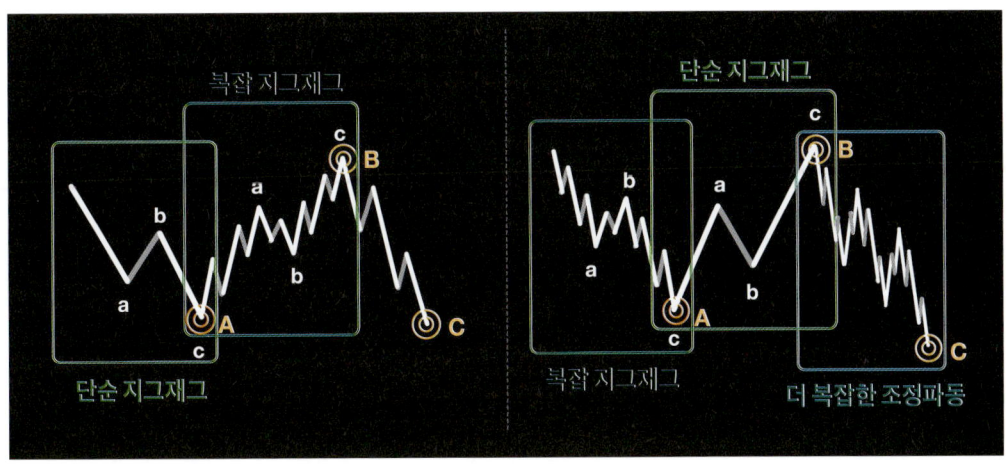

만약 A파와 B파가 모두 지그재그 파동으로 나타나는 경우는 어떨까요? 이 경우 A파와 이어지는 B파, C파가 파동의 복잡성 측면에서 교대의 법칙을 보일 수 있습니다. 쉽게 말해, 단순한 지그재그 파동이 나타난 이후 더욱 복잡한 움직임을 지닌 조정파동이 나타날 수 있다는 것입니다. 때로는 그림 우측과 같이 복잡한 파동 이후 상대적으로 단순한 파동이 등장할 수 있습니다.

교대의 법칙

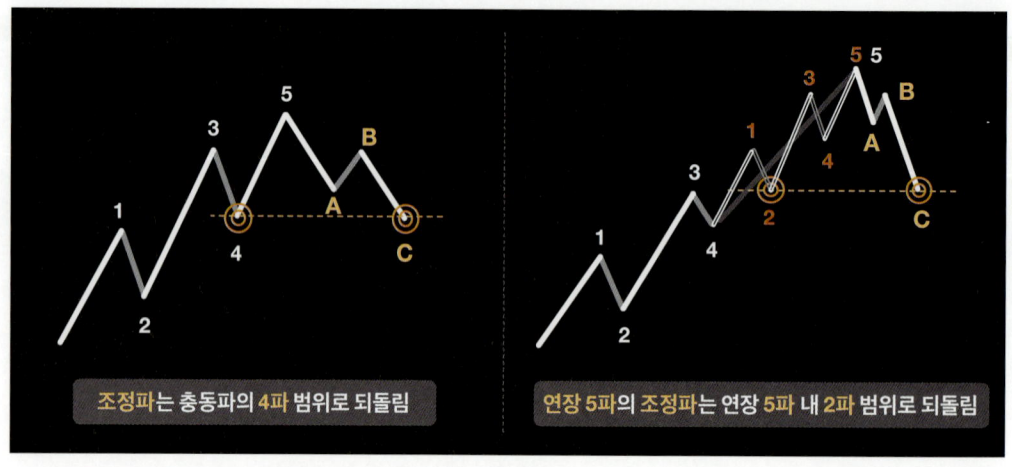

이번에는 충동파 이후 나타나는 조정파가 앞선 충동파를 어느 수준까지 되돌릴지와 관련된 교대의 법칙입니다. 앞선 두 내용이 조정파의 하위 파동 간의 관계에 대한 설명이었다면, 이번 내용은 큰 틀에서 충동파 ↔ 조정파 간의 위치(가격) 관계를 다루고 있습니다.

충동파 이후 나타나는 조정파는 앞선 충동파 내부의 하위 4파 종결점 구간까지 도달하는 경우가 많습니다. 위 그림(좌)을 보면 A, B, C로 구성된 조정파가 앞선 4파의 저점(종결점) 부근까지 가격을 되돌림한 것을 알 수 있습니다.

만약 충동파의 5파가 길게 연장(5파의 연장이라고도 함)되어 나타나는 경우는 어떨까요? 연장 5파의 경우 내부의 하위 2파가 앞선 큰 단위의 4파 부근에 위치하는 경우가 많으며, 이때 조정파는 연장 5파의 내부 2파까지 도달하곤 합니다. 보다 자세한 내용은 '충동파의 연장(Extension)' 파트에서 자세히 다루도록 하겠습니다.

결국 충동파의 5파가 연장되더라도, 연장 5파의 내부 2파 종결점은 기존 충동파의 4파 종결점과 유사한 위치에 형성된다는 점을 감안하면 '조정파는 충동파 내부의 4파 범위에서 가격을 되돌림한다'는 규칙을 확장 적용한 것이라 보아도 무방합니다.

비례(Proportion)의 법칙

비례의 법칙은 창시자인 엘리어트가 언급한 내용은 아닙니다. 본 법칙은 앞서 다루었던 모노파동을 활용하는 개념으로, 글렌 닐리에 의해 정립된 법칙입니다.

엘리어트 파동 이론에 있어 파동을 구분하고 알아차리는 것은 패턴을 확인하는 데 있어 필수적인 요소입니다. 특히 어느 한 파동이 종결되고, 뒤이어 다른 파동이 나오는 것의 여부를 알 수 있어야 합니다. 만약 상승세의 충동파가 진행되는 와중에 하락세가 나타난다면 단순한 하위 파동의 되돌림일지, 조정파의 시작일지 어떻게 알 수 있을까요? 그 길잡이가 되어줄 수 있는 것이 바로 비례의 법칙입니다. 이는 피보나치 비율에 바탕을 둔 개념으로 특정 파동의 방향성을 판단하는 기준이 됩니다.

비례의 법칙

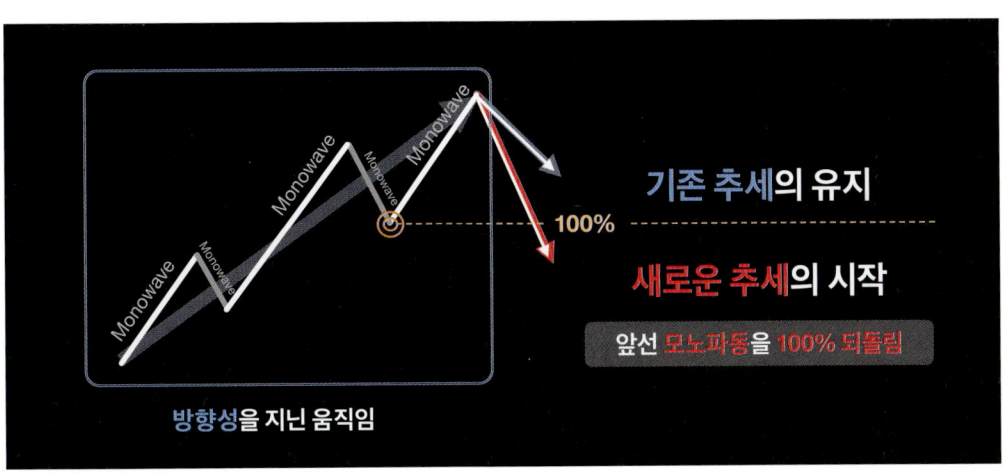

만약 앞선 모노파동을 100% 되돌리거나 그 이상을 넘어 진행되는 새로운 모노파동이 등장한다면, 기존 추세는 종결된 것이며 새로운 추세가 시작된 것으로 볼 수 있습니다.

움직임의 방향성이란 여러 모노파동으로 결합되어 있는 하나의 특정 추세(상승 또는 하락)를 의미합니다. 특히 도중에 반대 방향의 모노파동이 나오더라도 직전 모노파동을 완전히 되돌리지 않는다면 방향성을 상실하지 않는 것으로 해석합니다. 이는 엘리어트 파동 분석에 있어 새로운 파동(충동파에 이은 조정파 등)이 형성된 것으로 간주할 수 있습니다. 나아가 특정 파동이 방향성을 지니는지, 아니면 방향성을 잃고 횡보하는지의 여부는 해당 파동 내부의 첫 모노파동과 이후 등장하는 되돌림 간의 관계로 판단할 수 있습니다.

비례의 법칙

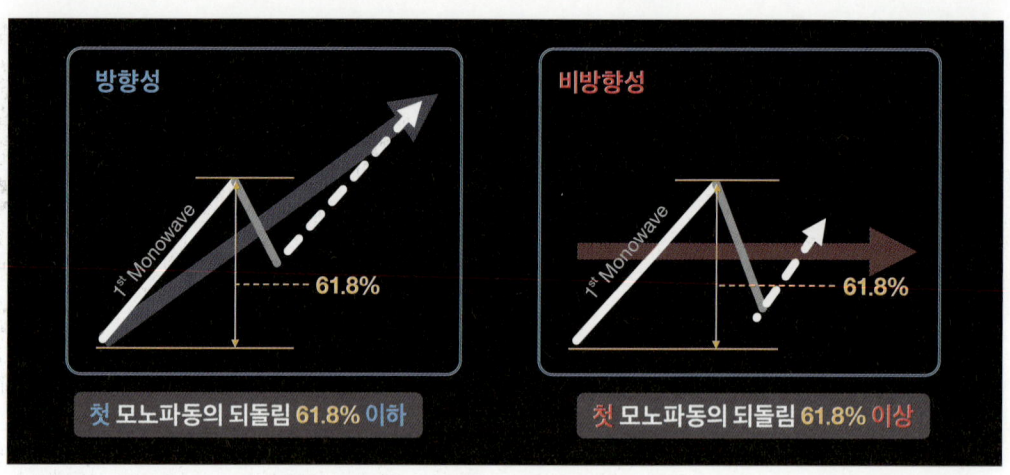

또한 추세가 그 방향성을 유지하기 위해서는, 첫 모노파동을 되돌리는 움직임은 61.8% 이하로 나타나는 것이 좋습니다. 그 이상을 되돌리는 경우 추세의 세기가 약해지며 횡보와 같은 비방향성 움직임으로 전환될 수 있기 때문입니다. 만약 앞선 모노파동을 완전히(100%) 되돌린다면 당연히 해당 추세는 종결된 것으로 보아야 합니다.

유사성(Similarity)의 법칙

엘리어트 파동 이론에 있어 모든 패턴을 구성하는 파동은 서로 유사한 모습을 지녀야 합니다. 이를 유사성(Similarity)이라 하며 앞 절에서 다루었던 프랙탈의 자기 유사성과 순환성에 해당하는 특성이라 할 수 있습니다. 유사성에 더하여 시장의 움직임을 파악하는 데에는 시간과 기격이라는 요소를 고려해야 합니다. 만약 시장이 특정 패턴을 보이는 경우, 이는 인접한 파동이 연속되어 형성된 것이므로 다음과 같은 결론을 내릴 수 있습니다.

유사성의 법칙

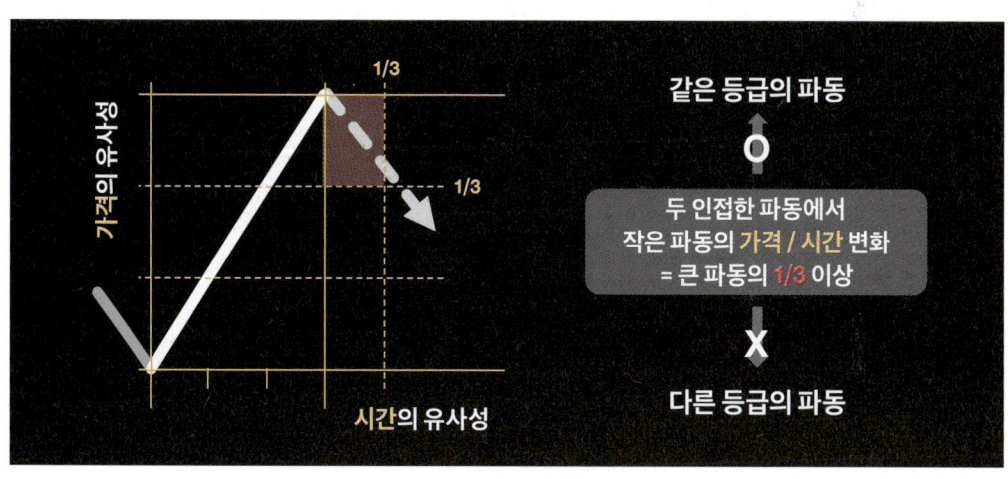

"인접한 파동은 시간의 유사성 또는 가격의 유사성을 보여야 한다.
단, 두 개념이 꼭 동시에 나타날 필요는 없다."

비례의 법칙이 특정 파동의 종결, 지속 여부를 판단할 때 도움을 준다면 유사성의 법칙은 두 파동이 같은 등급으로 분류되는지를 판단할 때 활용할 수 있습니다. 여기서의 등급은 프라이머리(Primary), 인터미디어트(Intermediate)와 같은 앞 절에서 언급한 등급 분류를 의미합니다.

가격의 유사성은 두 인접한 파동에서 작은 파동의 길이가 큰 파동의 3분의 1 이상인 경우를, 시간의 유사성은 짧은 파동의 기간이 긴 파동의 3분의 1 이상인 경우를 의미합니다. 충동파가 진행 중인 경우, 시간의 유사성이 가격의 유사성보다 더 흔하게 나타나는 경향이 있습니다. 반대로 조정파에서는 가격의 유사성이 보다 흔하게 나타납니다.

대표적 구성 법칙

연장(Extension)의 법칙

연장이란 충동파의 신뢰도를 확보하기 위해 고안된 개념입니다. 충동파가 이루는 5개의 하위 파동 중 특정 파동이 길게 연장되어 나타나는 경우를 설명하기 위한 법칙이라 할 수 있습니다.

연장의 법칙

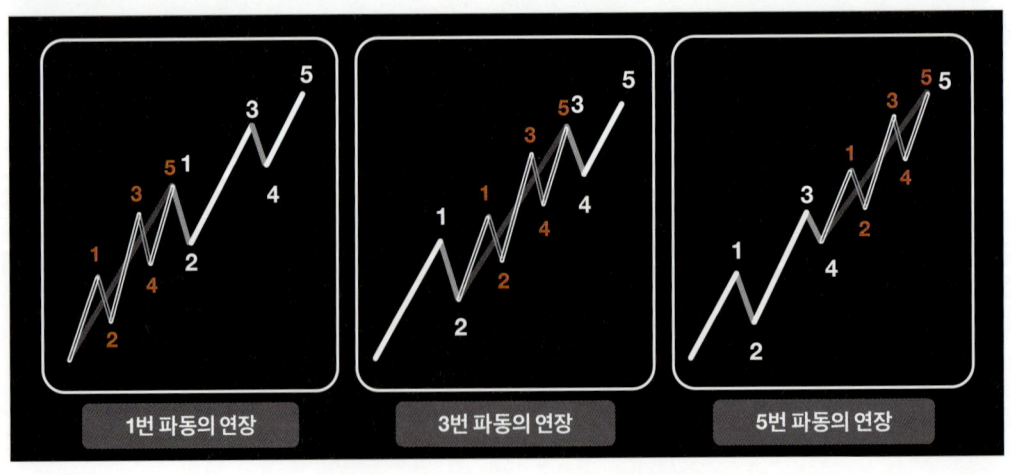

엘리어트 이론을 바탕으로 차트를 분석하다 보면, 종종 충동파가 과도하게 길게 나타나는 경우를 볼 수 있습니다. 이는 조정파와 충동파를 구분하는 가장 중요한 기준이기도 합니다.

연장 파동은 충동파의 하위 1파, 3파, 5파에서 관찰되며, 이들 중 가장 긴 파동이 그다음(두 번째)으로 긴 파동보다 161.8% 이상 길게 형성된 경우 파동이 연장된 것으로 간주합니다. 만약 위 법칙이 지켜지지 않았다면 조정파가 진행되고 있다고 보아야 합니다.

161.8%라는 피보나치 비율 외에도, 충동파 내의 1파, 3파, 5파 간의 비율은 피보나치 파생 비율을 따르는 경우가 많습니다. 예로 1파에서 연장이 나타나는 경우 3파는 1파의 61.8% 길이로, 5파는 3파의 38.2% 길이로 형성되는 것을 들 수 있습니다. 3파는 1파의 61.8% 길이 = 1파는 3파의 161.8% 길이(61.8%×161.8%=100.0%)임을 이해한다면, 파동 간의 비율 양상을 보다 쉽게 이해할 수 있습니다.

변화(Alteration)의 법칙

파동 진행을 파악할 때 필요한 변화의 법칙은 앞선 교대의 법칙과 그 궤를 같이하지만 보다 포괄적인 내용을 담고 있습니다.

변화의 법칙

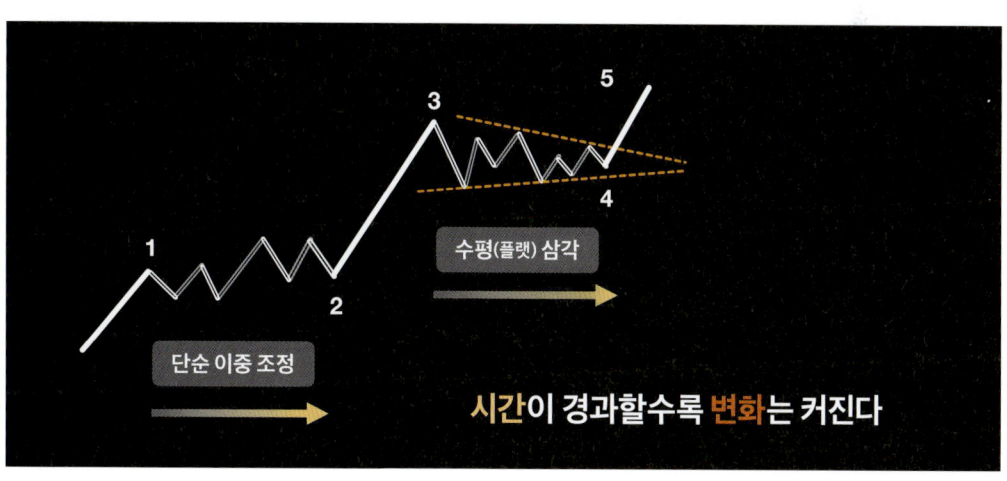

같은 등급의 파동을 전제로 할 때, 인접한(다음의) 파동이나 그다음에 존재하는 파동을 비교해보면 이들은 각기 고유한 특성을 지니며 서로 다른 모습으로 나타나곤 합니다. 이러한

변화는 시간이 경과할수록 커지게 되며, 이것이 변화의 법칙의 핵심이라 할 수 있습니다.

변화의 법칙을 제시한 글렌 닐리는 서로 다른 두 파동이 형성되는 데 걸리는 시간이 길어질수록 각각의 특징이 다양한 요소에서, 다양한 정도로 변화할 것이라고 주장하였습니다. 예를 들어 조정파인 충동파의 하위 2파가 단순 이중 조정 형태로 나타난다면 4파는 수평(플랫) 삼각 패턴으로 나타나는 것처럼 말입니다.

이러한 파동의 고유한 특성은 크게 5가지 요소로 결정됩니다.

변화의 법칙

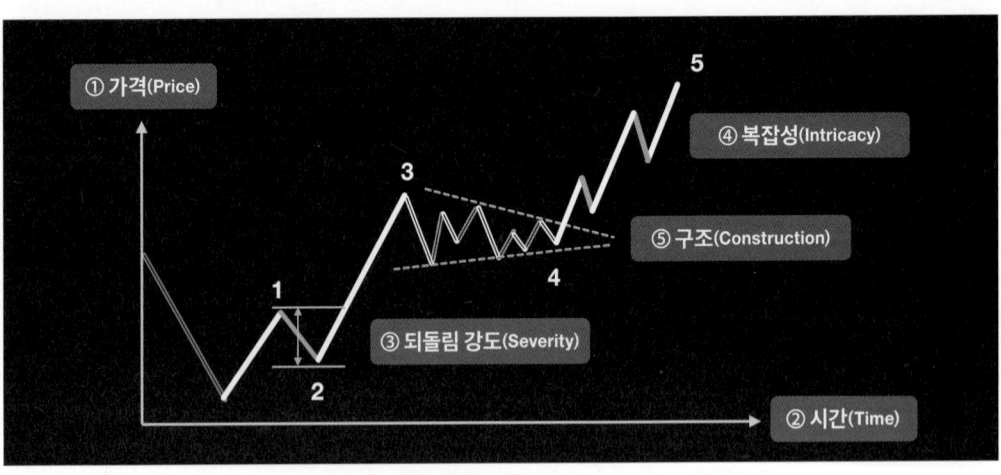

① 가격(Price): 수직적인 움직임

② 시간(Time): 수평적인 움직임

③ 되돌림 강도(Severity): 이전 파동에 대한 되돌림 비율(충동파의 2번, 4번 하위 파동)

④ 복잡성(Intricacy): 패턴 내부의 하위 파동의 수

⑤ 구조(Construction): 수평(플랫)형, 지그재그형 등과 같은 패턴의 형태

위 5가지 요소에 따라 패턴의 크기와 형태가 달라지게 됩니다. 이는 엘리어트 파동 이론에서 다루는 패턴이 왜 다양한 모습을 지니고 있는가에 대한 답이 될 수 있습니다. 변화의 법칙

은 패턴의 경우의 수를 단순히 나열하는 개념이 아니라, 패턴의 다양성이 어디서 비롯되었는가를 설명하는 법칙인 것입니다.

균등(Equality)의 법칙

연장의 법칙에서 충동파의 하위 1파, 3파, 5파 중 하나는 다른 2개에 비해 현저히 길게 나타날 수 있다 하였습니다. 연장의 법칙으로 가장 긴 파동을 구분하였다면, 균등의 법칙을 따르는지 살펴보아야 합니다.

균등의 법칙

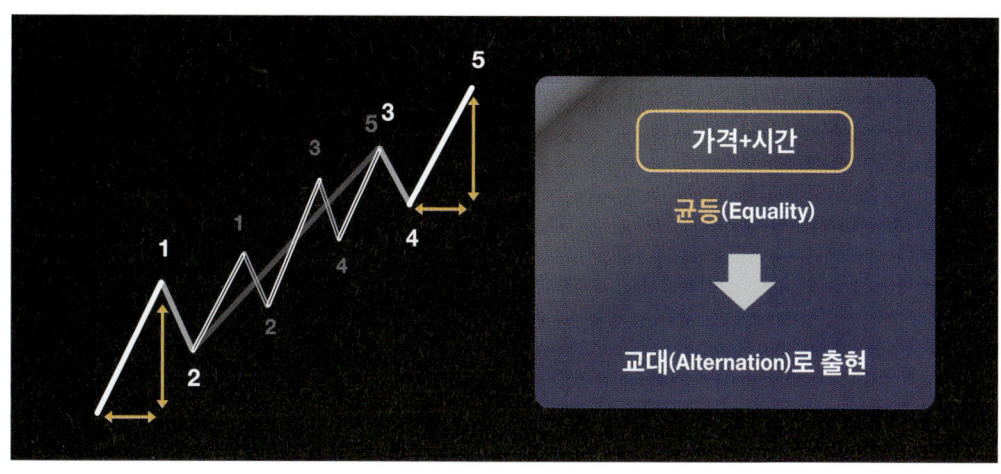

추세 방향으로 진행되는 세 파동(1파, 3파, 5파) 중 연장되지 않은 두 파동은 가격 및 시간 측면에서 유사하게 나타나거나 일정한 피보나치 파생 비율을 따라야 합니다. 연장의 법칙이 충동파의 하위 세 파동 중 가장 긴 파동에 적용된다면, 균등의 법칙은 나머지 두 파동에 적용되는 것입니다. 가격이 시간보다 중요한 기준이 되며 이 둘을 동시에 만족할 필요는 없습니다. 연장이 3번 파동에서 나타날 때 1파, 5파에서 균등의 법칙이 보다 유용하게 적용될 수 있으며, 1파가 연장되는 경우는 잘 적용되지 않습니다.

중첩(Overlap)의 법칙

앞 절에서 다룬 기본 법칙 중 충동파의 4파는 1파를 침범할 수 없다고 하였습니다. 반대로 대각삼각에서는 4파가 1파를 침범함을 언급했습니다. 중첩의 법칙은 이와 관련된 법칙인데요. 다음 한 문장으로 간단히 정리할 수 있습니다.

"동인파에 속하는 대각삼각은 충동파와 달리 4파가 언제나 1파 범위 내에서 종결된다."

표현이 다소 딱딱하지만 대각삼각에서는 4파와 1파가 언제나 중첩된다는 의미와 동일합니다.

중첩의 법칙

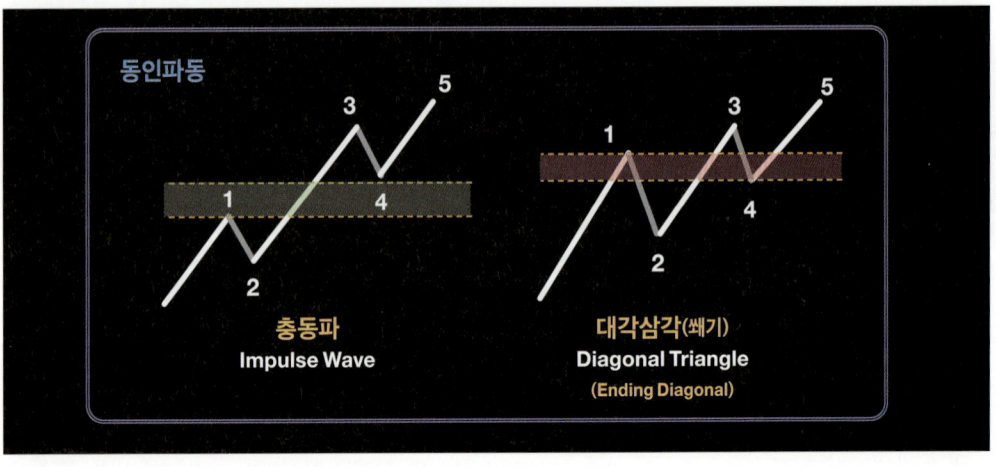

📌 대각삼각? 다이아고날?

대각삼각이라는 표현이 다소 어색하게 느껴질 수 있습니다. 하지만 일반적인 기술적 패턴 분석에서의 쐐기와 유사한 의미로 받아들이면 이해가 한결 수월할 것입니다.

대각삼각의 개념은 글렌 닐리의 저서에서 터미널 충격 패턴(Terminal Impulse Wave)으로 등장하는데, 엘리어트 파동 이론을 재정립할 때 패턴을 분류하면서 기존 용어와의 세부 사항에서의 차이를 명확히 하고자 새로이 지칭한 것으로 보입니다.

A. J. 프로스트(A. J. Frost), 로버트 R. 프렉터 주니어(Robert R. Prector Jr.), 찰스 J. 콜린스(Charles J. Collins) 3인이 1978년 출간한 《엘리어트 파동이론》에서는 대각삼각(다이아고날) 패턴이라는 용어를 종결 쐐기형(Ending Diagonal)과 선도 쐐기형(Leading Diagonal)으로 분류하여 사용하였습니다. 이를 토대로 터미널 충격 패턴과 종결 쐐기는 큰 틀에서 유사한 용어로 간주할 수 있습니다.

중첩의 법칙

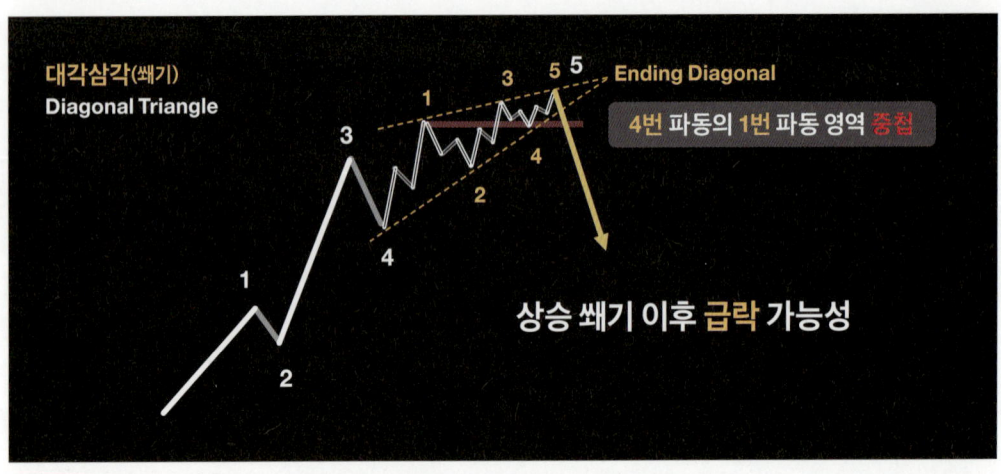

특히 종결 종결 쐐기형(Ending Diagonal)에 있어 1파 ↔ 4파 간의 중첩이 보다 특징적으로 나타나곤 합니다. 이는 주로 충동파의 1~4파가 너무 과도하게 진행된 경우, 5파에서 해당 패턴이 등장한다는 점을 이해해야 합니다.

종결 쐐기는 충동파의 방향성이 점차 소멸되며 큰 틀에서 패턴이 마무리될 때 보이는 패턴입니다. 즉, 상승 추세의 충동파가 상승 동력을 잃어가는 경우 차트의 움직임은 둔화되며, 본래의 모멘텀이라면 겹치지 않았을 1파 ↔ 4파 간의 영역이 허물어지며 중첩되는 것이라 할 수 있습니다. 이러한 연유로 거래량은 일반적으로 쐐기의 끝에 다다를수록 약해지며 상승 쐐기형 이후에는 급락이, 반대로 하락 쐐기형 이후에는 강세 반전이 나타나는 경우가 많습니다.

파동의 등급 구분

앞서 엘리어트 파동 이론의 기초적 개념과 관련된 구성 법칙을 이야기하였습니다. 그렇다면 프라이머리, 인터미디에이트부터 미뉴엣과 사이클에 이르기까지, 이러한 등급의 분류는 어떤 식으로 이루어지는 것일까요? 엘리어트 및 타 저자들의 저서에서는 등급의 높고 낮음에 따라 명칭을 구분하고 있지만, 각 등급별 파동이 지니는 기간에 대한 기준은 제시하고 있지 않습니다.

파동의 등급

위 그림은 상위 등급에서 하위 등급으로 이어지는 파동의 명칭을 나타내고 있습니다. 이번 파트에서는 R. N. 엘리어트, A. J. 프로스트, 글렌 닐리의 저서에 수록된 사례를 토대로 대략적인 파동의 기간과 특징을 살펴보도록 하겠습니다.

중세 시대부터 시작된 밀레니엄 파동(Millennium Wave)

A. J. 프로스트의 엘리어트 파동 이론서에는 파동 등급에 대한 흥미로운 내용이 존재합니다. 바로 유럽의 르네상스 시대 이전인 중세 시대부터 기록된 장기 물가지수(Market Basket)를 바탕으로 엘리어트 파동을 분석한 것입니다. 그리고 이를 약 1000년에 걸쳐 이어진 파동이라는 의미의 밀레니엄 파동으로 정의하였습니다.

근대화가 이루어진 1800년대 이후로 약 200여 년에 걸친 세계 주요 국가의 물가 동향을 조사하는 것은 그리 어렵지 않습니다. 하지만 그보다 과거로 거슬러 올라가 동향을 살피는 것은 근거가 다소 미약한 통계를 살펴보는 수밖에 없는데요. 이때 장기 물가지수를 1789년부터 시작되는 산업주가지수*와 연결하여 살펴보면 800여 년에 걸친 지수의 변화를 확인할 수 있습니다.

밀레니엄 파동

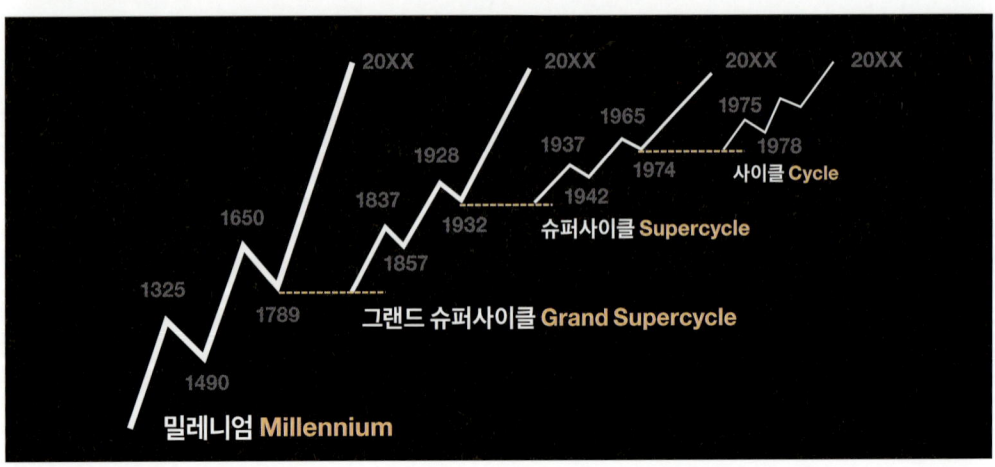

A. J. 프로스트의 저서에 수록된 모식도를 각색

---

* 1789년은 미국 의회가 전쟁 비용을 조달하기 위해 정부채를 최초로 발행한 시기로, 뉴욕에서 금융 거래가 시작된 시기이기도 합니다.

이를 A. J. 프로스트는 위와 같은 모식도로 제시하고 있습니다. 이해를 돕기 위해 각색한 것으로 차트의 변곡 및 움직임은 실제 척도가 아님을 유의해주시기 바랍니다. 밀레니엄 파동 내에는 그랜드 슈퍼사이클(Grand Supercycle) → 슈퍼사이클(Supercycle) → 사이클(Cycle)로 이어지는 하위 파동이 존재함을 알 수 있습니다.

밀레니엄 파동을 거대한 충동파로 본다면, 5파 시작점에 해당하는 1789년을 새로운 그랜드 슈퍼사이클의 시작점으로 간주할 수 있습니다. 그랜드 슈퍼사이클 역시 충동파로 간주할 때 1932년부터 시작된 5파를 슈퍼사이클로, 같은 맥락에서 1974년부터 시작된 5파를 사이클로 볼 수 있습니다. 흥미로운 점은 800년이란 세월에 걸친 지수의 움직임이 전형적인 충동파의 모습을 지닌다는 사실입니다. 글의 서두에서 언급한 프랙탈의 원리에 따라 하위 등급의 파동에서도 충동파의 움직임은 동일하게 나타나고 있습니다.

파동 등급별 형성 기간

이번에는 저서에 수록된 여러 사례를 바탕으로 등급별 파동이 지니는 기간을 정리해보도록 하겠습니다. 1789년 이후의 표본은 모두 뉴욕 다우존스지수에 기반하였습니다.

다우존스 산업평균지수(The Dow Jones Industrial Average): A Spectacular Chart

자료: CSNBBS

R. N. 엘리어트의 원전에 수록된 사례에서 추출한 기간은 다음과 같습니다.

사이클(Cycle)	약 4년, 7년, 13년, 15년, 32년
프라이머리(Primary)	약 3년, 8년, 2년, 12년, 7년
인터미디어트(Intermediate)	약 9개월, 14개월, 18개월, 4개월, 32개월(0.33~2.66년)

A. J. 프로스트의 저서에 수록된 사례에서 추출한 기간은 다음과 같습니다. 단, 엘리어트 원전과의 중복 구간은 제외하였습니다.

밀레니엄(Millennium)	약 800년
그랜드 슈퍼사이클(Grand supercycle)	약 175년, 160년, 100년, 263년
슈퍼사이클(Supercycle)	약 48년, 20년, 71년, 4년, 91년
사이클(Cycle)	약 10년, 31년, 8년, 5년, 5년, 14년, 8년, 49년
프라이머리(Primary)	약 1년, 2년, 49개월(4.1년), 40개월(3.3년), 126개월(10.5년)

글렌 닐리의 저서에서는 이론을 제시할 뿐 실제 사례는 단 두 건만을 제시하고 있으며, 파동 등급에 대한 분류를 적용한 예는 존재하지 않았습니다. 위 표본 값을 토대로 평균과 중앙값을 산출하면 다음과 같습니다.

파동 등급(Level)	평균(Average) 연 단위	중앙값(Median) 연 단위
밀레니엄(Millennuim)	-	-
그랜드 슈퍼사이클(Grand Supercycle)	147.5	167.5
슈퍼사이클(Supercycle)	46.5	45.5
사이클(Cycle)	14.83	8
프라이머리(Primary)	5.29	3.7
인터미디어트(Intermediate)	1.30	1.17

위 통계에 사용된 표본은 모두 뉴욕 다우존스지수를 기반으로 하므로 개별 종목에서 적용 시 신뢰도가 다소 떨어질 수 있습니다. 나스닥(NASDAQ), 다우존스(Dow Jones)와 같이 다양

한 개별 종목이 포함된 지수의 분석이나 상대적으로 시가총액의 규모가 크고 다량의 매매가 일어나는 종목에서 적용할 것을 권장합니다.

　단, 위 수치는 절대적인 기준이 되어서는 안 됩니다. 예를 들어 충동파의 경우 연장이 나타나면 비정상적으로 시기가 길어질 수 있기 때문입니다. 또한 여러 표본의 값을 단순 평균화하여 분석한 것이기 때문에 비정상적으로 높거나 낮은 값에 의해 왜곡의 여지가 있음을 주의해야 합니다.

3 충동파

3절과 4절은 충동파와 다이아고날(대각삼각: Diagonal Triangle)에 관한 이야기를 담고 있습니다. 늘 강조하듯 모든 내용을 처음부터 세세하게 암기할 필요는 없습니다. 오히려 각 파동과 패턴의 기본 구조를 이해하면서 앞서 다루었던 기초 개념과 구성 법칙이 어떻게 녹아 있는지 살피는 것이 중요합니다. 이러한 과정을 반복한다면 차트를 바라볼 때 자연스레 엘리어트 파동 이론을 떠올리는 스스로를 발견하게 될 것입니다.

충동파의 형태와 규칙

충동파의 기본 구조와 거래량

충동파

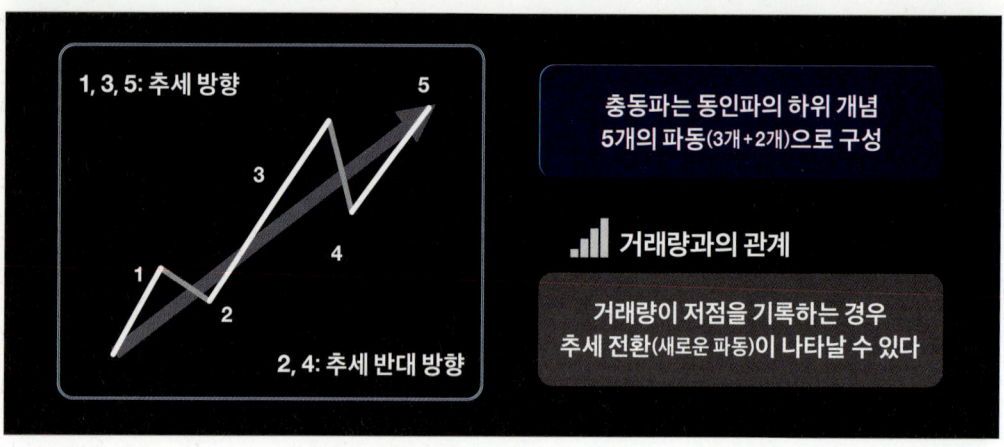

충동파(Impulse Wave)는 시장의 주된 추세 방향으로 진행하는 파동으로, 동인파(Motive Wave)의 하위 개념입니다. 그 내부에는 5개의 하위 파동이 위치해 있습니다. 이 중 3개는 운동 전체의 진행 방향과 같으며, 2개는 역방향으로 진행됩니다.

충동파의 진행은 거래량과 밀접하게 관련되어 있습니다. 보통 거래량이 저점을 기록하는 경우 추세 전환이 나타나며 새로운 파동이 시작될 가능성이 높습니다. 프라이머리(Primary) 등급 이하의 상대적으로 작은 파동의 경우, 3파의 거래량이 5파보다 높을 때가 많습니다. 만약 5파의 거래량이 3파와 유사하거나 많다면 5파가 연장될 가능성이 높아집니다.

프라이머리 이상의 높은 등급의 경우 충동파가 진행됨에 따라 거래량이 늘어나는 경향이 있습니다. 특히 강세장에서 5파 거래량은 점차 증가하는 경향이 있으므로 거시적인 파동 분석이 투자 판단에 선행되어야 합니다.

충동파의 기본 규칙

충동파 기본 규칙

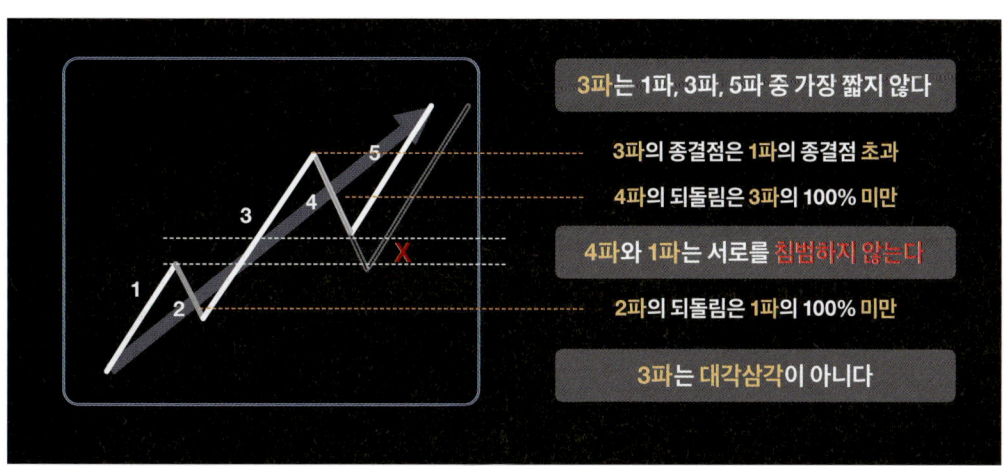

충동파의 기본 규칙은 1절에서 다루었으므로 간략히 짚고 넘어가도록 하겠습니다. 아래 규칙이 위배되는 경우 엘리어트 파동 분석의 신뢰도는 급격히 낮아집니다.

① 1파, 3파, 5파 중 3파는 가장 짧은 파동이 되어서는 안 되며, 종종 가장 길게 나타납니다.
② 3파는 1파의 종결점을 넘어서 나아가야 합니다.
③ 4파는 3파를 100% 미만으로 되돌립니다. 완전히 되돌려서는 안 됩니다.
④ 4파는 1파의 종결점을 침범하지 않습니다. 4파의 저점이 1파의 고점보다 높아야 합니다.
⑤ 2파는 1파를 100% 미만으로 되돌립니다. 1파의 시작점까지 되돌려서는 안 됩니다.
⑥ 3파는 충동파의 형태로 나타나야 합니다. 대각삼각의 형태인 경우 분석이 잘못되었을 가능성이 높습니다.

💡 1파, 3파, 5파의 기간과 폭이 모두 유사하게 진행되는 경우는 거의 없습니다.

충동파로 알아보는 시장 심리

투자 심리를 파동 이론에 접목시킨 것으로 A. J. 프로스트의 저서에서 등장한 내용입니다. 그는 시장 흐름에 따라 비관과 낙관 사이를 오가며 투자자들의 심리가 변화하며, 이는 파동으로 표현됨을 주장하였습니다.

충동파의 시장 심리

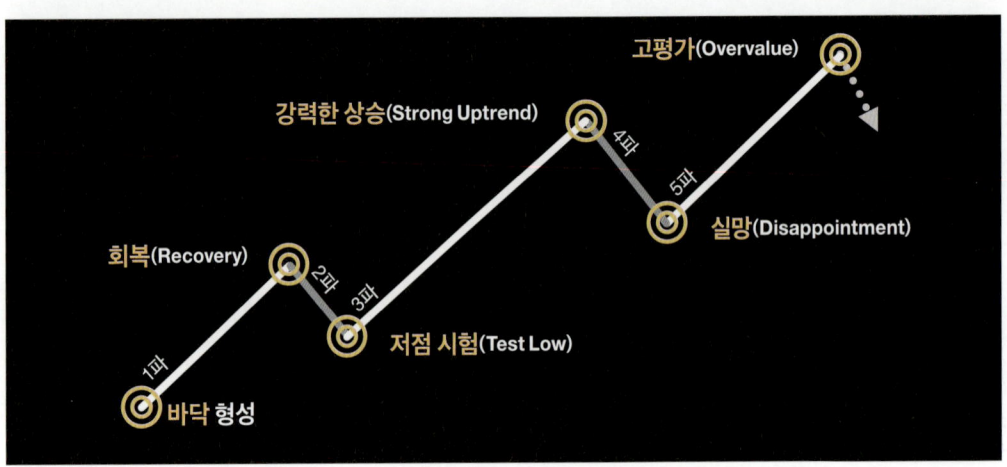

1파는 추세가 바닥을 다진 후 회복되는 단계라 볼 수 있습니다. 따라서 이후 나타날 2파(조정파)에 의한 조정이 크게 나타나는 경향이 강합니다. 거래량을 동반하는 경우가 많으나 다수의 투자자는 아직 전반적 추세가 하향을 가리키고 있다고 여깁니다.

2파에서는 1파의 랠리에 따른 수익을 거의 잠식합니다. 2파를 거치며 새로운 저점이 형성되는 동안 시장에는 공포가 만연하므로 약세장이 재차 이어졌다고 확신하게 됩니다. 고로 2파는 아주 적은 거래량과 변동성을 보이며 마무리되며, 매도 압력이 줄어들게 됩니다.

3파는 파동을 식별함에 있어 가장 중요한 단서를 제공하는 파동입니다. 3파에서 추세는 강하고 명확하게 나타납니다. 긍정적 신호가 이어지며 투자자들의 기대 심리가 형성됩니다. 가장 많은 거래량과 가장 넓은 변동폭을 보이며, 연장 파동으로 전개되는 일이 많습니다. 또한 3파의 하위 3파 구간은 시장 심리가 불안정한 구간으로 돌파나 갭과 같은 급격한 가격 변동과 거래량을 동반한 가격 급등이 나타나곤 합니다. 이는 충동파의 연장에 3파에서 자주 나타난다는 사실을 뒷받침합니다.

4파는 교대의 법칙을 토대로 깊이와 형태를 예측할 수 있습니다. 2파와 교대를 이루기 때문입니다. 2파가 지그재그로 나타난다면 4파는 플랫으로 나타날 가능성이 높은 것입니다. 4파는 종종 횡보하면서 마지막 5파의 동력 토대를 형성합니다. 기본적으로 3파 여력에 의존하기 때문에 이 단계에서 부진한 종목들은 하락이 두드러지게 나타날 수 있습니다. 이는 미달형(Failure)으로 이어지게 됩니다. 또한 4파의 진행 양상이 횡보로 나타나는지, 하락세로 나타나는지에 따라 이후 진행될 5파의 양상을 가늠할 수 있습니다.

5파는 3파에 비해 진폭, 진행 기간 등이 역동적이지 않아 가격 변동의 속도가 느립니다. 다만 5파에서 연장이 나타나는 경우 진행 속도가 3파보다 빠르게 나타날 수 있습니다. 일부 투자자들은 상승세가 장기화된 경우 마지막 단계에서 급상승(시세 분출)이 나타나길 기대하곤 하지만, 파동의 말단에 가까워질수록 오히려 상승 동력은 점차 줄어들게 됩니다.

추세선을 이용한 충동파의 식별

충동파를 분석함에 있어서 내부의 1~5파를 정확히 식별하는 것은 매우 중요합니다. 이때 추세선을 활용하면 오류를 보다 줄일 수 있습니다. 추세선에 대한 내용은《차트 분석 바이블》1권 2장의 '추세선의 기초'(88~93쪽) 편을 참고하시길 바랍니다.

충동파의 식별

우선 상승 방향의 충동파를 기준으로, 1번 파동의 시작점(편의상 '0'으로 지칭)과 2번 파동의 종결점 2를 기준으로 작도한 0-2 추세선을 통해 2번 파동의 실제 종결점 여부를 판단하도록 하겠습니다.

만약 0-2 추세선의 2 지점 이후 상승이 나타나다 재차 하락하는 경우, 추세선을 이탈하여 하락한다면 2번 파동은 여전히 끝나지 않은 것임을 유의해야 합니다. 이때 기존의 2는 무효화되고, 새로이 나타난 지점을 2파의 종결점으로 간주해야 합니다. 즉, 1번 파동과 3번 파동의 그 어떠한 부분도 0-2 추세선을 이탈해서는 안 됩니다.

충동파의 식별

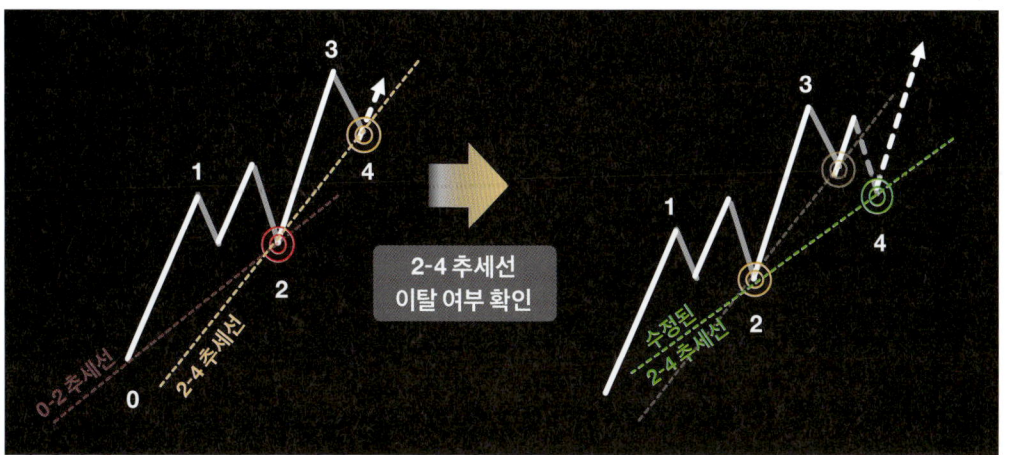

이후 3번 파동이 종결되었다면, 4번 파동의 종결점을 파악하기 위해 2-4 추세선 작도를 추가로 시행합니다. 앞선 0-2 추세선과 마찬가지로, 2-4 추세선을 이탈하는 움직임이 나타난다면 5번 파동이 아닌 4번 파동이 진행 중인 것이라 할 수 있습니다. 그렇지 않고 상승하며 신고가를 갱신한다면 5번 파동이 진행 중인 것이라 볼 수 있습니다.

다양한 충동파의 연장 패턴

연장이란 충동파의 신뢰도를 확보하기 위해 고안된 개념입니다. 쉽게 말해 충동파가 이루는 5개의 하위 파동 중 가장 긴 파동을 설명하기 위한 법칙이라 할 수 있습니다.

다양한 충동파의 연장 패턴

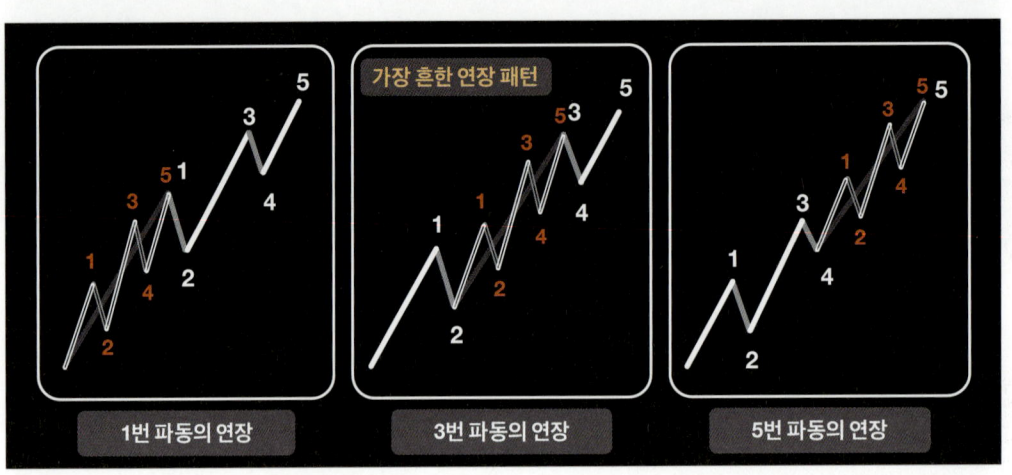

대부분의 충동파의 경우 하위 1파, 3파, 5파 중 하나에서 연장이 나타날 가능성이 높습니다. 만약 연장이 나타난다면, 해당 파동이 충동파임을 증명하는 강력한 근거가 될 수 있습니다. 또한 연장된 파동은 이후 진행될 파동의 길이를 가늠하는 데 유용하게 사용됩니다.

가장 흔한 연장의 형태는 3파가 연장되는 것입니다. 이는 기본 규칙에서 3파가 가장 짧은 파동이 아니라는 것과 궤를 같이합니다. 또한 3파가 연장되는 경우 자연스레 1번 파동과 4번 파동은 중첩되지 않게 됩니다.

간혹 연장 파동 자체가 다른 4개의 파동을 합한 것과 거의 같은 진폭과 지속시간을 지니는 경우가 있습니다. 이 경우 1~5파 간의 구분이 불명확하여 우측의 그림과 같이 9개의 파동을 지닌 패턴처럼 보일 수 있습니다.

충동파의 연장과 관련하여 흔히 범하는 실수가 있습니다. 바로 3파의 하위 파동이 아직 진행 중임에도 불구하고, 3파가 완성된 것으로 간주하는 것입니다.

파동 식별 과정에서 4번 파동과 1번 파동이 겹치는 듯한 모호한 모습이 관찰된다면, 연장된 3번 파동의 하위 (1), (2) 파동을 3, 4파로 혼동하였을 가능성이 높습니다.

이는 연장에 따른 각 파동 간의 길이 비율을 통해 구분할 수 있습니다.

충동파의 불명확한 연장

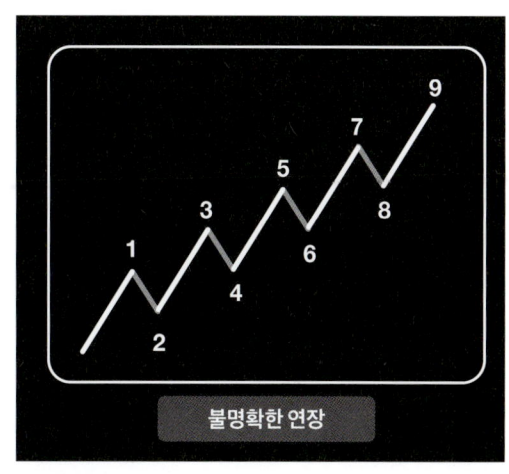

충동파의 연장과 관련한 흔한 실수

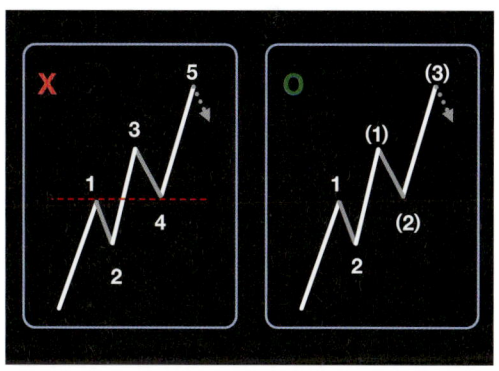

연장 파동 내의 연장

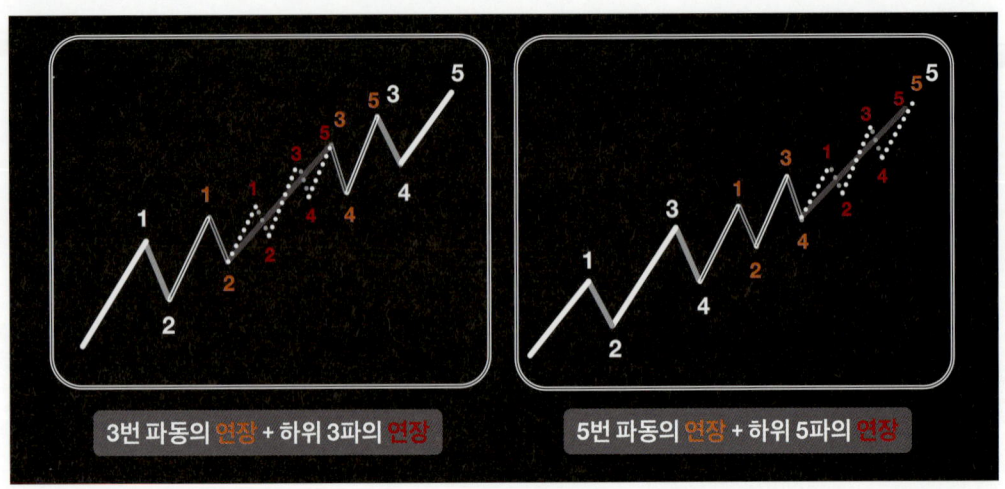

드물지만 연장 파동 내에서 또다시 연장이 나타나는 경우가 존재합니다. 이때 3파가 연장될 때 그 하위 파동의 3번 파동이 연장될 가능성이 높습니다. 이러한 상황은 파동의 식별을 어렵게 합니다. 연장 5파의 하위 5파 또한 연장될 수 있으나 상대적으로 드물게 나타납니다. 하지만 프라이머리(Primary)와 같은 상위 분류의 충동파가 마무리되는 경우, 연장 5파가 나타날 때 하위 5파(인터미디어트)와 하위 5파(마이너)의 연장이 연달아 나타날 수 있습니다. 이 경우 이어질 조정은 상위 등급의 거대한 조정파이므로 하락이 크게 나타날 수 있음을 유의해야 합니다.

충동파의 미달(Failure)

창시자 엘리어트는 5파가 3파의 종결점을 넘지 못하는 경우를 미달형(Failure)으로 분류하였습니다. 후대의 엘리어트 분석가인 A. J. 프로스트와 찰스 J. 콜린스는 이를 절단형이라 표현하였으나 이 책에서는 미달형으로 용어를 통일하도록 하겠습니다.

충동파의 미달

충동파의 3파가 강하게 나타나는 경우 종종 5파가 3파의 고점을 넘어서지 못하는 경우가 발생합니다. 이를 충동파의 미달이라 하며, 엘리어트는 충동파가 5파가 아닌 3파까지만 형성되는 대신 이어질 조정파가 3파가 아닌 5파로 그려지는 듯한 모습을 보인다고 이야기하였습니다.

충동파의 미달

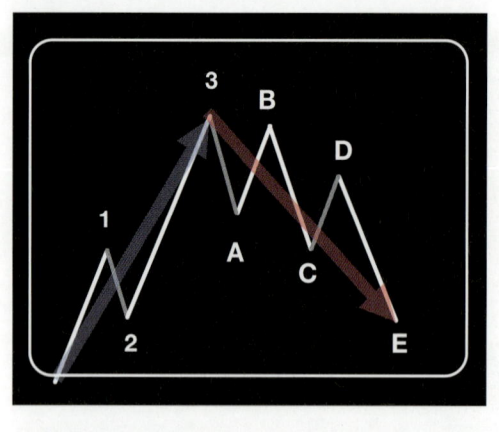

좌측 그림을 보면, 3파가 형성된 이후 4파가 아닌 A-B-C-D-E로 구성되는 하락 파동이 나타난 것을 볼 수 있습니다. 이는 5개의 하위 파동으로 구성되어야 할 충동파의 4파, 5파가 강한 하락 추세에 의해 조정파에게 빼앗긴 것으로 해석할 수 있습니다.

충동파의 미달이 나타날 경우, 해당 추세 반대 방향의 힘이 상당히 강하게 작용하고 있음을 의미합니다. 이는 하락에 대한 심각한 경고이므로 즉각 반응해야 합니다. 이어지는 움직임은 전체 충동파동을 완전히 되돌릴 가능성이 높기 때문입니다.

충동파에 숨겨진 비율

충동파는 그 내부에 동일한 방향의 추세를 지닌 3개의 동인파(1파, 3파, 5파)와 이들을 되돌리는 2개의 조정파(2파, 4파)로 이루어져 있음을 알았습니다. 이들은 피보나치 비율을 바탕으로 서로 밀접한 비율 관계를 지니고 있습니다.

조정파의 되돌림 비율

우선 충동파 이후 나타나는 조정파는 가격을 어느 비율로 되돌릴지 알아보도록 하겠습니다.

조정파를 통한 조정 비율(Correction Ratio)

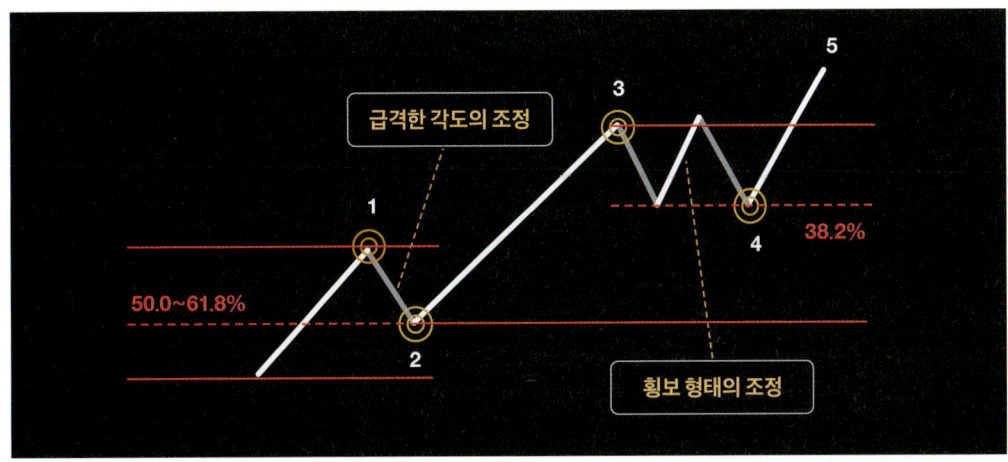

　급격한 각도의 조정파가 나타나는 경우 앞선 충동파를 50.0~61.8% 되돌리는 경향이 있습니다. 특히 2파에서 이러한 경향이 뚜렷하게 나타납니다. 횡보를 보이는 조정파의 경우 앞선 충동파를 38.2%가량 되돌리는 경향이 있습니다. 4파에서 횡보 조정이 나타나는 경우 이는 더욱 두드러집니다. 단, 되돌림은 다양한 범위로 나타나므로 피보나치 파생 비율(38.2%, 50.0%, 61.8% 등)을 꼭 따르는 것은 아닙니다.

충동파의 1파, 3파, 5파 간의 비율

충동파 간의 비율

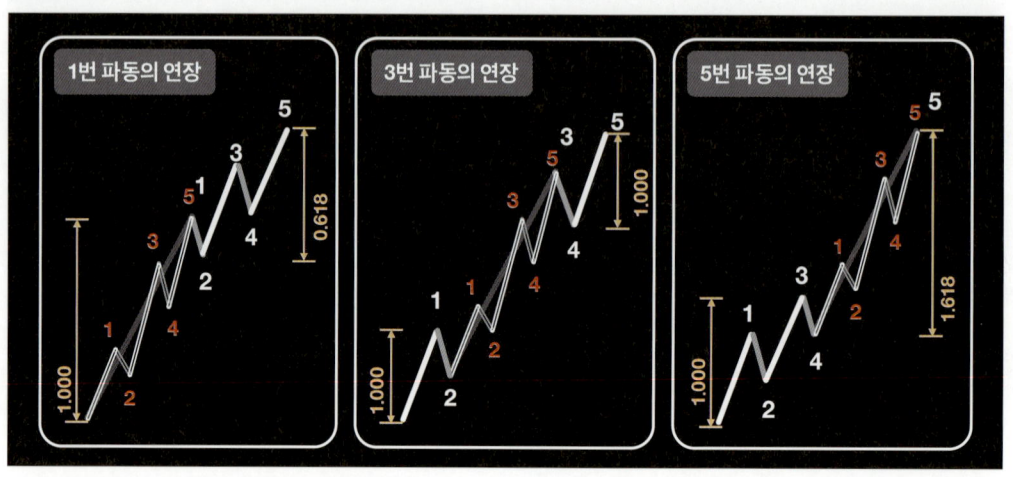

 충동파의 하위 파동 간 비율 관계는 어느 파동에서 연장이 이루어지는가에 따라 달라집니다.

 1파가 연장되는 경우 나머지 4개 파동의 길이는 연장 1파의 0.618배로 형성될 수 있습니다. 이는 연장 1파가 나머지 4개 파동의 1.618배인 것과 동일합니다. 엘리어트 관련 서적에서는 2파의 종결점(저점)과 5파의 종결점(고점) 간의 길이를 기준으로 비율을 표시하고 있습니다. 또한 3파가 연장 1파의 61.8%의 길이를 지니는 경우 5파는 23.6%만큼, 3파가 38.2%의 길이를 지니는 경우 5파는 23.6%의 비율 관계를 보일 수 있습니다.

 보다 흔한 3파 연장의 경우 1파와 5파는 서로 같은 비율(1:1)을 보이거나 서로 0.618의 비율을 보이는 경향이 있습니다. 이는 1파와 5파의 비율이 100%:61.8% 또는 61.8%:100%인 것을 의미합니다. 이때 연장 3파는 1파의 161.8% 이상을 보여야 합니다.

 5파가 연장되는 경우 3파는 1파의 161.8% 길이로 형성될 수 있으며, 5파의 길이는 나머지 4개 파동 길이의 161.8% 수준으로 형성될 수 있습니다.

충동파 간의 비율

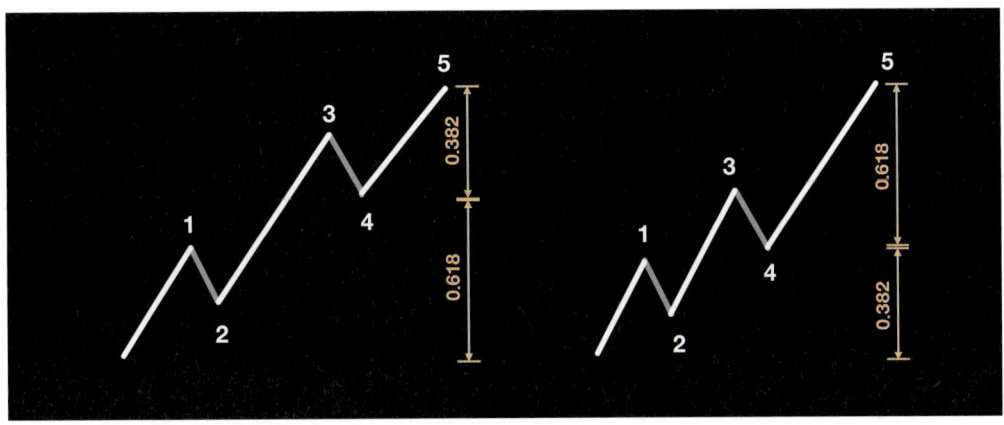

비록 연장이 나타나지 않더라도, 충동파의 하위 파동은 서로 피보나치 비율 관계를 이루는 경향이 높습니다. 종종 4파가 전체 파동의 황금 분할 지점(0.618)이 되곤 하는데, 해당 지점은 4파 내의 다양한 위치에서 형성될 수 있습니다. 즉, 4파의 시작점이 될 수도 있고 종결점이 될 수도 있는 것입니다.

충동파의 검증(Verification)

이미 지나간 움직임을 토대로 충동파가 완전히 형성되었는지 논하는 것은 다소 무의미하게 느껴질 수 있습니다. 하지만 충동파의 완성 여부를 통해 이어질 조정파의 되돌림 수준을 가늠할 수 있다는 사실만으로도 투자에 있어 충분한 의의를 지니리라 생각합니다.

앞서 추세선을 이용하여 충동파의 하위 파동을 식별하는 방법을 소개하였다면, 본 파트에서는 충동파의 완성 여부를 어떻게 판단하는지, 이후 되돌림은 어떻게 나타날지 알아보도록 하겠습니다.

2-4 추세선의 이탈 시기를 통한 충동파 완성 여부 평가

충동파의 검증

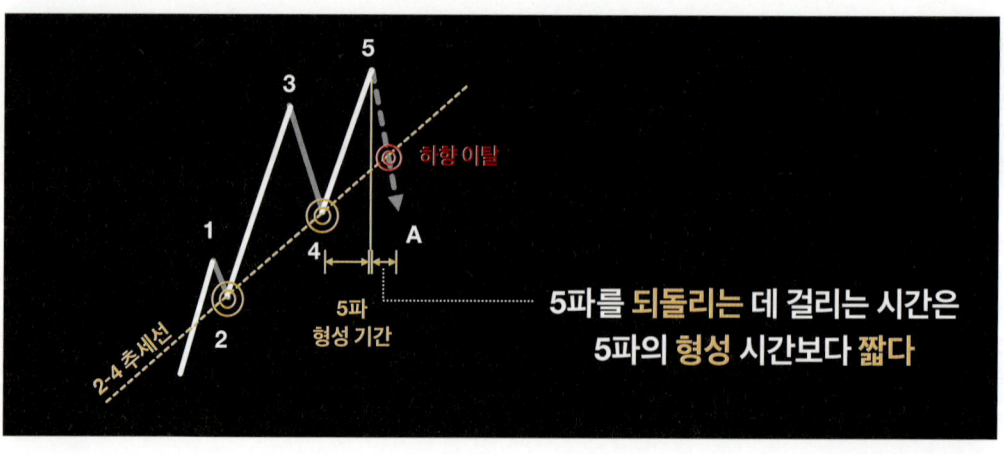

충동파의 하위 2파, 4파 종결점을 이은 추세선(2-4 추세선)으로 충동파의 완성 여부를 평가할 수 있습니다. 만약 충동파가 정말 완성되었다면 하위 5파가 형성된 기간보다 같거나 짧은 시간 내에 2-4 추세선을 하향 이탈해야 합니다. 만약 이보다 오랜 기간이 소요된다면 아직 마무리되지 못한 4파를 5파로 혼동하였을 가능성이 높습니다. 추가로 5파가 종결 쐐기

(Ending Diagonal) 패턴인 경우 완성까지 걸리는 기간이 길어질 수 있으므로 유의해야 합니다.

5파 이후의 되돌림 수준을 이용한 충동파 완성 여부 평가

충동파의 검증

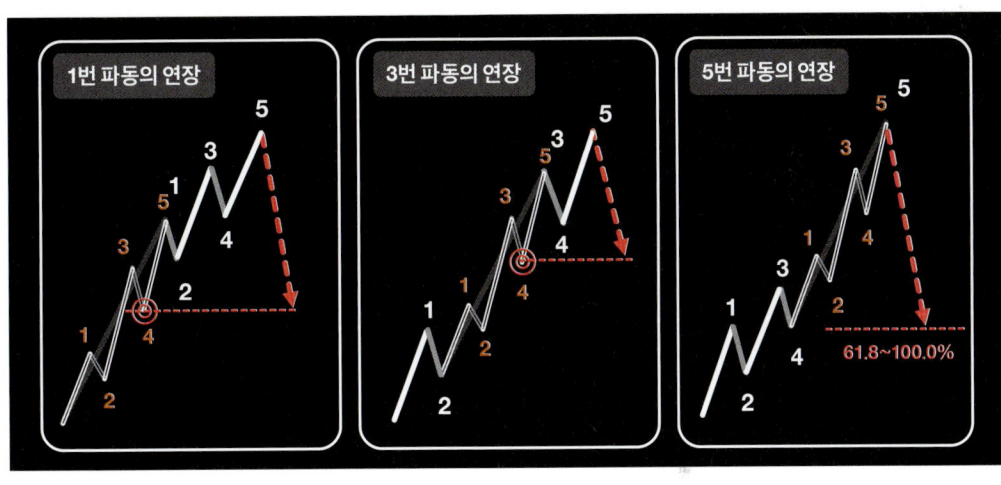

충동파 이후 나타나는 조정파가 가격을 얼마나 되돌리는지에 따라 충동파의 완성 여부를 평가할 수 있습니다. 이는 충동파 내에서 연장이 어느 파동에서 형성되었는가에 따라 달라집니다.

연장 1파를 지닌 충동파의 경우 되돌림은 연장 1파 내의 4파 종결점 수준까지 나타나야 합니다. 만약 해당 충동파가 상위 등급 충동파의 1번 또는 5번 파동인 경우, 되돌림은 연장 1파 내의 2파 또는 그 이하로 깊어질 수 있습니다.

연장 3파를 지닌 충동파의 경우 되돌림은 연장 3파 내의 4파 범위(4파 고점 ↔ 저점 사이)로 나타나며, 보통 4파의 종결점 수준까지 도달합니다. 만약 연장 3파를 지닌 충동파가 상위 등급 충동파의 5번 파동인 경우, 이어질 되돌림은 연장 3파를 지닌 충동파를 61.8% 이상 되돌립니다. 반대로 상위 등급 충동파의 1파 또는 3파인 경우 61.8% 이하의 되돌림이 나타납니다. 연장 5파를 지닌 충동파의 경우 되돌림은 61.8~100.0%까지 나타날 수 있습니다.

4 대각삼각

4절에서 이야기할 대각삼각(Diagonal Triangle) 패턴은 누군가에게는 터미널 충격 파동(Terminal Impulse Wave)으로, 누군가에게는 쐐기형(Wedge) 패턴으로 알려져 있을 것입니다. 사실 충동파와 대각삼각 패턴은 서로 유사한 구석이 많은 패턴입니다. 충동파와 대각삼각 모두 동인파에 속한다는 내용을 기억한다면 두 개념 간의 차이와 특징을 보다 잘 이해할 수 있을 것입니다.

대각삼각이란?

용어의 변천사

엘리어트 파동 이론을 다룬 책들. 좌측부터 순서대로 R. N. 엘리어트, A. J. 프로스트, 글렌 닐리가 지은이다.

　창시자 엘리어트는 그의 저서에서 추세 방향으로 진행하는 패턴 중 충동파와 다르게 1파와 4파가 서로 중첩되며 진행하는 패턴을 언급하였습니다. 그리고 해당 패턴의 상단·하단 추세선을 작도하여 그려진 대각 방향의 삼각형을 토대로 대각삼각(Diagonal Triangle)이라 지칭하였습니다. 또한 해당 패턴이 충동파의 5파에서 주로 나타남을 토대로 종결(Ending)을 붙여 종결 대각삼각(Ending Diagonal, 종결 쐐기형이라고도 함)이라는 용어를 사용했습니다.

　이후 시간이 흘러 A. J. 프로스트와 같은 엘리어트 파동 이론 연구가들은 대각삼각의 하위 개념으로 선도 쐐기(Leading Diagonal)라는 패턴을 새로이 고안했습니다.

　엘리어트 파동 이론의 현대적 해석가인 글렌 닐리는 창시자 엘리어트가 정의한 대각삼각이 조정파에서 등장하는 삼각형 패턴(Triangle Pattern)과 혼동될 수 있음을 지적했습니다. 그는 이를 터미널 충격 파동(Terminal Impulse Wave)으로 표기할 것을 주장했는데요. 이 책에서는 대각삼각과 종결 쐐기, 선도 쐐기라는 용어를 사용했습니다.

대각삼각의 기본 개념

상승/하락 대각삼각

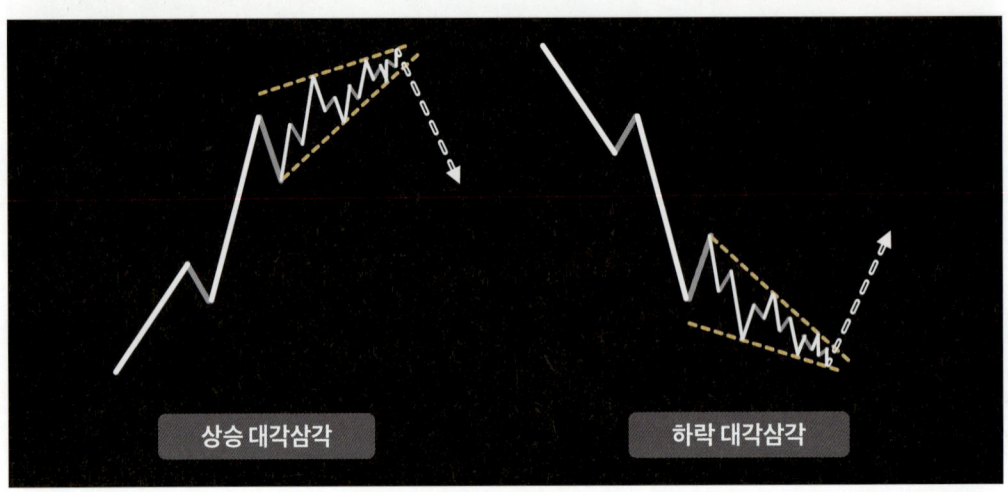

대각삼각 패턴은 쐐기(Wedge) 패턴으로도 불립니다. 이는 삼각형의 윗변과 밑변이 모두 같은 방향의 기울기를 지녀 마치 쐐기와 같다고 하여 붙여진 이름입니다. 대각삼각 패턴은 방향에 따라 상승형과 하락형으로 나눌 수 있습니다.

수렴형/확산형 대각삼각

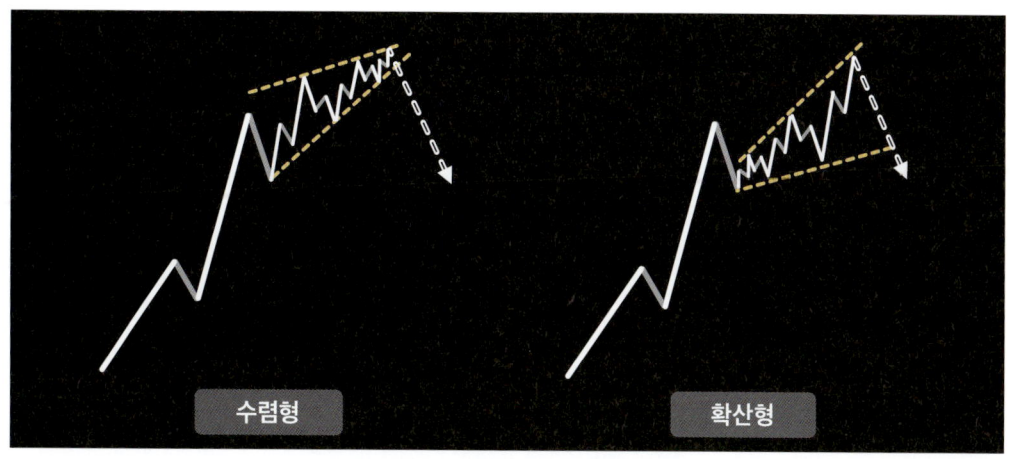

쐐기형의 형태가 꼭 추세 방향으로 끝단이 좁아지는 형태만 있는 것은 아닙니다. 그림 우측과 같이 점차 넓어지는 (확장) 형태의 쐐기 패턴으로도 나타날 수 있습니다.

대각삼각과 조정삼각

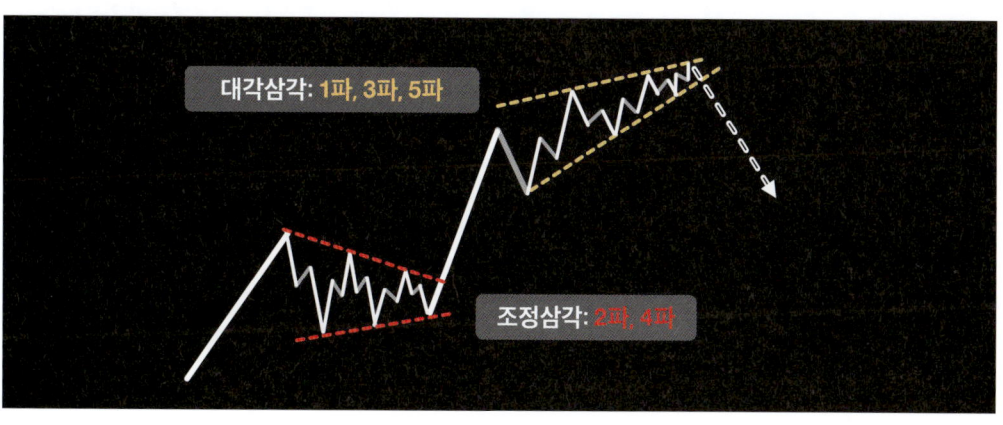

그렇다면 대각삼각은 조정파에서의 삼각 패턴과 무엇이 다른 것일까요? 두 패턴의 형태가 서로 흡사한 만큼 파동을 분석하는 데 있어 혼동될 여지가 존재합니다. 심지어 대각삼각과 조정삼각 모두 5개의 하위 파동으로 구성된다는 점 또한 동일합니다. 가장 큰 차이점은 출현 구간이 다르다는 데 있습니다. 조정삼각은 충동파의 2파, 4파에서, 대각삼각은 1파, 3파, 5파의 진행 단계에서 등장합니다. 또한 이어 다룰 대각삼각의 특징을 유념한다면 그리 어렵지 않게 조정삼각 패턴과 구분할 수 있을 것입니다.

대각삼각의 특징

대각삼각의 특징

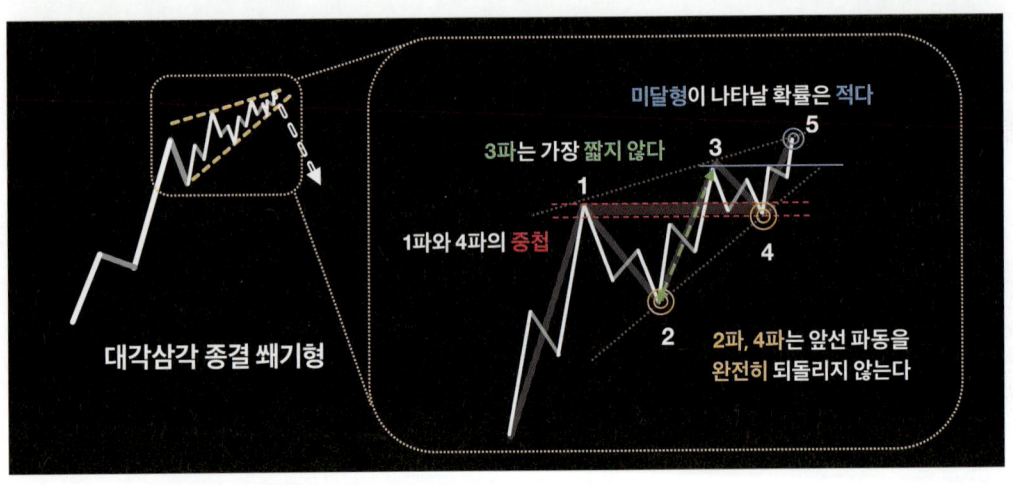

대각삼각은 충동파와 마찬가지로 하위 2파와 4파가 앞선 파동을 완전히 되돌리지 않으며, 3파는 가장 짧은 파동이 되어서는 안 됩니다. 다만 1파와 4파가 언제나 중첩된다는 점이 충동파와의 결정적인 차이점이며, 대각삼각이 미달형(Failure)으로 나타날 확률은 매우 적습니다.

모식도를 보면 대각삼각 패턴 내의 하위 2파는 전체적인 방향과 반대로 향함을 알 수 있습니다. 또한 5파는 쐐기 형태의 궤도에 도달하지 못하기도, 또는 돌파하며 솟구치는 경우를 보이기도 합니다. 분명한 것은 대각삼각의 마지막 5파 이후에는 신속한 가격 반전이 나타난다는 사실입니다. 엘리어트는 프라이머리 파동의 하위 5파(인터미디에이트)가 대각삼각으로 나타나는 경우, 이후 급격한 하락 되돌림이 나타날 것이라 이야기하였습니다.

종결 쐐기형

종결 쐐기형 패턴의 이해

"종결 쐐기형은 너무 빨리(Too Fast), 너무 많이(Too Far) 나아갔을 때 등장하는 파동이다."

– R. N. 엘리어트

R. N. 엘리어트는 종결 쐐기형(Ending Diagonal) 패턴을 두고 위와 같이 말했습니다. 이 패턴의 핵심은 항상 보다 큰 등급의 패턴이 마감될 때 등장한다는 데 있습니다. 큰 패턴의 마감이란 상위 등급의 동인파의 마지막 파동인 5파를 의미하거나, 조정파의 마지막 C파를 의미합니다. 너무 빨리, 너무 많이 나아간 파동의 마지막이 다가올수록 거래량이 점차 줄어들며 해당 파동의 동력은 점차 수그러들게 됩니다. 상승이었다면 하락을, 하락이었다면 상승을 마주할 때가 다가오는 것입니다.

이처럼 큰 파동이 완성된 후에는 대대적인 되돌림이 나타나기 마련입니다. 이때 종결 쐐기형 패턴은 그러한 되돌림이 보다 강하게 나타날 것이란 힌트를 주는 패턴입니다. 이는 종결 쐐기형이 일부 조정파의 성격을 지니고 있기 때문일지도 모릅니다.

상승 추세를 기준으로 종결 쐐기형 패턴의 5파를 지닌 충동파가 완성되면 고점을 형성할 것입니다. 그리고 이 고점은 큰 등급의 파동이 만들어낸 것이므로 쉽게 깨지지 않을 것입니다. 언젠가 그 고점을 돌파하는 날이 오겠지만 기간이 소요될 것은 분명합니다.

자, 핵심 문장 하나로 종결 쐐기형 패턴에 대한 많은 힌트를 얻었습니다. 이제 종결 쐐기형 패턴의 특징을 정리해보겠습니다.

종결 쐐기형 패턴의 특징

종결 쐐기형의 특징

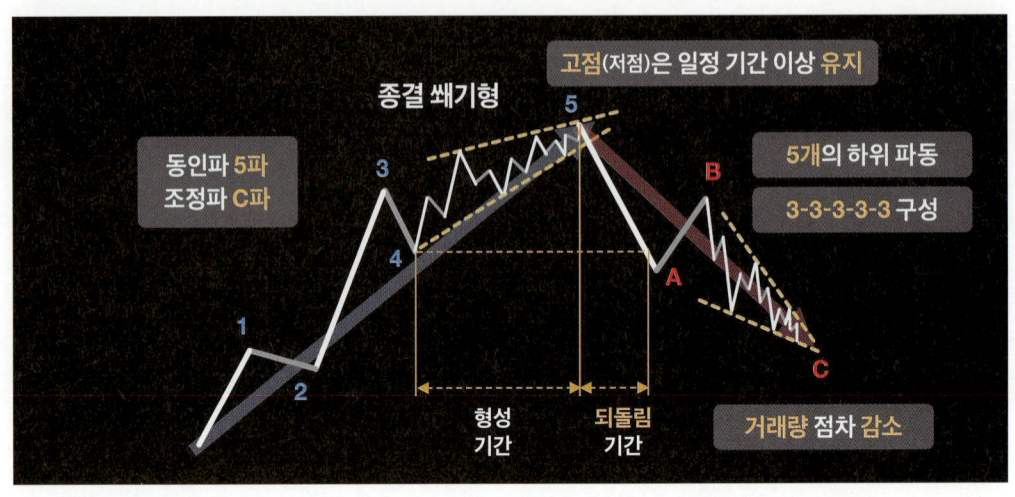

종결 쐐기형 패턴은 동인파의 5파 및 조정파의 C파에서 등장합니다. 단, 여러 조정파가 이어지며 나타나는 이중·삼중 조정의 경우는 마지막 조정파의 C파에서 나타날 수 있습니다. 단, 조정삼각 패턴에서는 등장하지 않습니다.

종결 쐐기형 패턴은 하위 5개의 파동으로 이루어져 있으며, 각 파동은 다시 3개의 작은 파동으로 이루어져 있습니다. 플랫과 지그재그 조정파가 A-B-C의 형태라면, 종결 쐐기형 패턴은 3-3-3-3-3인 것입니다.

종결 쐐기형 이후 나타나는 가격의 되돌림은 형성된 시간의 50% 이하의 짧은 시간 내에 100% 수준으로 이루어집니다. 종결 쐐기형의 움직임을 완전히 되돌린다는 의미로, 만약 해당 종결 쐐기가 상위 등급 종결 쐐기의 5번 파동이었다면 상위 등급의 종결 쐐기 역시 완전히 되돌려질 것입니다. 보통 종결 쐐기형이 형성되는 데 소요된 기간의 4분의 1 수준입니다. 또한 종결 쐐기형의 종결점은 패턴이 형성되는 데 소요된 기간의 2배 이상 동안 돌파되지 않습니다. 상승 방향의 종결 쐐기형이 완성되며 고점이 그려진다면, 이후 그 고점을 다시 돌파하며 신고점을 갱신하기까지 다소 오랜 시간이 소요된다는 말입니다.

마지막으로 거래량은 초과 진행(Throw-over)이 나타나는 경우를 제외하고 패턴이 진행됨에 따라 점차 감소합니다.

초과 진행(Throw-over)

초과 진행

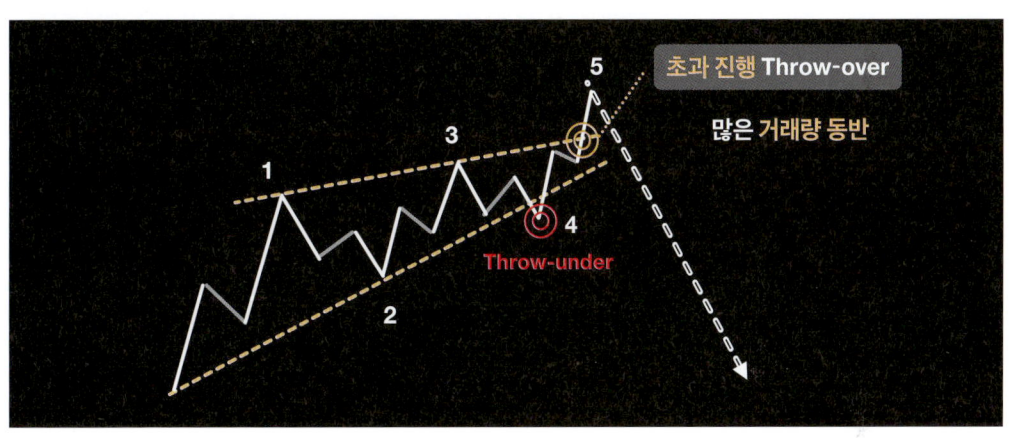

종결 쐐기형 패턴은 전반적인 추세가 점차 동력을 잃어갈 때 주로 나타나는 패턴이라 하였습니다. 따라서 패턴이 진행될수록 거래량이 점차 줄어드는 것이 일반적인데, 종종 종결 쐐기형의 하위 5파가 많은 거래량을 동반하며 형성되는 경우 쐐기의 상단 추세선(1파와 3파의 종결점으로 이루어지는 추세선)을 강하게 돌파하는 초과 진행이 나타날 수 있습니다.

이때 앞선 4파는 종종 하단 추세선(2파와 4파의 종결점으로 이루어지는 추세선) 바로 밑을 횡보하곤 하는데, 이를 'Throw-under'라고도 합니다. 초과 진행이 나타나더라도 가격은 이내 종결 쐐기를 되돌리는 움직임을 보일 것입니다. 종결 쐐기형은 끝이 한 점으로 모이는 형태가 아닌, 확장되는 형태로 나타나기도 하나 A.J. 프로스트는 그 빈도가 적다고 말하였습니다.

종결 쐐기형 패턴의 다양한 형태

5개의 하위 파동으로 이루어지는 종결 쐐기형 패턴은 하위 파동의 연장 유무에 따라 그 특징이 달라집니다. 이를 1파부터 5파까지 나누어 하나씩 살펴보도록 하겠습니다.

1파가 연장된 종결 쐐기형

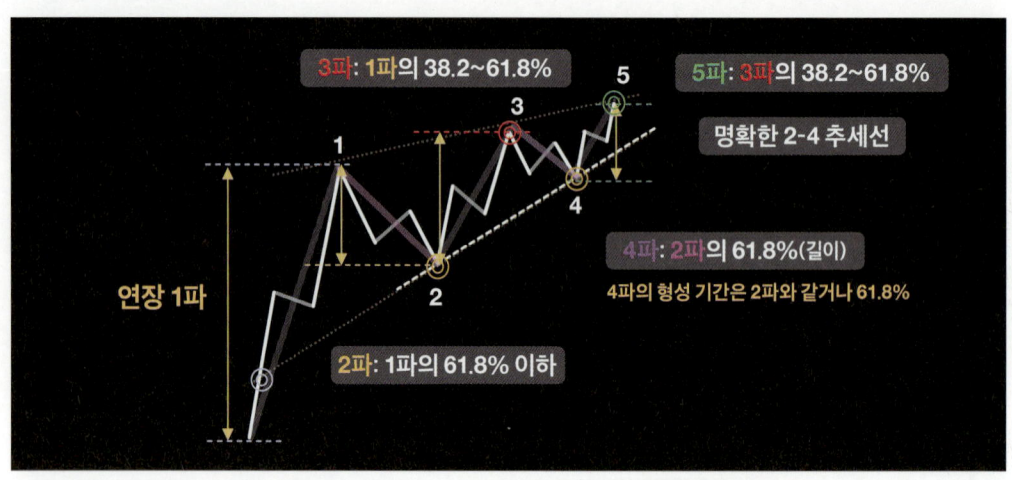

종결 쐐기형 패턴에서 1번 파동이 연장되는 것은 가장 일반적인 양상입니다. 이때 2파는 연장 1파의 61.8% 이상을 되돌려서는 안 됩니다. 3파는 1파의 38.2~61.8% 수준의 길이를 보여야 하며, 5파의 길이는 3파의 38.2~61.8% 수준을 보입니다. 이때 4파의 길이는 2파의 61.8%인 경우가 많으며, 4파의 형성 시간은 2파와 서로 비슷하거나 2파의 61.8%인 경우가 많습니다. 또한 종결 쐐기형의 작도 시 2파와 4파의 종결점을 이은 추세선은 명확하게 관찰되어야 합니다.

1파가 연장되지 않은 종결 쐐기형

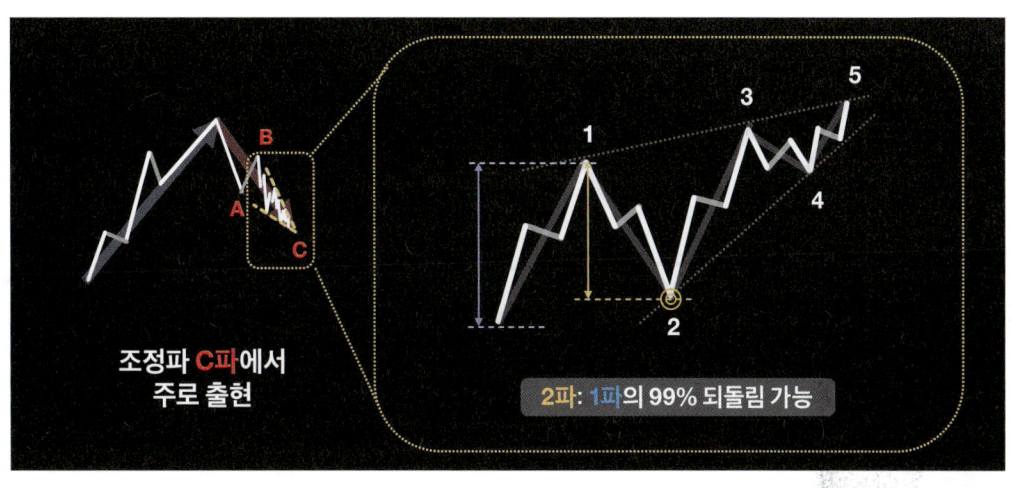

1파가 연장되지 않은 종결 쐐기형 패턴은 동인파의 5파로 나타나기보다는 조정파의 C파일 가능성이 높습니다. 이때의 2파는 1파를 99% 수준까지 되돌릴 수 있습니다. 여기서의 C파는 플랫, 지그재그와 같이 A-B-C의 구조를 이루는 조정파의 C파를 의미하며, 조정삼각에서는 해당되지 않습니다.

종결 쐐기형의 2파

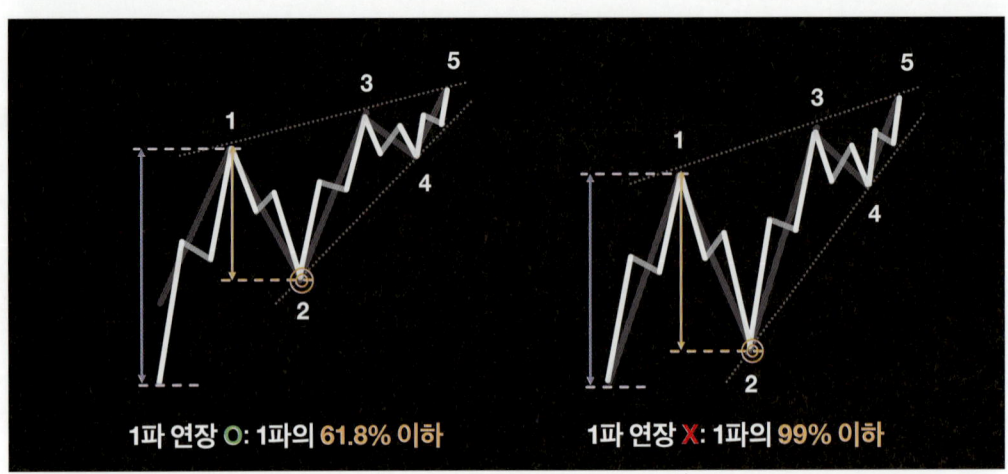

2파는 1파의 연장 유무에 따라 되돌림의 정도가 달라집니다. 1파가 연장되는 경우는 61.8% 수준까지, 연장되지 않는 경우는 99%까지 되돌릴 수 있음을 기억해야 합니다. 또한 1파가 연장되는 경우 2파는 4파에 비해 더욱 큰 가격 변동을 보일 것이며, 파동 형성에 오랜 기간이 소요될 것입니다.

3파가 연장된 종결 쐐기형

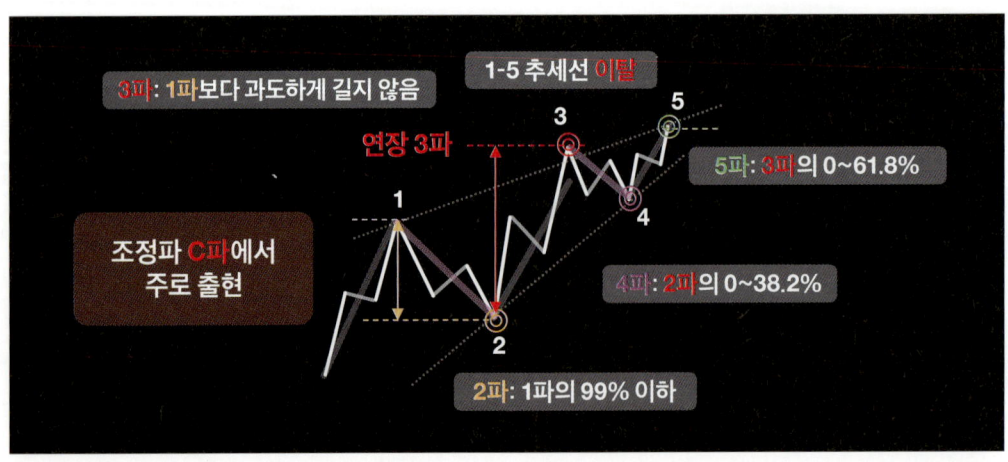

하위 3파가 연장으로 나타나는 종결 쐐기형 패턴은 드물게 나타납니다. 대각삼각의 핵심이 1파와 4파 간의 중첩임을 감안한다면, 3파는 연장되더라도 1파보다 과도하게 길어질 수 없습니다. 만약 3파의 연장이 길게 나타난다면, 1파와 4파가 겹치지 않는 일반적인 충동파의 모습을 보일 것이기 때문입니다.

앞서 2파는 1파의 61.8~99%를 되돌린다고 하였습니다. 이때 연장 3파 이후 나타날 4파는 연장 3파를 0~38.2% 범위에서 약하게 되돌리게 됩니다. 또한 5파는 연장 3파의 0~61.8% 수준만큼만 나타나야 합니다. 3파가 연장되는 만큼 3파가 1파, 5파 종결점을 이은 추세선을 일시적으로 이탈하는 모습이 관찰됩니다.

종결 쐐기형의 4파

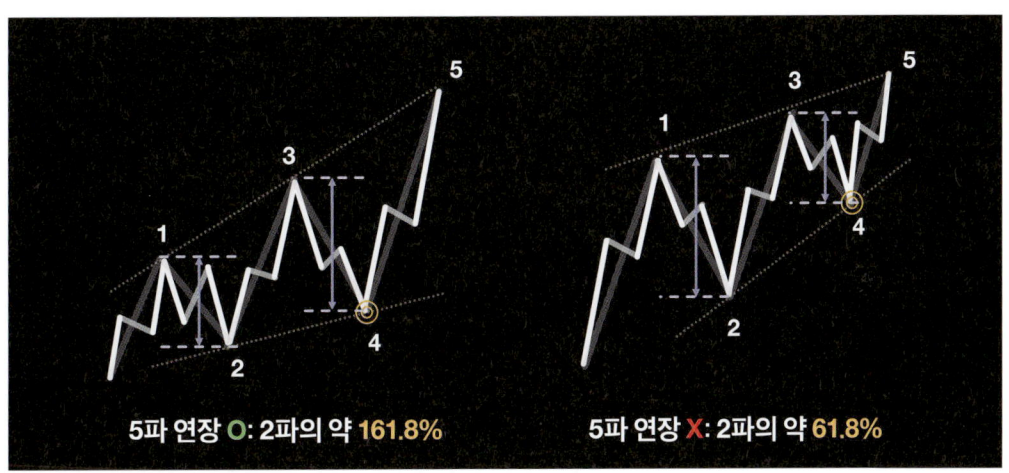

구성 법칙을 다룬 2절에서 4파는 2파와 교대의 법칙을 이룬다고 하였습니다. 이는 종결 쐐기형 패턴에서 또한 동일하게 적용되며, 2파와 4파는 서로 길이와 형성 기간 측면에서 61.8%의 관계를 이루는 경우가 많습니다. 2파가 길다면 4파는 2파의 61.8%로, 반대로 4파가 길다면 2파는 4파의 61.8%로 말입니다.

종결 쐐기형 패턴의 5파가 연장되면 4파는 2파보다 길고 복잡(약 161.8%)하게 나타납니다. 반대로 5파가 연장되지 않는다면 4파는 2파의 61.8%, 3파의 0~61.8% 수준으로 나타납니다.

5파가 연장된 종결 쐐기형

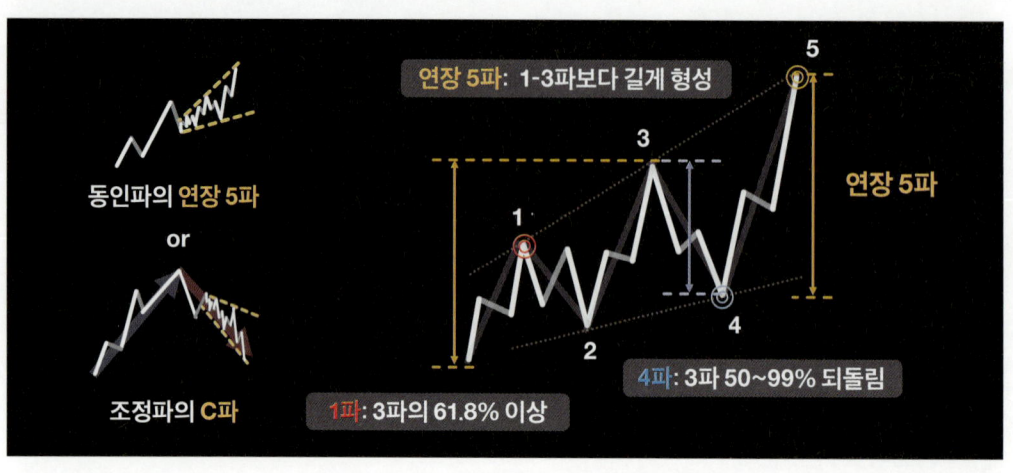

종결 쐐기형의 5파가 연장되는 경우, 해당 종결 쐐기형 패턴은 상위 등급 동인파의 연장 5파로 나타나는 경우이거나 조정파의 C 파동에 해당할 것입니다. 이때 1파는 3파의 61.8% 이상을 보여야 하며, 연장 5파는 1파 시작점과 3파 종결점 간의 거리보다 길게 형성되어야 합니다. 이때 4파는 3파의 50.0~99% 수준을 되돌려야 합니다. 물론 99%까지 되돌리는 경우는 드물게 나타납니다.

5파가 연장되지 않은 종결 쐐기형

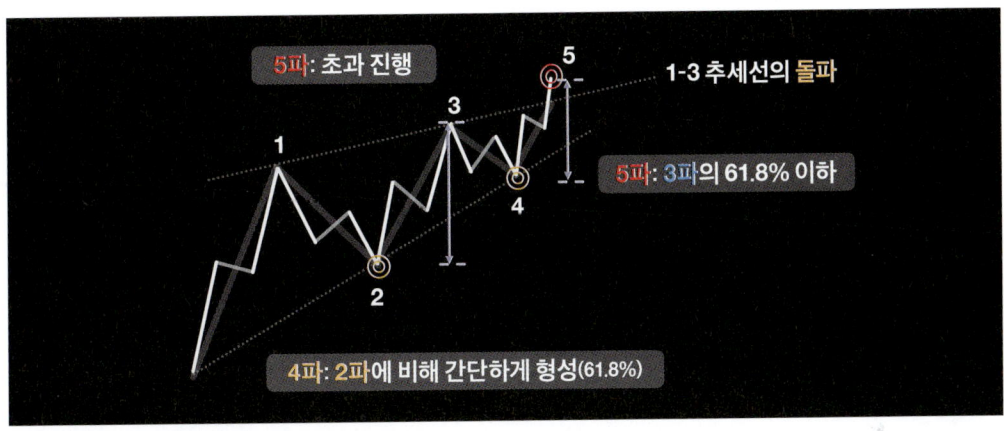

종결 쐐기형의 5파가 연장되지 않는 경우라면, 5파는 3파의 61.8%보다 작게 나타나야 하며 1파, 3파, 5파 중에서 가장 복잡한 형태를 보여서는 안 됩니다. 이때 5파는 초과 진행을 보일 수 있으며 4파는 2파에 비해 짧고 간단하게 형성됩니다.

종결 쐐기형 패턴의 식별

동인파의 마지막 5파가 종결 쐐기형 패턴으로 나타나는지 확인하는 가장 간단한 방법은 2파와 4파의 종결점을 이은 2-4 추세선을 사용하는 것입니다.

종결 쐐기형의 식별

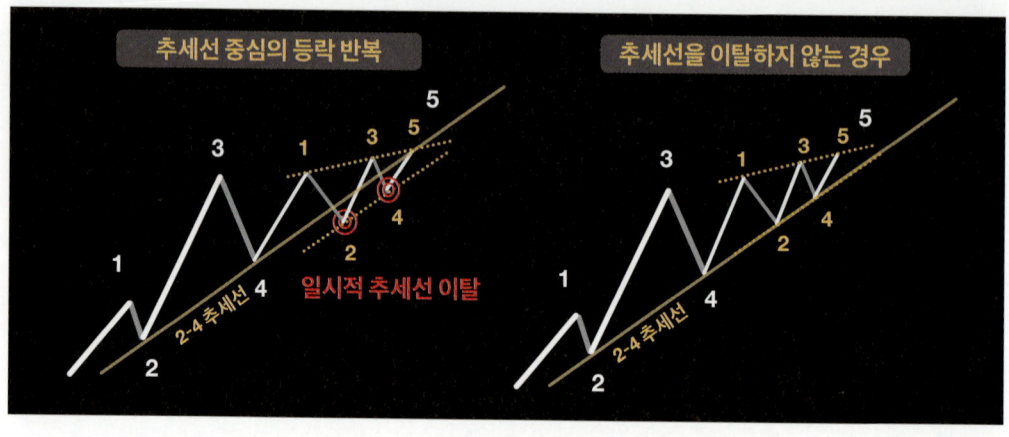

종결 쐐기형 패턴은 형성되는 동안 2-4 추세선을 일시적으로 이탈하는 움직임이 자주 관찰된다는 특징을 지닙니다. 충동파 파동을 분석할 때 이러한 양상이 관찰된다면, 충동파의 3파가 연장되는 것이 아니라 5파가 종결 쐐기형 패턴으로 나타나고 있음을 인지해야 합니다. 물론 2-4 추세선을 이탈하지 않으면서 형성되는 종결 쐐기형도 드물게 존재할 수 있습니다.

종결 쐐기형의 식별

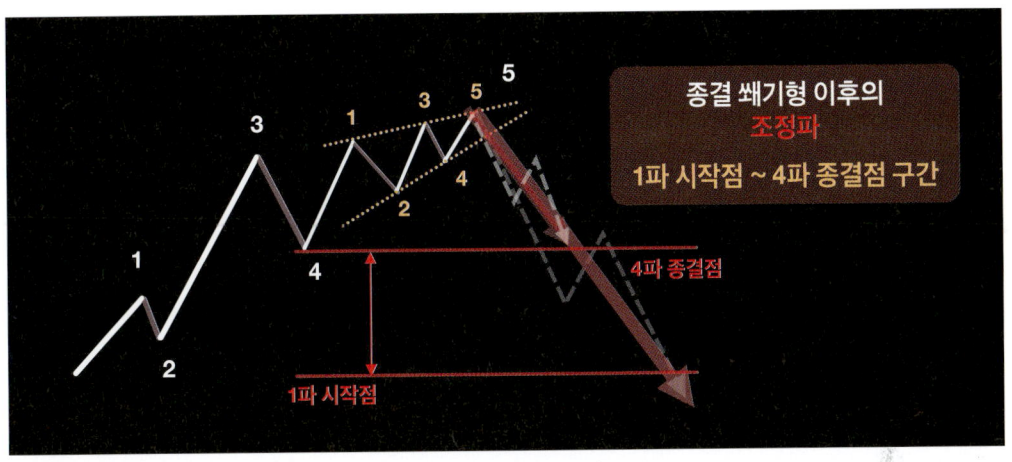

종결 쐐기형 이후 나타날 조정파는 종결 쐐기형을 지닌 동인파의 시작점(1파 시작점)이나 그 아래까지의 아주 큰 되돌림을 보여야 합니다. 만약 되돌림이 약하게 나타나더라도 최소한 4파의 범위까지 되돌려야 합니다. 만약 위 사항이 지켜지지 않는 경우 분석이 잘못되었을 가능성이 높아집니다.

선도 쐐기형

선도 쐐기형

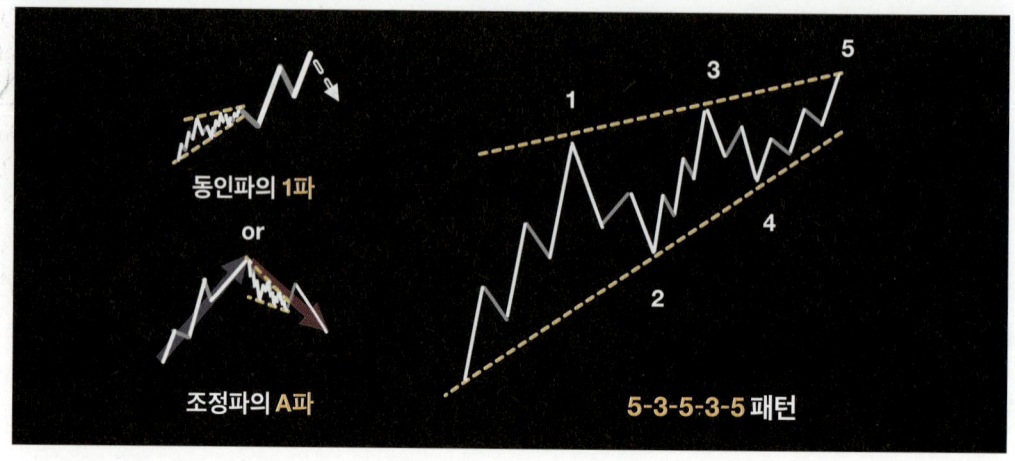

선도 쐐기형(Leading Diagonal) 패턴은 사실 창시자인 엘리어트가 고안한 개념이 아닙니다. 후대에 들어 A. J. 프로스트, 로버트 R. 프렉터 주니어, 찰스 J. 콜린스가 재정립한 엘리어트 파동 이론에서 등장하는 개념으로, 이들이 선도 쐐기형 패턴을 고안한 것은 동인파의 1파와 조정파의 A파에서 등장하는 쐐기 형태의 패턴을 분류하기 위함이었습니다.

선도 쐐기형 패턴은 하위 1와 4파가 중첩된다는 점에서 종결 쐐기형과 동일합니다. 하지만 종결 쐐기형 패턴이 3-3-3-3-3 패턴 구조를 지니는 반면, 선도 쐐기형 패턴은 5-3-5-3-5의 구조를 지닙니다. 또한 선도 쐐기형의 하위 5파는 3파보다 더욱 느리게 진행된다는 특징을 지니고 있습니다. 이는 선도 쐐기형이 상위 등급 파동의 시작부에서 나타나는 만큼 진행 방향으로 추세가 지속됨을 시사합니다.

물론 동인파, 충동파의 1파는 대부분 충동파의 형태로 나타납니다. 하지만 이러한 패턴이 존재함을 알아둔다면 1파의 하위 1, 4 파동이 중첩되는 양상이 확인되더라도, 당황하지 않고 선도 쐐기형 패턴임을 인지하여 분석을 잘 이어나갈 수 있을 것입니다.

5

조정파: 기초

 조정파(Corrective Wave)란?

5절과 6절에서는 동인파를 되돌리는 조정파에 대해 알아보도록 하겠습니다.

동인파와 조정파

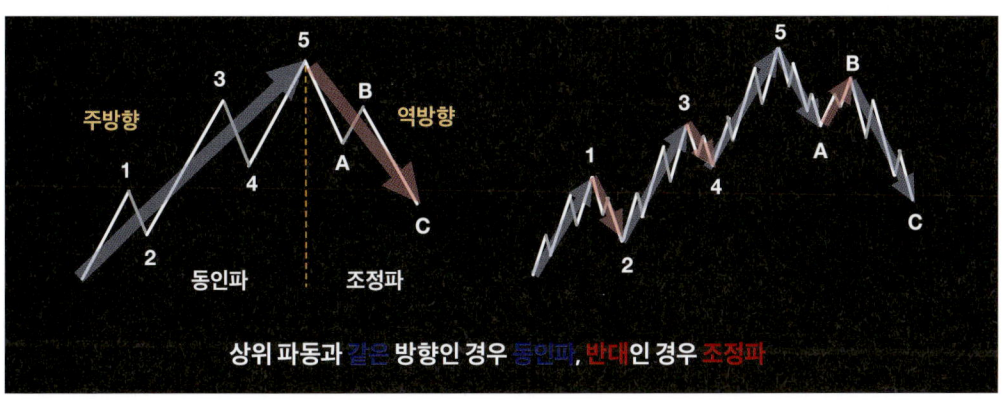

조정파란 큰 추세를 거슬러 움직이는 파동을 의미합니다. 추세 간의 힘겨루기로 형성되는 조정파는 동인파에 비해 더욱 어렵고 복잡하게 나타납니다. 이로 인해 같은 등급의 파동에서도 하위 파동의 형성 기간, 복잡도가 달라져 서로 다른 등급으로 보이게 되는 등 파동의 식별에 있어 난이도를 높이는 부분이기도 합니다. 특히 조정파의 추세가 불명확한 경우, 파동이 완성되기 전까지는 조정파 여부를 판별하기 어려우므로 인내심과 유연성을 지니고 시장을 관찰해야 합니다.

조정파의 대표적 특징은 교대의 법칙을 따른다는 것입니다. 실제로 대표적인 조정파인 플랫(flat)과 지그재그(zigzag)의 경우, 각각 횡보와 급격한 각도를 이루는 파동으로 서로 대비되는 모습을 보입니다.

조정파의 4가지 패턴

조정파는 지그재그, 플랫, 삼각 패턴과 이들이 혼합되어 나열되는 혼합형으로 총 4가지 패턴으로 분류할 수 있습니다. 이 중 가장 난해하고 복잡한 패턴은 '삼각(Triangle)' 패턴이라 할 수 있습니다. 아이러니하게도 삼각 패턴은 조정파에서 흔하게 찾아볼 수 있는 패턴이므로 이에 대한 공부를 소홀히 할 수는 없습니다.

5절에서는 4가지 분류의 패턴에 관한 형태와 특징을 큰 틀에서 다룰 것입니다. 각 패턴의 세부적인 사항은 6절에서 이야기하도록 하겠습니다.

지그재그(Zigzag)

지그재그 패턴

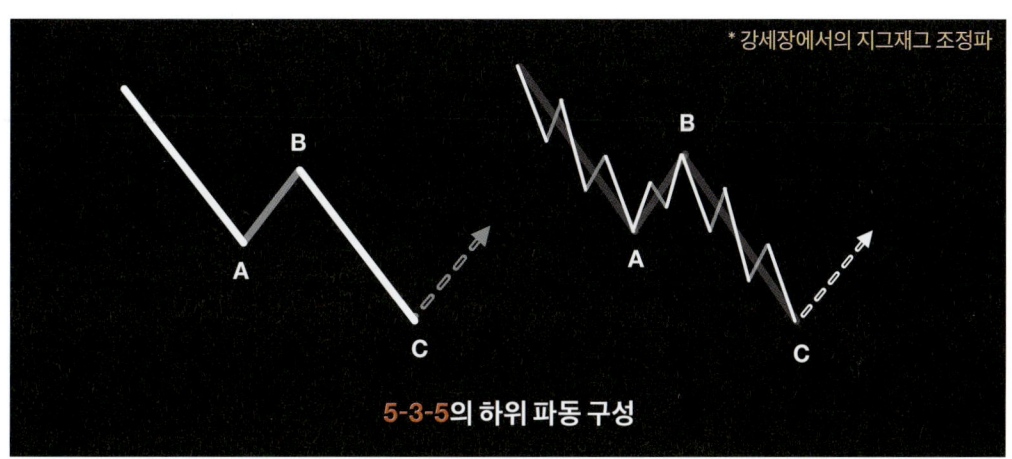

조정파의 대표적인 패턴인 지그재그 패턴은 A-B-C 3개의 파동으로 구성되며 A는 5개, B는 3개, C는 5개의 하위 파동을 지닙니다. 이를 5-3-5의 구조로 표현하기도 합니다.

지그재그 패턴

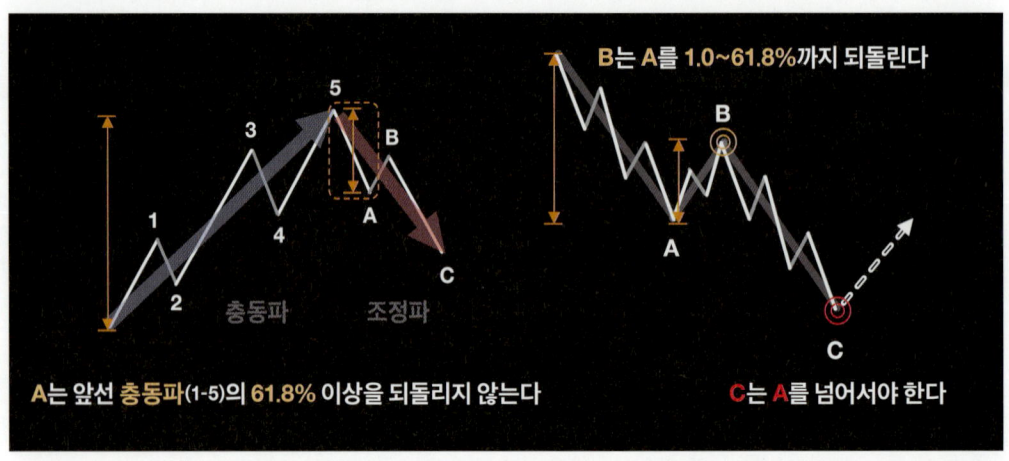

지그재그의 A파는 앞선 충동파의 61.8% 이상을 되돌리지 않습니다. B파는 A파를 1% 이상, 61.8% 이하로 되돌려야 하며, C파는 아주 조금이라도 A파 종결점을 넘어서서 완성되어야 합니다. 또한 A파와 C파의 길이는 비슷한 경우가 많으며, 서로 간에 61.8%의 비율을 보이기도 합니다.

이중·삼중 지그재그

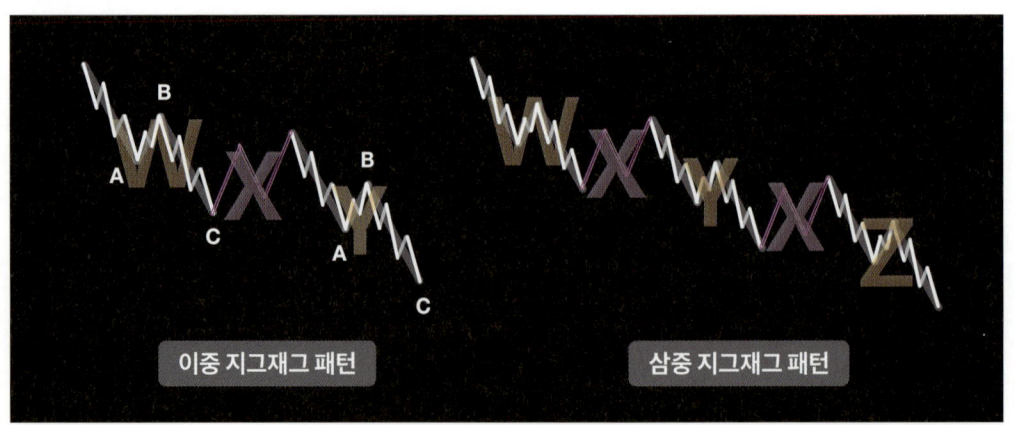

지그재그는 드물게 2~3회 연속으로 나타날 수 있습니다. 첫 번째 지그재그 패턴의 되돌림 수준이 약한 경우가 그러한데, 이때 단일 지그재그와 동일한 양상의 패턴이 2~3차례에 걸쳐 나타나며 각 연결부에 3개의 하위 파동을 지닌 X파가 존재합니다.

연결 파동의 역할을 하는 X파는 지그재그 진행 방향의 반대로 움직이는 반작용 파동이기도 합니다. 따라서 언제나 조정파의 형태를 지니며 보통 지그재그로 나타납니다. 첫 지그재그를 파동 W로, 두 번째를 Y로, 세 번째를 Z로 두면 이중 지그재그는 W-X-Y로, 삼중 지그재그는 W-X-Y-X-Z로 표기할 수 있습니다.

지그재그 패턴

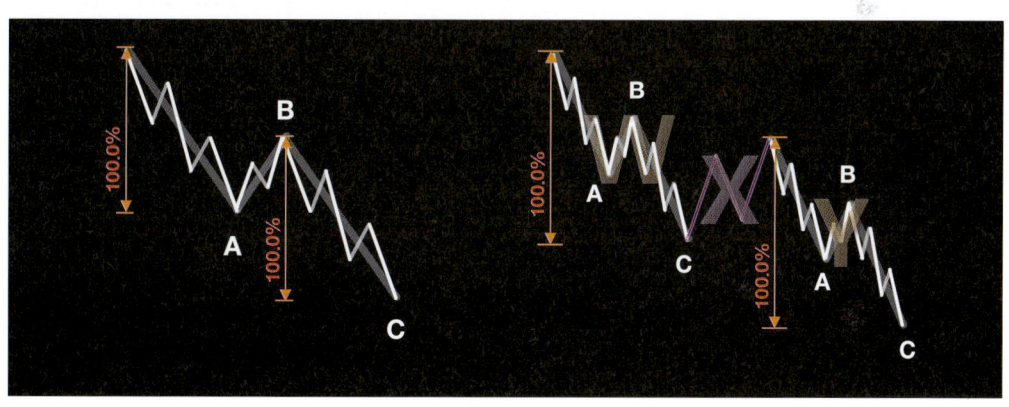

또한 앞서 지그재그의 A파와 C파 길이가 유사한 경우가 많았듯이 이중·삼중 지그재그 패턴에서 W와 Y 간의 길이가 유사한 경우가 많습니다.

플랫(Flat)

플랫 패턴은 지그재그 패턴과 달리 3-3-5의 하위 파동 구성을 보인다는 점에서 차이가 있습니다. 만약 어떠한 조정파가 3-3-5로 나타나는 경우 모두 플랫의 범주에 속하는 것으로 보아야 합니다. 따라서 플랫의 형태는 다소 유동적이며 그 파생형 또한 다양하게 존재합니다.

플랫 패턴

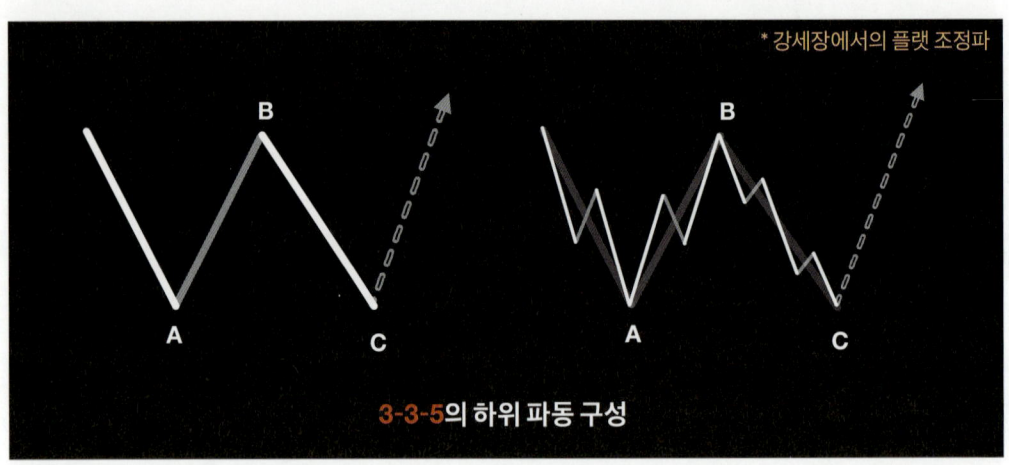

플랫의 B파는 A파를 61.8% 이상 되돌려야 하며 C파는 A파의 38.2%보다 길게 그려져야 합니다. 이때 A파와 B파의 비율 관계에 따라 C파의 길이가 달라지는 모습을 보입니다.

일반형 플랫 패턴

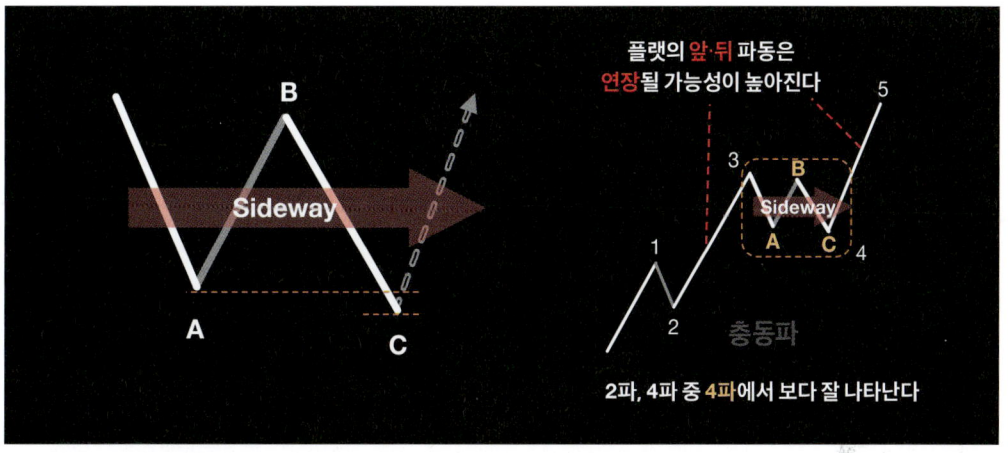

플랫형은 그 용어에서 알 수 있듯 세(A-B-C) 파동이 수평 방향으로 횡보를 보이는 패턴입니다. 지그재그(5-3-5)와 달리, 첫 파동인 A파를 5개의 파동으로 이어나갈 힘이 부족한 것이 그 이유라 할 수 있습니다. 위 모식도를 보면 이후 나타나는 C파 역시 A파의 종결점을 약간 넘어서는 수준에서 마무리되는 것을 알 수 있습니다.

일반형 플랫(Regular Flat)의 경우 강한 추세를 지닌 충동파의 하위 2파, 4파 중 4파에서 보다 잘 나타납니다. 특히 연장되는 파동의 앞 또는 뒤에서 나타나기 쉬운데 지그재그에 비해 되돌림의 세기가 약하다는 점에서 시장이 잠시 쉬어가는 구간이라 할 수 있습니다.

확장형 플랫 패턴

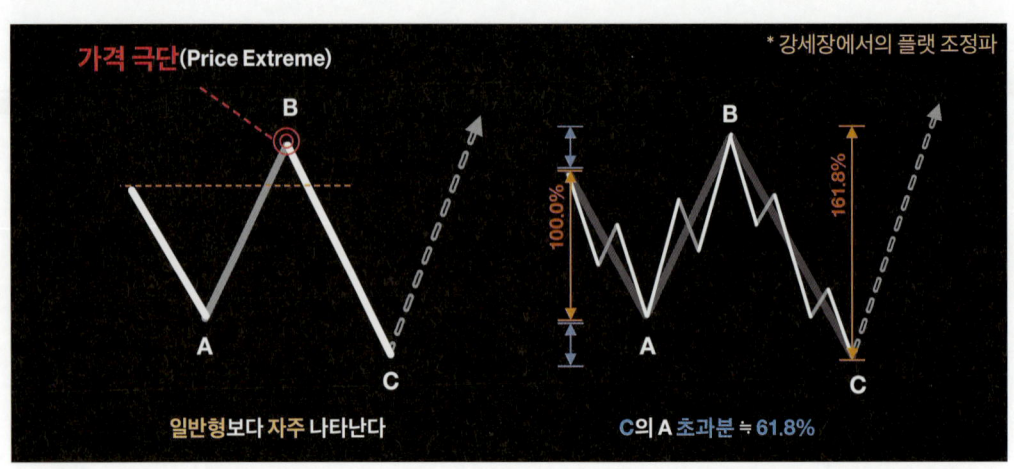

플랫 패턴의 여러 분류 중 가장 흔하게 나타나는 것은 일반형이 아닌 확장형입니다. 확장형 플랫(Expanded Flat)의 경우, 앞서 충동파가 형성한 고점(또는 저점)을 넘어서는 가격 극단(Price Extreme)이 나타난다는 데 특징이 있습니다.

또한 일반형 플랫에서 C파가 A파를 살짝 넘어서며 끝난다면, 확장형은 C파가 A파를 훨씬 넘기며 끝나게 됩니다. 이때의 C파의 길이는 A파의 161.8%이거나 종종 261.8%에 이르기도 합니다. 창시자 엘리어트는 본 패턴을 비정상 플랫형 파동이라 정의하였으나, 발생 빈도가 일반형에 비해 높다는 점에서 확장형으로 표기하였습니다.

유동형 플랫 패턴

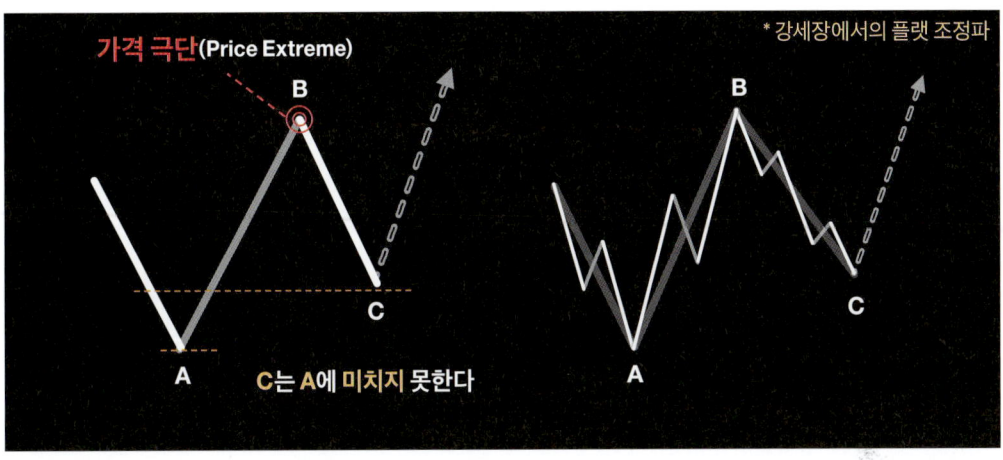

플랫의 또 다른 분류인 유동형 패턴은 일반형, 확장형에 비해 매우 드물게 나타납니다. 유동형 플랫(Running Flat)은 상위 등급의 추세가 너무 강력하여 해당 방향으로 휩쓸리는 경우 나타날 수 있는데요. 이때 B파는 확장형과 유사하게 A파의 시작점(앞선 충동파의 종결점)을 훨씬 넘기며 끝나지만 이후 나타나는 C파는 A파 종결점에 미치지 못한 채 끝나게 됩니다.

유동형 플랫을 구분하기 위해선 앞선 충동파 또는 상위 등급의 추세가 강력하게 나타나는지 확인해야 합니다. 다만 아주 드물게 나타나므로 미리 유동형 플랫을 염두에 둔 분석은 지양해야 합니다. 만약 유동형 플랫으로 의심되는 패턴에서 B가 3파가 아닌 5파로 구성된다면, 상위 등급의 충동 1파로서 새로운 파동이 시작되는 것일 가능성이 높습니다.

삼각(Triangle)

삼각 패턴은 엘리어트 파동 이론 중 가장 어려운 패턴으로 꼽힙니다. 이는 삼각 패턴이 완성되는 데 있어 정해진 시간적 제한이 없다는 점과 삼각 패턴 이후 시장의 방향을 정확히 예측하는 것이 어렵다는 점에 기인합니다.

삼각 패턴

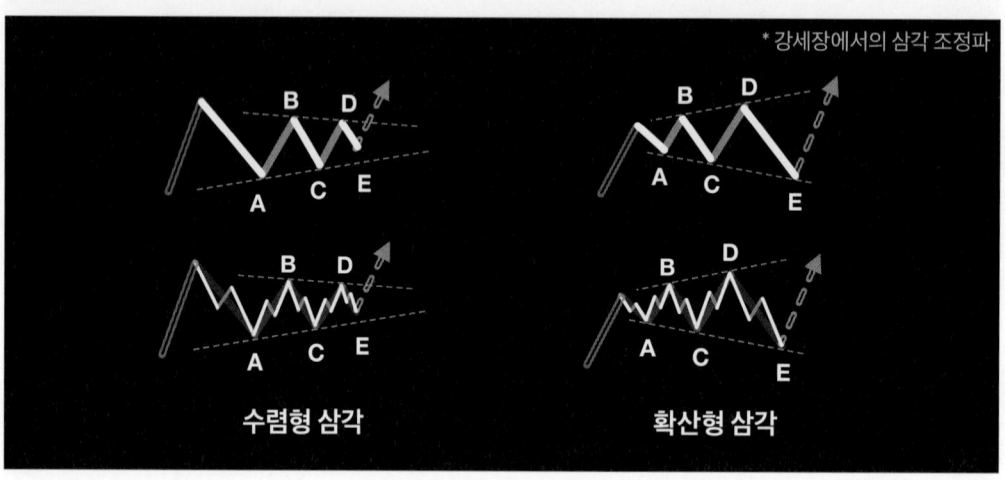

삼각 패턴은 앞선 지그재그나 플랫과 달리 3-3-3-3-3의 5개 하위 파동으로 구성되어 있으며 A-B-C-D-E로 표기할 수 있습니다.

삼각 패턴

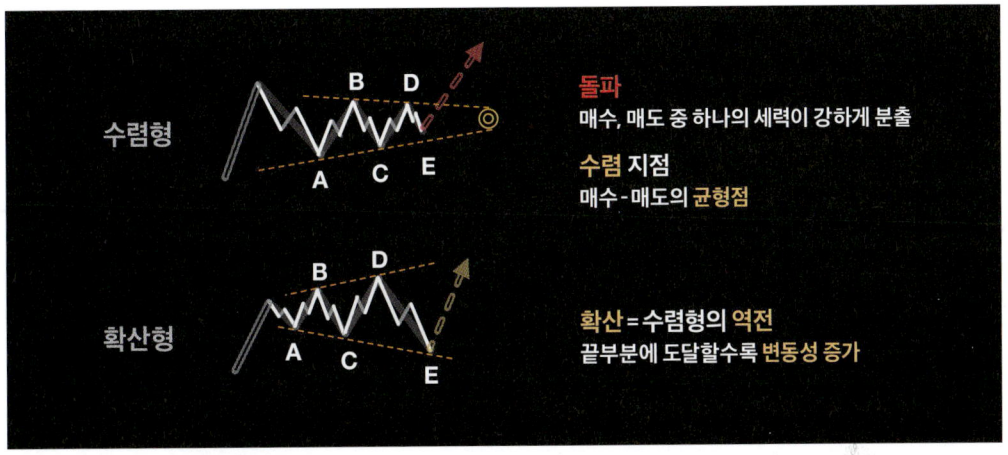

삼각 패턴은 진행 방향으로 갈수록 삼각형의 끝이 수렴하는가, 확장되는가에 따라 분류할 수 있습니다. 수렴형 삼각 패턴의 경우, 끝부분으로 진행될수록 점차 진행이 느려지고 짧아지게 됩니다. 이는 투자자로 하여금 지루함과 피곤함을 느끼게 하나, 이후 매수-매도 세력 간의 불균형으로 돌파(Breakout)가 나타나는 경우 급격한 움직임을 보이게 됩니다. 확산형 삼각 패턴은 수렴형의 역전 형태로, 끝부분에 도달할수록 가격 변동의 폭이 커지며 변동성의 증가를 보입니다.

수렴형 삼각 패턴

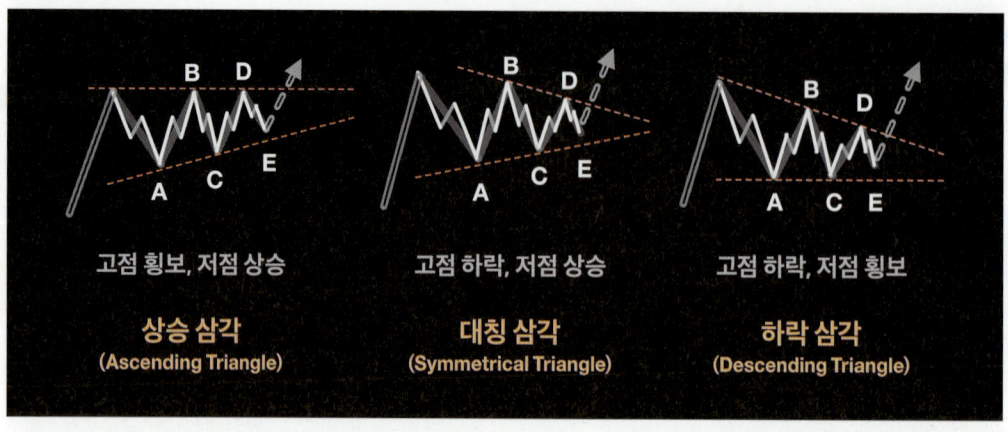

수렴형 삼각 패턴(Convergent Triangle Pattern)은 힘의 균형이 반영된 패턴이며, 횡보 상태에서 주로 나타납니다. 수평(Flat) 삼각이라고도 불리며 하위 파동 각각의 종결점을 잇는 경계선이 마치 삼각형(우측으로 끝이 수렴한)과 같은 형태를 보입니다. 모식도와 같이, 삼각형을 이루는 경계선의 방향 차이에 따라 상승, 대칭, 하락형으로 구분할 수 있습니다. 이때 대각삼각(Diagonal Triangle)과의 혼동을 주의해야 합니다.

수렴형 삼각 패턴

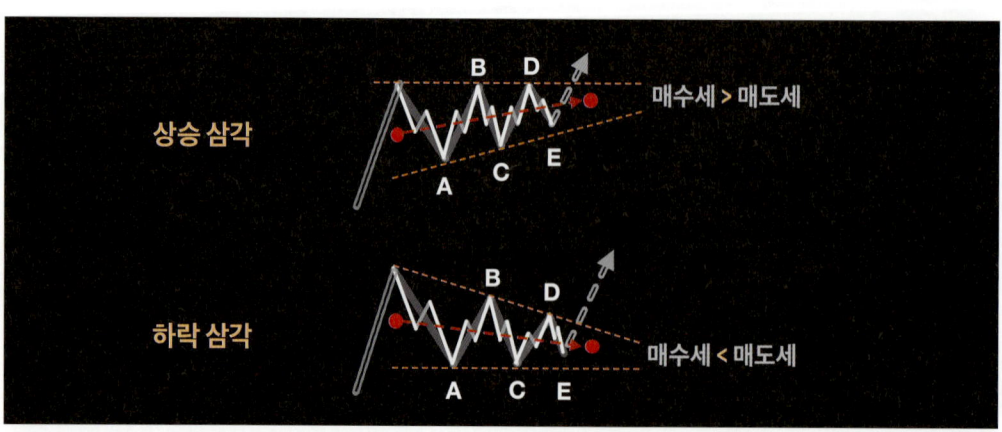

380

수렴형 삼각 패턴은 매수세와 매도세 간의 관계에 따라 상승 삼각과 하락 삼각으로 나뉩니다. 상승 삼각은 매수세가 매도세보다 우세한 상황으로, 수렴 말단에 가까워질수록 삼각형의 중심축이 위로 치우치는 양상을 보입니다. 반대로 하락 삼각은 매도세가 매수세보다 우세한 경우로, 중심축이 소폭 하락하는 모습을 보입니다.

수렴형 삼각 패턴

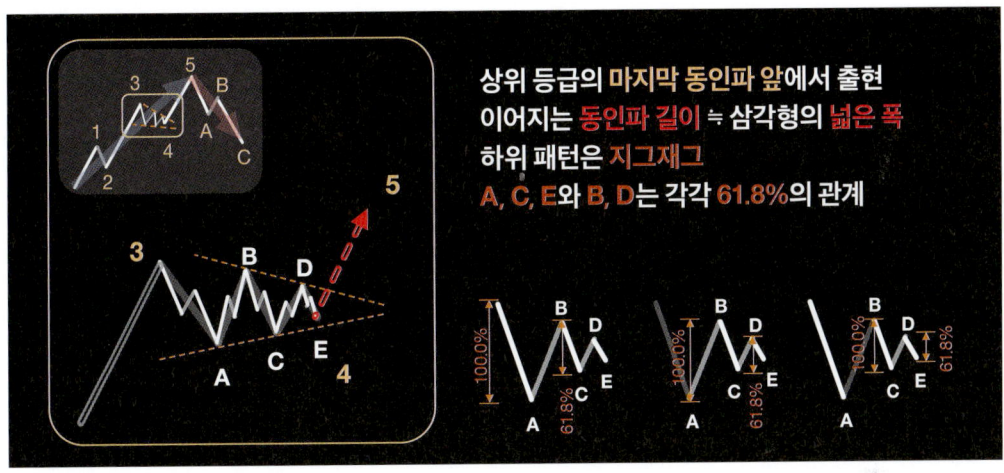

수렴형 삼각 패턴은 상위 등급 파동 내 마지막 동인파 바로 앞에서 나타난다는 특징을 지닙니다. 이는 충동파의 4파, A-B-C 조정파의 B파, 이중 또는 삼중 지그재그의 마지막 X파, 그리고 혼합형 조정 패턴의 마지막 파동이 될 수 있습니다. 만약 충동파에서 2파가 삼각 패턴인 것처럼 보인다면, 이는 실제로 삼각 패턴이 아닌 혼합형 조정파의 일부로 해석해야 합니다.

또한 삼각 패턴 이후 이어지는 동인파는 삼각형의 가장 넓은 폭만큼 움직이는 경향이 있습니다. 여기서의 넓은 폭이란 통상 A파의 길이를 의미하며 A파의 75~125% 수준의 움직임이 나타납니다. 엘리어트는 이를 추진파동(Thrust Wave)이라 명명하였으며, 주로 충동파의 형태로 나타나지만 종결 쐐기형으로도 드물게 나타날 수 있습니다.

삼각 패턴에 속한 대부분의 하위 파동은 지그재그 형태를 지닙니다. 그러나 종종 하위 파동 중 하나(주로 C파에서)가 이중 지그재그와 같은 복잡한 형태로 나타날 수 있습니다. 아주 드물게 E파가 또 다른 삼각형 패턴으로 나타나며 전체적으로 9파로 연장되는 양상을 보이기도 합니다. 삼각 패턴의 A, C, E 파동은 서로 간 61.8%의 관계를 지닙니다. C파는 A파의 61.8%로, E파는 C파의 61.8%로 나타나는 것입니다. 바로 인접한 D, E파 또한 61.8%의 비율 관계를 지닙니다.

유동형 삼각 패턴

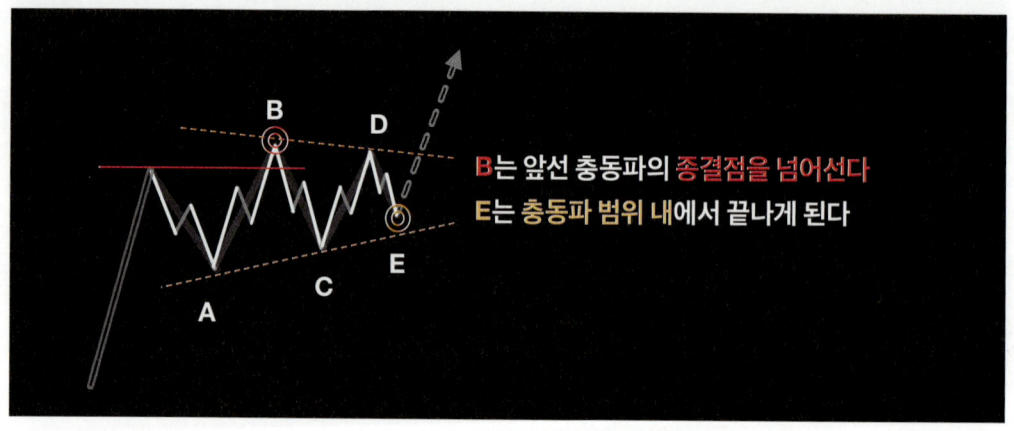

앞선 일반적인 수렴형 삼각 패턴의 경우 A-B-C-D-E의 종결점이 모두 앞선 충동파의 범위 내에서 형성되는 것을 볼 수 있습니다. 그러나 종종 B파가 충동파의 종결점(A의 기시점)을 넘어 마무리되는 경우가 존재하며, 이렇게 형성된 삼각형 패턴을 유동형 삼각 패턴(Running Triangle Pattern)*이라 부릅니다.

유동형 삼각 패턴은 B파가 앞선 충동파의 종결점을 넘는다는 점에서 차이가 있으나, 마지막 E파는 결국 충동파 형성 범위 내에서 끝나게 됩니다. E의 종결점은 종종 A-C로 작도된

---

* 글렌 닐리의 저서에서는 이를 불규칙 삼각 패턴으로 정의하고 있습니다.

경계선에 미치지 못하는 모습을 보입니다.

확산형 삼각 패턴

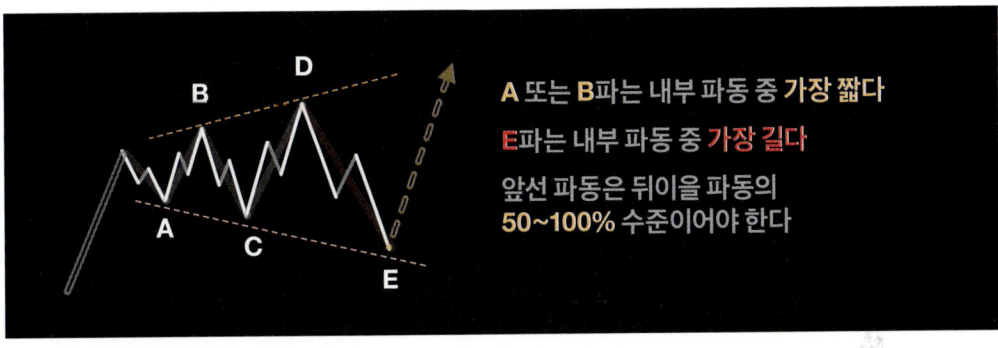

패턴의 끝부분이 벌어지는 형태의 확산형 삼각 패턴(Divergent Triangle Pattern) 또한 드물게 나타날 수 있습니다. 이때 삼각형의 내부 파동 중 A 또는 B파는 가장 짧게, E파는 가장 길게 형성되어야 합니다. 또한 직전에 발생한 파동들이 이후의 파동 길이의 50%를 넘어야 합니다 (예: D파는 E파의 50% 이상).

혼합형(Combination)

R. N. 엘리어트는 두 조정 패턴이 합쳐진 양상을 이중 3파로, 세 패턴이 합쳐진 양상을 삼중 3파로 명명하였습니다. 이때의 '3파'는 여러 조정파를 연결하는 X파를 의미합니다. X파는 지그재그, 플랫 중 어느 형태로도 나타날 수 있으나 지그재그형이 가장 흔하게 나타납니다.

앞서 지그재그 패턴이 두 차례 또는 세 차례 연달아 나타나는 경우를 각각 이중, 삼중 지그재그 패턴이라 하였습니다. 그리고 각각의 지그재그를 연결해주는 패턴은 3개의 파동으로 구성되며 X파로 표기하였음을 기억한다면 이해가 보다 쉬울 것입니다.

다만 이중·삼중 지그재그 조정파과 혼합형 파동은 서로 다른 분류임에 유의해야 합니다. 이중·삼중 지그재그의 경우 첫 지그재그 패턴이 앞선 동인파를 충분히 되돌리지 않는 경우가 많습니다. 반대로 혼합형 패턴(Combination Pattern)의 경우 먼저 나타나는 W(지그재그 또는 플랫)가 충분히 되돌려지는 경우가 많습니다. 혼합형 패턴이 이중·삼중화를 보이는 것은 가격을 충분히 조정하기 위한 것보다 조정의 지속 시간을 늘리기 위한 차원으로 볼 수 있습니다.

혼합형 패턴

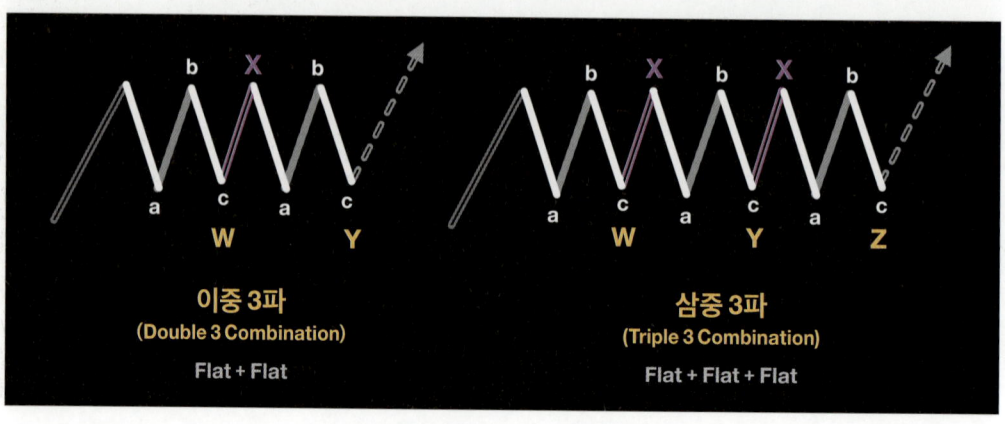

혼합형 패턴에서 가장 기초적인 형태는 2개 또는 3개의 플랫 패턴이 나열된 형태입니다. 하지만 기초적인 형태라 하여 흔하게 나타나는 것은 아닙니다. 오히려 대다수의 혼합형 조정파는 대개 교대의 양상을 보입니다. 마치 충동파에서 2파와 4파가 서로 다른 형태로 번갈아 나타나는 것처럼 말입니다.

혼합형 패턴

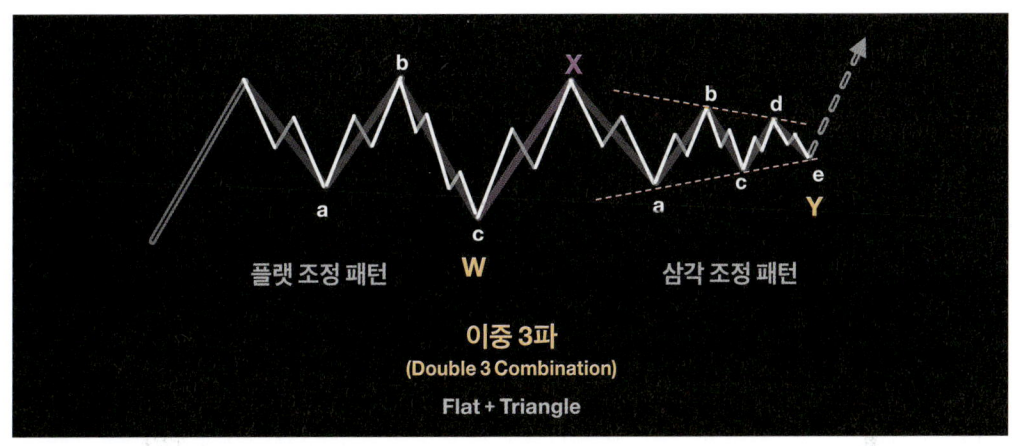

플랫 패턴에 이어 삼각 패턴이 등장하는 것이 일반적인 이중 3파의 형태입니다.

혼합형 패턴

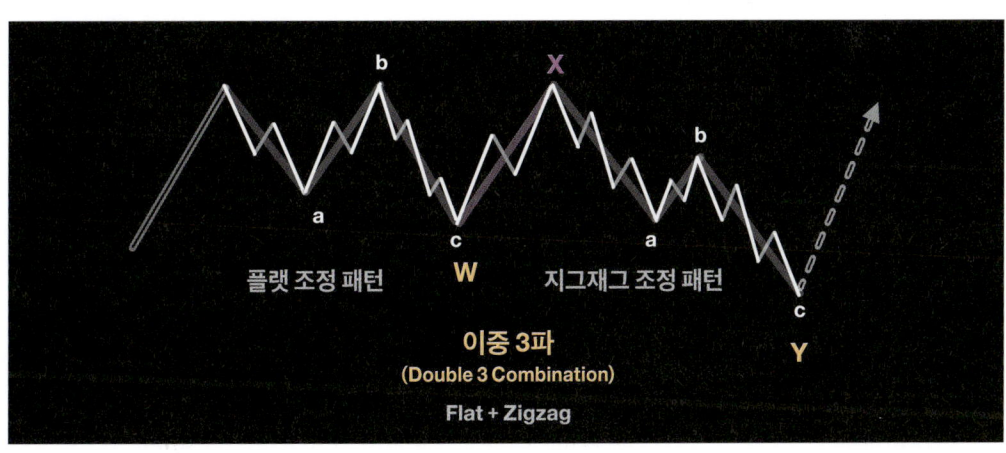

또는 플랫 다음 지그재그 패턴이 나타날 수 있습니다. 혼합형 패턴의 특징은 이중 3파, 삼중 3파 모두 수평 방향으로 진행된다는 사실입니다. 혼합형 패턴이란 말 그대로 서로 다른 패턴이 혼합되어 나타나는 패턴이므로 지그재그 패턴이 연달아 나타나는 경우는 없기 때문입니다. 또한 삼각 패턴이 두 번 연달아 나타나는 경우 역시 없습니다.

    이중 3파는 주로 플랫+플랫, 플랫+삼각, 플랫+지그재그, 지그재그+플랫의 조합으로 나타납니다. 이때 삼각 패턴은 큰 추세의 마지막 파동 단계 이전에만 나타남을 기억해야 합니다. 이는 혼합형 조정파에서도 마찬가지로 이중 3파 또는 삼중 3파의 마지막 파동으로만 삼각 패턴이 전개됩니다.

6
조정파: 심화

5절에서 조정파의 4가지 분류와 기초적인 내용을 다루었다면, 이번 6절에서는 보다 심도 있게 각 조정파를 파헤치는 시간을 가지겠습니다.

조정파는 충동파에 비해 다양한 형태와 예외 사항을 보여 다소 해석이 어렵습니다. 엘리어트 파동 이론과 시장 움직임에 대한 종합적인 이해가 필요할 뿐만 아니라, 파동의 진행을 식별할 수 있을 때까지 인내를 요구하기도 합니다. 진행 중일 때에는 명확히 구분해내기가 어렵지만, 마무리를 향해 갈 때에는 선명하게 드러나게 될 것입니다.

플랫: 심화

기본편에서 플랫 패턴을 설명할 때 3-3-5의 하위 파동 구성을 지니며 A파와 B파 간의 비율에 따라 C파가 달라질 수 있음을 언급하였습니다. 플랫 패턴을 일반형(Regular), 확장형(Expanded), 유동형(Running)으로 나누었다면, 심화편에서는 A파와 B파 간의 비율을 토대로 보다 세분화하여 다뤄보도록 하겠습니다.

조정파 심화편의 패턴 세부 분류는 글렌 닐리의 저서를 기반으로 하였습니다. 또한 추후 등장할 연장형 플랫(Elongated Flat)은 기초편에서의 확장형 플랫(Expanded Flat)과 엄연히 다른 패턴임에 유의해야 합니다.

플랫 패턴

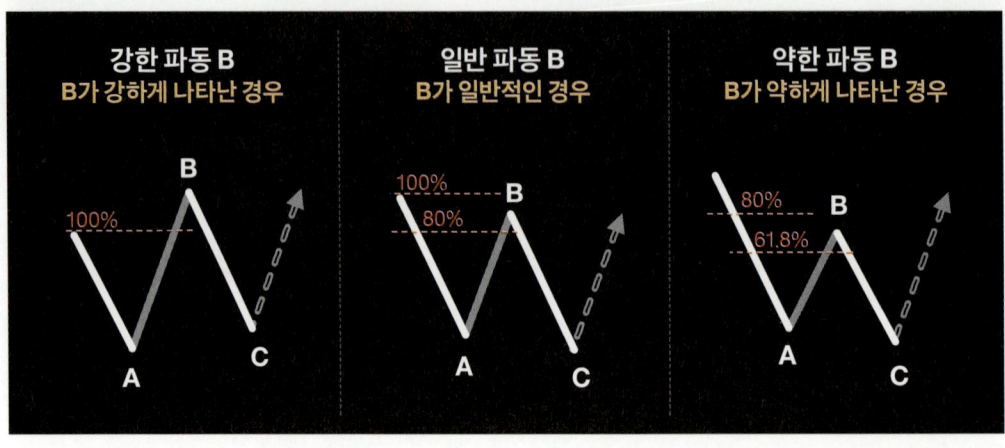

B파가 A파를 100% 이상 넘어서며 완전히 되돌리는 경우 강한 플랫 파동이 진행 중인 것으로, A파의 81~100%를 되돌리는 경우 일반적인 플랫으로, 61.8~80.0%를 되돌리는 경우 약한 플랫 파동으로 분류할 수 있습니다.

글렌 닐리의 플랫 해석

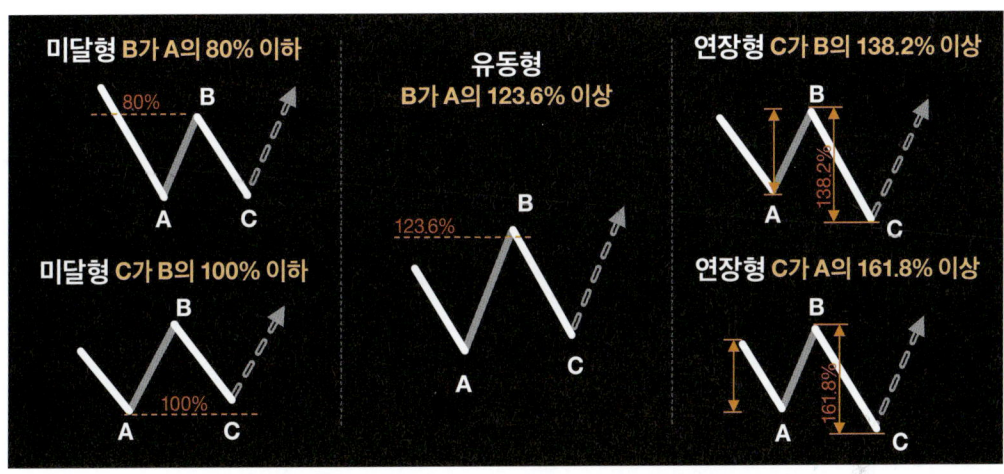

 글렌 닐리는 B파가 A파를 80% 이하로 되돌리는 경우 미달형(Failure)이라 하였는데요, 이어질 C파가 B파를 완전히 되돌리지 못하는 경우 역시 동일하게 미달형으로 분류하였습니다. 만약 위 두 조건이 모두 나타난 경우 이중 미달형으로 간주합니다.

 반대로 B파가 A파를 123.6% 이상 되돌리며 강한 움직임을 보이는 경우 유동형(Running)으로 보았습니다. 종종 마지막 C파가 길게 연장되는 경우가 존재하는데, C파가 B파의 138.2%를 넘기거나 A파의 161.8%를 넘어서는 크기로 강하게 진행되는 경우 이를 연장형(Elongated) 플랫이라 하였습니다.

B파가 강하게 나타난 플랫 패턴

플랫: 강한 B 파동

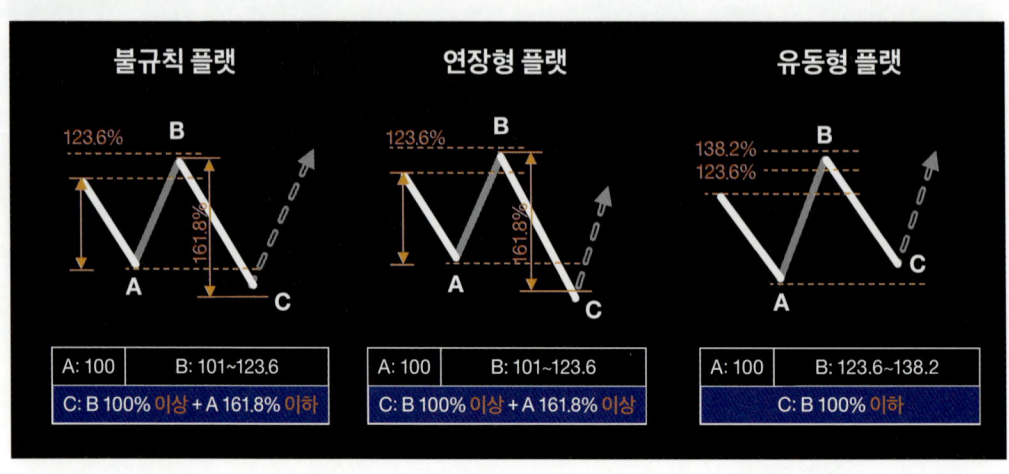

B파가 강하게 나타나 A파를 완전히 되돌리는 경우를 자세히 살펴보겠습니다. B파가 A파를 많이 넘어설수록 C파가 B파를 완전히 되돌릴 가능성은 희박해집니다.

불규칙 플랫(Irregular Flat) 패턴은 B파가 A파의 101~123.6% 수준으로, C파가 B파의 100% 이상이면서 A파의 161.8% 이하일 때를 의미합니다. B파가 A파를 뛰어넘으며 추세 진행 방향으로의 강한 힘을 보여주는가 싶더니 이후 C파는 B파를 뛰어넘는 수준으로 추세 반대 방향으로의 힘을 내보입니다. 이는 일종의 자기 모순적인 상황이므로 불규칙적인 패턴으로 분류하는 것입니다. 본 패턴은 5절에서 다룬 확장형(Expanded) 플랫 패턴의 여러 모습 중 하나라 할 수 있습니다.

연장형 플랫(Elongated Flat) 패턴은 C파가 비정상적으로 길어진 플랫 패턴입니다. B파는 A파의 101~123.6% 수준으로, C파가 B파의 100% 이상이면서 A파의 161.8% 이상일 때를 의미합니다. C의 길이가 길어 지그재그형과 유사해 보일 수 있으나 엄연히 다른 패턴입니다.

유동형 플랫(Running Flat) 패턴은 C파가 B파를 완전히 되돌리지 못합니다. B파는 A파의 123.6~138.2% 수준으로 다소 길게, C파는 B파를 100% 이하로 되돌릴 때를 의미합니다. B파의 진행 방향은 플랫이 나타나기 전 충동파의 추세 진행 방향과 같습니다. 조정파를 조정하는 방향이니 반대 + 반대 = 기존 진행 방향이 되기 때문입니다. 이러한 B 파동이 강하게 나타난다는 것은 추세 진행 방향으로의 힘이 강함을 의미합니다. 이에 더해 C파가 B파보다 짧게 (100% 이하) 나타난다면, 조정의 세기는 약함을 의미하니 추세 방향으로 휩쓸려갈 가능성이 더욱 높아집니다. 이후 나타날 동인파는 유동형 플랫을 100% 이상 되돌리는 경우가 많습니다.

플랫: 강한 B 파동

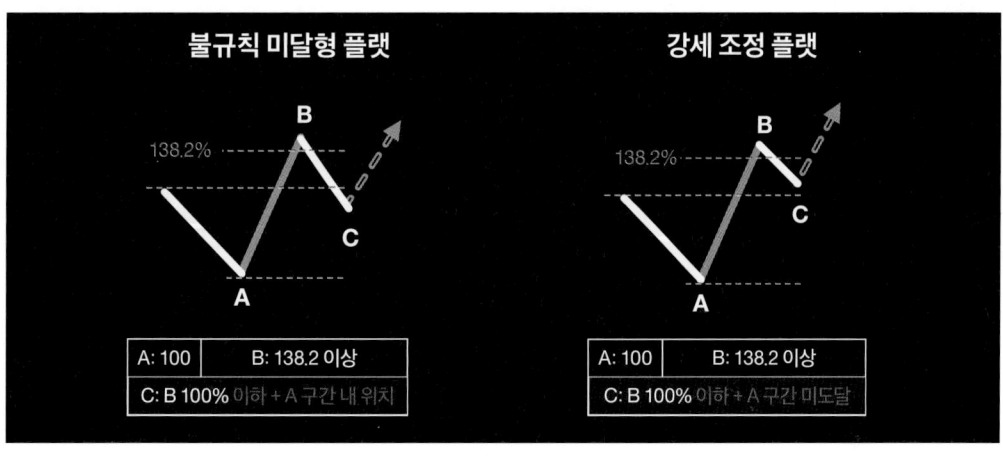

만약 B파가 A파를 138.2% 이상 강하게 되돌리는 경우는 어떨까요? 이때 C파는 B파에 비해 무력한 상황이므로 B파를 완전히 되돌릴 수 없는 것은 물론이거니와, A 파동 구간 내로의 도달 여부에 따라 추후 이어질 동인파의 양상 또한 달라지게 됩니다. 이 경우 C파의 양상에 따라 불규칙 미달형 플랫과 강세 조정 플랫으로 나눌 수 있습니다.

불규칙 미달형 플랫(Irregular Failure Flat의) C파는 B파를 완전히 되돌리지 않으면서 A파의 구간 내에 위치합니다. 이는 충동파의 2파로 나타날 가능성이 높습니다. 이후 나타날 충동 3파는 연장되어 나타날 것입니다.

강세 조정 플랫(Running Correction Flat)은 C파가 약하게 나타나 A파 구간에도 도달하지 못한 경우를 의미합니다. 이 패턴은 상위 등급의 플랫 또는 지그재그의 B 파동으로 나타나거나 충동파의 2파, 4파로 나타날 수 있습니다. 이후 나타날 충동파는 연장되어 나타나야 하며, 불규칙 미달형 플랫보다 이어질 파동의 추세가 더욱 강력한 경향이 있습니다.

B파가 일반적인 수준의 플랫 패턴

플랫: 일반 B 파동

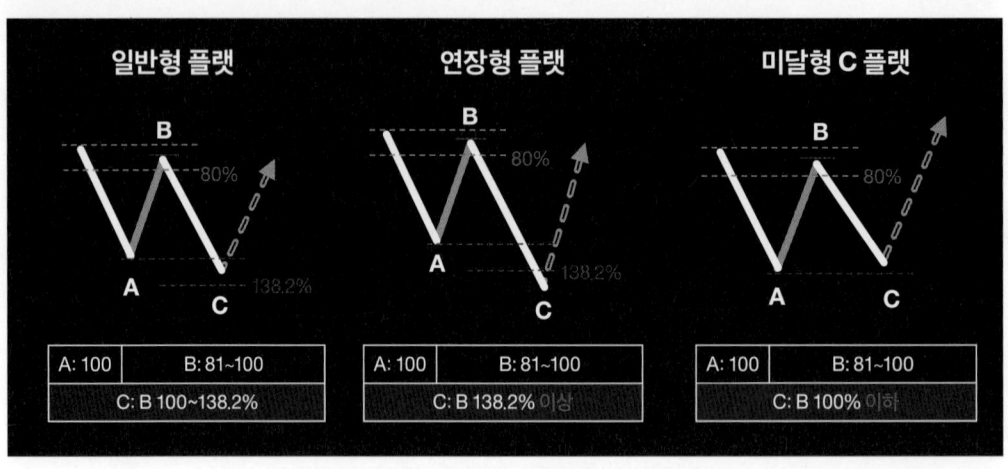

B파가 A파를 81~100% 수준으로 되돌리는 경우를 일반 B파 플랫이라고 합니다. 이 중에서도 C파가 B파를 100~138.2%까지 되돌리는 일반형 플랫(Regular Flat)은 교과서적인 형태로 그 추세가 중립성을 띠고 있습니다. 일반형 플랫은 조정파가 나타날 수 있는 모든 위치에서 출현 가능하며 이어지는 동인파는 지그재그보다 강한 추세를 지닙니다.

일반형 플랫에서 C파가 B파의 138.2% 이상을 넘어선다면 이를 연장형 플랫(Elongated Flat)이라 합니다. 이는 조정 방향으로의 세기가 강함을 의미하므로 이어질 동인파는 연장형 플랫을 완전히 되돌리기 쉽지 않을 것입니다.

미달형 C 플랫(C-Failure Flat)은 C파가 약하게 나타나 미달된 플랫 패턴입니다. 길이는 B파에 못 미치더라도 형성되는 기간은 A파, B파보다 길어지는 경우가 많습니다. 이후 이어질 동인파는 미달형 C 플랫을 어렵지 않게 완전히 되돌릴 것입니다.

B파가 약하게 나타난 플랫 패턴

플랫: 약한 B 파동

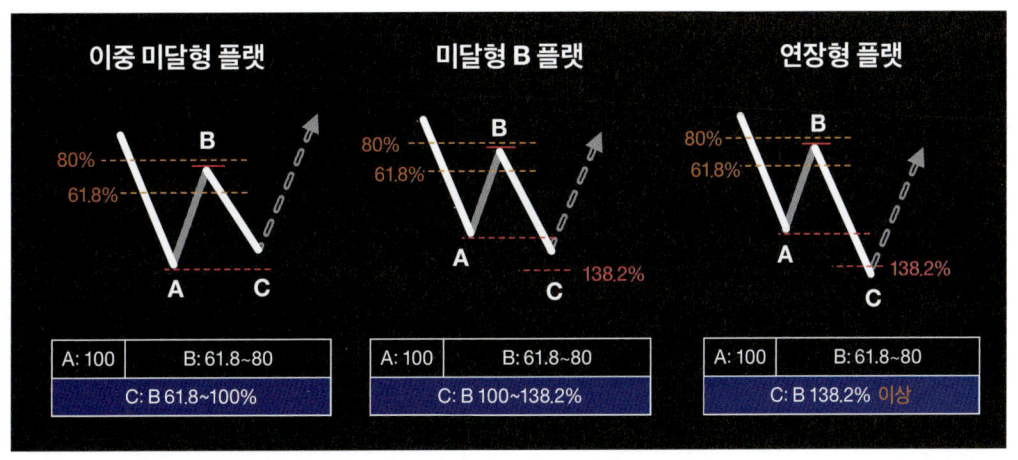

마지막으로 살펴볼 플랫 패턴은 B파가 A파의 61.8~80% 수준으로 나타나는 약한 B파 플랫 패턴입니다. B파가 A파를 61.8% 이하로 되돌리는 경우는 플랫이 아닌 지그재그로 보아야 함에 유의합니다.

이중 미달형 플랫(Double Failure Flat)은 C파가 B파를 완전히 되돌리지 못하는(100% 이하) 플랫 패턴입니다. 이미 약한 B파에 이어 C파 또한 약하게 형성된 것으로 연달아 미달되었다고 표현하는 것입니다.

미달형 B 플랫(B-Failure Flat)은 C파가 B파를 100~138.2%까지 되돌리는 플랫 패턴입니다. 이후 이어질 동인파의 형태와 추세의 세기를 특정하기 어려운 편입니다.

앞선 일반 B파 플랫과 마찬가지로 C파가 B파를 138.2% 이상 되돌리는 경우를 연장형 플랫(Elongated Flat)이라 합니다. 동인파를 조정하는 방향의 파동인 A파와 C파가 강하게 나타난 만큼 깊은 조정을 가하는 플랫 패턴이며 이어질 동인파는 연장형 플랫을 되돌리기 쉽지 않습니다.

지그재그: 심화

5-3-5의 하위 파동 구성을 지니는 지그재그 패턴은 C파가 어떤 수준으로 나타나는지에 따라 일반형, 불완전형, 연장형으로 분류할 수 있습니다.

지그재그 패턴

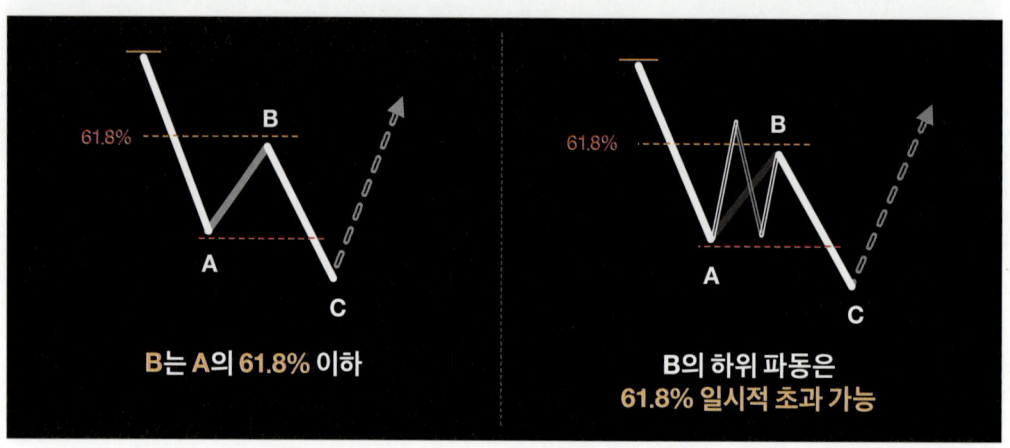

지그재그 패턴은 B파가 A파를 61.8% 이하로 되돌려야 합니다. 이때 B파는 3개의 하위 파동으로 이루어지므로 또 다른 작은 플랫이나 지그재그의 형태를 지닐 수 있습니다. 앞서 다룬 미달형 플랫이 지그재그 패턴의 B파로 나타난다면, 그 움직임이 일시적으로 A파의 61.8% 되돌림 구간을 초과할 수 있는 것입니다. 하지만 B파의 종결점이 61.8% 이하에서 형성된다면 일시적 초과 여부는 지그재그 패턴에 영향을 끼치지 않습니다. 반면 B파의 종결점이 A파의 61.8%를 넘어선다면 지그재그가 아닌 플랫으로 보아야 합니다.

일반형 지그재그

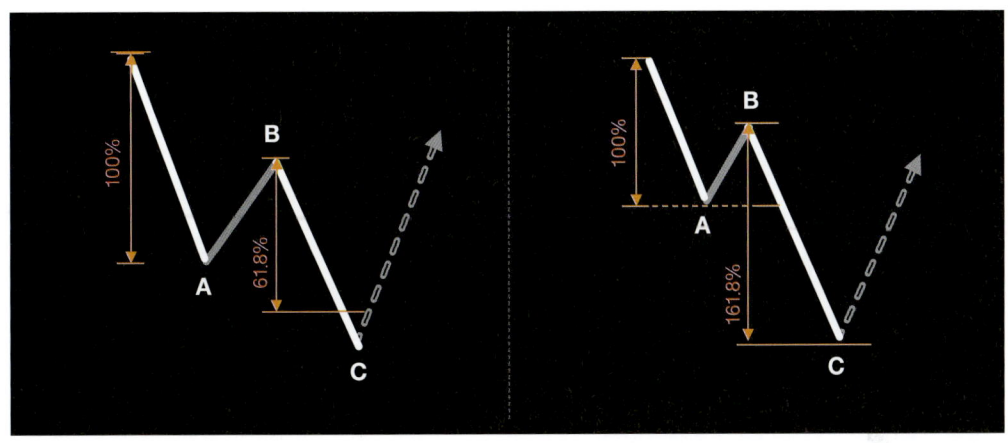

먼저, 일반형 지그재그(Regular Zigzag)는 가장 흔하게 볼 수 있는 지그재그 패턴으로, C파는 A파의 61.8% 이상의 길이를 지니지만 더욱 길어지더라도 A파의 161.8%를 넘어서지 않습니다.

다음으로, C파가 극단적으로 짧은 불완전형 지그재그(Incomplete Zigzag)는 출현 빈도가 가장 낮은 지그재그 패턴입니다. 시장 추세가 너무 강해 조정이 불완전하게 일어난 경우에 해당하며, 3-3-3-3-3 파동 구조를 지니는 삼각 패턴의 내부 파동 중 하나일 가능성이 매우 높습니다.

이어질 시장 움직임은 불완전 지그재그를 81% 이상 되돌려야 하며, 대부분 100% 이상을 충분히 되돌릴 수 있습니다.

불완전형 지그재그

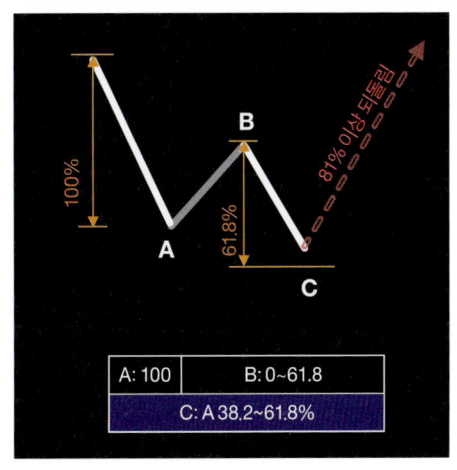

연장형 지그재그

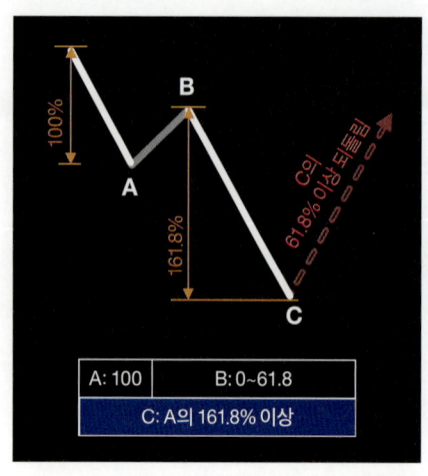

마지막으로, 살펴볼 연장형 지그재그(Elongated Zigzag)는 불완전형과 반대로 C파의 길이가 A파의 161.8% 이상으로 과도하게 길어진 패턴입니다. 이로 인해 충동파와 혼동되는 경우가 종종 있으므로 연장 지그재그가 아직 완성되지 않았을 때 패턴을 식별하기 어려울 수 있습니다. 연장 지그재그처럼 보이는 파동은 대부분 충동파의 1, 2, 3파인 경우가 많기 때문입니다.

다만 연장 지그재그 패턴은 삼각 패턴, 그중에서도 수렴 삼각의 초기 파동과 확산 삼각의 후기 파동에서만 나타나므로 출현 가능한 조건이 다소 제한되어 있다는 특징이 있습니다. 연장 지그재그로 의심되는 A-B-C 파동 이후, C파를 61.8% 이상 되돌리는 움직임이 관찰된다면 연장 지그재그일 가능성이 높아집니다.

삼각 패턴: 심화

가장 까다롭고 예외 범주가 많은 조정 패턴이라 할 수 있습니다. 삼각 패턴은 완성 기간에 대한 명확한 가이드라인이 존재하지 않기 때문에 더욱 어렵게 여겨집니다. 하지만 삼각 패턴은 엘리어트 분석에 있어 흔하게 등장하는 패턴이기에 공부를 소홀히 할 수 없습니다.

삼각 패턴은 시간의 경과에 따라 우측으로 진행될수록 끝이 좁아지는 수렴형과 넓어지는 확산형으로 분류할 수 있습니다. 확산 삼각은 수렴 삼각과 달리 변동성이 점차 늘어난다는 차이가 있지만, 수렴 삼각과 구성 법칙 및 양상을 거울과 같이 대칭적으로 공유하는 경우가 많습니다.

삼각 패턴

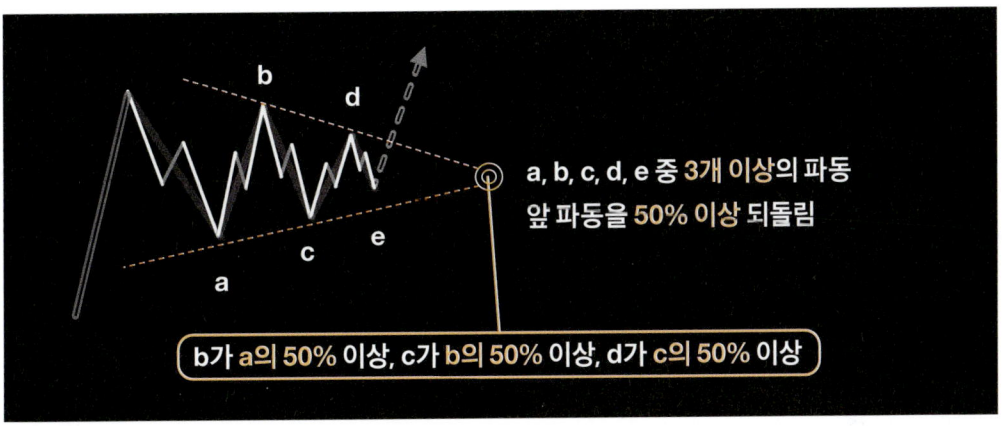

삼각 패턴 하위 파동 간의 비율 관계를 알아보겠습니다. 편의상 하위 파동 5개를 진행 순서대로 a, b, c, d, e파로, a파의 시작점을 0으로 표기하겠습니다. 우선 각각의 파동은 앞선 파동을 50% 이상 되돌리는 경우가 3건 이상 존재해야 합니다. 예를 들어 b파가 a파를 50% 이상 되돌리고 c파는 b파를, d파는 c파를 50% 이상 되돌렸다면 삼각 패턴의 기본 요건을 충족하는 것입니다. 이때 e파는 d파를 50% 이상 되돌리지 않아도 됩니다.

다음으로 시작점 0을 포함한 a, b, c, d, e의 종결점 중 단 4개만이 삼각 패턴의 상단, 하단 추세선과 접촉해야 합니다. 우측 그림의 경우 시작점 0과 e파의 종결점은 추세선상에 위치하지 않음을 알 수 있습니다. 특히 b-d 추세선은 삼각 패턴에 있어 중요한 기준이 되며 a 파동을 제외한 어떠한 파동도 이를 침범해서는 안 됩니다.

삼각 패턴은 동인파의 4파 또는 조정파의 B파에서 나타나는 경우가 많습니다. 또

삼각 패턴

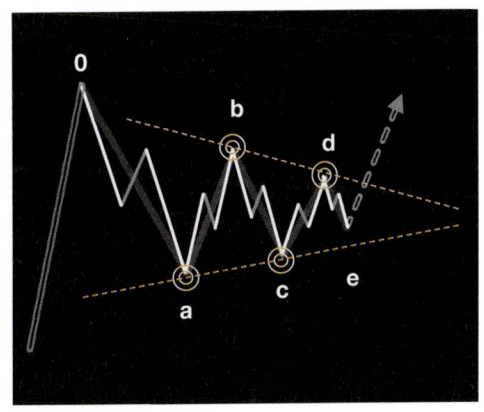

한 e파는 상단, 하단 추세선으로 그려지는 삼각형 꼭짓점에 도달하기 20~40% 전에 마감되어야 합니다.

삼각 패턴

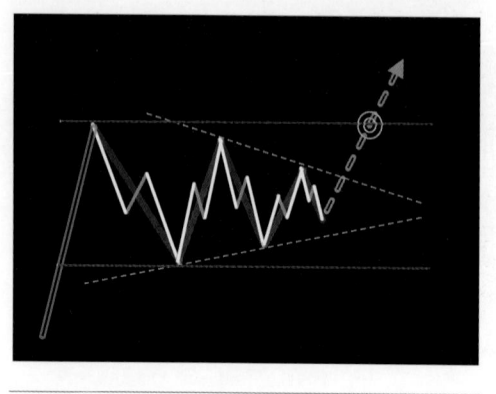

이후 나타날 동인파는 삼각형의 가장 넓은 폭만큼 움직이는 경향이 높으며, 삼각형 내부의 모든 지점을 넘어설 정도가 되어야 합니다. 즉, 삼각형이 형성한 저점 또는 고점을 넘어서야 하는 것입니다.

글렌 닐리는 수렴·확산 삼각의 하위 분류로 제한형과 무제한형을 제시하고 있습니다. 이는 이후 나타나는 돌파 길이의 제한 여부로 구분합니다. 대부분의 삼각 패턴은 제한형으로 충동파의 4파 또는 조정파의 B파에서 나타납니다. 패턴이 삼각형 꼭짓점에 가깝게 마무리될수록 무제한 돌파가 나타날 수 있으나 흔치 않습니다. 일반적으로 제한 ↔ 무제한 삼각 간의 명확한 차이를 구분하기가 어려우며, 실제 차트상 이후 움직임의 차이는 미미하므로 해당 분류에 대한 구체적인 설명은 생략하도록 하겠습니다.

조정파의 기초편에서 수렴형 삼각 패턴을 끝단의 위치에 따라 상승(Ascending), 대칭(Symmetrical), 하락(Descending)으로 분류하였다면, 심화편에서는 내부 파동의 양상에 따라 수평(Flat), 불규칙(Irregular), 강세(Running) 삼각으로 나누어 자세히 살펴보겠습니다.

수평 수렴 삼각(Flat Convergent Triangle)

대칭(Symmetrical) 삼각으로 볼 수 있는 수평 삼각 패턴은 e파의 종결점이 가장 긴 내부 파동의 중앙을 기준으로 61.8%의 범위를 벗어나지 않습니다. 이는 우측 그림을 통해 쉽게 이해할 수 있으며, 만약 해당 범위를 벗어난 경우 기초편에서 다룬 상승·하락 삼각으로 보아야 합니다.

또한 d파는 c파보다, e파는 d파보다 작게 나타나야 합니다. 앞선 파동을 넘어서지 않아야 하는 것입니다.

수평 수렴 삼각 패턴

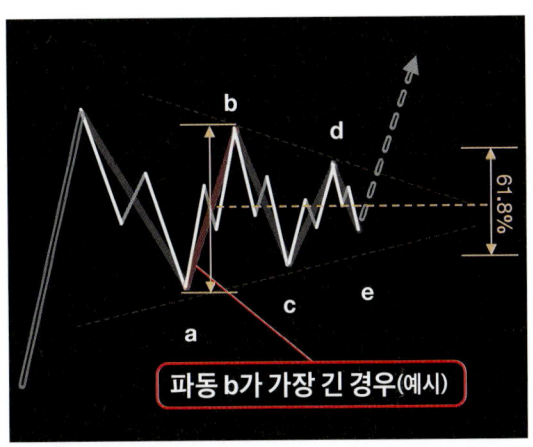

불규칙 수렴 삼각(Irregular Convergent Triangle)

유동(Running) 삼각으로 볼 수 있는 불규칙 삼각 패턴은 수평 삼각에 비해 보다 큰 폭으로 움직일 잠재력을 지니고 있습니다. 이후에 나타날 돌파 움직임은 가장 긴 내부 파동(b파)의 161.8% 수준에서 형성됩니다.

b파는 a파를 완전히 되돌리며 길게 나타나지만 261.8% 범위를 넘어서지 않습니다. 대부분 a파의 161.8% 이하로 형성되며, a파와 b파 간의 길이 관계는 명확한 피보나치 비율을 보이지

불규칙 수렴 삼각 패턴

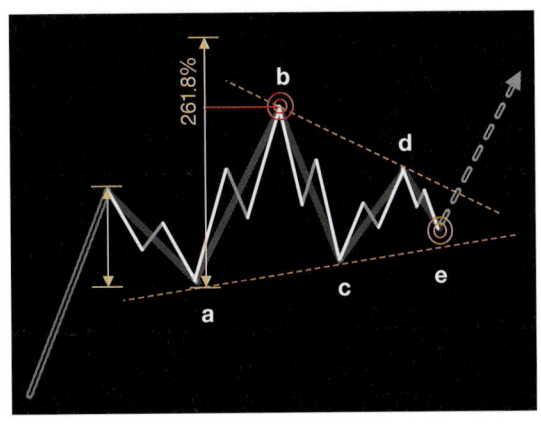

않을 수 있습니다. 이때 c파, d파, e파는 각각 앞선 파동인 b파, c파, d파보다 작아야 합니다.

강세 수렴 삼각(Running Convergent Triangle)

강세 수렴 삼각 패턴

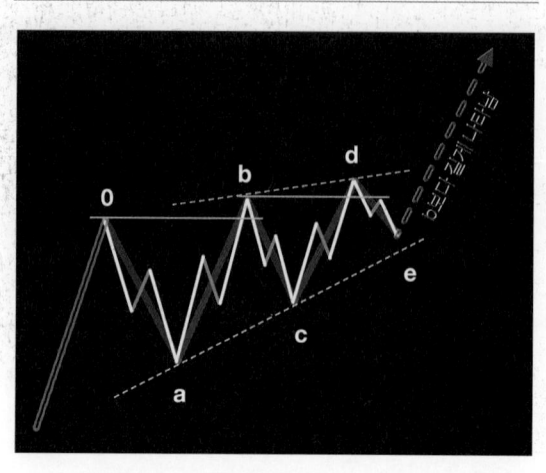

강세 삼각 패턴은 쐐기 형태를 보여 동인파의 일종인 대각삼각(Diagonal Triangle)과 유사한 모습을 지닙니다. 따라서 대각삼각과의 구분을 유의해야 합니다. 가장 중요한 차이는 d파가 c파보다 크게 나타난다는 것입니다. 또한 혼합 조정 패턴의 일종인 이중 3파 패턴과 혼동하기 쉬우므로 분석에 주의를 요합니다.

강세 삼각 패턴의 b파는 a파보다 길어야 하며 c파는 b파보다 작아야 합니다. d파는 c파보다 길게 나타나지만 b파보다는 짧습니다. e파는 d파보다 짧게 나타나는데, 이러한 파동의 양상으로 강세 삼각은 쐐기 형태를 보이게 됩니다.

이후 나타날 돌파 움직임은 가장 긴 내부 파동(b파)보다 길며, 앞선 불규칙 삼각의 경우보다 강하게 나타납니다. 단, b파의 261.8%를 넘어서는 수준으로 길어지지는 않습니다.

확산형 삼각(Divergent Triangle)

확산형 삼각 패턴은 수렴형과 반대로 끝단이 벌어지는 형태를 보입니다. 내부 파동은 대부분 직전 파동보다 길고 크게 형성되나 하나 정도는 이전 파동보다 길지 않은 경우가 많습니다. 확산형 삼각은 시장의 변동성이 높아진 때에 등장합니다. 시장이 강한 추세를 보일 듯하지만 재차 반전하며 지지·저항 구간을 이탈하기를 반복하곤 합니다. 이는 매매 환경을 보다 어렵게 만듭니다.

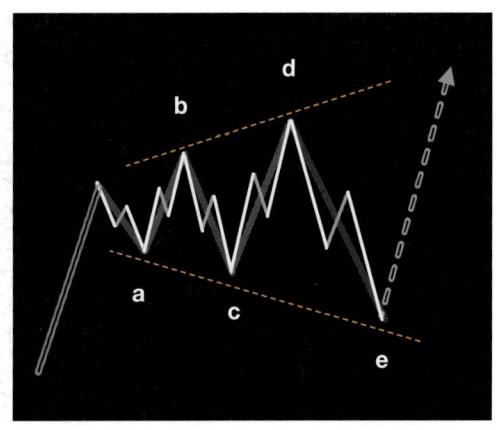

확산형 삼각 패턴

확산형 삼각 패턴은 수렴형과 반대로 e파에서부터 거꾸로 접근 시 각 파동은 앞선 파동의 50%를 넘어서야 합니다. 또한 하위 다섯 파동 중 a파 또는 b파는 가장 짧아야 합니다. e파는 가장 길고 복잡한 파동으로, 지그재그 또는 혼합형 조정파로 나타납니다. b-d 추세선의 역할은 수렴형 삼각 패턴과 동일하며, 패턴 완성 후 나타나는 움직임은 b-d 추세선을 돌파할 가능성이 높으며 돌파 후 움직임 정도는 e파의 61.8~100% 수준입니다.

확산형 삼각 패턴은 플랫 패턴의 여러 분류 중 불규칙 미달형(Irregular Failure)과 미달형 C파(C-Failure Flat)의 B파에서 주로 나타납니다. 단, 지그재그의 B파로 나타날 수 없으며 상위 등급 삼각 패턴의 b, c, d, e파로 나타날 수 없습니다.

확산형 삼각 패턴

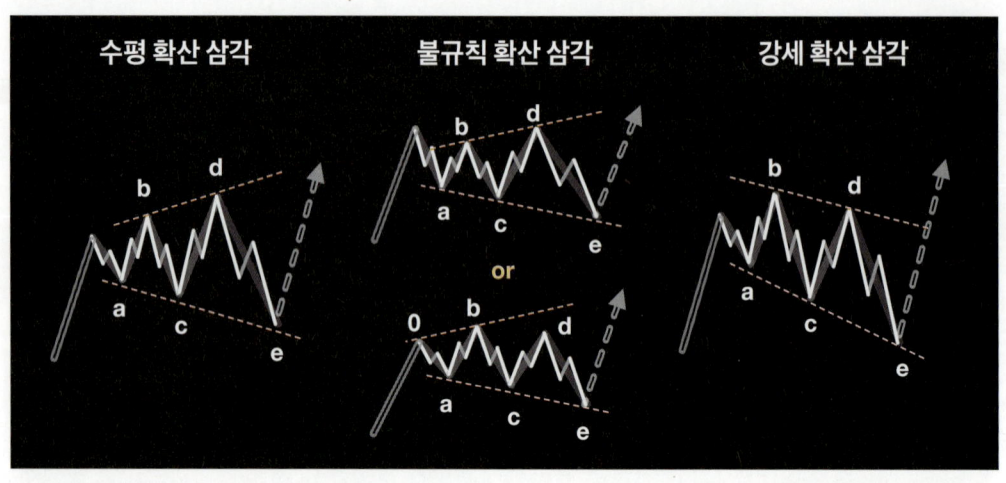

확산형 삼각 패턴 역시 수렴형과 마찬가지로 수평형, 불규칙형, 강세형으로 분류할 수 있습니다.

수평 확산 삼각(Flat Divergent Triangle)은 아주 드물게 나타나는데, 변동성이 큰 상황에서 등장하는 확산 삼각의 특성상 시장의 평형 상태를 의미하는 수평 삼각은 지속되기 어려운 것이 그 이유입니다. 수평 확산 삼각의 a파는 가장 작은 파동이며, 이어지는 b, c, d, e파는 앞선 파동보다 크게 나타납니다. 또한 e파는 a-c 추세선을 넘어서는 경우가 많습니다.

불규칙 확산 삼각(Irregular Divergent Triangle)은 두 가지 양상으로 나타날 수 있습니다. b파가 a파보다 작지만 나머지 c, d, e파가 앞선 파동보다 큰 경우와 b파가 a파보다 크지만 d파가 c파보다 작은 경우가 존재하며, 전체적인 방향은 상승 또는 하락 기울기를 지닐 가능성이 높습니다.

강세 확산 삼각(Running Divergent Triangle)은 뒤집어진 쐐기 형태로, b파는 a파보다 약간 크게 나타나며 d파는 c파보다 약간 짧게 나타납니다. e파는 급격한 움직임을 보이는 경우가 많습니다.

조정파의 식별

조정파의 식별 과정을 익히는 것은 파동 분석의 신뢰도를 확보하는 측면에서 매우 중요합니다.

조정파의 식별

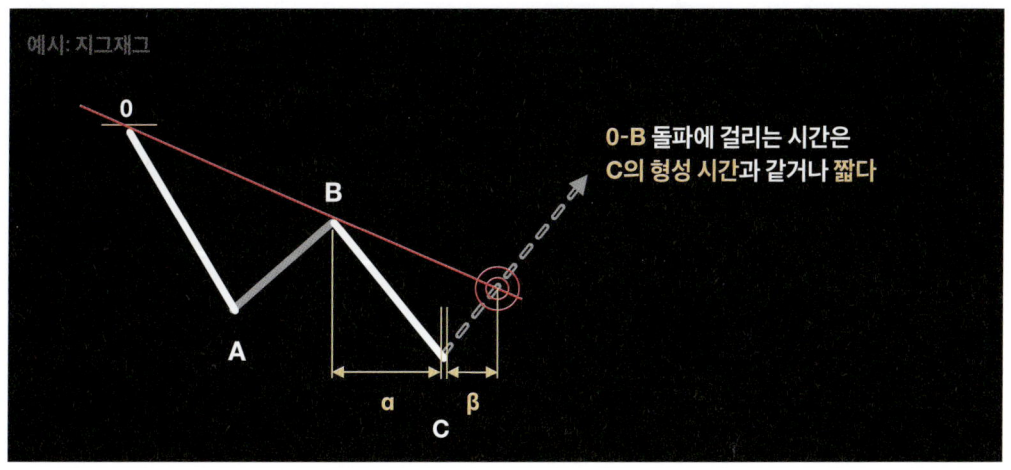

추세선은 지그재그와 플랫 패턴을 식별하고자 할 때 유용하게 사용될 수 있습니다. B파가 A파보다 짧은 경우 A파 시작점(0)과 B파 종결점(B)을 잇는 0-B 추세선을 작도합니다. 이어질 동인파가 0-B 추세선 돌파에 소요되는 시간은 C파의 형성 기간 이하여야 합니다. 만약 추세선 돌파에 긴 시간이 소요된다면 조정파가 아직 완성되지 않았거나 파동 분석이 잘못되었을 가능성이 높습니다. 반면 B파가 A파보다 길게 나타나는 경우 본 기준을 완화하여 적용할 수 있습니다.

조정파의 식별

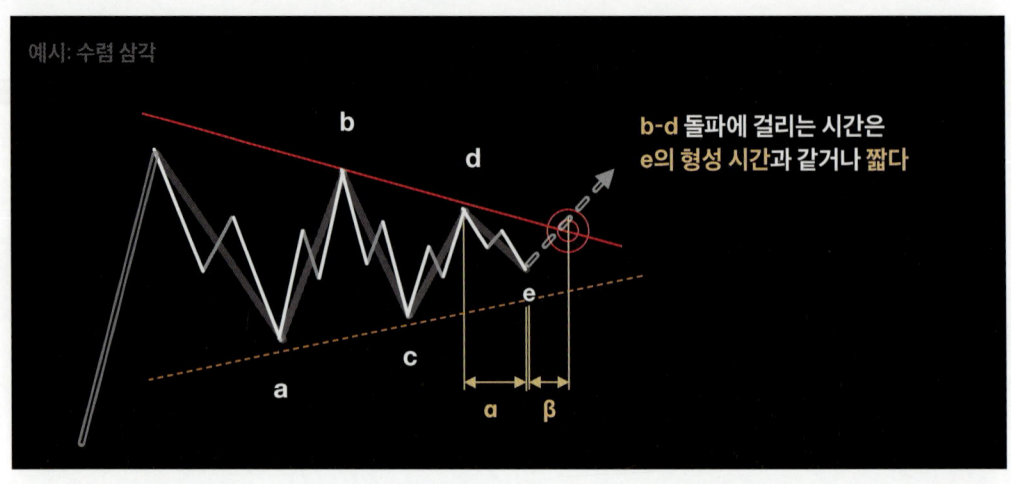

예시: 수렴 삼각

b-d 돌파에 걸리는 시간은 e의 형성 시간과 같거나 **짧다**

5개의 하위 파동을 지니는 삼각 패턴에서는 b파와 d파의 종결점을 이은 b-d 추세선을 그립니다. 삼각 패턴 완성 이후 b-d 추세선까지 도달하기까지 걸리는 시간은 e파의 형성 기간보다 같거나 짧아야 합니다. 또한 b-d 추세선을 지나 돌파가 나타날 때 삼각 패턴이 지닌 고점 혹은 저점을 넘어서야 합니다. 이는 삼각 패턴 형성 기간의 50% 이하의 기간 내에 이루어져야 합니다.

7 파동의 분석 방법과 쉽게 범하는 실수

파동의 분석 방법

엘리어트 파동 이론을 어려워하는 가장 큰 이유는 파동을 식별하는 과정이 만만치 않기 때문입니다. 이는 엘리어트 파동 이론의 프랙탈(Fractal)적인 성격에 의한 것으로, 만약 어느 파동 분석이 단기적으로는 적절해 보이더라도 큰 틀에서 그렇지 않다면 해당 분석을 신뢰하기가 어려워지기 때문입니다.

파동의 분류

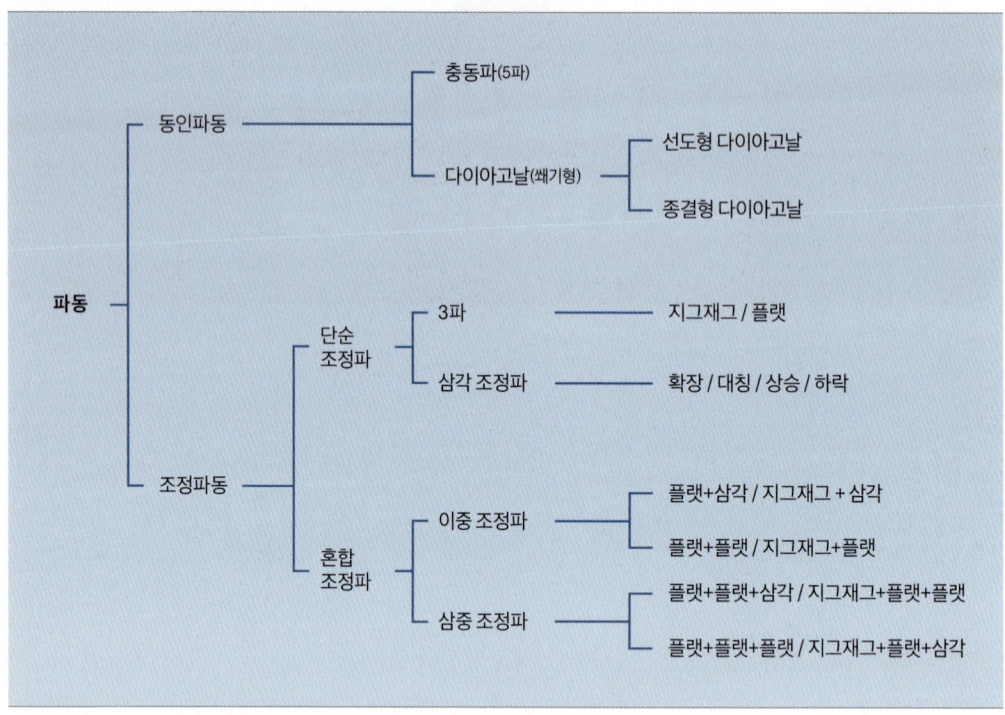

위 모식도는 동인파와 조정파를 아우르는 다양한 패턴이 어떻게 구성되어 있는지 보여주고 있습니다. 하나의 명확한 충동파에서도 그 내부에 다양한 종류의 파동이 나타날 수 있습니다. 그렇다면 이를 확인해가는 과정은 어떤 순서를 거쳐야 할까요? 큰 틀에서 작은 요소들로 분석을 이어나가야 할지, 세부적인 것부터 차근차근 상위 등급 파동을 확인해나가야 할지 의문이 들 것입니다.

하향식(Top-down)과 상향식(Bottom-up) 접근

하향식 vs 상향식 분석

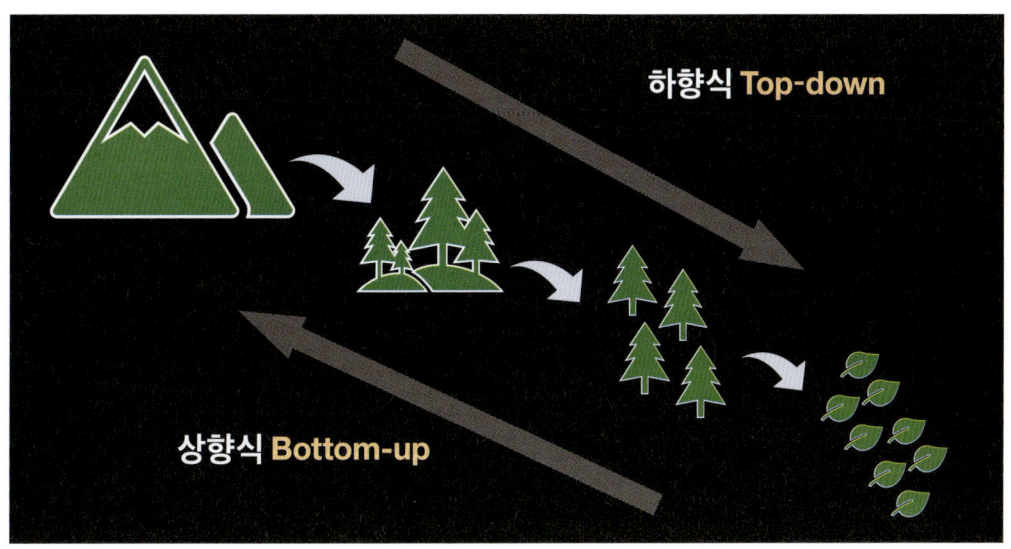

하향식 접근법과 상향식 접근법은 기술적 분석뿐만 아니라 많은 분야에서 널리 사용되는 개념입니다. 큰 틀에서 시작하여 내부의 세부 요소로 이어지는 분석은 위에서 아래로 향한다고 하여 하향식 분석으로, 개별 세부 요소에서 시작하여 상위 요소로 이어지는 분석은 아래에서 위로 향한다고 하여 상향식 분석으로 불리고 있습니다.

예를 들어 푸른 산을 바라본 후 내부의 숲과 계곡을, 나아가 숲을 이루는 나무에서 잎사귀까지 파악해나가는 과정을 하향식 분석이라 할 수 있습니다. 반대로 작은 잎사귀에서 시작해 나무, 숲 그리고 산을 알아가는 과정은 상향식 분석에 해당합니다. 각각의 분석 방식은 장점과 단점이 명확하게 존재합니다.

하향식 분석

자료: 인베스팅닷컴

　이론적으로 하향식 분석을 시행하기 위해서는 해당 종목의 모든 거래일을 살펴볼 필요가 있습니다. 처음 거래가 시작된 날짜부터 현재까지의 파동을 분석해야 한다는 의미입니다. 1971년 2월 개설된 나스닥(NASDAQ) 시장의 경우, 해당 지수를 분석하려면 1971년부터 현재에 이르기까지 50년이 넘는 시간을 확인해야 하는 셈입니다.

　분석 방식은 어렵지 않습니다. 주봉과 같은 높은 타임프레임에서 낮은 타임프레임 순으로 파동을 차례로 식별해 나아가는 것입니다. 큰 틀에서 파동을 분류하므로 분석 과정에서 혼동을 일으킬 가능성이 낮아진다는 장점을 지닙니다. 만약 10~20년의 기나긴 진행 기간을 지니는 충동파를 높은 타임프레임상에서 확인했다면, 내부의 1~5파와 같은 하위 파동을 식별하는 일이 간단해지기 때문입니다.

> 💡 예를 들어 1파는 짧게, 2파는 지그재그로 급격한 조정을, 3파는 길게, 4파는 플랫 또는 수평형 삼각으로 완만한 조정을 보인다고 가정해보겠습니다. 이 경우 각 파동의 큰 분류가 확정되었으므로 내부의 파동을 확인하는 과정이 단순해집니다.
> 1파는 5개의 하위 파동을 지닐 것이므로 각각의 명확한 변곡점을 확인하는 것에 목표를 둘 수 있습니다. 2파가 지그재그 패턴이라면 A(5)-B(3)-C(5)로 이어지는 하위 파동을 찾아내는 일이 그리 어렵지 않을 것입니다. 이어 3파는 연장 여부를, 4파는 플랫 [A(3)-B(3)-C(5)] 또는 삼각 [A(3)-B(3)-C(3)-D(3)-E(3)]의 구성 여부를 확인하는 것에 초점을 둔다면 식별 과정에 들일 힘을 아낄 수 있습니다.

하지만 하향식 분석의 단점 역시 명확합니다. 높은 타임프레임에서 파동을 식별하였더라도 낮은 타임프레임에서 치명적인 모순점이 발견된다면, 분석을 다시 시행해야 한다는 점입니다. 이는 앞선 과정을 다시 시행해야 하는 번거로움을 낳게 됩니다. 또한 대다수의 투자자들이 10~20년의 초장기 투자를 진행하지 않는다는 점에 대해, 일부에서는 하향식 분석의 유용성에 대해 부정적 시각을 보내고 있습니다. 무기한 선물 시장에서 거래하는 단기 투자자(스캘핑 등)의 경우, 장기간의 방향성은 불필요하게 여겨질 수 있기 때문입니다.

> 💡 로그 단위를 사용해야 할까요?
> 글렌 닐리의 저서에서는 주봉·월봉의 경우 로그 단위를 사용할 것을, 일봉·시간봉의 경우 일반 단위를 사용할 것을 권고하고 있습니다.

상향식 분석

상향식 분석은 이론적으로 가장 낮은 타임프레임에서 차례로 파동을 식별하며 상위 단계의 파동을 구분해 나아가야 합니다. 가장 기본적인 파동(모노파동)을 식별한 후 단계적으로 쌓아 올려가는 방식으로, 적절한 분석으로 확인된 파동의 경우 그 근거를 보다 확실히 할 수 있습니다.

하지만 하향식 분석과 달리, 매 파동 분석마다 해당 파동이 속할 패턴을 결정하는 일이 쉽지 않다는 어려움이 있습니다. 특히 파동이 진행 중이라면 앞으로의 진행 변수에 더하여 수

많은 패턴의 경우의 수를 열어두어야 하기 때문입니다. 마치 장님이 코끼리의 코나 다리만을 만져 코끼리의 전체 모습을 상상하는 것과 같은 셈입니다. 특히 변동성이 큰 시장과 종목의 경우 이러한 어려움은 더욱 부각됩니다. 이 때문에 시행한 분석의 확신이 다소 떨어질 수 있으며, 이는 트레이딩의 명확한 근거로 제시하기 어렵다는 단점으로 작용합니다.

매매 성향에 따른 분석 방법

하향식과 상향식 분석법의 장점과 단점이 이토록 명확하다면, 우리는 어떤 분석법을 선택해야 할까요?

가장 현명한 답은 두 분석 방식을 적절히 혼합하여 사용하는 것이라 할 수 있습니다. 즉 어느 수준을 큰 틀의 분석 범위로 둘지, 분석을 통해 얻을 방향성은 어느 기간까지를 필요로 하는지 결정한다면 각 분석 방식의 적용 범위를 보다 효율적으로 설정할 수 있을 것입니다.

매매 성향에 따른 타임프레임의 차이

앞선 분석 범위와 기간의 정도는 투자자들의 매매 성향에 따라 달라집니다. 매매 성향은 그 기간에 따라 스캘핑(Scalping), 데이 트레이딩(Day Trading), 스윙 트레이딩(Swing Trading)과 포지션 트레이딩(Position Trading)의 네 가지로 분류할 수 있습니다.

매매 성향에 따른 분류

① 스캘핑

수 초 ~ 수 분간의 아주 짧은 기간 동안 보유하며 매매를 시행하는 방식입니다. 각 매매의 수익은 작을 수 있으나 해당 과정을 무수히 반복하므로 누적 수익을 달성하는 방식입니다. 매매 의사결정이 아주 빠른 시간 내에 이루어지며 매매에 수반되는 수수료 부담이 높다는 특징을 지니고 있습니다. 주로 1~5분 타임프레임을 매매에 사용합니다.

② 데이 트레이딩

시장의 장 시작 시간과 장 마감 시간까지를 매매 기간으로 두는 방식입니다. 각 거래가 하루 내에 마무리된다 하여 이와 같은 이름으로 불립니다. 매매 의사결정에 수 분이 소요되며 스캘핑에 비해 매매에 수반되는 비용 부담이 상대적으로 적습니다. 주로 1~4시간 타임프레임을 매매에 사용합니다.

③ 스윙 트레이딩

짧게는 2~3일, 길게는 1주가량의 기간을 두고 매매를 시행하는 방식입니다. 매매 의사를 결정하기 전, 보다 긴 시간 동안 분석을 시행합니다. 일일 타임프레임을 주로 사용합니다.

④ 포지션 트레이딩

짧게는 2~3주, 길게는 몇 달에서 몇 년에 이르기까지 장기적으로 투자하는 방식입니다. 주로 COVID-19 쇼크와 같이 큰 매크로 이벤트를 기점으로 매매합니다. 오랜 시간 분석을 통해 신중하게 매매에 진입하는 경우가 많습니다. 일일~주 타임프레임을 사용하나, 사전 분석 시 상대적으로 낮은 타임프레임을 같이 확인하기도 합니다.

이처럼 매매 성향에 따라 사용하는 타임프레임과 매수, 매도를 결정하기까지 들이는 시간은 큰 차이가 나게 됩니다. 따라서 엘리어트 분석에 하향식·상향식 분석을 적절히 활용할 것이라면 매매 성향을 고려한 타임프레임 설정이 필요합니다.

매매 성향에 따른 엘리어트 분석법

① 스캘핑: 엘리어트 분석 중요도 낮음

의사결정이 아주 빨리 일어나며, 매매의 호흡이 짧습니다. 특히 1분, 5분봉과 같은 낮은 타임프레임에서 특정 추세는 그리 오래가지 못하고 재차 반전되는 경우가 많습니다. 이에 엘리어트 파동 이론을 실시간으로 접목하는 것은 무리가 있으며, 이를 토대로 한 목표가와 손절가 설정 역시 충분한 근거가 될 수 없습니다. 따라서 데이 트레이딩이나 스윙 트레이딩과 유사한 수준의 엘리어트 분석을 통해 전반적인 방향성을 가늠하고, 이를 토대로 매수 및 매도에 참고하는 수준으로 그쳐야 합니다. 예를 들어 파동 분석상 상승 방향으로의 충동파가 마무리되고 조정파가 시작될 것으로 예측된다면, 숏 포지션에서의 손익비를 롱 포지션보다 공격적으로 가져갈 수 있을 것입니다.

② 데이 트레이딩 & 스윙 트레이딩: 하향식 + 상향식

(1) HTF: 1D상에서 차트를 확인하여 상위 파동을 구분해냅니다.

Swing High와 Swing Low 같은 명확한 고점·저점뿐만 아니라 월간 고점 및 저점(Monthly High & Low)과 같은 주요 구간을 토대로 충동파와 조정파를 식별합니다.

(2) 최근의 변곡점들을 토대로 LTF: 10~15Min에서의 모노파동(Monowave)을 식별합니다.

이러한 과정을 통해 최근 1~3일간의 파동이 어떠한 형태로 나타나는지 확인할 수 있습니다.

(3) 1H~4H와 같은 상대적으로 높은 타임프레임에서 ②의 분석이 적절한지 평가합니다.

데이 트레이딩과 스윙 트레이딩은 의사결정에 앞서 근거를 확보할 시간이 존재합니다. 다만 하루나 이틀 같은 오랜 시간을 엘리어트 분석에 소모할 수는 없으므로 상향식 분석과 하향식 분석의 절충 지점을 찾아야 합니다.

이러한 일련의 과정은 하향식으로 시작하여 상향식에서 단기적 움직임을 예측하고, 이를 다시 하향식 분석으로 근거를 보충하는 과정이라 할 수 있습니다.

③ 포지션 트레이딩: 하향식

포지션 트레이딩의 경우, 기술적 분석뿐만이 아닌 재무 분석과 같은 기본적 분석을 동반하는 경우가 많습니다. 매매에 참고하는 요소가 다양하므로 엘리어트 파동 분석의 중요도는 상대적으로 줄어들 수 있으나, 의사결정에 앞서 분석을 시행할 시간이 충분히 존재한다는 장점이 존재합니다. 이 경우 되도록 해당 종목의 모든 거래일(거래 시작일부터)을 포함한 높은 타임프레임부터의 하향식 분석법이 권장됩니다.

효율적 분석을 위한 고려 사항

① 명확한 고점과 저점 중 저점을 우선적으로 확인하자

특정 파동을 식별하기 위해 명확한 고점과 저점을 기준으로 삼아야 합니다. 따라서 변곡점을 정확히 구분해내는 것은 엘리어트 분석에 있어 필수적인 사항이라 할 수 있습니다.

고점과 저점을 동시에 구분해낼 능력이 있다면 더할 나위 없겠지만, 현실은 그렇지 않습니다. 이때 엘리어트 파동 이론에서는 고점보다 저점을 우선적으로 확인하는 것이 보다 유리한데, 그 이유는 다음과 같습니다.

BTCUSDT, 1주 타임프레임: A, B, C는 충동파의 시작점일 가능성이 높다

　우선, 충동파 기본 원칙에 따르면 저점이 확실한 기준이 됩니다. 충동파의 기본 원칙 중 2파는 1파를, 4파는 3파를 완전히 되돌리지 않는다는 내용이 있습니다. 이는 2, 4파의 종결점인 저점이 1, 3파의 시작점인 저점을 넘어서지 않는다는 의미입니다. 따라서 차트에서 명확한 저점, 높은 타임프레임상에서도 오랜 기간에 걸쳐 가장 낮은 저점은 충동파의 시작점이 될 가능성이 높습니다.

　다음으로, 고점은 조정파에 의해 혼동의 여지가 있습니다. 충동파의 마지막 5파가 고점을 그리며 완성되는 경우, 이후 형성되는 조정파는 일반적으로 고점을 침범하지 않습니다. 하지만 조정파의 A, B, C파에서 B파가 강력하게 나타나는 경우, 5파로 형성된 고점을 넘어서는 경우(예: 불규칙 플랫 패턴)가 종종 있을 수 있습니다. 따라서 고점을 기반으로 충동파를 식별하는 것은 조정파와 혼동되어 잘못된 분석을 낳을 수 있으므로 저점에 비해 비교적 불리하다 할 수 있습니다. 추가로 5파가 3파를 넘어서지 못하는 미달형으로 나타나는 경우가 존재하기에 주의가 필요합니다.

② 조정파보다 충동파에 더욱 집중하라

엘리어트 분석에 관해 저자들이 공통적으로 언급하는 내용이 있습니다. 바로 조정파가 진행 중일 때는 어떤 종류의 패턴인지, 종결점이 형성되었는지 확신할 수 없다는 것입니다.

이는 패턴이 완성된 후 후향적으로 판단하는 것이기에 엘리어트 분석 이론의 한계가 되기도 합니다. 하지만 대부분의 투자자는 추세에 따른 움직임(충동파)에 맞추어 저점에서 매수하고 고점에서 매도하는 것을 목표로 하고 있다는 점을 감안해야 합니다.

따라서 조정파가 진행 중인 것으로 보일 때에는 무리한 진입을 삼가고, 조정파의 완성이 확실시되며 새로운 충동파가 시작된 것으로 판단될 때 매매에 진입하는 것이 필요하다고 생각합니다. 조정파의 B파가 형성 중일 때보다 충동파가 명확히 시작될 때 매수하는 것이 유리함은 자명할 것입니다.

③ 기본 원칙을 항상 적용하자

분석 시 충동파 기본 원칙과 교대의 법칙을 따르는지 살펴야 합니다. 종종 엘리어트 이론을 열심히 공부한 분들께서 수많은 경우의 수를 고려하다 보니 세부적인 요소에 매몰되어 큰 틀을 놓치는 경우가 존재합니다. 따라서 엘리어트 파동 이론의 근간을 이루는 원칙들을 분석 시마다 적용하려는 노력이 필요합니다.

④ 예측과 다른 결과가 나온다면 복기하자

분석을 통한 예측과 다른 결과가 나타나더라도, 그 원인을 찾고 다시 분석하려는 노력이 필요합니다. 사람의 심리란 무릇 본인이 예측한 것과 그 결과가 크게 다르지 않다면 본인의 실력이라 과신하며, 예측한 것과 다르면 애써 살펴보려 하지 않는 경향을 보입니다.

이는 투자에서도 동일하게 작용합니다. 하지만 왜 예측과 다르게 흘러갔는지, 본인이 놓친 것은 무엇인지 들여다보고 고치려는 노력을 하지 않으면 발전은 없을 것입니다. 따라서 시장이 예측과 달리 흘러가더라도 왜 분석과 다른 것인지 그 원인을 찾고 다시 분석하려는 노력이 필요합니다.

파동 분석에서 쉽게 범하는 실수

　네오웨이브(NEoWave)*에서 엘리어트 파동 이론에 대한 흥미로운 글을 발견했습니다. 바로 창립자 글렌 닐리와의 인터뷰 내용을 바탕으로 제작된 스크립트**였습니다. 주된 내용은 엘리어트 분석에 있어 범하기 쉬운 5가지 오류에 대한 것으로, 글렌 닐리가 고안한 규칙을 설명하는 것이기도 합니다. 엘리어트 파동 이론의 창시자인 R. N. 엘리어트의 저서에 등장하는 내용은 아니지만, 글렌 닐리가 약 35년 가까이 엘리어트 이론을 연구한 인물임을 감안하면 한 번쯤 읽어볼 만한 가치가 있습니다.

　아무쪼록 본 이야기를 시작하기 전에, 엘리어트 이론의 파동이 어떤 의미를 지니는지 간단히 짚어보겠습니다. 파동은 반복성과 자기 순환성을 지닌 프랙탈(Fractal) 패턴의 일종으로, 외부 영향에 대한 투자자들의 반응 및 대중 심리에서 비롯되어 주기성을 보입니다.

　이러한 파동은 충동파, 대각삼각, 지그재그 등 다양한 유형의 패턴을 지니게 됩니다. 이들은 개개인 심리 상태의 집합체가 차트상에 표현된 것이라 할 수 있습니다. 투자자 개개인이 모이면 무리를 이루게 되고, 무리를 이루는 구성원 모두가 유사한 시기에 유사한 감정과 심리 상태를 지닐 때 비로소 파동이 변화하게 되는 것입니다. 기존의 파동이 마무리되고, 새로운 파동이 시작되는 것처럼 말입니다. 만약 투자자들이 충동적인 매수, 관심을 보인다면 이는 충동파로, 반대로 공포 심리에 의한 매도나 관심의 감소는 조정파로 나타날 것입니다.

　즉, 엘리어트 파동 분석은 투자자들의 대중 심리를 특정 단계별로 구분하여 구조를 식별하는 과정이라 할 수 있습니다.

---

* 글렌 닐리가 창업한 엘리어트 파동 이론을 바탕으로 한 투자자문사.
** "Avoid the Top 5 Elliott Wave Mistakes: Tips to Improve Your Wave Counts & Trading Results"

가격 등급 오류(Price-degree Error)

> "Smaller degree patterns should NOT consume more price than larger degree patterns."
>
> 보다 작은 등급의 패턴이 큰 등급의 패턴보다 더 많은 가격 폭을 지녀서는 안 된다.

아주 큰 등급의 충동파가 진행된다고 가정해봅시다. 이때 프랙탈의 원리에 따라 하위 충동파인 1파, 3파, 5파는 다시 더욱 작은 하위 5파로 나누어질 것입니다. 본 규칙은 만약 1파가

가격 등급 오류

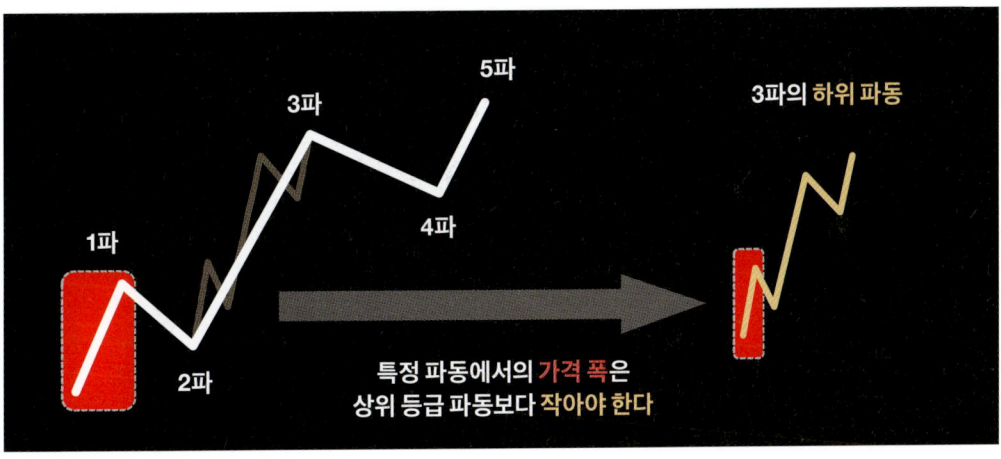

1년에 걸쳐 100만큼의 가격 폭(가격의 고-저 차이)을 보이며 형성되었다면, 이후 나타날 3파의 하위 1파는 100의 가격 폭을 넘어서면 안 된다는 것을 말하고 있습니다.

간단히 말하면, 특정 파동에서의 가격 폭은 상위 등급 파동보다 작아야 한다는 것입니다. 물론 동일한 차례의 파동끼리 비교해야 합니다. 큰 등급의 1파는 작은 등급의 1파와 비교해야 하는 것이지, 작은 등급의 3파나 5파와 비교해서는 안 됩니다.

시간 등급 오류(Time-degree Error)

> "Smaller degree patterns should NOT consume more time than larger degree patterns."
>
> 보다 작은 등급의 패턴이 큰 등급의 패턴보다 더 오랜 기간 동안 형성되어서는 안 된다

시간 등급 오류

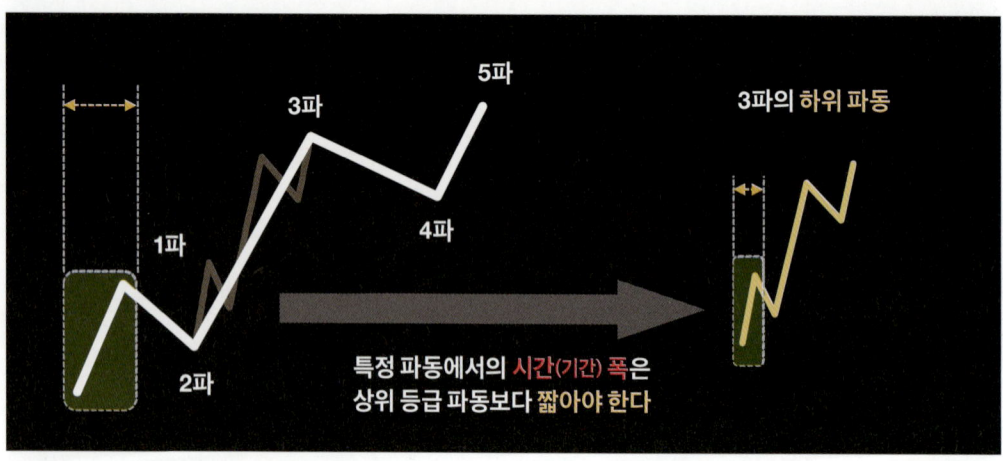

가격 등급 오류보다 더욱 자주 범하기 쉬운 오류입니다. 앞서 설명한 것과 동일하게, 만약 충동파의 1파가 1년에 걸쳐 형성되었다면, 이어질 3파의 하위 1파는 이보다 낮은 기간인 1년 미만에 걸쳐 형성되어야 합니다.

가격 소비 오류(Price-consumption Error)

> "In standard impulsive patterns, wave-2 should NOT retrace more than 61.8% of wave-1, and wave-4 should NOT retrace more than 61.8% of wave-3."
>
> 일반적으로 충동파에서 2파는 1파의 61.8% 이상을 되돌리지 않아야 하고,
> 4파는 3파의 61.8% 이상을 되돌려서는 안 된다.

가격 소비 오류

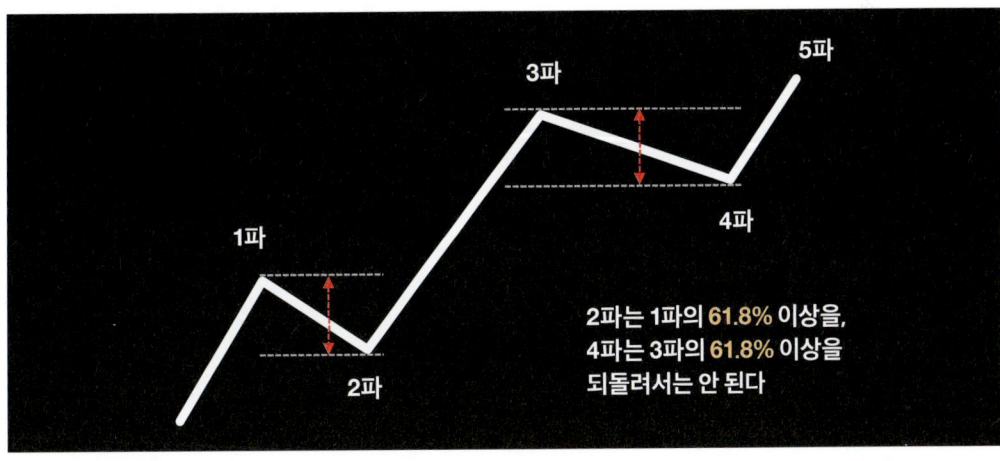

충동파를 확인할 때, 2파가 1파를 61.8% 이상 되돌린다면 해당 분석은 잘못되었을 확률이 매우 높습니다. 만약 61.8% 이상 되돌린다면 앞선 두 가지 규칙이 지켜질 확률은 5~15% 수준으로 떨어질 것입니다. 되돌림의 수준이 70%를 넘어간다면 충동파가 아닐 것으로 가정하고 분석을 시행하는 것이 유리합니다. 이는 3파와 4파 간의 관계에서도 동일하게 적용됩니다.

일반적으로 충동파 내부의 조정파인 2파, 4파는 앞선 파동의 38.2~61.8% 수준에 머무르는 것이 대부분입니다. 하지만 되돌림 수준이 61.8%를 넘어서게 된다면 파동의 신뢰도는 로

그 함수와 같이 급감하게 되는데, 63% 되돌림이라면 25%로, 64%라면 10%까지 떨어질 수 있습니다.

시간 소비 오류(Time-consumption Error)

> "In standard impulsive patterns, wave-2 should NEVER consume less Time than wave-1 (from beginning to end) AND wave-4 should never consume less Time than wave-3 (from beginning to end)."
>
> 일반적으로 충동파에서 2파는 1파보다 짧은 기간을 지니지 않아야 하고, 4파 역시 3파보다 짧은 기간을 지녀서는 안 된다.

시간 소비 오류

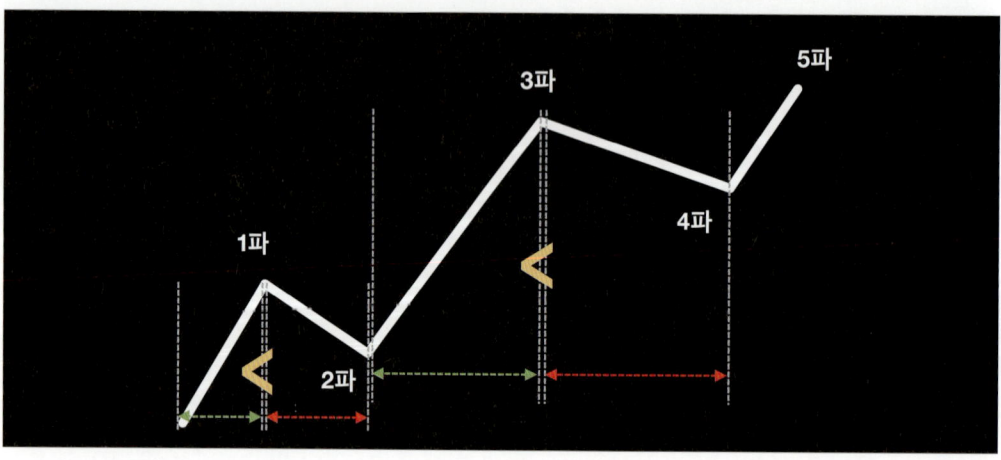

본 규칙은 엘리어트 파동 이론을 공부한 분들에게도 다소 생소한 내용일 것입니다. 글렌 닐리는 대다수의 투자자들이 해당 규칙을 너무나 자주 어기고 있기 때문에 이 규칙이 존재 한다는 사실조차 모를 것이라 말합니다. 예를 들어 충동파의 1파가 10일에 걸쳐 형성되었다면 2파의 종결점이 어디서 끝나든 간에(더 높을 수도, 더 낮을 수도, 횡보할 수도 있음) 2파가 최소 10일, 바람직하게는 그 이상의 기간에 걸쳐 형성되어야 합니다.

만약 2파가 1파보다 짧은 형성 시간을 지닌다면 파동 식별을 잘못 시행하였거나 매우 드문 대각삼각 패턴일 수 있습니다. 추세가 소진되는 마무리 단계에서는 파동의 길이가 전반적으로 짧아지는 경향이 존재하기 때문입니다. 하지만 터미널 패턴이 나타나는 빈도는 5% 미만으로 희박하기 때문에 파동 분석을 다시 시행해보는 것이 권장됩니다. 이는 3-4파에서도 동일하게 적용됩니다. 또한 일반적으로 조정파동의 형성 기간은 충동파의 161.8% 수준으로 진행됩니다.

후행 패턴의 요건(Post-pattern Behavior Requirement)

> "When an old pattern completes and a new trend begins, the new trend MUST start with a move that is larger and more time-consuming than the prior counter-trend corrective rally inside the last correction."
>
> 새로운 추세는 이전 조정 내부에 존재하는 추세 반대 방향의 조정파보다 더 크고 오랜 기간에 걸쳐 형성되어야 한다.

후행 패턴의 요건

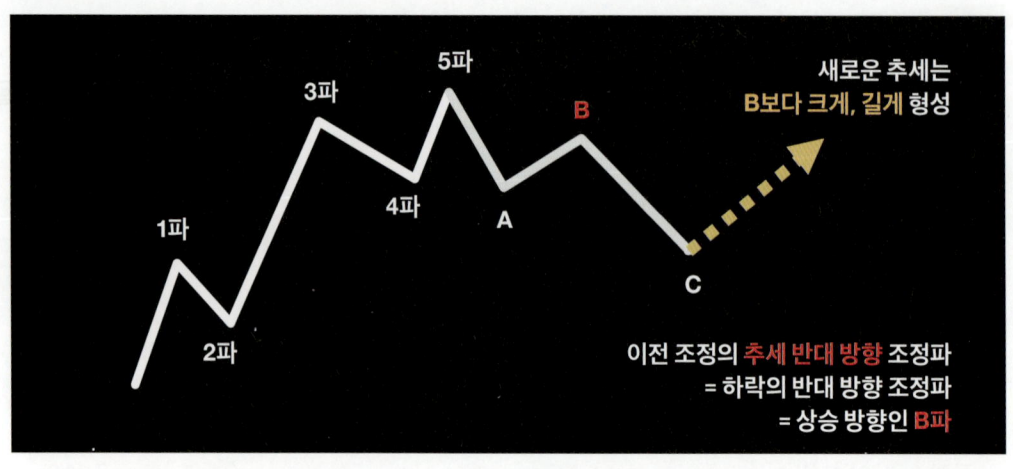

마지막 5번째 오류는 어느 한 파동이 마무리되고 새로운 파동이 등장할 때 지켜져야 하는 법칙을 다루고 있습니다. 다소 어려운 위 문장은 모식도로 확인하면 보다 쉽게 이해할 수 있을 것입니다.

이로써 엘리어트 분석에서 자주 접하는 5가지 오류를 모두 살펴보았습니다. 그렇다면 파동을 식별하는 과정에서 실수를 줄여야 하는 이유는 무엇일까요?

바로 기대에 따른 편향적 예측과 오류를 피할 수 있기 때문입니다. 만약 주요 실수를 점검하지 못한 상태에서 분석을 이어나간다면, 일어나지 않을 일이 일어날 것이라 믿게 될 것이며 소중한 자금을 불필요하게 소비하거나 크게 잃을 수 있습니다.

하지만 여느 기술적 분석 방식이 그러하듯, 엘리어트 분석 역시 근원적 한계를 지니고 있습니다. 우선 규칙이 너무나 광범위하고 모든 규칙을 충족하는 차트의 흐름은 찾아보기 힘듭니다. 또한 파동이 진행 중이라면 그 누구도 어떻게 흘러갈지 알 수 없습니다. 따라서 엘리어트 분석은 파동 형성 완료 시에 사용하는 것이 유리합니다. 이러한 기본적 한계를 반드시 이해하고, 앞선 오류를 범하지 않게 주의하며 분석을 시행한다면 분명 효율적인 분석을 행할 수 있을 것입니다.

마무리하며

　엘리어트 파동 이론은 극도로 복잡한 내용을 담고 있습니다. 또한 이를 완전히 숙지하는 것은 수년이 필요한 인고의 시간이 될 것입니다. 또한 지속적으로 파동을 분석, 적용하기 위해 노력해야 하며 특정 패턴, 파동을 식별하기 위해 수일에 걸친 시간을 할애하는 경우도 있을 수 있습니다.

　이러한 노력의 필요성은, 빠른 시일 내에 높은 수익률을 올리고 싶은 투자자에게는 더욱 엘리어트 분석을 기피하게 만드는 요소이기도 합니다. 더욱 난감한 사실은, 엘리어트뿐만 아니라 A. J. 프로스트, 글렌 닐리와 같은 후대의 엘리어트 파동 이론 분석가 역시 명확한 분석 체계와 가이드라인을 제시하고 있지 않다는 사실입니다. 글렌 닐리 저서에서는 분석 단계를 나타낸 알고리즘 모식도를 제공하고 있으나 각 상황에서의 명확한 세부 기준이 포함되어 있지 않은 추상적인 내용만을 담고 있습니다.

　대부분의 투자자들은 전업 트레이더가 아닌, 생업에 종사하며 부수적으로 투자에 임하는 경우가 많을 것입니다. 이 때문에 엘리어트와 같은 기술적 분석에 많은 노력을 기울이는 것은 쉽지 않습니다. 이에 앞선 파트에서 다룬 엘리어트 분석 접근 방식은 투자자들의 노력, 시간과 분석의 완성도 간에 일정 부분 타협을 이룬 것이라 할 수 있습니다. 비록 모든 분석이 정확히 맞아떨어지지 못하더라도 분석을 위해 들인 노력과 시간은 추후 근거를 갖춘 매매의 양분이 될 것이라 생각합니다.

　글렌 닐리 역시 세심하고 꼼꼼하게, 항상 열려 있는 마음가짐으로 엘리어트 파동 이론을 대할 것을 당부하고 있습니다. 모든 가능성에 대해 열린 마음을 지녀야 하며 분석 시 특정한 시나리오를 가정하고 이에 맞춰 해석을 진행하는 오류를 범해서는 안 됩니다. 특히 개인적인 견해에 입각하여 파동 분석을 조작하는 것 또한 피해야 합니다. 또한 성급히 파동을 단정하여 분석의 근거를 확보하지 못하는 것 또한 지양해야 할 것입니다.

치과아저씨의 투자 스케일링과 함께하는
차트분석 바이블 심화편

1판 1쇄 발행 2024년 10월 4일
1판 2쇄 발행 2025년 7월 25일

지은이 치과아저씨(팀 연세덴트)
펴낸이 김기옥

경제경영사업본부장 모민원
경제경영팀 박지선, 양영선
마케팅 박진모
경영지원 고광현
제작 김형식

표지·본문 디자인 푸른나무디자인
인쇄·제본 민언프린텍

펴낸곳 한스미디어(한즈미디어(주))
주소 04037 서울특별시 마포구 양화로 11길 13(서교동, 강원빌딩 5층)
전화 02-707-0337 | **팩스** 02-707-0198 | **홈페이지** www.hansmedia.com 출판신고번호 제 313-2003-227호 | **신고일자** 2003년 6월 25일

ISBN 979-11-93712-47-4 (13320)

책값은 뒤표지에 있습니다.
잘못 만들어진 책은 구입하신 서점에서 교환해 드립니다.

치과아저씨의 투자 스케일링과 함께하는

차트 분석 바이블

심화편

• 특별부록 •

1 네이버 프리미엄콘텐츠 채널
'치과아저씨의 투자 스케일링' 구독 할인권
- 1개월 수강권
- 연간 구독 할인권
- 프리미엄 멤버십 할인권

2 〈기술적 분석 모식도〉 학습자료

한스미디어

차트 분석 바이블
심화편

특별 부록

1

네이버 프리미엄콘텐츠 채널 '치과아저씨의 투자 스케일링' 구독 할인권

다음 링크에 접속해 쿠폰을 등록한 후 사용하시기 바랍니다.

1개월 구독권

> 3UAA7RBH

연간 구독 할인권

> X7V5ATG3

프리미엄 멤버십 할인권

> 8MRQMW24

(사용 기간 : ~2027.12.31)

2 〈기술적 분석 모식도〉 학습자료(PDF)

본서에 수록된 기술적 분석 모식도를 별도로 정리한 〈기술적 분석 모식도〉 PDF를 무료로 다운로드 받을 수 있습니다. PC와 모바일을 통해 보조 학습자료로 편리하게 활용하세요.

〈기술적 분석 모식도〉 학습자료

- '치과아저씨의 투자 스케일링'은 네이버 프리미엄콘텐츠 채널, 유튜브, 텔레그램, X(트위터) 등 다양한 플랫폼을 통해 만나보실 수 있습니다. 차원이 다른 기술적 분석의 신세계, 지금 바로 경험하세요.

네이버 프리미엄 콘텐츠 채널 · 유튜브 · 텔레그램 · X(트위터)

비매품